HANGIL
GREAT BOOKS
170

모랄리아

플루타르코스에게 배우는 지혜

플루타르코스 지음 | 윤진 옮김

한길사

HANGIL
GREAT BOOKS
170

Plutarchos
Moralia.
Wisdom from Plutarchos

Translated by Yoon Jin

Published by Hangilsa Publishing Co. Ltd., Korea, 2021

고대 그리스 신앙의 중심지
아폴론신전 중 가장 유명한 델포이 파르나소스산의 아폴론신전이다.
아폴론은 태양신으로 예언과 궁술을 담당했다. 그런 이유로 지중해 여러 곳에
아폴론신전이 세워졌는데, 그중 델포이의 아폴론신전이 가장 영험한 곳으로 꼽혔다.
플루타르코스는 한때 이곳의 신관이었다. 신관은 무녀 피티아가 신의 답을
중얼거리며 전하면 옮겨 적거나, 그 외 각종 의식을 주관한 일종의 성직자였다.
사람들은 델포이신전이 기원전 8세기경 고대 그리스 신앙의 중심지가 된 이래
기원후 393년까지 이곳을 찾아 신탁을 청했다.

5,000석 규모의 원형극장

아폴론신전 바로 위에 있는 원형극장이다. 플루타르코스가 지인들과
연극을 관람했을 곳이다. 4년마다 피티아제전이 열리면 이곳에서 음악이나 연극 등
각종 경연대회가 펼쳐지기도 했다. 이처럼 원형극장은
고대 그리스인들의 문화생활에서 빼놓을 수 없는 곳이었다.
또한 아폴론신전 바로 위에 지었다는 데서 당시 음악이 포함된 각종 공연과
종교적 의례의 밀접한 관계를 유추해볼 수 있다.
고대 그리스인들은 아폴론신전을 배경 삼아 각종 공연을 감상했을 것이다.

몸을 단련하는 스타디온

아폴론신전 근처의 스타디온이다. 이곳은 운동장으로, '관객석이 있는 운동장'이라는
뜻의 영어 단어인 '스타디움'(stadium)의 어원이 되었다.
사진의 스타디온에도 관객석이 붙어 있다. 고대 그리스인은 몸과 마음(영혼)의 건강을
두루 살피는 것을 중요하게 생각했다. 아폴론신전 근처에
마음(영혼)을 정화하는 원형극장과 몸을 단련하는 스타디온을 지은 이유다.
참고로 스타디온은 고대 그리스에서 거리 단위(약 200미터)로도 쓰였다.
그래서인지 대부분의 스타디온은 달리기 쉽도록 길쭉한 모습이다.

온갖 보물을 저장한 봉헌물 창고

아폴론신전의 봉헌물 창고다. 제사를 지내거나 신탁을 받은 이들은
감사의 표시로 봉헌물을 헌납했다. 아폴론신전이 신탁을 청하는 이들로
늘 붐볐기 때문에, 어떤 국가들은 전용 봉헌물 창고를 짓기도 했다.
파손이 심하지 않아 온전한 형태를 짐작할 수 있는데,
원래는 화려한 조각품들을 주변에 설치해놓았다. 그중에는 기원전 490년
마라톤전투에서 페르시아를 대파하고 노획한 전리품도 있었다.

HANGIL GREAT BOOKS 170

모랄리아

플루타르코스에게 배우는 지혜

플루타르코스 지음 | 윤진 옮김

한길사

모랄리아

일러두기

1. 이 책은 플루타르코스의 『모랄리아』 전체 78편 중 지혜와 관련된 다섯 편을 옮긴 것이다. 판본은 1572년 출간되어 오늘날까지 주로 읽히는 스테파누스의 편집본을 사용했다.

2. 그리스어나 라틴어, 책이나 소론의 제목을 병기할 경우 이탤릭체로 했다.

3. 모든 주는 독자의 이해를 돕기 위해 옮긴이가 달았다. 또한 주에서 언급한 내용 중 해당 소론에 포함된 것은 '앞서 나온' '뒤에 나올'로 표시하고, 다른 소론에 포함된 것은 그 소론의 제목을 밝혔다.

지혜의 탐구자 플루타르코스

윤진 충북대학교 교수 • 사학과

로마를 사랑한 그리스 지식인

플루타르코스(Plutarchos)는 46년에 태어나 119년 이후 어느 때인가 사망했다. 제정기 로마의 속주였던 그리스 출신으로, 요즘 말로 하면 '식민지의 엘리트 지식인'이라고 할 수 있겠다. 그리스는 기원전 146년 로마의 속주가 되었는데, 따라서 고향이 식민지가 되고 200년 정도 지나 태어난 것이다. 그는 아우구스투스 이후 4대째 황제인 클라우디우스(Claudius)가 다스릴 때 태어나, 하드리아누스(Hadrianus)가 다스릴 때 사망했다.

당시는 그리스 지식인들이 로마의 통치를 어느 정도 받아들이고 순응하던 시기였다. 플루타르코스도 그중 하나로, 자신의 저작 여러 곳에 로마의 통치가 그리스인들에게 유익하다는 믿음을 표현해놓았다. 이 책의 「왕들과 장군들의 어록」 첫머리에도 '트라야누스(Trajanus) 황제에게 바치는 글'이라고 명시했다. 그는 그리스의 명사로서 특권이라고 할 만한 로마 시민권도 취득했는데, 로마식 이름은 루키우스 메스트리우스 플루타르쿠스(Lucius Mestrius Plutarchus)

였다.

신탁이 정확하다고 소문난 델포이(Delphoi)의 아폴론(Apollon)신전에서 80킬로미터 정도 떨어진 소도시 카이로네아(Chaironea)가 플루타르코스의 고향이다. 그의 집안은 꽤 명문가로 아버지의 이름은 전해지지 않지만, 할아버지의 이름을 그대로 따서 짓는 당시의 관행으로 미루어 보아 니카르코스(Nikarchos)였을 가능성이 크다.

플루타르코스는 부인 티목세나(Timoxena)와의 사이에서 적어도 두 명의 아들을 두었다. 그중 아리스토불로스(Aristobulos)는 「식탁 담화」의 화자(話者)로 등장한다. 한편 그의 스승 암모니오스(Ammonios)는 플라톤학파의 철학자였다. 그가 스승에 관한 글을 썼다고 하는데, 산실되어 전해지지 않는다. 다만 66년부터 이듬해까지 암모니오스에게 철학과 수학, 종교 등을 배웠다고만 알려져 있다. 이후 여러 글을 쓰고 강연에 나서므로 명성이 높아졌지만, 고향을 떠나지 않았기에 로마 각지에서 유명인들이 찾아왔다. 그들과의 대화를 기록해놓은 여러 글이 남아 있다.

델포이신전과 플루타르코스

플루타르코스는 젊었을 때부터 타 도시와 교류하는 사절을 맡아 여러 문제를 해결하는 등 고향을 위해 일했고, 아르콘(archon, 최고행정관)을 맡기도 했다. 특히 죽기 전 30년 정도를 아폴론신전의 신관으로 봉직했다. 「델포이의 엡실론에 관하여」, 「더는 운문으로 주어지지 않는 피티아 신탁에 관하여」, 「신탁의 진부함에 관하여」 같은 글들은 신관으로서 그의 관심사를 잘 보여준다.

특히 「델포이의 엡실론에 관하여」는 이 책에 수록된 「7현인의 저녁식사」와도 간접적으로 연관된다. 아폴론신전의 현관 벽에는 고대 그리스의 7현인이 상의하여 골랐다고 전해지는 금언들, 예를 들어 '너 자신을 알라' 같은 금언들이 새겨져 있다. 그런데 「델포이의 엡실론에 관하여」에서 등장인물 암모니오스는 현인들은 일곱 명이 아니라 다섯 명이라고 주장한다. 그 벽에 새겨진 글자 '엡실론'(E)은 숫자 '5'에 해당하므로, 현인은 다섯 명이라는 것이다. 그들은 킬론(Chilon), 솔론(Solon), 탈레스(Thales), 비아스(Bias), 피타코스(Pittacos)다. 이 책에 실린 「7현인의 저녁식사」는 7현인이 모여 아폴론신전에 새길 금언을 논하는 대신 그저 몇 가지 관심사들에 관한 의견을 나누는 내용이다.

경건한 신앙인이자 옛것에 열정적 탐구심을 품었던 플루타르코스는 델포이의 성역을 재건하는 데 큰 역할을 했다. 델포이와 카이로네아의 주민들은 존경의 표시로 아폴론신전에 그의 흉상을 만들어 세웠다. 중세의 백과사전인 『수다』(Suda)에 따르면, 그는 트라야누스 황제 때 '명예 집정관'(ornamenta consularia)으로 추대되었고, 하드리아누스 황제 때 아카이아(Achaea) 지역의 지출과 세금징수를 감독하는 '황제대리인'으로 일했다고 한다. 그가 실제로 그 관직들을 맡아 근무했는지는 의문이지만, 내막이야 무엇이든 간에, 그는 분명 영향력 있는 인물이었다. 즉 그는 그리스(교육)와 로마(권력)의 관계를 대표하는 저술가였다.

『모랄리아』를 만나는 법

4세기경 작성된 것으로 보이는 플루타르코스의 작품 목록인 '람프리아스(Lamprias) 목록'에 따르면 그의 작품은 모두 227개다. 현존하는 작품은 소론(小論) 78편(그중 일부는 람프리아스 목록에서 빠져 있다)을 엮은 『모랄리아』와 영웅 50명의 전기를 담아 흔히 『플루타르코스 영웅전』으로 불리는 『대비열전』(對比列傳, *Bioi Paralleloi*)뿐이다. 갈바(Galba)와 오토(Otho)를 제외한 로마 황제들의 전기 및 에파메이논다스(Epameinondas), 핀다로스(Pindaros), 디오판토스(Diophantos) 등의 전기는 산실되어 전하지 않는다. 소론의 3분의 2도 남아 있지 않다. 그렇지만 그는 워낙 많은 작품을 썼기에, 남은 것만 해도 상당한 양이다. 대부분 죽기 전 20년 동안 쓴 것으로 보인다.

이 책의 기본 틀이 된 『모랄리아』는 14세기 초 이래 여러 학자가 편집했다. 나는 1572년 출간되어 현재까지도 대부분의 편집본이 편제를 따르는 스테파누스(Stephanus)의 편집본을 따랐다. 그는 『모랄리아』를 열네 권으로 구분했는데, 그 차례는 다음 목록과 같다. 플루타르코스는 『모랄리아』에서 매우 다양한 주제를 다루었다. 크게 보아 교육, 지혜, 역사, 철학, 종교에 관한 담론들로, 이 책은 특히 지혜에 관한 담론 중 다섯 편을 소개한다. 다만 「왕들과 장군들의 어록」 중 후반부는 편집자에 따라 「로마인들의 어록」으로 따로 구분하기도 하는데, 이 책에서는 그것이 더욱 이해하기 쉽다고 보아 따랐다.

아울러 『모랄리아』를 엮고 옮기며 플루타르코스 시대의 어감과 의미를 살리고자 고대 그리스에서 통용된 지명과 인명, 당시의 발음을 최대한 따랐다. 예를 들어 이 책은 기원전 8세기부터 4세기까지 전성기를 구가한 도시국가 '아테나'(Ἀθήνα)를 우리가 흔히 쓰는 '아테네' 대신 '아테나이'(Ἀθῆναι)로 표기했다. 고대 그리스인들은 지혜의 여신 아테나의 이름을 따 도시국가의 명칭을 정하고, 이후 그 복수형 아테나이로 불렀다. 그곳의 모든 시민이 열 개 부족(원래 네 개 부족) 소속이었기 때문이다. 당시에는 이곳을 '단일'한 정체성을 지닌 공간이라기보다는 '여러' 집단이 민주적으로 지배하는 공간으로 인식한 셈이다. 비슷한 예로 델포이가 있다. 이처럼 지명과 인명 등을 옮기며 고대 그리스의 표현과 발음을 따르되, 다만 로마와 관련된 용어는 플루타르코스가 그리스어로 옮겼음이 명백하다면 고대 라틴어 발음을 살려 처리했다.

『모랄리아』의 스테파누스 편집본 차례

제1권
1.「아동의 교육에 관하여」| 2.「왜 청년은 시를 공부해야 하는가?」| 3.「귀기울여 듣기에 관하여」| 4.「아첨꾼과 친구를 구별하는 방법」| 5.「사람은 어떻게 자신의 덕이 성장하고 있는지를 아는가?」

제2권
6.「적에게서 이득을 얻는 법」| 7.「많은 친구를 가지는 것에 관하여」| 8.「운명에 관하여」| 9.「덕과 악덕에 관하여」| 10.「아폴로니오스에게 바치는 조사」| 11.「잘 사는 법에 관한 권고」| 12.「신랑과 신부에게 주는 권고」| 13.「7현인의 저녁식사」| 14.「미신에 관하여」

제3권
15.「왕들과 장군들의 어록」| 16.「스파르타인들의 어록」| 17.「스파르타인들의 국가 체제」| 18.「스파르타 여성들의 어록」| 19.「여성들의 덕」

제4권
20.「로마에 관한 의문들」| 21.「그리스에 관한 의문들」| 22.「그리스와 로마의 대비 일화」| 23.「로마인의 운명에 관하여」| 24.「알렉산드로스 대왕의 덕과 운명에 관하여」| 25.「아테나이의 영광에 관하여」

제5권
26.「이시스와 오시리스에 관하여」| 27.「델포이의 엡실론에 관하여」| 28.

오늘날 다시 생각하는 7현인의 지혜

획기적 서술 방식

이 책에 첫 번째로 실린 글인 「7현인의 저녁식사」의 서술 방식은 당시 매우 획기적이었다. 플라톤(Platon)과 크세노폰(Xenophon)도 모임에 관한 서술을 남겼고, 플루타르코스 본인도 「식탁 담화」에서 모임에서 오간 이야기들을 자세히 기록했다. 하지만 그는 플라톤과 크세노폰보다 수 세기 뒤의 사람인데도, 「7현인의 저녁식사」에서 그들보다 2~3세기 앞서 살았던 인물들의 가상 모임을 여러 자료를 바탕으로 흥미롭게 재구성했다. 말하자면 그는 일종의 대체 역사물, 또는 소설을 쓴 셈이다. 물론 「7현인의 저녁식사」에는 역사적 배경이 존재한다. 플라톤의 「프로타고라스」(343a)나 다른 저술가들의 기록에 따르면, 7현인은 아폴론신전의 유명한 새김글을 고르기 위해 델포이에 모였다. 코린토스(Korinthos)의 페리안드로스(Periandros)가 그들을 접대했다는 기록도 있다.

이런 자료들을 참고할 수 있었던 플루타르코스는 가상의 만찬과 대화를 구성하고, 거기에 네일록세노스(Neiloxenos)나 아이소포스(Aisopos) 같은 인물들을 추가했다. 또한 페리안드로스의 부인인 멜리사(Melissa), 클레오불로스(Kleoboulos)의 딸이자 시인인 에우메티스(Eumetis) 등 여성들을 등장시켜 더욱 내밀한 특성을 가미했다. 플루타르코스는 7현인으로 탈레스, 비아스, 피타코스, 솔론, 킬론, 클레오불로스, 아나카르시스(Anacharsis)를 내세웠다. 플라톤은 「프로타고라스」에서 아나카르시스 대신 미손(Myson)을 넣었는데, 다른 글에서는 페리안드로스를 넣기도 했다. 저자나 글에 따라 페레키데스(Pherekydes), 에피메니데스(Epimenides), 페이시스트라토스(Peisistratos) 등이 포함되기도 한다.

한자리에 모인 현자들은 몇 가지 흥미로운 주제를 놓고 각자의 지혜를 뽐낸다. 처음에는 이집트의 파라오 아마시스(Amasis)와 에티오피아의 왕이 주고받은 수수께끼를 두고 현인들은 흥미로운 답을 내놓는다. 에티오피아의 왕은 아마시스에게 바닷물을 모두 마시라고 요구했는데, 비아스는 먼저 바다로 향하는 강물을 모두 막으면 그리하겠다고 답하라고 알려준다. 상대가 말도 안 되는 요구를 하면 아예 생각의 방향을 바꾸어 대처해야 함을 알려준 것이다. 말하자면 사고의 획기적 전환이다.

비아스의 명쾌한 답에 모두 동의한 후, 이들 7현인은 국가의 훌륭한 통치란 무엇인지, 민주정은 어떠한 것인지 등에 관한 의견을 나누며 오늘날에도 적용할 만한 식견을 보여준다. 예를 들어 "민주정치란 사람들이 지나치게 부유해지지도 않게 하고, 지나치게 가난해지지도 않게 하는 것"이라는 탈레스의 견해는 경제민주화를 말하는 것처럼 보인다.

이어서 7현인은 가정의 관리나 건강을 돌보는 법 등을 이야기한다. 이때에도 나름의 독특한 논리와 재치 있는 해결책을 제시한다. 마지막으로 돌고래가 아리온(Arion)을 구해준 사건을 이야기하는데, 플루타르코스는 이로써 작품을 좀더 정교하게 다듬었다.

이야기의 원형을 찾아서

이 책에 두 번째로 실린 글인 「왕들과 장군들의 어록」—「로마인들의 어록」을 포함한—은 플루타르코스가 처음에 밝히듯 트라야누스 황제에게 헌정하기 위해 쓴 것이다. 그는 이 소론을 『대비열전』의 정수로 생각한다며, 여기에서 통치에 필요한 지혜와 사고방식을 배우시라고 조언한다.

『대비열전』은 오늘날에도 많은 독자가 찾아 읽을 만큼 좋은 책이지만, 분량이 방대하고 서양의 낯선 고대 풍습과 역사 등에 관한 언급이 많아 요즘 젊은이들의 취향에 안 맞는 면이 있다. 그런 점에서 이 책이 소개하는 어록들은 잠깐 짬을 내 큰 부담 없이 읽을 수 있으므로 매우 유용하다. 처음부터 내리읽어도 좋지만, 중간중간 익숙한 이름이 등장하는 일화를 골라 읽어도 좋다.

실제로 「왕들과 장군들의 어록」의 어록 중에는 유명한 일화를 바탕으로 한 것들이 많다. 예를 들어 '가이우스 카이사르'(Gaius Julius Caesar) 항목을 보면, "왔노라, 보았노라, 이겼노라", "주사위는 던져

졌다" 등의 어록이 나온다. 개인적으로 이 책을 엮고 옮기면서 가장
흥미롭게 생각한 어록은 '스킬루로스'(Skilouros) 항목에 나온다. 그
는 스키티아의 왕인데, 어록이 그리 길지 않으므로 그대로 옮긴다.

80명의 아들을 둔 그는 임종을 맞는 자리에서 투창 한 묶음을 아들
들에게 차례로 주면서 꺾어보라고 했다. 아들들이 모두 포기하자,
그는 투창을 하나씩 꺼내어 차례로 모두 쉽게 부러뜨려버렸다. 그
럼으로써 그는 자식들에게 그들이 한데 뭉치면 계속 강할 수 있지
만, 서로 사이가 틀어지거나 다투면 약해질 것이라는 점을 가르쳐
주었다.

어디서 많이 들어본 이야기 같지 않은가. 그렇다. 전래 동화, 또는
'옛사람의 지혜' 등의 수식이 붙은 글에서 많이 인용된 이야기의 원
형이다. 기원전 2세기 스키티아의 초원을 다스렸던 왕의 어록이 아
시아로 넘어오며 조금 변형된 채 민담처럼 전해진 것이다.

낯선 만큼 익숙한 스파르타

이 책에 네 번째와 다섯 번째로 실린 글은 「스파르타인들의 어록」
과 「스파르타 여성들의 어록」이다. 사실 스파르타인들의 풍습과 언
행, 즉 국가주의적 사고방식, 소박하고 절제된 삶의 태도, 극단적으
로 말을 아끼는 소통법 등은 이미 고대 그리스인들에게도 매우 독특
한 것이었다.

그런데 '스파르타식 훈련', 또는 '스파르타식 교육'이라는 말로 잘
알려진 그들의 훈련 방식과 체제는 현대적 시민교육 체계의 원형이
되었다. 즉 근대에 '국민국가'가 탄생하며 '국민'이 등장하는데, 이
때 국민을 만드는 가장 좋은 방법이 국가를 가장 중요하게 생각하도

록 하는 스파르타식 교육이었다. 초등학교의 이전 명칭이 국민학교였다는 점을 생각해보면 쉽게 이해할 수 있을 것이다.

국가에 대한 충성을 가장 중요시하는 스파르타인들의 일화가 때로는 극단적으로 여겨지겠지만, 오늘날 한국의 초등·중등교육이 지향하는 바와 그리 다르지 않다. 예를 들어 국가와 민족을 위해 희생하는 위인들의 이야기를 언제나 강조한다. 스파르타인들은 '조국을 위해 죽는 것은 기쁘고 아름답다'는 개념을 처음 만들어 교육에 적용했고, 그로써 번영을 구가했다. 결국 소국의 한계를 극복하지 못하고 로마의 속주가 되어버리기는 했으나, 훗날 로마가 그들의 체제와 애국심을 높이 평가한 것을 보면 분명 참고할 점은 있다고 본다.

7현인의 저녁식사

1. 여보게, 니카르코스(Nikarchos). 실제로 일어났지만 시간이 흐르면서 아주 모호해지고 완전히 불확실해지는 일이 비일비재한 것 같네. 바로 얼마 전에 일어난 사건이었지만, 조작된 거짓말을 믿게 되는 일이 요즘에도 있지 않나. 그 저녁식사 일만 해도 그렇네. 먼저 그건 자네와 친구들이 들어서 알고 있는 것처럼 7현인만의 저녁식사가 아니었고, 나까지 친다면 참석자가 두 배는 더 될걸세. 나 같은 경우는 직업의 특성상 페리안드로스[1]와 친밀한 관계였고, 또 페리안드로스가 초대한 탈레스[2]가 내 집에 묵었기 때문에 참석했다네. 또 자네에게 그 이야기를 전해준 사람이 누구였는지는 몰라도 당시의 대화를 정확하게 전해주지 않았네. 그 사람이 저녁식사에 참여하지 않았

---

1) Periandros. 기원전 587년경 사망했다. 코린토스(Korinthos)의 두 번째 참주로 그의 치세기에 코린토스는 전성기를 구가했다. 일부 기록에 따르면 잔인하고 폭압적인 정치를 했다고도 하지만, 공정하고 정의롭게 통치하여 공평무사했다는 주장도 있다. 종종 7현인 중의 하나로 거론된다.
2) Thales. 기원전 624년경 태어나 기원전 548~545년 사이에 죽은 것으로 추정된다. 소아시아에 있는 그리스 식민시 밀레토스(Miletos) 출신의 자연철학자로, 물이 만물의 근원이라고 주장했다.

던 것은 확실해. 어쨌거나 내가 지금은 별달리 신경 쓸 일도 없고, 또 나이가 많이 들어서 나중에 이야기해줄 수 있다는 보장도 없으니 자네들이 모두 듣고 싶어 하는 그 이야기를 처음부터 빼놓지 않고 들려주겠네.

2. 페리안드로스가 그 연회를 베푼 곳은 도시 안에 있는 저택이 아니라, 시외의 아프로디테신전에 붙어 있는 레카이온(Lechaion) 근처의 연회장이었네. 어머니가 연애사건 때문에 인생을 망친 적이 있기 때문에, 페리안드로스는 그때까지 아프로디테 여신에게 제물을 바친 적이 없지만, 그날은 경의를 표하며 제물을 바쳤네. 왜 그런가 하면, 멜리사[3]가 어떤 꿈을 꾸었기 때문에 여신을 달래고 경의를 표하기 위해 생전 처음으로 제물을 바친 거지.

초대된 손님들을 모시기 위해 멋지게 장식한 사륜의 쌍두마차가 문전에 당도했네. 때는 여름철이었고, 가는 길 내내 많은 사람과 탈 것이 북적이고 있었으며, 심지어 물가도 먼지투성이였으므로 걷기에 안 좋다고 보았기 때문이라네. 하지만 탈레스는 문전에 있는 마차를 보더니만 씩 웃고 그냥 보내버렸다네. 그래서 우리는 걸어서 출발했지. 도중에는 길에서 벗어나 한가롭게 들을 걸었다네. 우리 둘과 같이 간 사람은 나우크라티스(Naukratis)의 네일록세노스(Neiloxenos)인데 유능한 사람이네. 그는 이집트에서 솔론(Solon)과 탈레스 그리고 그들의 무리와 친하게 지냈던 이였고, 공교롭게도 그는 파라오의 명령을 받고 비아스(Bias)를 다시 만나기 위해 온 참이었네. 그 자신도 명령의 구체적인 내용은 잘 몰랐으며, 단지 두 번째

---

3) Melissa. 페리안드로스의 부인이다. 헤로도토스(Herodotos)의 『역사』(*Historiai*) 제5권 제92장 참조할 것.

문제가 봉인되어 들어 있는 보따리를 비아스에게 가져다주라는 임무를 받았다고 했네. 그리고 비아스가 이 문제를 해결하는 데 실패한다면, 그 보따리를 그리스에서 가장 현명한 이에게 보여주라는 지시를 받았다더군.

"여러분이 모두 여기 모여 있다니 저는 정말 운이 좋군요. 예의 그 보따리를 저녁식사에 가지고 왔어요"라고 말하면서 네일록세노스는 그것을 우리에게 보여주었지.

탈레스는 웃으면서 "만약 일이 잘못되면 다시 프리에네[4]로 가게. 비아스는 첫 번째 문제에 대해 그랬던 것처럼 이번에도 해답을 내놓을 터이니"라고 말했어.

"첫 번째 문제가 뭐였나?"라고 내가 물어보았네.

"파라오는 비아스에게 제물로 쓸 동물을 보내면서 가장 나쁜 부위와 가장 좋은 부위를 골라달라고 부탁했네. 그리고 우리의 친구는 혀만을 잘라내 보내줌[5]으로써 그 문제를 멋지고 현명하게 해결했지. 바로 그 일로 그 친구는 큰 명성과 존경을 얻게 되었다네"라고 탈레스가 대답했네.

네일록세노스는 이렇게 말했네. "여러분과 마찬가지로, 비아스는 이 일만이 아니라도 왕들의 친구가 되고 그렇게 불리는 것을 꺼리지 않으시지요. 또한 탈레스, 그대만 해도 그렇지요. 전하께서는 그대를 매우 존경하고 계십니다. 특히 그대가 피라미드를 측량하신 방법에 매우 감탄하고 계시지요. 당신께서는 법석을 피우지도, 어떤 도구를 요청하지도 않고, 단순히 짚고 다니던 지팡이를 피라미드의 그림

---

4) Priene. 이오니아(Ionia) 지역의 고대 그리스 식민시. 오늘날 터키의 아이딘(Aydın)주에 있다.
5) 가장 좋으면서 동시에 나쁜 부위가 혀라고 본 것이다. 입은 모든 재앙의 근원이지만, 모든 좋은 일도 혀에서 시작된다는 의미다.

자 맨 끝에다가 똑바로 세운 다음, 태양 빛이 차단되어 만들어진 두 개의 삼각형을 가지고 그 두 삼각형 사이의 비율이 피라미드 높이와 지팡이 길이 사이의 비율과 같다는 것을 보여주셨기 때문입니다. 하지만 전에 제가 말했듯이 그대는 군주들에게 증오심을 품고 지나치다 싶을 정도로 비판하시지요. 당신께서 참주(僭主)[6]에 관해 공격적으로 발언한 일은 저희 전하도 아신답니다. 예를 들어 당신이 이제까지 보았던 가장 역설적인 일이 무엇이냐는 이오니아 사람 몰파고라스(Molpagoras)의 질문에 "참주가 오래 사는 꼴이오"라고 답했다는 것을 그분이 들어 아시듯이 말입니다. 또 어떤 연회에서 동물에 관한 토론이 벌어졌을 때, 선생님께서 야생동물 중에서는 참주가, 길든 동물 중에서는 아첨꾼이 제일 나쁘다고 주장하신 것도 들으셨습니다. 이제는 비록 자신들이 참주와는 완전히 다르다고 이해하시더라도, 군주들께서는 그런 종류의 발언을 별로 달가워하지 않으실 겁니다."

탈레스는 "하지만 사실 그것은 피타코스[7]가 한 말로서, 미르실로스(Myrsilos)를 언급하면서 했던 농담이었네. 하지만 나로서도 그런 꼴을 보면 놀랄걸세"라고 말하면서 덧붙이기를 "참주가 아니라 배의

---

6) 티라노스(*tyrannos*). 기원전 8~7세기에 그리스 곳곳에서는 귀족정이 무너지고 참주정이 나타났다. 이 체제를 설명하기 위해 그리스인은 소아시아의 단어 중에서 티라노스라는 단어를 빌려왔다. 이는 원래 공식적인 자격은 없지만 절대적인 권력을 장악한 사람을 부르는 용어였다. 때로 귀족 중에서 가장 강력한 정도의 권력만을 행사했던 왕이 그 이상의 권력을 장악했을 때도 티라노스라고 불렀다. 원래 티라노스는 상당히 중립적인 용어였다. 그러나 얼마 안 가 전제정치가 가속되었고 티라노스라는 말은 대체로 경멸의 뜻으로 쓰였다. 참주란 중국 역사에서 전한(前漢)과 후한(後漢) 사이에 잠시 있었던 신(新)나라의 왕망을 후세 중국 역사가들이 "참람되게(감히) 백성의 주인을 칭한 자"라고 부른 데서 비롯된 용어인데, 티라노스의 번역어로 쓰이게 되었다.

7) Pittakos. 기원전 650년경 태어나 기원전 570년경 죽었을 것으로 추정된다. 정치가이자 현인으로 유명하며 미틸레네(Mytilene) 출신이다.

키잡이가 오래 사는 꼴을 보면 말일세"[8]라고 했네. 계속해서 그는 다음과 같이 말을 이어나갔지. "그러나 이 말을 피타코스가 아니라 내가 했다고 알려진 데 대해서라면, 나는 어떤 청년이 느낀 것과 똑같은 감정을 느끼네. 그 청년은 자기 개에게 돌을 던졌는데, 그 돌에 계모가 맞자 이렇게 소리쳤지. '뭐, 결국 나쁘지는 않네!' 그게 바로 참주의 지위를 거부한 솔론이 매우 현명하다고 내가 생각하는 이유라네. 그리고 자네 친구인 피타코스는 일인통치에 관해서 그 자신이 결코 언급한 적도 없고, '좋다고 하기도 정말 어려운 일이군요'라고 말하지도 않았을 거네. 하지만 확실히 물려받은 질병과 참주정[9] 때문에 고통당하고 있는데도, 페리안드로스는 적어도 지금까지는 건전하게 교제하고, 상식이 있는 사람들과 의논하네. 그리고 귀족 우두머리들을 제거하라는 내 동향 사람 트라시불로스(Trasiboulos)의 제안을 거부함으로써 잘 회복되어가고 있네. 사실 시민보다는 노예를 다스리기를 원하는 독재자란 추수철에 밀과 보리 대신 피나 쭉정이를 거둬들이길 원하는 농부와 다름없지. 만약 통치자가 다스림을 받는 훌륭한 사람들보다 더 나은 면이 있고 위대하다고 인정되어 그들을 통치한다면, 그 통치 때문에 여러 가지 손해를 보게 되지만 이익도 있으니 그건 바로 명예와 영광이라네. 하지만 명예가 아니라 안전에만 집착하는 통치자라면 사람이 아니라 양이나 말 떼 같은 가축 무리나 다스려야 할 것일세." 그는 또 다음과 같이 말했네. "그러나 이정도로 그만두세. 여기 있는 우리의 방문객[10]은 저녁식사를 하러 가

---

8) 배의 키잡이는 배의 방향을 결정하는 중요한 직책이므로 종종 지도자나 군주에 비견된다. 그러면서도 선원이기 때문에 항상 위험에 노출되어 있다.
9) 페리안드로스가 아버지에게 참주의 자리를 물려받은 것과 유전적인 질병을 앓는 것을 두고 안 좋은 것 두 가지를 물려받았다고 표현한다.
10) 네일록세노스를 말한다.

는 사람들이 의견을 나누는 데 적합한 주제나 문제를 사려 깊게 선정하지 않아, 우리가 매우 적절치 못한 대화를 나누게 몰아갔구먼. 그나저나 집주인이 손님을 접대할 준비를 해야 하는 것처럼, 저녁식사에 초대받은 사람들도 마찬가지로 준비해야 한다네. 내가 알기로 시바리스(Sybaris) 사람들은 여성을 초대하면서 저녁식사에 올 때 걸칠 의복과 장신구를 장만할 시간을 충분히 주기 위해 1년 전에 미리 말한다네. 나도 저녁식사에 초대받은 사람이 마땅히 갖추어야 할 것을 준비하는 데 시간이 더 걸려야 한다[11)]고 보네. 불필요하고 쓸모도 없는 장식을 몸에 걸치는 것보다 인격을 갈고닦아 빛을 내는 일이 더 어려운 일이니까. 사실 즐겁게 시간을 보내자는 자리인 저녁식사에 초대받은 사람이 상식이 있다면, 자신이 마치 일종의 빈 단지나 되는 것처럼 그저 몸에 음식이나 채우려고 행동하면 안 되지. 오히려 진지하거나 유머러스한 역할을 맡고, 상황에 따라 적절한 주제를 이것저것 이야기하고 듣는 일에 전념해야 하네. 음식이 맛없으면 사양하면 그만이고, 포도주가 신통치 않으면 물의 요정에게로 피난하면 그만이거든. 그런데 초대받은 손님이 좌중을 골치 아프게 하고, 무례하고 난폭한 행동을 하면 어떤 음식이나 포도주라도 맛있을 리가 없고, 흥을 돋우기 위한 소녀들의 음악도 망쳐버리지 않겠는가. 이런 식의 불쾌감은 무엇으로도 씻어지지 않아. 그래서 몇 사람은 평생 서로 싫어하게 되지. 어떤 모욕이나 욱하는 감정의 묵은 앙금은 술을 부르게 되네. 이렇게 보자면 어제 초대받았을 때, 킬론[12)]이 참석자명단을 알 때까지는 초대에 응하지 않겠다고 한 것은 최고로 현명한 판단이라 할 수 있네. 킬론의 말에 따르면 여행하거나 군에 복무할 때 배려심

---

11) 초대한 집주인보다 손님이 시간을 더 들여서 준비해야 한다는 의미다.
12) Chilon. 기원전 6세기 중엽의 인물로 스파르타의 행정관을 지냈다.

이 없는 동료와 한배에서 지내거나 군용 천막을 같이 쓰는 것은 어쩔 수 없이 참아야 하지만, 식탁에서 같이 어울릴 사람을 운명에 맡긴다는 건 상식이 없는 사람이라는 증거라네. 이집트에서 연회를 열 때는 해골을 가지고 와서 보여주는 일이 종종 있네. 이것은 참석자들에게 현재의 상태를 기억하게 하고, 또 우리도 곧 저렇게 될 것이라는 점을 일깨워준다는 제법 그럴듯한 이유가 있지. 비록 해골은 즐겁게 놀자고 하는 자리에는 잘 어울리지 않고, 무뚝뚝한 면이 있는 동료여서 손님들이 마시고 즐겁게 놀 생각이 좀 사라지긴 하겠지만, 인생이란 한순간에 지나가 버리는 것이어서 나쁜 짓을 하고 살기에는 별로 길지 않다는 점을 깨우쳐주고, 또 서로 친절하게 대하고 사랑해야 한다는 점을 알려준다는 면에서는 적절하다고 하겠네."

3. 이런 이야기들을 나누며 길을 따라 걷고 있는 사이에 그 집에 도착했네. 우리는 이미 건포마찰(乾布磨擦)[13]을 했기 때문에, 탈레스는 목욕에 관심이 없었네. 그래서 그는 경주로와 운동선수들의 연습장을 찾아가서 살펴보았고, 해안가를 따라 멋지게 꾸며진 공원을 거닐었지. 그는 그런 것들에 큰 감명을 받지는 않았으나, 그렇다고 해서 페리안드로스가 애써 꾸며놓은 배치에 실망하는 것 같지도 않아 보였네. 한편 다른 손님들은 각자 건포마찰을 하거나 목욕한 다음, 하인들의 인도를 받아 열주(列柱)가 있는 회랑을 거쳐 연회장으로 들어섰네.

아나카르시스[14]는 회랑에 자리 잡고 앉아 있었는데, 한 소녀가 그

---

13) 올리브기름을 바르고 아마포(亞麻布)천으로 건포마찰을 하는 것이 그리스인의 관습 중 하나다.

14) Anacharsis. 기원전 6세기 초에 살았던 것으로 추정되는 전설적인 스키티아(Skithia)의 왕자다. 종종 그리스 7현인의 명단에 들어가며, 원시적인 덕을 대

의 앞에 서서 손으로 가르마를 타주고 있었어. 이 소녀는 탈레스가 보이자, 그에게 매우 거리낌 없는 태도로 달려갔네. 그러자 그는 키스해준 다음 웃으며 이렇게 말했지. "가서 그 손님을 멋지게 꾸며드리렴. 실제로는 매우 교양이 있는 분인데, 외모가 무섭거나 미개해 보이면 안 되잖니?"

내가 그 소녀가 누구인지 물어보자, 그는 이렇게 대답했네. "자네는 현명하다고 널리 알려진 에우메티스(Eumetis)에 대해 들어본 적이 없나? 사실 그녀의 아버지만이 그녀를 에우메티스라고 부르지. 대부분의 사람은 아버지의 이름을 따서 그녀를 클레오불리나[15]라고 부르네."

"이제 보니 그녀가 낸 수수께끼를 보여주면서 입에 침이 마르게 칭찬하셨던 그 소녀로군요. 그녀의 재치문답 중에서 몇 가지는 이집트까지도 알려졌지요"라고 네일록세노스가 말했네.

"틀림없네. 그녀는 가끔 여흥을 위해 주사위놀이를 하듯이 수수께끼를 내는데, 누가 도전해오건 같이 시합을 한다네. 또 그녀는 성격이 온화하고 정치적 감각도 대단해서 자기 아버지에게 영향력을 발휘한다네. 그 결과 클레오불로스는 더 관대하게 통치하게 되어 시민

표하는 인물로 묘사된다. 키니코스(Kynikos)학파(견유학파)의 철학자들은 그를 '고상한 야만인'으로 부르며, 문명화되었지만 '타락한 그리스인'과 대비한다.

15) Kleobulina. 기원전 550년경 활동한 그리스 시인으로 클레오불로스의 딸이다. 6보격의 시를 썼고, 수수께끼에 능했다. 아리스토텔레스(Aristoteles)는 『시학』과 『수사학』에서 그녀의 이름을 언급했다. 클레오불로스(Kleoboulos)는 기원전 6세기의 그리스 시인으로 로도스(Rhodos)섬의 린도스(Lindos) 사람이다. 1세기 중엽과 2세기 초에 살았던 그리스도교 신학자 알렉산드리아의 클레멘스(Clemens)는 클레오불로스가 린도스의 왕이라고 했고, 플루타르코스(Plutarchos)는 그를 참주라고 했다. 또한 클레오불로스는 이집트에서 철학을 공부했다고 전해진다.

들에게 인기가 더 좋아졌지"라고 탈레스가 말했네.

"네. 누가 보든지 그녀가 천진난만하고 꾸밈이 없다는 것은 분명하군요. 그런데 그녀가 아나카르시스를 저리도 다정하게 돌보아주는 이유는요?"라고 네일록세노스가 물었네.

탈레스는 "왜냐하면 그는 상식이 풍부하고 박식한 인물이며, 스키티아 사람들이 병을 치료할 때 사용하는 식이요법과 하제요법(下劑療法)을 관대하게 그리고 기꺼이 알려주었기 때문이라네. 그리고 지금 바로 이 순간에 아나카르시스에게 저리도 다정히 대하는 이유를 내가 추측해보자면, 아마도 그와 이야기를 더 나누면서 지식을 얻어내고 있는 중이기 때문일걸세"라고 대답해주었지.

이야기를 나누는 동안 우리는 이미 연회장 근처에 도착했네. 그곳에서 밀레토스 사람 알렉시데모스(Alexidemos)를 만났는데, 그는 독재자인 트라시불로스의 아들이긴 하지만 서출(庶出)이었다네. 그는 잔뜩 흥분한 상태로 걸어 나오면서 화난 어조로 무어라 중얼거리고 있었는데, 도대체 무슨 말인지 알아들을 수 없었어. 그는 탈레스를 보고 조금 정신을 차리고는 멈춰 서서 이렇게 외쳤네.

"엄청난 모욕을 받았습니다. 페리안드로스가 이런 행동을 해도 되는지 생각 좀 해보십시오. 아 글쎄, 제가 가겠다고 했더니, 그는 제 말은 들으려고도 하지 않고 굳이 저녁을 들고 가라고 잡더군요. 그래서 제가 연회장으로 갔더니 그는 제게 별로 좋지 않은 자리를 배정해준 겁니다. 아이올리아(Aiolia) 사람들이나, 여러 섬에서 온 사람들 등에게는 더 좋은 자리를 배정해주면서 말이죠. 이것은 저를 보내신 제 아버님 트라시불로스를 모욕하고, 의도적으로 그분을 무시하는 것을 보여주려는 것이 틀림없어요."

"자네는 이집트 사람들이 천문에 관해 이야기할 때, 별이 회전궤도에서 더 높아지거나 낮아지면 그 별이 전보다 더 좋아졌다, 나빠졌다고 말하는 것처럼, 식탁에서의 자리배치 때문에 자네의 격이 떨어질까 봐 두려워하는 것인가? 합창단 지휘자가 제일 마지막 자리를 배정해주었더니, '오, 드디어 이 자리를 명예로운 자리로 만드는 법을 알아내셨군요!'라고 소리쳤던 어떤 스파르타인[16]이 있었는데, 자네가 그랬다면 그저 수치스러워했겠군."

이렇게 말한 탈레스는 이러한 말을 계속했다네.

"우리는 누가 좋은 자리를 배정받았는지가 아니라, 같이 앉게 된 사람들이 우리와 잘 어울릴 만한 사람인지를 알아내려고 애써야 하네. 또 그 사람들이 친교를 나눌 만한지, 우정을 지속시킬 무언가를 지니고 있는지 알아봐야 하지. 그리고 불만을 표시하기보다는 그런 이들과 자리를 같이하게 된 것을 드러내놓고 만족해하는 것이 더 나은 행동이라네. 항상 그렇듯이 식탁의 자리배치에 불만을 품은 사람은 주인이 아니라 옆에 앉은 이에게 불만을 품은 것이고, 그건 두 사람 모두에게 좋지 않아."

"몽땅 다 말장난이네요. 말이 나왔으니 하는 말인데, 당신네 현인이라고 하는 사람들이 살면서 하는 말들은 모두 존경받으려고 하는 수작들이죠."

알렉시데모스는 이 말을 남기고 우리 옆을 지나쳐 나가버렸네.

우리가 그 남자의 예의 없는 행동을 보고 어리둥절하자, 탈레스는 이렇게 말했다.

"천성이 거칠고 얼빠진 친구야. 저 친구가 아직 어렸을 때, 누군가 정말 귀한 향수를 트라시불로스에게 선물한 적이 있었지. 그런데 저 젊은이가 그 향수를 커다란 포도주 혼주기(混酒器)에 쏟은 다음, 그

---

16) 이 책의 「왕들과 장군들의 어록」 '다모니다스' 항목에서는 다모니다스라는 스파르타인이 이 말을 했다고 하고, 「스파르타인들의 어록」 '아게실라오스 대왕' 항목의 제6번에서는 아게실라오스 대왕이 했다고 한다.

위에 독한 포도주를 붓고 다 마셔버렸네. 이 일 때문에 트라시불로스는 우정 대신 증오를 얻게 되었어."

바로 그때 하인이 우리에게 다가와서 이렇게 말했다네.

"페리안드로스 님께서 탈레스 선생님 그리고 같이 오신 손님들께서 이쪽으로 오셔서 지금 막 그분께 가져온 것 하나를 보아주십사 합니다. 이런 것이 태어나도 괜찮은 건지, 아니면 불길한 징조인지를 판단해주시랍니다. 어쨌거나 이것이 그분의 엄숙한 제의(祭儀)를 모독하고 더럽히는 것일까 봐 대단히 동요하고 계시는 듯합니다."

그는 이 말과 함께 정원에서 떨어져 있는 한 방으로 우리를 데리고 갔고, 그곳에는 목동처럼 보이는 한 젊은이가 있었네. 아직 수염은 나지 않았고, 제법 멀끔하게 생긴 그 젊은이가 가죽보자기를 펴서 갓 태어난 생명체 하나를 보여주었는데, 그는 그것이 암말에게서 태어났다고 주장하더군. 그것의 상체, 즉 목과 팔까지는 사람의 모습이었고 갓 태어난 아기처럼 울지만, 몸의 나머지 부분은 말이었네. 네일록세노스는 "오, 신이시여!"라고 외마디 비명을 지르고는 고개를 돌려버렸네. 하지만 탈레스는 그 젊은이를 한참 응시하고 나서 미소를 띠고─그가 내 직업을 두고 농담할 때면 꼭 그런 표정이었지─내게 말했네.

"어이, 디오클레스(Diokles). 자네는 뭔가 끔찍한, 그러면서도 중요한 일이 일어났다고 느꼈을 테지? 그래서 이런 사악한 것을 우리에게 가져다준 신들에게 속죄의식을 치러, 그분들을 귀찮게 해드려야겠다고 마음먹었을 거야. 그렇지?"

"왜 속죄의식을 치르면 안 되나? 이는 다툼과 불화의 징조이네, 탈레스. 그리고 나는 이 일이 결혼과 출산에까지 영향을 미칠까 봐 걱정되네. 자네도 보다시피 여신께서 어떤 잘못에 분노하셨는데, 그에 대해서 확실한 속죄의식을 치르지 않고 또 잘못을 저질렀다는 것을 이렇게 보여주시지 않나[17)"라고 내가 말했네.

탈레스는 내 말에 대꾸하지 않고, 계속 웃으면서 물러섰네. 페리안드로스는 문간에서 우리를 맞으며 지금 본 것에 대해 물어보더군. 그러자 탈레스가 나를 제치고 그의 손을 잡으며 이렇게 말했네.

"디오클레스가 자네에게 어떤 일을 하라고 하건 자네 편한 대로 하게나. 하지만 내 충고는 이렇다네. 앞으로는 청년들을 마구간지기로 고용하지 말거나, 아니면 그들에게 아내를 얻어주게."

페리안드로스는 그의 말을 듣고 대단히 즐거워하는 것으로 보였네. 크게 웃더니 탈레스를 정말 다정하게 껴안았거든.

"어이, 디오클레스. 내 생각에 그 징조는 벌써 이루어졌다네. 자네도 알다시피 알렉시다모스가 우리와 같이 식사하지 않으려는 나쁜 일이 벌써 벌어졌지 않나"라고 탈레스가 말했네.

4. 우리가 연회장으로 들어섰을 때, 탈레스는 평소보다 더 큰 소리로 "그 친구가 거부했던 자리가 어딘가?"라고 말했네. 〔누군가〕 그 자리를 가리키자, 그는 우리를 데리고 가 그 자리에 같이 앉으면서 이렇게 말했다네.

"이야, 나는 아르달로스(Ardalos)와 한 식탁에 앉기 위해서라면 돈을 내야 해도 좋네."

그가 말하는 아르달로스는 트로이제네(Trizene) 사람으로서 피리 연주자이자 무사이[18)의 사제라네. 그들에 대한 숭배의식을 그의 선조이며 같은 이름을 가진 아르달로스가 만들어내었지.

---

17) 사람과 말이라는 두 요소로 구성된 생물을 보여주신다는 의미다.
18) Musai. 예술을 관장하는 여신들로 아홉 명이다. 우리나라에서는 보통 영어식 표현(Muses)에서 따온 '뮤즈'로 부른다.

바로 그 순간, 공교롭게도 아이소포스[19]가 나타났네. 그는 바로 얼마 전에 크로이소스 왕[20]의 명을 받고 페리안드로스에게, 또 델포이 (Delphoi)의 신[21]에게 파견된 것이지. 그는 바로 위에 자리 잡은 솔론 옆의 낮은 의자에 앉았네. 아이소포스가 입을 열었어.

"리디아에서 한 노새가 강물에 비친 자기 모습을 보고 몸집이 크고 멋진 것에 감탄한 나머지 갑자기 갈기를 곤추세우고 말처럼 달리기 시작했답니다. 그러다가 문득 자기 아버지가 당나귀라는 것을 생각해내고 달리는 것을 멈췄고, 자만심과 으스대기를 포기했다지요."

그러자 킬론이 무심결에 라코니아[22] 사투리로 말했네.

"느렸구마이라. 달리는 것이 노새 같았다는 말이지라."

바로 그때 멜리사가 들어와 페리안드로스 곁의 장의자에 자리를 잡았네. 에우메티스는 저녁식사 내내 앉아만 있었지. 내게 말을 걸고 있던 탈레스는 "디오클레스, 얼른 비아스에게 나우크라티스에서 또 왕의 질문을 가져오신 손님이 있다고 말하게. 그가 아직 술에 취하지 않고, 맑은 정신으로 있을 때 그 문제들을 들어줘야 하지 않겠나?"라고 말했네.

"들어보자고! 이 친구는 오랫동안 그런 종류의 문제들로 나를 놀

---

19) Aisopos. 우리나라에서는 보통 영어식으로 이솝(Aesop)이라고 불리는 인물이다. 유명한 그리스 우화집의 저자라고 추정되지만, 실제로는 별로 알려진 것이 없는 전설적인 인물이다. 헤로도토스는 그가 기원전 6세기 때의 인물이며 노예였다고 하고, 플루타르코스는 그가 리디아(Lydia)의 왕 크로이소스에게 조언하는 역할을 했다고 한다.

20) Kroisos. 리디아의 왕으로 기원전 595년 태어나 기원전 546년경 죽었다. 페르시아를 건설한 키로스(Kyros) 대왕에게 패해 나라를 잃었다.

21) 아폴론(Apollon)을 말한다. 델포이에는 신탁소로 유명한 아폴론신전이 있었다.

22) Lakonia. 스파르타의 한 지역으로 킬론은 스파르타인이다. 라코니아 지역은 사투리가 매우 심했다.

라게 하려 애써왔지. 하지만 〔포도주의 신인〕 디오니소스(Dionysos)
께서는 모든 면에서 뛰어나시며, 특히 그분의 지혜로움 때문에 '해
결자'라고 불리신다네. 그러니 내가 그분의 정신으로 충만해진다면,
용기가 좀 부족해도 해볼 만하겠지."

저녁식사를 즐기는 동안에 참석자 사이에서는 그런 유의 재치 있
는 이야기들이 오갔다네. 한편 나는 현명하고 훌륭한 사람들을 초대
하여 즐기는 데는 비용이 많이 드는 것이 아니고, 오히려 비용이 절
약된다는 생각이 불현듯 들었네. 왜냐하면 평소보다 식사가 더 간소
했기 때문이지. 페리안드로스는 지위도 높고 부유한 환경에서 살기
때문에 거의 매일 고급요리와 수입향수, 과일설탕절임, 비싼 포도주
같은 것에 돈을 상당히 많이 쓰는 사람이야. 하지만 이번에 그는 지
출을 자제하고 소박하게 산다는 느낌을 참석자들에게 주려고 애썼
더군. 이런 것들뿐 아니라 그는 아내에게도 항상 걸치는 화려하고 값
비싼 의복은 입지 말라고 일렀는지, 그녀도 그리 비싸지 않은 옷을
수수하게 차려입고 있었네.

5. 식탁이 깨끗이 치워진 후, 멜리사는 우리에게 화환을 나누어주
었네. 우리는 술을 바닥에 부어 신들께 경의를 표했고, 그동안 피리
를 연주하는 소녀는 헌주(獻奏)의식에 맞추어 반주(伴奏)하다가 물
러갔네. 그다음 아르달로스는 아나카르시스에게 몸을 돌리며 스키
티아에서도 피리를 연주하는 소녀들이 있는지 물어보았지.

그는 즉석에서 "아니, 포도나무도 없다네"라고 대답했네.

아르달로스가 다시 "그렇지만 스키티아 사람들도 신들을 모시겠
지요?"라고 묻자, 그는 "확실히 그렇지. 그들도 사람의 말을 이해하
는 신들을 모시네. 그들은 그리스 사람들과는 달리 신들이 조그만 뼈
와 나무로 만든 악기에 귀 기울이는 것을 더 즐거워하신다고 믿네.

그리스 사람들은 자기들이 스키티아 사람들보다 신들과 더 잘 통한다고 믿지만 말일세"라고 대답했네.

그러자 아이소포스가 이렇게 말했네. "친구여, 요즘의 피리제작자들은 최근 방식으로 만든 피리가 더 좋은 소리를 낸다고 주장하면서 더는 새끼사슴과 당나귀의 뼈를 재료로 악기를 만들지 않는다는 것을 알아두게. 이는 클레오불리나가 프리기아[23]식 피리에 관한 수수께끼를 만들 때 바탕이 되었다네.

뿔을 가진 정강이뼈로 내 귀를 가득 채우면 죽은 당나귀가 나를 친다.

가장 둔하고 귀에 거슬리는 소리를 내는 당나귀가 가장 청아하고 듣기 좋은 소리를 내는 뼈를 제공해주니 놀랄 만하지 않은가."

네일록세노스가 이런 말을 하며 대화에 끼어들었네.

"그게 바로 부시리스(Busiris) 주민들이 우리 나우크라티스 주민들에게 불평하는 이유입니다. 우리는 전부터 당나귀의 뼈를 피리 만드는 데 사용했거든요. 그런데 그들은 [그렇게 만든 피리의 소리가] 당나귀 울음소리 같다고 생각해 심지어 그 소리를 듣는 것을 죄라고 합니다. 그리고 여러분도 아시다시피 이집트 사람들은 티폰[24] 때문에

---

23) Phrygia. 아나톨리아의 중앙부 서쪽 지역이다. 예전에 미다스(Midas) 왕이 다스리던 지역으로, 그리스에는 그의 많은 재화 덕분에 무엇이든 손으로 만지기만 하면 금이 된다는 '미다스의 손'이라는 전설이 생겼다.

24) Typhon. 그리스신화에 나오는 대지의 여신 가이아(Gaia)와 지하의 신 타르타로스(Tartaros)의 막내아들이다. 머리가 100개인 괴물로 묘사되며, 나중에는 이집트의 악한 신 세트(Seth)와 동일시되었다. 세트는 황무지와 어둠, 질병을 관장하는 신이며 여러 동물이 합쳐진 모습으로 그려지는데, 그중에는 당나귀도 끼어 있다.

당나귀를 아주 거칠게 다룹니다."

6. 대화가 잠시 끊겼네. 이때 네일록세노스가 말을 꺼내고 싶은데 도 머뭇거리고 있는 것을 눈치챈 페리안드로스는 이렇게 말했네.

"나는 국가와 통치자들이 외국 손님의 일을 먼저 처리하고 나서야 자국 시민의 일을 처리하는 관행을 칭찬하고 싶소. 그러니 이제 우리 도 그 점을 좀 신경 써보기로 합시다. 각자 자기 나라에서 유명한 분 들이 마치 민회에서 법안을 제정할 때처럼 여기에 앉아 계시니, 우리 의 좋은 친구 네일록세노스가 비아스에게 전하기 위해 이집트에서 가져온 왕의 서한을 봅시다. 비아스도 우리가 모두 같이 생각해보기 를 원하고 있습니다."

비아스는 "사실 꼭 할 수밖에 없는 일이라 해도, 여기보다 더 쉽게 그런 질문들의 위험을 받아들일 수 있는 장소나 모임이 있겠습니까? 특히 왕의 부탁으로 제가 먼저 문제를 풀기 시작하고, 그다음으로 여 러분이 모두 풀어야 할 때는 더 그렇겠지요"라고 말했네.

비아스가 말하고 나자 네일록세노스는 문제가 있는 보따리를 그에 게 넘겨주려고 했지만, 그는 보따리를 넘겨받는 것을 사양했네. 그리 고 네일록세노스에게 좌중이 보는 앞에서 그 보따리를 풀고 크게 읽 어달라고 부탁했지. 편지의 내용은 다음과 같았네.

이집트의 파라오 아마시스(Amasis)가 그리스 최고의 현인인 비아 스에게.
에티오피아 왕은 나와 지혜를 겨루는 일에 몰두하고 있습니다. 그 는 계속 지면서도 특이하고 터무니없는 요구를 하는 데 전념하고 있습니다. 예를 들면 바닷물을 다 마셔보라는 등 말입니다. 만약 내 가 그 문제를 풀어내면 자신이 가진 여러 마을과 도시들을 내게 줄 테지만, 내가 풀지 못하면 엘레판티네섬[25] 근처의 도시들에서 철수하라는 겁니다. 그래서 나는 당신께서 이 문제에 대해 심사숙고해보시기를 청하며, 곧바로 네일록세노스를 다시 파견합니다. 아울러 내 처지에서는 그대의 친구들이나 동료 시민이 그 문제를 풀어내도 전혀 상관없습니다.

이 글을 읽고 몇 분 정도 멍하니 생각하던 비아스는 옆에 있던 클레오불로스와 몇 마디 말을 나누었네. 그리고 이렇게 말했네.

"나우크라티스에서 온 내 친구여, 이게 무슨 의미인가? 그렇게도 많은 사람을 다스리고 있으며, 엄청나게 대단한 나라의 통치자인 아마시스 전하께서 별것도 아닌 마을 몇 개 때문에 바닷물을 다 마셔 치우려 할 것이라는 뜻인가?"

네일록세노스는 웃으며 대답했네.

"그분이 기꺼이 하실 거로 가정하고, 어떻게 하면 가능할지를 생각해봐 주십시오."

"좋아, 그러면 전하께 이렇게 말씀드리게. 직접 바닷물을 마실 터이니, 에티오피아 왕에게 바다로 흘러 들어가는 강물을 모두 막으라고 요구하시라고 말일세. 그 문제는 바다에 관한 것이지, 앞으로 바다가 될 강물에 관한 것은 아니지 않겠나."

비아스의 말이 떨어지기가 무섭게 기쁨에 휩싸인 네일록세노스가 그를 껴안고 키스하더군. 다른 사람들도 모두 그 답변에 대해 한마디씩 하면서 만족스러워했네. 그리고 킬론은 웃으며 이렇게 말했지.

"친구여, 파라오께서 몽땅 마셔버려서 바다가 완전히 사라져버리기

---

25) Elephantine. 나일강의 한 섬으로 이집트의 아스완(Aswān)시 건너편에 있다. '남부의 관문'이라고 불렸다. 이집트의 가장 남쪽에 있는 도시이며 아프리카 남부 지역과의 무역이 시작되는 곳이었다.

전에 나우크라티스에 있는 자네 집으로 배 타고 돌아가게. 그리고 아마시스 전하께 더는 쓴 바닷물의 처리법을 찾아내려고 애쓰지 마시고, 차라리 신민들이 달콤하다고 느낄 통치법을 고민하는 것이 나을 거라고 전하게. 그런 문제들에 관해서라면 비아스가 가장 정통한 사람이고 또 가장 유능한 선생님이니까 아마시스 전하께서 그에게 배우기만 한다면, 이집트 사람들에게 강한 인상을 주기 위해 황금대야를 장만하는 따위의 일은 안 하셔도 될 거네. 지금보다 만 배나 더 태생이 천하다고 해도 성품이 훌륭하기만 하면, 백성은 그분에게 존경과 애정을 바칠 것일세.[26]"

페리안드로스가 그 말에 맞장구를 쳤네.

"정말 그렇지. 우리가 이런 문제에 대해서 파라오께 자문해드리는 건 당연하고도 옳은 일이네. 호메로스(Homeros)도 사람은 각자의 역할이 있다[27]고 읊지 않았나. 그분은 국가를 다스려야 하는 부담이 있으니 통치에 관한 이야기들을 높이 평가할 것이고, 우리에게도 이득이 되겠지."

7. 그러자 킬론이 이 주제에 관해서는 솔론이 대화를 이끄는 것이 좋겠다고 말했네. 솔론이 가장 나이가 많고 그에 따라 식탁의 가장 상석에 앉아 있을 뿐 아니라, 가장 잘살고 완벽하며 풍족한 도시국가

---

26) 아마시스가 천한 출신인데도 권력을 잡게 된 이야기는 헤로도토스의 『역사』 제2권 제172장 참조할 것. 헤로도토스에 따르면 아마시스가 왕이 된 뒤에도 이집트인들은 그가 태생이 고귀하지 않다고 하여 별로 존경하지 않았다. 아마시스는 자신의 보물 중 발 씻는 황금대야를 신상으로 만든 다음, 사람들이 경배하게 했다. 그리고 나중에 설명하기를 여러분이 경배하는 신상은 얼마 전까지 발 씻는 대야였다고 했다. 그리고 자신이 전에는 평민이었지만 이제 왕이 되었으니 그 대야와 처지가 다르지 않다며, 자신을 존중해달라고 했다.
27) 호메로스의 『오딧세이아』 제13권 제14행 참조할 것.

인 아테나이에서 통치자로서 법률을 만들기도 했으므로 가장 적임자라는 것이지. 한편 네일록세노스는 내게 조용히 말했네.

"디오클레스, 실제 있었다고 믿어지는 것 중에 사실과 완전히 반대되는 것이 대단히 많은 건 분명해. 그리고 대부분의 사람이 현인들에 대해서 자기들 멋대로 이야기를 꾸며내면서 즐거워하고, 다른 사람에게 그런 식의 이야기를 들으면 쉽게 받아들이지. 예를 들어 이집트에 있는 우리에게까지 킬론과 솔론의 관계에 관한 이런 이야기가 알려졌네. 즉 솔론이 '법률은 개정되기 마련이다'라고 했기 때문에 킬론은 그와 사이가 나빠졌다고 말이야."

나는 "그 이야기는 웃기는군. 그런 식이라면 킬론은 먼저 리쿠르고스[28] 그리고 리쿠르고스가 제정한 법률과의 관계를 끊어야만 했겠네. 리쿠르고스야말로 스파르타의 체제를 완전히 뜯어고친 인물이니까"라고 대답해주었지.

그때 솔론이 잠시 말을 멈추었다가 이렇게 말했네.

"내 생각으로는 왕, 또는 참주라도 군주정을 폐지하고 시민을 위해 민주정을 실시한다면 최고의 명성을 얻을 거네."

비아스가 그 말을 받았지.

"그가 자기 나라의 법을 따르는 바로 첫 번째 인물이 되기만 하

---

28) Lykurgos. 리쿠르고스는 기원전 9~8세기경에 살았다고 추정되는 스파르타의 반(半)전설적인 인물로 입법자이자 정치가다. 엄격한 훈련, 사치에 대한 경멸, 금은의 사적 소유 금지, 국가에 대한 충성, 공동식사(스파르타의 식사는 과식을 방지하려고 맛없게 만드는 것으로 유명했다) 등 스파르타만의 독특한 생활방식을 만들었다고 전해진다. 플루타르코스의 『대비열전』(對比列傳, *Bioi Paralleloi*) 「리쿠르고스전(傳)」은 두세 명의 리쿠르고스가 있었다는 이야기를 전하는데, 역사적 사실은 알기 어렵다. 킬론은 그가 만든 체제에서 행정관을 지냈다. 이 책의 「왕들과 장군들의 어록」 '리쿠르고스' 항목과 「스파르타인들의 어록」 '리쿠르고스' 항목에서 다양한 일화를 소개한다.

면요."

이어서 탈레스가 통치자는 나이가 들어 자연사하는 것이 바로 행복이라고 말했네.

네 번째로 아나카르시스는 이렇게 말했다네.

"그가 건전한 분별력을 갖추고 있기만 하다면 그렇겠지."

다섯 번째로 클레오불로스가 말했지.

"어떤 동료도 믿지 않는다면 말이지."

여섯 번째로 피타코스가 말을 받았네.

"신민들이 통치자를 두려워하는 것이 아니라, 통치자가 잘못되는 것을 두려워하게 할 수 있다면 그럴걸."

킬론이 그 뒤를 이어 통치자는 필멸자(必滅者), 즉 인간으로서 생각하지 말고, 항상 불멸자(不滅者), 즉 신처럼 생각해야 한다고 말했네.

우리는 이런 말들을 주고받고 나서 페리안드로스도 한 말씀 하시라고 권했어. 그랬더니 그는 별로 즐거워하지 않으며, 엄격하고 단호한 표정으로 말했네.

"음, 제 생각을 덧붙이자면, 지금 나온 의견들은 실질적으로 현자가 통치자가 되는 것을 꺼리게 할 것 같군요."

그러자 아이소포스가 마치 우리에게 임무를 부여하는 것처럼 이렇게 말했네.

"그러면 여러분은 조언자로서, 또 친구로서 말씀하시지만 말고, 지금 말씀하신 의견들을 직접 실천에 옮겨보시지요. 통치자에 대해 불평만 하시지 말고요."

그러자 솔론은 아이소포스의 어깨를 부드럽게 두드리고, 빙그레 웃으며 이렇게 말했어.

"만약 다스리는 것보다 다스리지 않는 편이 더 낫다고 설득할 수 있으면, 통치자를 더 온건하게 만들고 참주를 더 이성적으로 만들 수 있을 거로 생각하지 않나?"

아이소포스가 대답했네.

"그 문제라면 누가 당신과 관련된 신탁, 즉 '오로지 한 명의 외치는 자의 명예만 귀 기울이는 나라는 축복을 받았도다'라는 신의 말씀을 믿지 않고, [당신의 말을] 믿을까요?"

"그러나 지금의 아테나이 사람들은 한 명의 외치는 자이자 유일한 행정관의 명령에만 귀 기울이는 것이 사실이네. 그 행정관이란 바로 법률이지. 비록 민주정이긴 하지만 말일세. 자네는 까마귀 우는 소리와 갈까마귀의 지저귐을 알아들을 수 있을 정도로 똑똑하지만, 공평하게 듣는 귀는 없는 것 같네. 신탁에서도 한 사람의 말에 귀 기울이는 나라가 가장 잘산다고 했던 것을 생각해보게. 한편 자네는 사람들의 모임에서 누구나, 모든 주제를 가지고 이야기할 수 있는 것이 좋은 일이라고 보고 있지 않나."

"그렇죠. 당신이 아테나이에서 노예는 사랑의 행위를 해서는 안 되고, 운동선수처럼 건포마찰을 해서는 안 된다는 법을 만드셨던 것처럼, 노예가 술을 마셔서는 안 된다는 법을 만드시지 않은 것이 다행이죠. 그런 법을 만드셨으면 큰일 날 뻔했어요."[29]

이 말을 들은 솔론은 웃음을 터뜨렸고, 의사인 클레오도로스가 이렇게 말했네.

"그렇지만 건포마찰을 하는 것은 포도주를 마시면서 이야기하는 것과 비슷하지. 둘 다 즐거운 일이거든."

---

29) 아이소포스는 자신이 과거에 노예였던 것을 가지고 농담하고 있다. 플루타르코스의 『대비열전』 「솔론전」 제1장에 따르면 솔론은 노예가 운동장에서 운동하는 것과 자기보다 어린 남성과 사귀는 것을 금했다. 그런 행위들은 시민만이 해야 하는 명예로운 일이라고 생각했기 때문이다.

그리고 킬론이 이 대화에 끼어들었다네.

"그렇다면 그것을 참는 것이 더 이성적인 거지."

그리고 아이소포스가 다시 말을 꺼냈지.

"탈레스가 끼어들어서 사람은 가능한 한 빨리 늙어야 한다고 말할 게 틀림없어요."[30]

8. 페리안드로스가 이 말을 듣고 웃음을 터뜨리더니 말했네.

"아이소포스, 아마시스 전하께서 부탁하신 문제들을 들어보기 전에 할 이야기들은 충분히 한 것 같네. 이제 그 문제들을 먼저 다뤄보세. 네일록세노스, 부탁이니 그 편지의 나머지 부분도 읽어주게. 여기 이렇게 다 모인 김에 해결해야 하지 않겠나."

"네, 사실 에티오피아 왕의 요구는 아르킬로코스[31]의 문장을 따서 만든 것으로 거의 '우울하게 하는 비밀스러운 지령'[32] 수준이지요. 하지만 우리 아마시스 전하께서는 교양이 있고 점잖으셔서 이런 문제들을 내셨습니다. 즉 에티오피아 왕에게 가장 오래된 것, 가장 아름다운 것, 가장 위대한 것, 가장 현명한 것, 가장 흔한 것의 이름을 대라고 하셨지요. 그 밖에도 가장 도움이 되는 것, 가장 해를 많이 끼치는 것, 가장 강한 것, 가장 쉬운 것도 말해보라고 하셨습니다."

---

30) 행복을 얻기 위해 그래야 한다는 의미다. 통치자는 늙어서 자연사하는 것이 행복이라고 한 탈레스의 말을 비틀어서 농담하고 있다.

31) Archilochos. 기원전 7세기 중엽에 활동했던 그리스의 서정시인으로 이집트의 파로스(Paros)섬 출신이다. 고대 그리스인은 그를 대단히 창의적인 예술가로 보았다. 그는 악담이나 독설로도 유명했다.

32) 이 부분은 스파르타의 유명한 비밀지령을 희화화하고 있다. 스파르타인은 전쟁을 치르다가 본국에 비밀스러운 지령을 보낼 필요가 생기면 가늘고 긴 가죽끈을 원통에 감아 그 위에 글을 써 보냈다. 받는 사람은 미리 정해진 같은 크기의 원통에 그 끈을 감아 해독했다.

"에티오피아 왕이 이 질문들에 답을 내놓던가?"

"네, 자기 방식으로요. 하지만 그 사람이 내놓은 답변을 들어보시고 한번 판단해보십시오. 우리 전하께서는 답변이 잘못되었다고 반박당하지 않는 것이 매우 중요한 일이라고 생각하시거든요. 그쪽에서도 마찬가지로 뭔가 잘못이 있다고 생각하면 그냥 넘어가진 않을 겁니다. 에티오피아 왕의 답변은 다음과 같습니다."

- 무엇이 가장 오래되었나? — 시간
- 무엇이 가장 위대한가? — 우주
- 무엇이 가장 현명한가? — 진실
- 무엇이 가장 아름다운가? — 빛
- 무엇이 가장 흔한가? — 죽음
- 무엇이 가장 도움이 되는가? — 신
- 무엇이 가장 해를 많이 끼치는가? — 악령
- 무엇이 가장 강한가? — 운명
- 무엇이 가장 쉬운가? — 쾌락

9. 그가 이 부분을 읽었더니 좌석이 잠시 조용해졌네. 그리고 탈레스가 네일록세노스에게 아마시스 전하께서 그 답변에 동의하셨느냐고 물어보았지. 그가 아마시스 전하께서는 몇 개의 답변은 인정했지만, 그 외의 것들은 상당히 안 어울리는 대답이라 보신다고 말하자, 탈레스는 이렇게 말했네.

"사실 논박할 수 없는 문제란 없지만, 그 답변들은 모두 심각한 오류가 있는 데다가, 답변한 사람이 무식하다는 것이 잘 드러나는구먼. 예를 들어 첫 번째 문제만 해도 그렇지. 시간의 일부는 지나갔지만, 또 시간의 일부는 지금이고 일부는 미래인데 어떻게 시간이 가장 오래되었다고 말할 수 있나? 앞으로 올 시간은 지금 일어난 사건과 현재 있는 사람보다 더 새로운 것이 틀림없지. 그리고 진실이 현명하다고 주장하는 것은 빛이 바로 눈(眼)이라고 주장하는 것과 다를 바 없어 보이네. 그리고 만약 빛이 아름답다고 정말 그가 생각한다면, 태양은 왜 빼놓는 거지? 다른 대답 중에서 신과 악령에 대한 것은 대답한 사람이 무모하고 앞뒤 가리지 않음을 드러내는 데다가, 운명에 관한 대답은 도대체 논리적으로 말이 안 되네. 존재하는 것 중에 운명이 가장 강하다면 사람의 운명이 그리도 변덕스럽게 변할 리가 없지 않나. 그리고 죽음도 가장 흔한 것은 아니야. 죽음이란 살아 있는 것에는 영향을 미치지 못하지.[33] 하지만 다른 사람의 말을 그저 비판만한다는 인상을 주면 안 되니까 내가 제시하는 답변과 한번 비교해보세. 질문을 순서대로 나열한 다음에 내가 답을 말하겠네.

- 무엇이 가장 오래되었나?—신이네. 신은 시작이 없는 존재지.
- 무엇이 가장 위대한가?—공간이네. 우주는 자신 외의 모든 것을 다 담지만, 공간은 우주도 담고 있지.
- 무엇이 가장 아름다운가?—우주일세. 정리된 모든 것은 우주의 일부니까.
- 무엇이 가장 현명한가?—시간이네. 시간은 이미 존재했던 것은 다 발견해내고, 그렇지 않더라도 결국 밝혀낼 테니까.
- 무엇이 가장 흔한가?—희망이지. 아무것도 가진 게 없는 사람이라도 희망은 있지 않나.
- 무엇이 가장 도움이 되는가?—덕일세. 어떤 것이라도 덕이 있으

___
33) 헬레니즘시대의 철학자 에피쿠로스(Epikuros)가 한 말인 "〔살아 있는〕 우리에게 죽음은 아무것도 아니다"라는 구절을 염두에 두고 한 말인 듯하다.

면 다 도움이 되네.

• 무엇이 가장 해를 많이 끼치는가? ─악덕이라 하겠네. 악덕은 존재만으로도 엄청난 해를 끼치지.

• 무엇이 가장 강한가? ─필요라네. 필요 그 자체는 이겨낼 수 없네.

• 무엇이 가장 쉬운가? ─자연의 이치를 따르는 일이네. 사람은 쾌락에도 싫증을 내지.

10. 모든 사람이 탈레스의 해답이 아주 훌륭하다고 말할 때, 클레오도로스가 이렇게 말했네.

"그런 문제들을 내고 대답하는 건 왕들한테는 잘 어울리는 일이네. 하지만 아마시스 전하께서 바닷물을 다 마시면 경의를 표하겠다는 그 야만인에게는 피타코스가 알리아테스[34]에게 했던 간단한 응답이 필요하겠어. 알리아테스가 레스보스(Lesbos)섬 사람들에게 오만하게 명령하는 편지를 써 보내자, 피타코스는 그저 '죽어버려'[35]라고 답장을 써 보냈지."

그때 페리안드로스가 대화에 끼어들어 이렇게 말했네.

"클레오도로스, 예전의 그리스 사람들도 난감한 문제들을 주고받던 습관이 있었다네. 그 시절의 현인 가운데 가장 유명한 시인들이 암피다마스[36]의 장례식에 참석하기 위해 칼키스에 모였던 이야

---

34) Alyattes. 기원전 619년 태어나 기원전 560년 죽은 리디아의 왕 일리아테스 2세다. 그의 아들인 크로이소스 때 페르시아의 키로스 왕이 리디아를 멸망시켰다.

35) 원문은 '양파와 뜨거운 빵이나 먹어'다. 의역하자면 '눈물을 흘려라', 또는 '먹다가 죽어버려라' 정도가 된다.

36) Amphidamas. 그리스 에우보이아(Euboia)섬에 있는 주요 도시인 칼키스 (Chalkis)의 왕으로 렐란토스전투 이후인 기원전 730년경 사망했다. 시인 헤

기도 알고 있지 않나. 암피다마스는 에레트리아[37] 사람들을 아주 곤란하게 했던 전사였고, 렐란토스(Lelantos)평원을 차지하기 위한 전투 중에 전사했지. 하지만 시인들이 지은 시구절들이 판정을 내리기 힘들 정도로 모두 다 훌륭했고, 경쟁자들인 호메로스와 헤시오도스(Hesiodos) 모두 명성이 높았기 때문에 심판관들이 매우 당황스럽고 난처했다네. 그래서 이런 식의 질문을 던져 시인들의 기량을 판단하기로 했지. 레스케스[38]에 따르면, 호메로스가 이런 구절로 문제를 냈네.

무사이여, 예전에 일어난 적이 없고,
앞으로도 일어나지 않을 일에 대해 말해주오.

헤시오도스는 즉석에서 이렇게 답했네.

활기찬 제우스께서 자신의 무덤 속에 계실 때,
발굽소리를 울리며 말들이 질주하네.
말들이 우승하기 위해 맹렬히 달려갈 때,
전차와 전차가 부딪혀 부서지네.

헤시오도스는 이 문답으로 크게 명성을 떨치게 되었고, 우승기념

시오도스의 작품 『노동과 나날』은 그의 장례식에서 시인들의 경연이 열렸던 것을 언급하고 있다.

37) Eretria. 아테나이와 인접한 폴리스다.

38) Lesches. 초기 그리스의 시인으로 반전설적인 인물인데, 『작은 일리아스』(*Ilias Mikra*)의 저자로 유명하다. 보편적인 전승에 따르면 그는 레스보스섬의 피라(Pyrrha) 출신이고 기원전 660년경에 활동했다고 한다(다른 전승에서는 그보다 50년 정도 전의 인물로 보기도 한다).

품으로 청동세발솥을 받았다고 전해지네."

이에 클레오도로스가 이렇게 말했네.

"그러면 이런 일과 에우메티스가 내는 수수께끼의 차이는 뭡니까? 그녀는 다른 소녀들이 허리띠와 망사를 짜서 여성들 앞에 내놓는 것처럼 기분이 좋아지려고 그런 일을 하는 것 같은데요. 하지만 상식을 갖춘 남성이 그런 수수께끼를 심각하게 생각한다는 것은 우스운 일이지요."

얼굴을 보고 판단해보건대 에우메티스는 그에게 답변하고 싶어 했다네. 하지만 그녀는 최선을 다해 자제했고, 그러느라 얼굴에 홍조를 띠었어. 그러자 아이소포스가 마치 그녀의 편을 들듯이 말했지.

"그런 수수께끼들을 풀어내지 못하는 것이 더 우스운 일이 아닐까요? 예컨대 식사 바로 전에 그녀가 우리에게 내놓은 수수께끼 하나를 보지요.

진실로 나는 불을 가지고 청동조각 하나를 다른 사람에게 붙이려는 남자를 보았다네.

이것이 무엇인지 말씀해주실 수 있나요?"

"아니, 그리고 듣고 싶지도 않다네"라고 클레오도로스가 말했어.

그러자 아이소포스가 말했다.

"하지만 누구도 이것을 당신만큼 완벽하게 알고, 사용하는 사람이 없는 것도 사실이지요. 그 사실을 당신께서 부인하시면, 저는 그것을 시험하기 위해 흡각(吸角)을 쓸 겁니다."[39]

---

39) 흡각은 국부적인 염증이나 농양 따위를 치료하는 데 쓰이는 종 모양 그릇이다. 흡각요법은 부항요법과 흡사하다. 에우메티스가 낸 수수께끼의 답은 흡각요법을 시행하는 사람이고, 그 분야의 대가인 의사 클레오도로스가 모른다

이 말에 클레오도로스는 웃음을 터뜨렸네. 당시 모든 의사 중에 그가 흡각을 사용하는 데 가장 뛰어났고, 이 치료법이 상당한 명성을 얻게 된 것은 주로 그 덕분이었기 때문이지.

11. 솔론의 가까운 친구이자 숭배자이기도 한 아테나이 사람 므네시필로스[40]가 이렇게 말했다.

"페리안드로스, 제 생각에 대화란 포도주 같은 것이어서 재산이나 지위에 따라 할당되어서는 안 되고, 민주정치에서처럼 모든 이에게 동등하게 할당되어야 합니다. 그리하여 보편적인 것이 되어야 하지요. 그런데 지금 이야기되는 것들은 왕의 통치나 왕국을 다루고 있어서 우리처럼 민중의 통치를 시행하는 곳에서 사는 사람들하고는 관계가 없네요. 그러니 제 생각으로는 이제 여러분 각자가 민중의 통치라는 주제로 의견을 내셨으면 합니다. 다시 솔론부터 시작하시지요."

다들 이 의견에 찬성하여 솔론이 말하기 시작했네.

고 하니, 그가 아픈 것이 틀림없으므로 흡각요법을 시행하겠다는 아이소포스의 농담이다.

40) Mnesiphilos. 그리스-페르시아전쟁 중 살라미스(Salamis)해전에서 큰 승리를 거둔 아테나이의 정치가이자 장군 테미스토클레스(Themistokles)의 스승이다. 헤로도토스의 『역사』 제8권 제57장에 따르면, 살라미스섬에 모여 있던 아테나이해군은 아테나이가 페르시아군에게 함락되었다는 소식을 듣고, 살라미스를 떠나 이스트모스(Isthmos)해협 쪽으로 퇴각하려 했다. 이때 므네시필로스가 테미스토클레스에게 퇴각하면 함대가 분산되므로 남아 싸우라고 조언한다. 결국 살라미스에서 해전을 벌인 그리스군이 대승을 거둔다. 므네시필로스는 수사학자도 철학자도 아니지만, '소피아', 즉 지혜를 연구하던 사람이다. 소피아란 정치적 술수나 실생활에서의 영민함을 뜻한다. 그는 솔론부터 연구하던 이 소피아를 일파의 교의라도 되는 것처럼 후대에 전수했다. 그의 후계자들은 이 소피아를 변론술과 융합하여 공적인 일들을 처리할 때나 돌아다니며 사람들을 가르칠 때 즐겨 이용했다. 그리하여 그들은 '소피스테스'(*sophistes*, 소피스트)라고 불리게 되었다.

"하지만 므네시필로스, 자네는 여타 아테나이 사람들과 마찬가지로 체제에 관한 내 견해를 들은 바 있지 않네. 그래도 다시 듣고 싶어 한다면 말해주겠네. 내 생각에는 범죄로 피해를 보지 않은 사람들이 피해자들 못지않게 범죄자를 기소하고 처벌하는 나라에서 민주정치가 가장 잘 운영되고, 가장 효과적으로 영속할 것이네."[41]

비아스가 두 번째로 말했지.

"모든 사람이 참주를 두려워하는 것처럼 법을 두려워하면 가장 훌륭한 민주정치가 될 것이네."

다음으로 탈레스가 말했지.

"민주정치란 사람들이 지나치게 부유해지지도 않게 하고, 지나치게 가난해지지도 않게 하는 것이라네."

그다음으로 아나카르시스가 이야기했네.

"민주정치가 실시되는 곳에서는 사람들이 모든 면에서 똑같이 존중받는데, 다만 덕과 악덕을 지니는 정도에 따라 더 나은 사람과 더 못한 사람이 구분되어야 하네."

다섯 번째로 클레오불로스는 "공직자가 법보다 비난을 더 무서워하는 곳의 시민들이 가장 정의롭다네"라고 말했어.

여섯 번째로 피타코스는 "그런 나라는 나쁜 사람이 공직에 오르도록 허용하지 않고, 좋은 사람이 공직을 거부하도록 허용하지 않지"라고 이야기했다네.

킬론은 다른 쪽으로 몸을 돌리며 "법률에 최고의 주의를 기울이고, 법률에 관해 이야기하는 사람들에게 주의를 기울이지 않게 하는 것이 최고의 체제라네"라고 말했지.[42]

---

41) 즉 모든 이가 공적인 일에 관심을 품고, 직접 피해를 보지 않더라도 정의를 위해 애쓰는 나라에서 민주정치가 꽃피운다는 의미다.

42) 킬론은 법이 사람들에게 가장 두려운 대상이어야 국가가 제대로 돌아간다고

마지막으로 페리안드로스가 "여러분은 모두 귀족정과 가장 유사한 민주정에 찬동하는 것처럼 보이는군요"라고 맺는말을 하며 다시 한번 논의를 마무리 지었다네.

12. 이 논의가 끝나자, 나는 여기 있는 사람들이 집안을 건사하는 법을 이야기하는 편이 좋을 것 같다고 말했네.

"왜냐하면 도시나 국가를 통치하는 사람은 극소수이지만, 우리는 모두 집과 가족을 건사해야 하기 때문이지요."

아이소포스는 웃으며 이렇게 말했다네.

"다는 아니지. 아나카르시스까지도 우리 안에 포함했다면 말이지. 그는 집이 없을 뿐 아니라, 집 없이 마차를 이용하는 데 큰 자부심을 지니고 있네. 파르티아 사람들은 그가 태양신께서 전차를 타고 하늘의 이곳저곳을 점유하며 궤도를 도시는 방식을 따른다고 하지."[43]

아나카르시스가 말했네.

"그리고 내가 알려주고 싶은 것은 태양신께서 모든 신 중에서 홀로, 또는 탁월하게 자유로우시고 독립적이신 이유, 모든 것을 통치하시되 어떤 이에게도 통치되지 않는 바로 그 이유일세. 그분이 바로 왕이시고 통제권을 쥐고 계시지. 그대는 그분의 전차를 잘 모르는 것 같네. 태양의 전차가 얼마나 아름다운지 그리고 얼마나 큰지. 그렇지 않다면 농담으로라도 그분의 전차와 우리의 마차를 익살스럽게 비교하지는 않았겠지. 내 생각에 아이소포스 자네는 집이라는 것을 회반죽과 나무, 타일로 만들어진 방어용 덮개 정도로 한정해 보는 듯하네. 마치 그대가 달팽이의 껍질을 달팽이로 생각하는 것처럼 말이야.

보았던 스파르타의 인물이므로, 몸을 돌림으로써 법보다 시민이 중요하다는 견해들에 불편한 심기를 내보인다.
43) 파르티아인은 유목생활을 하기 때문이다.

달팽이란 그 자체가 생물인데 말이지. 그래서 솔론이 그대에게 크로이소스 왕의 이야기를 해주었을 때, 자네가 웃었던 것도 아주 당연하네. 솔론이 사치스러운 가구들로 가득한 크로이소스 왕의 궁전을 보았을 때, 그는 그런 궁전을 소유한 이라고 해도 행복하고 축복받은 존재라고 할 수는 없다고 밝혔지. 왜냐하면 솔론은 크로이소스가 가진 좋은 환경보다는 크로이소스 내면의 선함을 보고 싶어 했기 때문이라네.[44] 게다가 자네는 스스로 썼던 우화집 속의 여우이야기를 기억하지 못하는군. 누구의 색깔이 더 멋진지를 겨루어보게 된 여우는 재판관이라면 내면에 있는 것을 주의 깊게 살펴보아야 정당하다고 주장했지. 여우의 말에 따르면 내면은 자신이 더 멋지다는 것이지. 하지만 그대는 지금 목수와 석공이 만들어놓은 것만을 가정이라고 간주하네. 사람들 각자의 내면적이고 개성적인 것들, 아이들, 배우자들, 친구들, 아랫사람들을 가정이라고 간주하지는 않지. 그리고 그들이 상식과 분별력을 갖추고 있고 가장이 그들과 세상의 좋은 것들을 나눌 수 있다면, 개미굴이나 새둥지라 해도 그는 멋지고 행복한 가정에서 사는 것일세. 아이소포스가 넌지시 말한 것에 대한 나의 답변은

---

44) 헤로도토스의 『역사』 제1권 제30~32장에 솔론이 리디아의 크로이소스 왕을 만나 나눈 이야기가 쓰여 있다. 여행 중이던 솔론은 크로이소스의 궁전을 방문했고, 왕은 호화스러운 궁전을 자랑스럽게 보여주었다. 그러고 나서 왕은 솔론에게 세상에서 가장 행복한 사람을 만난 적이 있는지 물어보았다. 자신이야말로 가장 행복한 사람이라는 대답을 듣고 싶어서였다. 그러나 솔론은 행복하게 죽은 두 사람을 거명했고, 크로이소스가 항의하자 행복하게 생을 마감하기 전에는 그가 행복한 사람이었는지 판단할 수 없다고 했다. 그리고 현재의 행복이 아니라 결말을 눈여겨보라고 충고한다. 크로이소스는 솔론의 말을 무시했지만, 결국 전쟁에 패배하여 죽게 되었을 때, 솔론의 말을 떠올리고 후회하게 된다. 플루타르코스의 『대비열전』 「솔론전」 제28장에서는 솔론이 크로이소스를 방문했을 때, 아이소포스도 궁전에 초대되어 있었다고 전한다.

이것이네. 또 디오클레스에게 도움이 되는 것이기도 하지. 이제는 다른 분들 각자가 의견을 내는 것이 옳을 듯하네."

그러자 솔론은 자신이 생각하기에 가장 좋은 가정은 재산을 모을 때 불의한 방법을 쓰지 않고, 그 재산을 지킬 때 불신을 받지 않으며, 쓸 때 후회하지 않는다고 말했다네.

그리고 비아스는 "가장이 집 밖에서는 법률 때문에 지켜야만 했던 됨됨이를 집 안에서도 자발적으로 지켜나가는 가정이네"라고 말했어.

탈레스는 "가장이 집에서 최고의 휴식을 취할 수 있는 가정이라네"라고 말했네.

클레오불로스는 "가장이 두려움의 대상이 아니라 사랑받는 가정이지요"라고 말했어.

피타코스는 불필요한 것을 요구하지 않고, 필요한 것이 부족하지 않은 가정이 최고라고 말했네.

킬론은 모름지기 가정이란 왕이 통치하는 국가와 가장 유사해야 한다고 말하며, 민주정을 국가에 확립시켜야 한다는 사람에게 리쿠르고스가 했다는 말을 덧붙였다네.

"그대의 가정에 먼저 민주정을 시행하시오."

13. 이 논의가 끝나자, 에우메티스는 멜리사와 함께 만찬장에서 물러갔다네. 페리안드로스가 큰 잔에 든 포도주를 마시고 킬론에게 넘겨주었고, 킬론은 마찬가지로 마시고 나서 비아스에게 넘겨주었지. 그때 아르달로스가 일어나서 아이소포스에게 이렇게 말했다네.

"그 잔을 이쪽에 있는 우리에게 넘겨주지 않겠소? 보아하니 이분들은 그 잔이 마치 바티클레스의 잔[45]이나 되는 것처럼 서로에게만 돌리고 다른 사람들에게는 맛볼 기회도 안 주는군요."

그러자 아이소포스가 말했다네.

"하지만 이 잔은 민중의 것이 아니에요. 오로지 솔론만이 처분할 수 있지요."[46]

그러자 피타코스가 므네시필로스에게 물었네.

"왜 그대는 솔론이 술을 마시지 않는다고 증언하여 그가 썼던 이 시를 의심하게 했소?

내게 키프로스섬에서 태어나신 여신[47]과 디오니소스 님이 맡기시는 과업을 주게.

무사이들의 과업도 함께.

그 과업들은 사람 사이에 환호성을 가져온다네.[48]"

므네시필로스가 대답하기 전에 아나카르시스가 재빨리 말했네.

"피타코스, 므네시필로스는 자네와 자네가 반포한 가혹한 법을 두려워하는 것이라네. '누구든지 취해서 법을 위반하면, 안 취한 상태에서 더욱 규제된 법에 따라 두 배로 처벌받을 것이다'라고 했지 않

---

45) 플루타르코스의 『대비열전』 「솔론전」 제4장에는 이렇게 쓰여 있다. 바티클레스(Bathykles)라는 사람이 남긴 잔(전승에 따르면 크로이소스 왕이 보낸 잔, 또는 바다에서 건져 올린 금으로 만든 세발솥)을 두고 가장 현명한 사람에게 주기로 하여, 처음에 탈레스가 그 잔을 받았다. 탈레스는 비아스가 더 현명하다고 하며 비아스에게 보냈고, 비아스도 다른 사람에게 보냈다. 이 잔은 결국 돌고 돌다가 탈레스에게 돌아왔고, 탈레스는 결국 제우스의 아들인 아폴론에게 바쳤다는 것이다.

46) 이 자리는 솔론이 주재자였기 때문이다.

47) 헤시오도스의 『신통기』는 크로노스가 우라노스를 습격하여 남근을 자르고 그것을 바다에 던졌더니, 하얀 거품이 일고 아프로디테가 태어나 키프로스섬으로 갔다고 전한다. 그리하여 그녀는 키프로스섬에서 태어난 여신, 또는 남근을 좋아하는 여신으로 불리게 되었다는 것이다.

48) 플루타르코스의 『대비열전』 「솔론전」 제31장 제3절도 솔론이 썼다는 이 시를 소개하고 있다.

왔나."

그러자 피타코스가 대꾸했네.

"자네는 작년에 알카이오스(Alkaios)의 형제네에서 무례하게 법을 무시하는 행동을 보였지. 제일 먼저 취하고서는 상으로 승리의 화관을 달라고 요구했지."

아나카르시스가 대답했네.

"그러면 안 되나? 가장 취한 사람이 상을 받기로 되어 있었고, 내가 제일 먼저 취했다네. 내가 왜 승리에 대한 보상을 요구하면 안 되었나? 그 밖에도 독한 포도주를 많이 마시는 목적은 무엇보다 취하는 데 있다고 바로 자네가 내게 가르쳐주었지."

그 말을 들은 피타코스가 웃어버리자, 아이소포스가 다음의 이야기를 들려주었네.

"어떤 늑대가 양치기들이 오두막에서 양을 한 마리 잡아먹고 있는 것을 보고 다가가 말했다네. '내가 여러분이 한 일과 같은 짓을 하면 엄청나게 소란을 피울 거면서!'라고 말이야."

킬론이 말했네.

"아이소포스는 바로 얼마 전에 우리가 말하지 못하게 한 것을 아주 적절하게 받아쳤구먼.[49) 므네시필로스가 말하려고 하는데, 다른 사람이 못 하게 하는 것을 보고 말이야. 솔론을 변호하기 위한 답변을 요청받은 이는 므네시필로스인데 말이지."

므네시필로스가 말했네.

"솔론의 견해에 대해서는 제가 아주 잘 알지요. 인간에게든 신에게든 다 같이 모든 예술과 재능에 부과되는 임무는, 수단을 써 성과

---

49) 앞서 제8번의 첫머리에서 페리안드로스가 아이소포스의 말을 끊고 화제를 전환한 일을 말한다.

를 만들어내는 일보다는 결과 그 자체라고 솔론은 생각하시지요. 결과를 만들어내는 데 이바지하는 것은 수단이라기보다는 결과 그 자체라고요. 제 생각에 베 짜는 사람의 임무는 베틀의 북을 정렬해놓거나 베틀을 걸어놓는 것이 아니라 망토나 외투지요. 대장장이도 마찬가지여서 쇠를 용접하거나 도끼를 담금질하는 것이 해야 할 임무이지, 이를 위해 해야 하는 일들, 예컨대 불길을 키운다든가, 녹일 준비를 한다든가 하는 일이 임무가 아니지요. 만약 우리가 건축가의 임무는 신전이나 집이 아니라 목재나 회반죽이라고 한다면, 그는 우리가 잘못했다고 할 겁니다. 또 우리가 무사이의 임무를 수금(竪琴)이나 피리라고 간주하고, 노래와 가락을 사용하는 이들의 성품을 더 낫게 하고 감정을 순화시키는 일이 아니라고 한다면, 여신들께서는 매우 기분이 상하실 것입니다. 마찬가지로 아프로디테의 임무도 성적인 교섭이 아니며, 디오니소스의 임무도 독주나 포도주가 아니지요. 오히려 그러한 매개적 수단을 써서 우리 안에 있는 서로 간의 친밀한 감정, 동경, 교제, 친교를 불러일으키시는 거지요. 이런 것들이 솔론께서 말씀하신 '신성한 임무'인데, 그분은 지금 비록 나이가 드셨지만 다른 무엇보다 이런 것들을 사랑하고 추구한다고 말씀하십니다. 그리고 아프로디테께서는 남녀의 육체를 사용하여 즐거움의 영향력 아래에서 두 사람 사이에 화합과 우정을 만들어내시는 데 능하십니다. 동시에 두 남녀의 영혼을 하나로 결합하기도 하시지요. 그리고 대부분의 사람이 서로 친밀하지 못하거나, 잘 알지 못할 경우, 디오니소스께서는 포도주로써 그들의 사이를 부드럽게 하시고, 성격을 느긋하게 해주십니다. 마치 불로 금속을 그리 만들듯이. 그렇게 서로 간에 결합이나 우정이 생기게 하는 수단을 제공해주시는 것이지요. 그렇지만 제 생각에 페리안드로스 님이 초대하셔서 함께 오신 당신 같은 분들에게는 포도주잔이나 국자가 필요하지 않아요. 무사이께서 여러분 사이에는 다른 무엇보다 담화를 준비해놓으십니다. 이는 말하자면 농담과 진지함이 어우러진 최고로 즐거운 일들이 가득 찬 것으로 〔아무리 마셔도〕 취하지 않는 술잔인 셈이죠. 그리고 이것을 가지고 여러분은 우정을 일깨우고 북돋우며 나눕니다. '술 푸는 국자'는 '술단지의 맨 위에' 거의 손대지 않고 걸쳐놓은 채로요. 헤시오도스가 대화보다는 통음(痛飮)하는 사람들에게 금한 일[50]이긴 하지만요. 사실 제가 아는 바로는 예전 시대의 인물 사이에서 축배를 드는 관행은 유행하지 않았습니다. 시인 호메로스도 각자 한 잔, 즉 주어진 양만을 마신다고 읊으셨지요.[51] 마찬가지로 아이아스(Aias)도 자기 몫을 옆 사람과 나누었고요.[52]"

므네시필로스가 이렇게 말하자, 페리안드로스가 킬론의 중재로 이미 용서하고 최근에 화해했던 사람인 시인 케르시아스[53]가 말했다.

"그러면 제우스께서 신들과 연회석상에서 같이 마실 때도, 아가멤

---

50) 헤시오도스는 『노동과 나날』 제744행에서 "술자리에서 혼주기(混酒器) 위에 술 푸는 국자를 놓지 말라"고 읊고 있다. 헤시오도스는 바로 그다음 구절에서 "그 위에는 재앙이 서려 있기 때문이다"라고 하는데, 이는 관례적인 금기인 것으로 보인다. 하지만 이 글의 맥락에서는 술자리에서는 쉬지 말고 술을 마시라는 의미다.

51) 호메로스는 『일리아스』(Illias) 제4권 제261행에서 "다른 장발의 아카이아(Achaia)인은 모두 분배된 몫만 마시지만"이라고 읊고 있다. 이 구절은 트로이아원정을 떠난 그리스연합군의 총지휘관인 미케나이의 왕 아가멤논(Agamemnon)이 이도메네우스에게 하는 말이다.

52) 호메로스의 서사시에 나오는 영웅 중 아이아스는 대식가였다. 하지만 여기서는 플루타르코스가 잘못 인용하고 있다. 호메로스의 『오딧세이아』 제8권 제475행에는 "그때 지략이 뛰어난 오딧세우스(Odysseus)가 하얀 어금니의 멧돼지 고기를 한 토막 잘라주며"라고 쓰여 있다.

53) Chersias. 중부 그리스의 한 지역으로, 오늘날에도 지명을 유지하고 있는 북동부의 테살리아(Tessalia) 바로 아래 있는 보이오티아(Boiotia)의 오르코메노스(Orchomenos) 출신이다. 그 외에는 달리 알려진 바가 없다.

논 왕이 지휘관들에게 하는 것과 똑같이 제우스께서도 신들에게 정해진 양만큼 술을 따라주시곤 했다고 추정해야 할까요?"

그러자 클레오도로스가 대답했다.

"케르시아스, 당신네 시인들이 읊듯이 어떤 비둘기들이 '부딪히는 바위들'인 플랑크타이를 넘는 고생을 하며 제우스께 암브로시아[54]를 가져다드린다고 하세.[55] 또한 넥타르[56]도 얻기 힘들고 희귀한 것이니, 제우스께서도 그것들을 아껴두고, 아까워하며 다른 신들에게 나누어주신다고 믿지는 않나?"

14. 케르시아스가 말했다네.

"그렇겠지요. 하지만 이제 다시 가정관리에 관해 이야기해봅시다. 여러분 중 누가 이제까지 빠뜨린 부분을 이야기해주시겠어요? 제 생각에 재산이 충분하고 적절하다고 만족하는 방법을 어찌 얻어야 할지는 이야기하지 않은 것 같군요."

클레오불로스가 말했다.

"현명한 사람이라면 관례를 따를 것이고, 그에 못 미치는 사람들이라면 내 딸이 자기 남동생에게 한 이야기를 해주면 되겠지. 그 녀석 말에 따르면, 달[月]이 어머니에게 자기 치수에 맞는 겉옷을 짜달

---

54) *ambrosia*. '불사'(不死)라는 의미로, 그리스신화에서 신들이 먹는 음식이다. 꿀보다 달고 향기가 좋으며 불로불사의 효력이 있다고 한다.

55) 호메로스의 『오딧세이아』 제12권 제59~62행에는 "한쪽에는 윗부분이 튀어나온 바위들이 있는데, 검푸른 눈을 가진 암피트리테의 큰 파도가 그것들을 향해 치고 있네. 이 바위들을 신들은 플랑크타이(*plaktai*)라고 부르는데, (이 바위들은 무언가 지나가면 서로 부딪히기에) 그 옆으로는 새들, 아니 제우스께 암브로시아를 날라드리는 비둘기들도 쉽게 통과할 수 없다네"라고 쓰여 있다.

56) *nektar*. 그리스신화에서 신들이 마시는 신비한 술로, 이 술을 마신 사람은 불사의 몸이 된다고 한다.

라고 부탁했다네. 그러자 달의 어머니가 말했다지. '내가 어찌 네 치수에 맞는 겉옷을 만들어주겠니? 너는 지금 꽉 찬 둥근 모양이고, 다른 때는 초승달 모양이며, 또 다른 때는 가장 클 때의 절반 정도밖에 안 되는데.' 친애하는 케르시아스, 자네도 알다시피 어리석고 무절제한 이들에게 맞춰줄 방법이란 없다네. 그런 이들은 필요에 따라 이리저리 다른 사람이 되지. 즉 자신의 욕망과 운명에 따라 달라진다네. 이 자리에 있는 우리의 친구 아이소포스가 이야기한 개처럼 겨울에는 춥기에 가능한 한 몸을 옹송그려 말고 집을 짓겠노라고 마음먹지. 하지만 다시 여름이 되면 자려고 몸을 쭉 뻗은 다음, 자신의 덩치가 큰 것 같으니 들어갈 만큼 큰 집을 짓는 것이 간단한 일도 아닌 듯하고, 필요하지도 않을 일로 생각하네. 여보게 케르시아스, 어떤 때는 마치 스스로 소박한 스파르타식 삶을 사는 것이 목표인 것처럼 극단적으로 한계를 작게 설정한 채 이를 넘지 않고 살아가던 이가, 다른 때는 왕이나 다른 모든 이가 가진 것들을 자기도 다 갖지 못하면 갖고 싶어서 죽을 것처럼 행동하는 그런 혐오스러운 꼴을 종종 보지 않았나?"

케르시아스가 침묵하자, 클레오도로스가 대화를 이으려고 이렇게 말했네.

"하지만 아시다시피 현명하신 여러분도 서로 비교해보면 불공평한 수단으로 재산을 얻으시기도 하지요."

클레오불로스가 답했네.

"그렇지. 착한 양반 같으니라고. 관례란 베 짜는 사람 같아서 우리 각자에게 딱 맞고, 온당하며, 적절한 양을 할당해주니까. 그리고 그대도 관례와 양식(良識)에 따라 환자들에게 식이요법과 양생법, 약물을 처방해주지요. 각자 똑같은 양을 처방해주는 것이 아니라 병증에 따라 적절하게 처방하지 않소."

아르달로스가 대화에 끼어들며 말했네.

"게다가 여러분과 모두 친분이 있는 솔론의 외국인 친구 에피메니데스[57])는 다른 모든 종류의 음식을 사양하고, 자기 스스로 조합해 만든 '허기만 메우는 것'[58])만 조금 먹으면서, 점심식사도 저녁식사도 하지 않고 온종일 지내는 습관이 있지 않습니까?"

이 말은 모든 참석자의 관심을 끌었다네. 탈레스는 에피메니데스가 피타코스처럼 스스로 곡식을 갈고 조리하는 수고를 겪고 싶어 하지 않는 현명함을 보여주었다고 농담했지. 그러면서 그는 에레소스[59])에 있을 때, 머물렀던 집에서 아낙네가 맷돌 앞에서 이렇게 노래하는 것을 들었다고 했네.

돌아라, 맷돌아, 돌아라.
피타코스 님도 맷돌을 돌리곤 하셨다네.
위대한 미틸레네의 왕이신데도.

솔론이 말했네.

"시인 헤시오도스가 시에 써놓은 것들, 사람이 살아가는 방법의 요체에 관해 규정해놓은 것들을 아르달로스가 읽지 않았다면, 그거야말로 놀라운 일이지. 왜냐하면 이런 형태의 섭식을 해야 한다는 마음

---

57) Epimenides. 기원전 7세기경의 그리스 철학자이자, 시인, 예언자다. 그의 행적에 관한 이야기 중에는 전설 같은 내용이 많다. 예컨대 그가 아버지의 양 떼를 돌보던 중에 크레테섬에 있는 제우스의 성스러운 동굴에서 57년간 잠들었다가 깨어난 다음부터 예언의 능력을 지니게 되었다는 것 등이다.
58) *alimos*. '허기만 메우는 것'은 아마 헤시오도스가 『노동과 나날』 제41행에서 말하는 "당아욱과 수선화"일 수 있다. 당시의 가난한 사람들이 허기를 메우려고 먹었던 구황식물이다.
59) Eresos. 레스보스섬의 남서부 지역에 있는 옛 그리스 도시다.

을 에피메니데스가 품게 한 이가 바로 헤시오도스이기 때문이네. 헤시오도스는 '당아욱과 수선화에 얼마나 많은 이득이 있는지' 찾아야 한다고 가르치지 않았나."[60]

페리안드로스가 말했네.

"헤시오도스가 그런 생각을 했다고 그대는 진정으로 믿으시나요? 그가 언제나 검약을 찬미하곤 했던 이였으므로 가장 소박한 형태의 요리를 먹는 것이 가장 즐겁다고 말하며 꼬드기는 것이라고 생각하지는 않으시나요? 당아욱은 먹기 좋고, 수선화 줄기도 씹으면 달콤하지요. 하지만 이런 종류의 것들은 허기를 잊게 하고 갈증을 풀어주는 약용 식물들이에요. 제가 알기로는 음식이라기보다는 약이지요. 그중에는 달콤한 수지(樹脂)와 이민족들에게서 볼 수 있는 치즈, 구하기 어려운 종류의 여러 가지 씨앗들도 포함되어 있어요. 그러니 이 모든 것을 준비해야만 한다면, '방향타를 태워 연기로 높이 날려 보내고'라는 구절은 젖혀두고서라도, '소와 억센 노새를 부리는 노동을 그만두어도 좋다네'[61]라고 헤시오도스가 읊은 것을 어떻게 인정할 수 있겠소? 솔론 님, 그대의 친구인 에피메니데스는 최근에 델로스(Delos)섬 주민들을 위한 대대적인 정화의식[62]을 진행했지요. 그

---

60) 헤시오도스는 『노동과 나날』 제41행에서 "그들은 절반이 전부보다 얼마나 많은지도 모르고, 당아욱과 수선화에 유용한 것이 얼마나 많이 있는지도 모를 정도로 어리석다네"라고 읊고 있다.

61) 헤시오도스는 『노동과 나날』 제42~46행에서 "신들은 인간이 먹을 것을 숨겨 두신다네. 그렇지 않다면 너는 쉽게 하루 만에 1년 치 먹을 것을 얻을 수도 있겠지. 너는 놀아도 될 테지. 또 배의 방향타를 태워서 연기로 높이 날려 보내도 될 것이고, 소나 억센 노새를 부리는 노동을 그만두어도 좋다네"라고 읊고 있다.

62) 헤로도토스는 『역사』 제1권 제64장에서 아테나이의 참주 페이시스트라토스(Peisistratos)가 델로스섬의 신전에서 보이는 무덤들을 다른 곳으로 이장하는 정화사업을 벌인 일을 서술한다. 하지만 페리안드로스가 말하는 정화의식이

때 신전에 바쳐진 여러 종류의 초기 형태 음식들에 관한 기념물이나 전례들을 보았을 것이고, 여타의 값싸고 자체 증식이 가능한 음식 중에 단순, 소박하기 때문에 헤시오도스가 우리에게 추천해주었던 당아욱과 수선화도 당연히 있었을 겁니다. 그가 거기에 주목하지 않았다면 오히려 놀랄 일이지요."

"그것만은 아니고요. 허브는 건강에도 아주 좋은 식물이니 그 두 가지 다 추천할 만하지요"라고 아나카르시스가 말했네.

클레오도로스가 말을 받았네.

"그대의 말이 맞소. 헤시오도스가 약물도 잘 알고 있는 것은 분명하니 말이오. 그의 작품을 보면 포도주를 물에 섞는 법, 물의 가치, 목욕, 여성, 성적인 교섭을 나누기에 적절한 시점, 어린아이를 앉히는 방법 등 일상생활에 관한 것 어느 하나 주의를 기울이지 않거나 경험해보지 않은 것은 없으니까요. 하지만 내가 보기에는 에피메니데스보다는 아이소포스가 헤시오도스의 제자라고 하는 편이 더 맞을 거요. 아이소포스가 매와 밤꾀꼬리에 대한 헤시오도스의 우화[63]를 보고 영감을 얻어 〔동물들이〕 제각기 다른 말로 이야기한다는 아름답고 독창적인 지혜를 표현했으니 말이오. 하지만 저는 솔론의 말에 귀 기울이면 즐거울 듯하오. 왜냐하면 솔론은 아테나이에서 오랫동안 에피메니데스와 교분을 나눴으니, 그가 어떤 경험이나 아니면 어떤 복잡한 논의로 그런 생활방법을 갖게 되었는지를 아실 것 같으니까요."

그것인지는 분명하지 않다.

63) 헤시오도스는 『노동과 나날』 제202~215행에서 밤꾀꼬리를 붙잡은 매의 우화를 들려준다. 매는 강자가 약자에게 함부로 할 수 있다고 말한다. 하지만 헤시오도스는 이처럼 폭력으로 죄를 지어서는 안 된다고 읊는다.

15. 솔론이 말했다네.

"그에 대해 무엇이 궁금하신가? 최고는 아니지만 차선의 방법은 음식을 최소한으로 섭취하는 것이라는 점은 분명하지. 최고로 좋은 것은 아예 음식을 요구하지 않는 일이라는 게 일반적 의견이 아니던가?"

클레오도로스가 말했네.

"제 의견은 절대 그렇지 않다는 겁니다. 제 마음속에 있는 의견을 말해야만 한다면 말이죠. 그것도 여기 식탁에서는 더더욱 그렇지요. 음식이 치워지면, 우정과 환대를 담당하시는 신들의 제단에 있는 것들이 치워지는 것입니다. 탈레스도 말했듯이, 만약 땅이 없어지면 우주는 혼란에 빠지게 되지요. 마찬가지로 음식이 사라지면 가정이 해체되는 것입니다. 식탁이 사라지면, 불자리[64]에 있는 제단의 불길도, 불자리 자체도, 포도주잔들도, 다른 모든 여흥과 환대들도 사라집니다. 사람과 사람 사이의 친교를 가능하게 해주는 가장 고상한 첫 번째 일인 그것들이오. 그렇고 말고요. 모든 실질적인 삶이 사라지는 거죠. 삶이라는 것은 인간이 일련의 활동을 수행하며 시간을 보내는 것[65]인데, 그 활동의 대부분에 음식과 그 음식으로 얻어지는 것들이 필요하다고 하면요. 농업 자체로만 한정시켜 보아도 무서운 일들이 이어지지요. 농업이 붕괴하면, 사람들이 전혀 활동하지 않게 되므로

---

64) 그리스인은 집안의 중심이 불을 피우는 곳, 즉 불자리라고 보았다. 벽난로일 수도 있고, 그저 땅을 파놓고 모닥불 비슷한 것을 피우는 곳일 수도 있지만, 이곳이 집안의 정신적 중심이라고 본 것이다. 이는 불을 피워놓고 둘러앉아 온기를 나누었던 태고 이래의 관행에서 유래했다. 그래서 이들에게 불자리는 집안의 중심이자, 집안 그 자체이기도 했다. 새로운 아이가 태어나거나, 며느리를 보는 등 집안에 새 식구를 들이면 불자리에서 이들이 식구가 되었음을 선조에게 알리는 의식을 치렀다.

65) 스토아(Stoa)학파에서 나온 삶에 대한 정의다.

대지가 열매 맺지 못하는 나무들로 가득 차고, 〔제방이 없으므로〕 건사하지 못한 것들을 물줄기가 쓸어버려서, 우리의 대지는 추하고 불결해진 상태로 남을 것입니다. 또 농업이 붕괴하면, 농업으로 말미암아 시작된 모든 예술과 공예도 따라서 붕괴합니다. 농업이 예술과 공예의 기반과 재료를 제공해주거든요. 그래서 농업이 자취를 감추면 이 모든 것이 무(無)로 돌아갑니다. 사람들은 그저 빛과 온기만을 얻을 테니 태양신께도 별로 감사하지 않을 터이며, 달의 신께는 더더욱 그렇겠지요. 당연히 신들께 바치는 경의도 사라질 테지요. 비를 내려주시는 제우스께, 또는 쟁기질을 전수해주신 데메테르(Demeter)께, 아니면 부드러운 곡물 위로 굽어보시는 포세이돈(Poseidon)께 제물을 바치는 장소나 제단이 남아 있을까요? 우리에게 디오니소스께서 주시는 선물이 필요 없게 되면, 그분께서 기쁨을 주실 수 있을까요? 제물이나 헌주할 것으로 우리가 무엇을 바칠 수 있을까요? 처음 수확한 과실 대신 무엇을 헌납할까요? 이 모든 것은 우리가 가장 크게 관심을 두는 것들이 뒤집어지고, 혼란에 빠지게 됨을 의미합니다. 모든 형태의 쾌락에 집착하는 일도 매우 비이성적인 것이 될뿐더러, 이를 피하는 것도 완전히 목석같은 일이 될 뿐입니다. 영혼을 즐겁게 해줄 더 나은 쾌락들이 남아 있다고 칩시다. 그래도 먹고 마시는 일에서 오는 즐거움보다 더 낫다고 여길 즐거움을 몸이 찾아낸다는 것은 불가능하지요. 이는 자명한 사실입니다. 먹고 마시는 즐거움은 사람들이 모든 사람 앞에서 내놓고 할 수 있고, 연회장과 식탁에서 다른 이들과 나눌 수 있습니다. 반면에 성적인 환희는 밤과 깊은 어둠의 장막 뒤에 숨기고, 이 즐거움을 공개적으로 행한다는 것은 부끄러움도 모르는 상스러운 짓이라고 느낍니다. 그래서 다른 이들과 나누지도 않지요.”

나는 클레오도로스가 이야기를 멈추자 대화를 이어받았네.

"클레오도로스가 언급하지 않고 지나간 면이 있군요. 우리가 음식과 함께 잠도 멀리하게 된다는 점입니다. 잠이 사라지면 꿈도 없어져서 가장 존중받는 오래된 예언의 한 형태가 영영 사라지게 되지요. 삶은 똑같이 단조롭게 이어질 것이고, 육체라는 용기에 들어 있는 영혼은 모든 목적과 의미를 상실하게 될 것입니다. 가장 중요한 대부분의 신체기관, 즉 혀, 치아, 위, 간장은 영양의 섭취를 담당하는데, 이것들이 모두 활동을 멈출 것이고, 다른 유용한 형태로 구성되지도 않을 것입니다. 결국 음식이 필요 없는 자는 육체도 필요하지 않게 되지요! 육체가 있어야 우리는 모두 존재하기 때문입니다. 이상이 제가 생각하는 복부(腹部)에 대한 변론입니다. 솔론 님이나 다른 분들이 어떤 식으로건 이의가 있으시다면 기꺼이 듣겠습니다."

16. 솔론이 말했네.

"확실히 우리가 이집트인보다 판단력이 떨어진다고 보이지는 않아야겠지. 그들은 시신을 절개하고 태양 아래 드러내놓은 다음에 일부 부위를 강에다 집어던지네. 그리고 이제야 시신이 깨끗해졌다고 느끼며 시신의 남은 부분들에 의무를 다하지.[66] 사실상 그 일들이 우리 육신을 오염시킨다네. 말하자면 끔찍한 물줄기와 바람으로 가득 찬 지옥의 내부 같아서 타오르는 불과 시신으로 뒤섞여 있다네.[67] 어

---

66) 미라로 만드는 것을 의미한다.
67) "그러고 나서 그대는 하데스의 고약한 냄새가 나는 집으로 가시오. 그곳에는 피리플레게톤강과 스틱스강의 지류인 코키토스강이 있는데, 둘 다 아케론으로 흘러간다네"(호메로스의 『오딧세이아』 제10권 제512~514행); "하데스는 굽힐 줄도 양보할 줄도 모르오"(호메로스의 『일리아스』 제9권 제157행); "그리하여 시신을 태우는 장작더미가 쉴 새 없이 타올랐네"(호메로스의 『일리아스』 제1권 제52행); "내가 그자를 붙잡아 저 멀리 있는 타르타로스로 던질 것이오. 그곳은 대지 아래 있는 가장 깊은 심연이오"(호메로스의 『일리아스』 제8권 제

떤 살아 있는 사람도 다른 생물을 먹고 살지 못하기 때문이네. 그뿐 아니라 우리는 생물을 죽이고 땅에서 자라나는 것들을 파괴하지. 그 것들도 삶을 같이 영위하며 땅에서 양분을 흡수하고 덩치를 키워나 가는데 말이지. 이 점에서 우리는 잘못하고 있는 것이야. 자연에 따라 예전 모습에서 다른 무언가로 변하는 어떤 것이라도 파괴되기 때문이라네. 그리고 그것은 철저하게 부패하여 다른 것의 양분이 되지. 그렇다고 해도 예전의 오르페우스(Orpheus)에 관한 기록[68]에서 나오듯이 육식을 완전히 그만둔다는 것은 음식에서 잘못된 것을 피하는 한 방식이라기보다는 그저 구차한 변명 같은 것이라네. 정의의 관점에서 본다면, 잘못된 것을 피하고 자신을 순결하게 유지하는 방법이란 스스로의 것에만 만족하고 그 외의 것은 갈망하지 않는 것이지. 하지만 신께서는 인간이나 짐승이 스스로의 안전을 위해 다른 것을 해치지 않고는 존재할 수 없게 해놓으셨지. 신께서 잘못의 근원을 인간에게 부여하셨다고 말할 수 있겠지. 그러니 친구여, 불의를 제거하기 위해 창자와 위, 간을 제거하는 것이 정당하고 옳은 일이 아니겠는가? 이것들은 우리에게 인식을 제공하는 것도 아니고, 어떤 고귀한 것을 간구하게 하지도 않네. 오히려 큰 식칼과 주전자 같은 조리도구들, 어떤 면에서는 화덕과 반죽 담아두는 통, 반죽용 그릇 같은 제빵업자의 장비나 마찬가지라네. 게다가 대부분의 사람은 자신의 영혼이 육체의 암흑 속에 완벽하게 갇혀 있어서, 갈 곡식이 필요하다는 것에만 관심을 두고 영원히 돌아가는 맷돌 같음을 안다네. 당연한 일이겠지만, 바로 직전의 우리나, 마찬가지로 대부분의 사람은 서로를 보거나 귀를 기울이지 못하고 음식의 필요에 사로잡혀 무릎

13~14행).

68) 고대 그리스의 전설적인 예언자이자 시인, 음악가인 오르페우스는 육식을 하지 않았다고 알려졌다.

을 끓어야 한다네. 하지만 이제 식탁이 치워졌으니, 여러분도 보다시
피 우리는 이제 자유로워졌지. 우리는 머리에 화관을 얹고 대화하며
시간을 보내고 서로 친교의 즐거움을 누린다네. 이제는 한가한 시간
을 보내면서, 한동안은 더 많은 음식을 요구하지 않게 되었지. 현재
의 우리 상태가 전 생애 동안 중단 없이 계속된다고 해보세. 그러면
우리는 가난을 두려워하지도 않고 재산을 신경 쓰지도 않은 채, 서로
간의 친교를 나누기 위해 항상 여가를 누리게 될까? 필수품에 대한
갈망에 바로 뒤이어서 불필요한 것에 대한 갈망이 뒤따라올 것이고,
그것은 곧 습관이 되어버리겠지.

　하지만 클레오도로스는 음식이 존재해야만 하고, 그럼으로써 탁자
와 포도주잔, 데메테르와 그녀의 따님[69]에게 바칠 희생제도 존재한
다고 상상한다네. 그러면 다음 사람이 전투와 전쟁도 있어야 적절하
고 옳다고 주장하겠지. 그래야 우리가 요새, 조선소, 조병창을 가질
것이고, 전하는 바에 따르면 메세니아(Messenia)의 관습이었다는 희
생제, 즉 적병 100명을 죽인 것을 축하하는 희생제[70]도 올릴 수 있을
테니까. 그리고 짐작건대 여전히 다른 사람이 나서서 건강에 격렬한
반감을 보일걸세. 누구도 아프지 않다면, 그래서 부드러운 침상이나
긴 장의자가 더는 필요 없게 되고, 아스클레피오스(Asklepios)나 다

---

69) 페르세포네(Persephone)를 말한다. 그저 '처녀'(kore)라고도 불린다. 제우스
　　와 곡식과 농업의 여신 데메테르 사이에서 났으며, 하데스에게 유괴당한 후
　　에 저승의 여왕이 되었다.
70) 파우사니아스(Pausanias)의 『그리스 소묘』(Hellados Periegesis) 제4권 제19장에
　　는 펠로폰네소스반도에 있는 메세니아의 왕 아리스토메네스(Aristomenes)의
　　이야기가 나온다. 그는 스파르타와의 전투에서 영웅적인 행동을 보였는데,
　　스파르타를 지원하기 위해 병력을 보낸 코린토스 진영을 야습해 그들 대부분
　　을 죽이고, 자신의 전공을 알리기 위해 이토메(Ithome)산에서 제우스께 '적
　　100명을 죽인 희생제'를 올린다. 이는 오래된 메세니아의 관행이었다고 파우
　　사니아스는 전한다.

른 위험을 막아주시는 신격들에게 희생제를 올리지 않게 되며, 직업이 의사인 이들은 많은 도구며 약과 함께 불명예스럽게도 체면이 손상된 채 할 일이 없어지는 끔찍한 일들이 벌어질 테니까. 그러면 이런 종류의 추론과 다른 추론 사이에 차이가 있는가? 음식이란 굶주림에 대한 약으로 받아들여지는 것이 사실이고, 음식을 처방된 약처럼 사용하는 사람들은 모두 스스로를 치료하는 것이라고 말해지네. 그들은 무엇인가 즐겁고 감사한 일을 하는 것이 아니라, 자연의 강제적인 요구에 따르는 필수적인 일을 한다고 생각하고 있지. 그런데 사실 음식으로 비롯되는 즐거움보다는 고통이 더 많다는 것을 열거할 수 있네. 아니면 그 즐거움이란 몸의 아주 제한된 일부에만 영향을 미치고 오래가지도 않는다고 이야기할 수도 있을 거야. 게다가 소화될 때까지 기다려야 하는 성가심과 불편함 때문에 잔뜩 생기게 되는 지긋지긋하고 고통스러운 기억들이 얼마나 많은지를 〔굳이〕 말할 필요가 있을까? 내 생각으로는 호메로스가 신들은 음식으로 살지 않기에 죽지 않는다는 것을 입증하는 논의를 할 때, 그 고통스러운 기억들이 얼마나 많은지를 염두에 두었을 것 같아.

그들은 빵도 드시지 않고, 밝게 반짝이는 포도주도 마시지 않는다네.
그래서 그들의 신체에는 피가 없고, 불멸자라고 불리신다네.[71]

호메로스는 이 구절로 음식이란 삶에 도움이 되는 요소일 뿐 아니라, 죽음에도 이바지하는 요소라는 것을 암시했지. 인간의 신체를 왕성하게 해주는 바로 그 음식이 질병을 불러오는 원천이기도 하므로,

---

71) 호메로스의 『일리아스』 제5권 제341~342행.

잔뜩 배를 채운다고 해서 단식보다 덜 아픈 건 아니라는 사실을 발견할 수 있다네. 왜냐하면 음식을 몸에 받아들이고 나서 소비하고 몸에 골고루 퍼뜨리는 일이 음식을 획득하고 모으는 일보다 어려운 경우도 종종 있기 때문이지. 하지만 다나오스(Danos)의 딸들[72]이 큰 물동이를 채워야 하는 고된 일에서 놓여난다면 쩔쩔매며 그다음에 어떻게 살고 어떤 일을 해야 할지를 알고 싶어 할 것처럼, 우리도 땅과 바다의 가지가지 산물을 이 잔인한 육체에 쌓아 올리는 일을 멈출 기회를 우연히 얻게 되면 무엇을 해야 할지를 쩔쩔매며 알고 싶어 할걸세. 우리가 고상한 행동에 익숙하지도 않고, 그저 살기 위한 조건을 채우면서 궁핍하게 살고 스스로 만족해왔기 때문이지. 노예였던 자가 해방되면 주인을 위해 봉사하느라 하곤 했던 바로 그 일들을 자발적으로 스스로를 위해 하지 않나. 바로 그런 것처럼, 영혼은 이제까지 고되고 수고롭게 육신을 지탱해왔는데, 그 고된 일에서 놓여나게 되면 새롭게 얻은 자유 속에서 스스로를 유지하는 것이 대단히 자연스러운 일이겠지. 영혼을 미혹하고 관심을 돌리는 일이 없어지기 때문일세."

니카르코스, 이상의 말들이 음식이라는 주제로 나왔던 이야기라네.

17. 솔론이 아직 말씀하고 있던 도중에 페리안드로스의 동생인 고

---

72) 그리스신화에 나오는 아르고스 왕 다나오스의 딸 50명을 말한다. 다나이데스 (Danaides)라고도 불린다. 그녀들은 다나오스의 쌍둥이 형제인 전설적인 이집트 왕 아이깁토스(Aigyptos)의 아들들과 결혼하기로 되어 있었다. 신화의 여러 판본이 있지만 가장 많이 알려진 판본에 따르면 그들은 한 명을 제외하고는 모두 첫날밤에 남편을 살해했다. 그리고 그에 대한 처벌로 체, 또는 밑 빠진 독에 영원토록 물을 채워야 했다.

르고스[73])가 들어왔네. 신탁에 따라서 포세이돈께 정당하게 올려야 할 희생제를 주관하는 임무를 띠고 타이나론(Tainaron)으로 가는 길에 들른 거지. 우리가 그에게 인사하고 나자, 페리안드로스가 그를 껴안고 입 맞추었다네. 고르고스가 형 옆자리에 있는 장의자에 앉자, 페리안드로스는 그에게 지난 이야기들을 조용히 해주었다네. 그는 이야기를 들으며 크게 감명받은 것 같더군. 한편으로는 난감해하고, 다른 한편으로는 분개하며, 때때로 의심하기도 하고, 다시 놀라기도 했으니 말일세. 마지막으로 그는 웃고 나서 우리에게 이렇게 말했네.

"제가 막 들었던 소식을 말하고자 했습니다만, 주저했지요. 있을 법한 일이라면 이야기해야 하지만 불가능한 일이라면 침묵 속에 감춰두어야 한다[74])는 탈레스의 말씀을 들은 적이 있었거든요."

그러자 비아스가 그의 말을 끊으며 이야기했네.

"하지만 탈레스는 다음과 같은 현명한 말도 했다네. 믿을 수 있는 일이라도 적을 신뢰해서는 안 되고, 믿을 수 없는 일이라도 친구를 신뢰해야 한다고 말이지. 내 생각에 그가 '적'이라고 표현한 사람은 사악하고 어리석은 자들이고, '친구'라고 지칭한 사람은 선량하고 현명한 이들이네. 그러니 고르고스, 자네가 가져온 이야기들의 분위기를 더 강하게 느끼고 싶다면 모든 이에게 이야기해주어야 하네. 아니면 차라리 새롭게 만들어진 디오니소스찬가에 관한 이야기와 경

---

73) Gorgos. 기원전 7세기 중엽 코린토스를 통치했던 킵셀로스(Kypselos)의 둘째 아들이며, 아버지의 뒤를 이어 코린토스의 참주가 되었던 페리안드로스의 동생이다. 그는 코린토스의 식민시인 암브라키아(Anbracia)의 참주가 되었다.

74) 이는 20세기 초중반의 철학자 루트비히 비트겐슈타인(Ludwig Wittgenstein, 1889~1951)의 『논리 철학 논고』(*Tractatus Logicophilosophicus*)의 마지막 구절인 "말할 수 없는 것에 대해서는 침묵하여야 한다"(Wovon man nicht sprechen kann, darüber muß man schweigen)를 떠올리게 한다.

쟁하기 위해서라도.[75]"

18. 그래서 고르고스는 이렇게 이야기했네.

"저는 3일간 치러졌던 희생제에서 제물을 바쳤지요. 그리고 마지막 날에는 바닷가에서 밤새도록 춤추고 즐겁게 지냈습니다. 달은 바다 위를 밝게 비추고 있었고요. 바람도 불지 않았고, 바다에서 파도도 전혀 치지 않았으며 고요했어요. 그러다가 멀리서 곶에 근접한 땅을 향해 잔물결이 다가오는 것을 목격했는데, 빠르게 움직이고 있어서 거품도 어느 정도 있었고 소리도 제법 났습니다. 그래서 모두 놀라 그 잔물결이 다가오고 있는 곳으로 달려 내려갔어요. 어떤 것이 이리도 빠르게 육지에 접근하고 있는지 우리가 추측해보기도 전에 돌고래들을 목격했습니다. 그 돌고래 중 일부는 빽빽하게 모여 둥근 원 형태로 헤엄치고 있었고, 다른 일부는 해안의 가장 평탄한 지역을 향해 길을 인도하고 있었으며, 또 다른 일부는 마치 후위를 지키는 것처럼 뒤처져 있었어요. 돌고래 떼의 한가운데에는 사람의 신체 같은 덩어리가 바다 위로 솟아 있었지만, 돌고래들이 더 다가올 때까지는 잘 눈에 띄지도 않았고 윤곽도 불분명했지요. 돌고래들이 한데 뭉쳐 해안가로 와서 땅에 한 사람을 내려놓았는데, 그 사람은 숨도 쉬고 움직일 힘도 있었습니다. 그리고 돌고래들은 전보다 더 높이 솟구쳐 오르면서 곶으로 나아갔는데, 확실히 기뻐 즐거워하고 장난치는

---

75) "트라시불로스에게 신탁을 알려주었던 페리안드로스는 킵셀로스의 아들로 코린토스의 참주였다. 코린토스인들이 전하고 레스보스섬 사람들이 동의하는 바에 따르면, 그의 생전에 아주 신기한 일이 일어났다. 메팀나 출신의 아리온(Arion)이 돌고래를 타고 타이나론에 건너갔다는 것이다. 아리온은 당대 최고의 키타라(*kithara*, 수금, 또는 수금류의 악기)연주자 겸 가수로, 디오니소스찬가인 디티람보스(*dithyrambos*)를 제일 처음 만들고 이름 지었을 뿐 아니라, 코린토스에서 공연도 했던 이다"(헤로도토스의 『역사』 제1권 제23장).

것으로 보였습니다."

그리고 계속해서 이야기를 이어나갔다네.

"우리의 대부분은 겁을 먹고 해안에서 도망쳤지만, 저를 포함해서 몇몇은 대담하게 가까이 갔지요. 가보니 키타라연주자 아리온임을 알게 되었습니다. 그가 스스로 자기 이름을 말했거든요. 게다가 연주하고 노래 부를 때 입는 예식용 외투를 입고 있어서 쉽게 판별할 수 있었습니다. 그래서 우리는 그를 천막으로 데려갔습니다. 빠르게 돌고래를 타고 질주해오면서 어느 정도 기력이 쇠하고 지친 것을 제외하고는 실제로 그에게 별문제가 없었거든요. 그리고 그에게서 이야기를 들었는데, 결말을 직접 눈으로 목격한 우리가 아니라면 누구도 믿기 어려웠을 겁니다. 아리온의 말에 따르면, 얼마 전에 그는 이탈리아를 떠나기로 결정했고, 제 형님인 페리안드로스께서 보낸 편지를 받고 그 마음을 더 굳혔다는 겁니다. 그래서 코린토스 상인의 선박이 그곳에 나타나자 배를 얻어 타고 그 땅을 떠났다는군요. 3일 동안은 적절한 미풍이 잘 불어주었는데, 선원들이 자신을 해치려 한다는 느낌이 들더랍니다. 실제로 조금 지나서 배의 키잡이가 선원들이 밤에 그를 해치려 한다는 것을 몰래 이야기해주었다고 하더군요. 도움을 요청할 방법도 없는 궁지에 빠지게 된 그는 아마 신께서 주신 영감이었을 충동적인 생각을 실행에 옮겼답니다. 즉 아직 살아 있을 때, 스스로를 꾸미기 위해 또 수의로 쓰기 위해 경연에서 입었던 멋진 의상을 차려입고 세상과 작별하는 마지막 노래를 부르기로 한 거지요. 그는 세상을 떠날 시점이 되면 멋지게 운다는 백조에 못지않음을 증명하려 한 것입니다. 그는 준비를 마치고 나서, 자신과 그 선박 그리고 배에 탄 모든 사람의 안전을 청원하는 의미에서 자신의 노래 중 피티아(Pythia)의 아폴론께 바치는 송가를 부르고 싶다고 먼저 말했다지요. 그는 배의 고물에 있는 현장(舷牆) 옆에 서서, 바다의 신들께 가호를 빈 다음 송가를 부르기 시작했답니다. 그가 송가의 반을 마치기도 전에 해는 바다 아래 가라앉고, 펠로폰네소스[76]가 보였다고 합니다. 당연히 선원들은 더 어두워지기 전에 그를 죽이려고 했고, 칼을 뽑아 든 선원들과 이미 얼굴을 가리고 있는 키잡이를 본 아리온은 뒤쪽으로 달려가 가능한 한 배에서 멀리 떨어지게 몸을 날렸다지요. 그러자 그의 몸이 완전히 물 아래로 가라앉기도 전에 돌고래들이 그의 몸을 받치고 헤엄쳐서 몸이 떠올랐는데, 처음에는 그 사실을 믿을 수도 없었고, 왜 이런 일이 생길까 하는 의문도 들면서 당황했다고 하더군요. 하지만 그런 방식으로 옮겨지는 것을 편안하게 느끼기 시작했고, 많은 돌고래가 우호적인 태도를 보이며 그의 주변에 모여 교대로 봉사하듯이 돕는 일이 자신들에게 주어진 의무인 양 구는 것을 알게 되었을 때, 배가 아주 멀리 있음을 보고 돌고래들의 속도가 빠르다는 것을 깨달았다고 했습니다. 그리고 그는 죽음을 앞에 둔 두려운 감정이나 살고 싶다는 욕망이 아닌, 신들께 사랑받아 구출된 것이 자랑스럽고, 신들께서 존재하신다는 것을 확신했다고 했지요. 동시에 하늘에 별이 빛나고 밝은 달이 깨끗하게 떠오르는데, 마치 그가 가고자 하는 방향으로 길이 열린 듯 바다의 어느 곳에도 파도 하나 없는 것을 보았을 때, 그는 정의의 여신께서는 눈이 하나만 있지 않으시고 수많은 눈으로 모든 방향을 살피시면서 육지와 바다의 이곳저곳에서 일어난 일들을 모두 주시하고 계신다는 생각이 들었다고 했습니다. 이러한 생각으로 당시에 벌써 몸이 느끼기 시작하던 피곤함과 노곤함도 가셨답니다. 그리고 마침내 높고 위험하게 돌출된 곳이 가는 길에 나타나자, 돌고래들이 매우 조심스럽게 그 곳을

---

76) 코린토스는 펠로폰네소스반도 북동쪽 이스트모스해협의 가장 좁은 곳에 있다.

돌아 마치 배를 항구에 인도하듯이 육지 언저리로 다가갔고, 그는 그 때가 되어서야 신의 손길의 인도로 자신이 구출된 것이 확실히 실감 났다고 했습니다."

고르고스는 말을 더 이어갔네.

"아리온이 이 모든 이야기를 해준 다음에, 그러면 그 배는 어느 항 구로 갔을 거로 생각하느냐고 물었습니다. 그러자 그 배는 확실히 코 린토스로 올 것이지만, 아직 도착하려면 한참 남았을 거라고 답하더 군요. 그가 저녁나절에 바다로 몸을 던졌고, 그다음에 적어도 500스 타디온[77] 정도는 갔는데, 바로 바다가 잔잔해졌으니 도착했을 리 없 다고 생각한다는 거죠."

고르고스는 자신이 그 배의 선장과 키잡이의 이름, 배의 표장(標 章)을 알아냈으며, 배들과 병사들을 보내 선착장을 면밀히 감시하게 했노라고 계속해서 말했네. 게다가 그는 아리온이 정체를 주의 깊게 감춘 채 동행하게 하여 죄지은 자들이 그가 죽음에서 구출되었다는 정보를 얻어 도망치는 일을 막았다고도 했네. 그리고 실제로 모든 일 은 마치 신이 인도하시는 사건처럼 진행되었다고 하더군. 그가 코린 토스에 막 도착했을 때, 그의 부하들이 이미 도착해 배를 억류했으며 상인들과 선원들을 모두 체포해놓았다는 것을 알았기 때문이라네.

19. 그리하여 페리안드로스는 고르고스에게 바로 돌아가 그들을 감옥에 넣고 누구와도 접촉하지 못하게 하여 아리온이 구출되었다 는 사실을 알지 못하게 하라고 명했네.

그러자 아이소포스가 말했네.

---

[77] *stadion*. 고대 그리스의 거리 단위다. 1스타디온이 200미터 정도이므로 500스 타디온은 100킬로미터 정도다.

"재미있군요, 재미있어! 여러분은 제 우화 속의 까마귀와 갈까마귀가 서로 말하는 것은 농담으로 여기시면서, 돌고래들이 그런 황당한 일을 벌인 것은 즐기시는군요."

내가 아이소포스에게 말했다네.

"아이소포스, 화제를 바꾸어보세. 이노와 아타마스[78]의 시대에서부터 따져보면, 그리스에서 돌고래이야기가 믿어지고 또 쓰인 것은 1,000년도 더 지나지 않았나."

솔론이 대화에 끼어들었네.

---

78) 그리스신화의 인물들로 이노(Ino)는 아타마스(Athamas)의 두 번째 아내다. 테바이(Thebai)를 건국한 왕 카드모스(Kadmos)와 하르모니아(Harmonia) 사이에서 태어났다. 폴리도로스(Poydoros)의 누이이고 세멜레(Semele)의 세 자매 중 하나다. 미니아(Minya)인의 왕 아타마스와의 사이에서 두 아들을 낳았다. 이노가 전처의 자식들인 남매 프릭소스(Phrixos)와 헬레(Helle)를 모함하여 없애려고 하자, 이들 남매는 황금양을 타고 콜키스(Cholkis)로 도망친다. 하지만 도중에 헬레는 바다에 빠져 죽었고, 이후 그 지점을 '헬레의 바다'라는 뜻에서 헬레스폰토스해협(오늘날의 다르다넬스해협)이라고 부르게 되었다. 그런데 신화의 다른 판본에서는 헬레가 돌고래로 변했다고도 한다. 프릭소스는 황금양을 신에게 제물로 바친 뒤, 그 가죽을 콜키스의 왕 아이에테스(Aietes)에게 주는데, 이것이 훗날 이아손(Iason) 등의 영웅들이 아르고호를 타고 찾아 나선 '황금의 양모피'다. 한편 이노의 자매 세멜레는 제우스와 관계하여 임신한다. 하지만 이를 질투한 헤라는 세멜레를 찾아가 제우스에게 본모습을 보여달라 청하라며 부추겼고, 결국 신의 본모습을 본 세멜레는 아기를 낳기도 전에 불타 죽었다. 제우스는 세멜레의 몸에서 태아를 꺼내 자신의 넓적다리에 넣고 꿰맸는데, 그렇게 열 달을 채우고 태어난 아기가 디오니소스다. 제우스는 디오니소스를 이노에게 맡기는데, 그는 처음에는 일련의 이야기를 믿지 않았으나, 제우스의 전령 헤르메스의 말을 듣고서야 디오니소스를 기르기로 한다. 이노는 어린 디오니소스에게 여자 옷을 입혀 한동안 헤라의 눈을 피했으나 결국 헤라에게 발각되어 무서운 보복을 당하게 되었다. 헤라의 저주로 미쳐버린 아타마스가 아들 중 하나인 레아르코스(Learchos)를 양으로 착각하여 죽인 것이다. 미친 남편을 피하려고 남은 아들 멜리케르테스(Melikertes)를 데리고 강으로 뛰어든 이노는 제우스에게 구원받고, 후에 바다의 신격을 부여받아 레우코테아(Leukothea, 하얀 여신)가 된다.

"좋네, 디오클레스. 그런 일들은 우리하고는 아주 멀리 떨어진 신들과 가까운 일들이라고 치세. 하지만 헤시오도스에게 일어났던 일은 인간적이면서 우리가 이해할 수 있는 범위 안에 있지. 아마 자네도 그 이야기를 들어보았을 텐데.[79]"

"아니요, 못 들어봤는데요"라고 내가 말했지.

"음, 그 이야기는 정말로 들어둘 가치가 있지. 전말은 이렇다네. 헤시오도스는 로크리스(Lokris)에서 밀레토스 출신으로 알려진 한 남자와 같은 집에 머물며 대접받고 있었지. 그런데 그 남자는 집주인의 딸과 몰래 관계를 맺고 있었다네. 그런데 그 일이 알려지게 되자, 헤시오도스가 이를 처음부터 알고 있었으며, 그 사실을 숨기는 데 협력했다고 의심받게 되었네. 실제로는 전혀 죄가 없었지만, 편견과 분노가 폭발했을 때의 무고한 희생자가 된 것이지. 그래서 그녀의 오빠들이 로크리스에 있는 네메아의 제우스신전[80] 근처에서 기다리고 있다가 그와 그의 하인 트로일로스(Troilos)를 살해했네. 그리고 두 사람의 시신을 바다에 던져 넣었는데, 트로일로스의 시신은 다프노스(Daphnos)강을 따라 떠밀려가다가 해수면 조금 위로 삐죽 튀어나온 어떤 바위에 걸렸네. 그래서 오늘날까지도 그 바위를 트로일로스바위라고 부르지. 헤시오도스의 시신이 바다에 던져지자마자 한 무리의 돌고래가 그 시신을 받았네. 그리고 몰리크레이아(Molykreia) 바로 옆에 있는 리온(Rion)으로 갔지. 그때 로크리스인들이 정례적인 희생제와 축제를 벌이기 위해 리온에 모여 있었다네. 오늘날에도 로크리스인들은 그 장소에서 대단하게 축제를 벌이지. 그들에게로 운

---

79) 투키디데스의 『역사』(Historiai) 제3권 제96장 제1절에는 "시인 헤시오도스는 네메아(Nemea)에서 죽으리라는 신탁대로 네메아 사람에게 살해되었다고 한다"라는 내용이 있다.

80) 그리스인은 각 지역에 세워진 신전들에 독특한 이름을 붙여 부르곤 했다.

반되어온 시신이 눈에 띄자 로크리스인들은 당연히 매우 놀라 해안으로 뛰어갔다네. 그리고 아직 상하지 않은 그 시신이 누구인지를 알게 되자 살인자를 찾아내는 일을 최우선으로 했네. 헤시오도스의 명성이 대단했기 때문이지. 그들은 빠르게 조사를 마쳐 살인자를 찾아낸 다음, 그들을 산 채로 바다에 빠뜨리고 그들이 살고 있던 집마저 철저히 무너뜨려 버렸네. 헤시오도스는 네메아의 제우스신전 옆에 묻혔는데, 로크리스 사람들이 비밀을 지켰기 때문에 그 지역 사람이 아니면 그 무덤이 누구의 것인지 알지 못한다네. 그들의 말에 따르면 오르코메노스 사람들[81]이 신탁에 따라 헤시오도스의 유해를 되찾은 다음 자기네 땅에 이장하고 싶어 했기 때문이라지. 그러니 돌고래들이 시신에도 이렇듯 상냥하고 인정 있는 태도를 보이는데, 산 사람에게야 더욱이나 도움을 주고 싶어 하지 않겠나. 피리소리나 노랫소리 등에 매혹되었다면 특히 더 그랬겠지. 돌고래들이 음악을 좋아하고 음악소리를 쫓아다니며, 정적 속에서 노래를 부르거나 피리를 불며 노 젓는 사람이 있으면 바로 옆에서 헤엄치고 계속 같이 다니기를 좋아한다는 것은 잘 알려진 사실이네.[82] 돌고래들은 아이들이 헤엄칠 때도 즐거워하며 물에 뛰어들 때 같이 논다네. 그러므로 돌고래를 죽이지 않는 것이 불문율이네. 돌고래들이 어부의 그물에 걸려서 난동을 부리는 경우를 제외하고는 잡아 죽이거나 상처를 입히면 안 되지. 만약 그런 일이 생기면 품행이 나쁜 아이들의 경우처럼 채찍으로 때려 처벌한다네. 나는 바다에 빠진 어떤 처녀를 돌고래가 구해주었다는 이야기를 레스보스섬 사람 몇 명에게서 들은 것을 기억하네. 하지

---

81) 헤시오도스는 보이오티아 출신이므로, 그곳에 사는 오르코메노스 사람들은 그의 고향 사람들이다.
82) 돌고래가 소리에 반응하며 인간에게 우호적이라는 것을 그리스의 여러 작가가 언급하고 있다.

만 자세한 전말까지는 잘 모르니, 그에 대해 잘 아는 피타코스가 이야기하는 편이 좋을걸세."

20. 그래서 피타코스가 설명했네.

"이 일의 결과는 여러 사람이 언급하기도 했던 유명한 이야기와 같다네. 레스보스섬에 식민시를 건설[83]하기 위해 떠난 사람들이 받은 신탁은 '가운데 땅'이라고 불리는 사주(砂洲)가 나타날 때까지 항해해간 다음, 그 자리에서 포세이돈께 바치는 공물로 황소를 바다에 던지고, 암피트리테[84]와 바다요정[85]들께는 살아 있는 처녀를 바치라는 것이었지. 지휘하는 이들은 모두 일곱 명이었는데, 전부 바실레우스[86]들이었고, 그다음 서열인 여덟 번째 사람은 에켈라오스(Echelaos)로서 델포이의 신탁에 따라 식민시의 수장이 되기로 예정된 이였네. 하지만 당시에는 아직 어렸고 미혼이었지. 결혼하지 않은 딸들을 둔 그 일곱 명이 제비를 뽑았는데, 그렇게 결정된 이는 스민테오스(Smintheos)의 딸이었네. 그들은 정해진 장소 맞은편에 도착하자 금세 그녀에게 좋은 옷을 입히고 금 장신구로 치장시킨 후, 바다에 던지려 했네. 그런데 배에 있는 사람 중에 그녀와 사랑에 빠진 젊은이가 있었지. 신분도 낮지 않았다네. 아직도 보존된 전승에 따르

---

83) 기원전 8~7세기가 되면 그리스 본토에서 인구가 폭발적으로 증가한다. 개간만으로는 그 인구를 다 부양할 수 없게 되자, 여러 도시에서 식민단을 조직하여 해외로 보내 식민시를 세웠다. 그 식민시들은 후에도 대개 모시와의 관계를 우호적으로 유지했다.

84) Amphitrite. 포세이돈의 아내인 바다의 여신이다.

85) *nymphe*. 보통 영어식으로 님프라고 부르는 여성형 하위 신격이다.

86) *basileus*. 보통 왕으로 번역되기는 하나, 후대의 왕, 또는 군주 개념과는 조금 다르기에 그대로 바실레우스로 옮겼다. 영토국가의 왕이라기보다는 좁은 지역의 지도자, 즉 부족장 비슷한 개념으로, 다른 귀족들보다는 높은 지위이지만 압도적으로 지배적인 위치에 있지는 않았다.

면 그의 이름은 엔라오스(Enlaos)였네. 그는 당장 닥친 불행에서 그녀를 구해야겠다는 간절한 마음만을 품고 결정적인 순간에 그녀를 품에 안고 같이 바다로 뛰어들었다네. 그 후 확실한 근거는 없지만 식민시를 건설하기 위해 갔던 사람 사이에 소문이 돌았는데, 많은 사람이 그들이 안전하게 구조되었다고 확신했네. 그들에 따르면 후에 엔라오스가 레스보스섬에 나타나서 말하길, 돌고래들이 바다에서 육지의 해안까지 해를 끼치지 않고 그들을 데려다주었다는군. 그는 이보다 더 기적적인 일들도 이야기했는데, 군중은 그의 이야기를 듣고 놀라면서 또 매혹되었지. 게다가 그는 한 가지 행동으로 그 믿음에 확고한 근거를 제공해주었다네. 즉 높이 솟은 파도가 섬의 해안가로 밀어닥쳤을 때, 사람들이 모두 공포에 사로잡혔는데도 그만은 홀로 파도를 맞이하러 나갔고, 오징어 떼가 그를 따라 포세이돈의 성역까지 갔다고 하네. 그중에 가장 큰 오징어가 돌[87]을 하나 그에게 가져다주기까지 했는데, 그가 성역에 헌납한 그 돌을 우리는 엔라오스라고 부르지. 이제 일반화해보자면, 불가능한 것과 익숙하지 않은 것의 차이, 잘못된 추론과 잘못된 의견의 차이를 아는 사람, 예컨대 우연한 일을 믿지도 안 믿지도 않는 킬론 같은 이는 가장 통찰력 있게 교훈을 이끌어내겠지. 자네들도 알고 있는바 '극단을 피하라'고 말이야.”

21. 그의 뒤를 이어 아나카르시스가 이야기하기 시작했네.

“우주에서 가장 유력하고 중요한 부분들에는 영혼이 존재하므로, 가장 뛰어난 것들은 신의 의지와 통하여 주어진 것이라고 해도 놀랄

---

87) 3세기의 그리스의 수사학자이자 문법학자인 아테나이오스(Athenaios)는 『소피스테스들의 식사』(*Deiphnosophistai*) 제11권 제15장(466c)에서 바다에서 가져온 것은 돌이 아니라 금잔이라고 했다.

일은 아니라고 탈레스가 가설을 세웠지. 왜냐하면 육체는 영혼의 도구이고, 영혼은 신의 도구이니까. 육체에는 자체적인 움직임이 많지만 가장 좋고 훌륭한 움직임은 영혼에서 나온 것이듯이, 영혼도 일부 움직임은 자체의 천성에 따른 것이지만 다른 움직임 일부는 신께서 원하시는 대로 통제하고 다루는, 신의 쓰임새에 따른 것이네. 그러는 것이 모든 도구에 가장 잘 들어맞기 때문이지. 불이나 바람, 물, 비와 구름이 신의 도구이고, 신께서는 그 도구들로 많은 것을 보존하고 생육하시는 동시에 다른 것들을 파괴하시기도 한다네. 이렇게 생각하면서도 다른 한편으로는 신께서 자신의 목적을 완수하기 위해 어떤 생물체도 쓰시지 않는다고 생각하는 것은 큰 실수라고 나는 보네. 암, 잘못 생각하는 것이지. 신의 권능에 의존하는 생명체가 신께 봉사하고 그분의 움직임에 대응하는 것은 스키티아인에게 활이 대응하는 것이나 그리스인에게 수금이나 피리가 대응하는 것보다 훨씬 더 당연하지 않은가.”

그러자 시인 케르시아스가 살아날 희망도 없이 도망하고 있을 때 구원된 사람 중 하나인 페리안드로스의 아버지 킵셀로스의 사례를 들었네. 즉 킵셀로스가 아기였을 때 그를 죽이라고 파견된 사람들에게 웃어 보였고, 그래서 그들이 떠났다는 것이지. 그리고 다시 마음을 바꾸어먹고 아기를 찾았는데, 결국 찾지 못했다고 했네. 그때는 이미 아기 어머니가 아기를 궤에 넣고 감추어놓았기 때문이라지. 킵셀로스는 신께서 당시 자신의 울음을 멈추게 하셔서 사람들의 수색을 피할 수 있었노라고 굳게 믿고 델포이에 신전 부속건물을 세워 헌납했다고 했네.

피타코스는 페리안드로스에게 이렇게 말했네.

“케르시아스가 그 건물을 잘 언급해주었네. 페리안드로스, 나는 종종 궁금해서 그대에게 묻고 싶었던 것이 있었네. 야자수 아랫부분에 개구리가 여러 마리 새겨져 있는데,[88] 그게 어떤 의미가 있고, 아폴론이나 헌납자와 무슨 관계가 있는지 알고 싶었거든."

페리안드로스는 킵셀로스가 그 건물을 봉헌했을 때 케르시아스가 그 자리에 있었으니 그에게 물어보라고 하더군. 하지만 케르시아스는 웃으며 말했네.

"나는 이 자리에 있는 친우들이 내놓은 격언들[89]의 의미를 알려줄 때까지는 말하지 않겠네. '극단을 피하라'와 '너 자신을 알라' 말이야. 그리고 무엇보다 많은 사람을 결혼도 못 하게 하고, 신뢰하지도 못하게 했으며, 심지어 말도 조심하게 했던 격언인 '서약을 하라. 그러면 미망(迷妄)이 따라올 것이다'의 의미를 알고 싶다네."

피타코스가 답했네.

"우리가 자네에게 거기에 관해 말해줄 필요가 있을까? 자네는 아이소포스가 오래도록 그 격언들 하나하나를 다루며 구성한 우화들을 칭찬해왔던 거로 보이는데 말이지."

그리고 아이소포스가 말했지.

"케르시아스는 저를 놀리실 때만 그 이야기를 꺼냈고요. 진지하게 임할 때는 그 격언들은 호메로스가 만든 것이라고 지적하셨어요. 그리고 다른 모든 이를 공격한 헥토르(Hektor)는 '텔라몬(Telamon)의 아들 아이아스만은 싸우기를 피했다네'[90]라며 '스스로를 안다'라고

---

88) 플루타르코스의 『모랄리아』 「델포이의 신탁들」 제12장(399F)을 보면 이와 관련된 이야기가 있다. "코린토스인들이 헌납한 보물고에 청동야자수가 있는데, 이 야자수는 그들의 봉헌물 중에서 아직 남은 유일한 것이다. 하단부에는 금속으로 세공한 개구리들과 물뱀들이 있다."

89) 플라톤(Platon)이 「프로타고라스」(343a, b)에 그리고 다른 저술가들(아리스토텔레스, 파우사니아스)도 기록한 전승에 따르면, 7현인은 아폴론신전의 유명한 새김글을 헌정하는 문제를 논의하기 위해 델포이에 모였다.

90) 호메로스의 『일리아스』 제11권 제542행.

언급했지요. 또한 오딧세우스가 '티데우스(Tydeus)의 아들이여, 나를 과하게 칭찬하지도 말고, 과하게 비난하지도 마시구려'[91]라고 요구하며 '극단을 피하라'는 격언을 칭찬했다고 말했지요. 서약에 대해서라면, 다른 사람들은 호메로스가 서약을 쓸모없고 무익한 것이라며 비난했다고 생각하는데, 바로 이 구절 때문이지요.

쓸모없는 자들이 서약할 때, 그들을 받아들인다고 서약하는 것은 쓸데없는 일이네.[92]

하지만 케르시아스는 헤라클레스(Herakles)의 탄생을 두고 속아 넘어가는 상황이 되었을 때, 제우스께서 서약 자리에 있었던 미망을 담당하는 여신 아테[93]를 하늘에서 집어던져 버렸다고 주장하지요."
이때 솔론이 말을 끊었네.
"자 그러면, 이제는 호메로스의 위대한 지혜가 담긴 시구에 귀를 기울여봅시다. 그는 이렇게 읊었지요.

벌써 밤이 다가왔소.
밤에 복종하는 것이 좋을 것이오.[94]

---

91) 호메로스의 『일리아스』 제10권 제249행.
92) 호메로스의 『오딧세이아』 제8권 제351행.
93) Ate. 해악이나 미망, 파멸, 어리석은 행위 등의 여신으로, 호메로스에 따르면 제우스의 맏딸이다. 헤라의 부추김을 받은 아테는 제우스에게 조언하여, 그의 핏줄이면서 그날 태어나는 인간은 위대한 통치자가 될 것이라고 서약하게 했다. 헤라는 즉시 헤라클레스의 출산을 늦추고, 에우리스테우스(Eurystheus)가 일찍 태어나게 했다. 분노한 제우스는 아테를 땅으로 던져버리고, 천상이나 올림포스산으로 돌아오지 말라고 명했다.
94) 호메로스의 『일리아스』 제10권 제282행.

그러니 함께 하신 분들이 동의하신다면, 무사이와 포세이돈 그리고 암피트리테께 헌주하고 헤어집시다."

니카르코스, 이렇게 하여 그 저녁식사는 끝났다네.

왕들과 장군들의 어록

트라야누스 황제에게 바치는 서문

플루타르코스가 트라야누스(Trajanus) 황제께 성취와 번창을 빌며 바칩니다.

가장 높으시고 최고의 주권을 지니신 카이사르(Caesar) 트라야누스여, 페르시아의 왕이었던 아르타크세륵세스[1]는 자그마한 선물을 큰 선물 못지않게 호의적으로 기꺼이 받아들이는 것이 왕으로서, 또 신민을 사랑하는 자로서의 징표라고 생각했습니다. 그리하여 그가 말을 타고 지나갈 때, 무일푼인 한 순박한 일꾼이 두 손으로 강물을 퍼서 바치자 즐겁게 미소 지으며 그 물을 기꺼이 받아 마셨습니다.

---

1) Artaxerxes. 기원전 465년 태어나 기원전 474년부터 죽은 해인 기원전 424년까지 재위한 아르타크세륵세스 1세다. 고(古)페르시아어 발음으로는 '아르탁사하'에 가깝다. 페르시아의 제5대 왕이며, 크세륵세스(Xerxes) 1세의 셋째 아들이다. 별명이 '긴 손'(라틴어로는 *longimanus*)인 그는 오른손이 왼손보다 길었다고 전해진다. 아르타크세륵세스의 일화는 뒤에 나올 '아르타크세륵세스' 항목 참조할 것.

선물의 유용성이 아니라, 준 사람의 선의(善意)에 담긴 호의를 생각한 것입니다.[2]

리쿠르고스는 스파르타에서 희생제를 아주 간소하게 치르게 했습니다. 그래서 사람들은 언제나 자신이 당장 지닌 것으로 즉석에서 그리고 쉽게 신들에게 경의를 표할 수 있었습니다. 같은 생각을 지닌 저는 철학에서 나온 첫 번째 과실들이라는 평범한 봉납물을 사소한 선물로, 또 우정의 증표로 당신께 바칩니다. 청컨대 폐하께서는 글쓴이의 깊은 애정을 헤아리셔서, 이 짧은 기록에서 찾을 수 있는 쓸모를 가납(嘉納)해주소서. 저는 위인들의 성격과 기질을 진정으로 이해할 수 있는 무언가는 그들의 행동보다 말에 더 잘 반영되어 있다고 보았습니다. 이는 로마인과 그리스인 중에서 가장 뛰어난 통치자, 입법자, 군주들의 생애로 구성된 제 작품[3]에서도 그렇습니다. 그들의 행동은 대개 운에 좌우되었지만, 그들이 행했거나 우연히 겪었던 일과 경험들에 대한 그들의 견해나 미리 준비하지 않았던 말들은 그들 각자의 마음이 어떻게 움직였는지를 거울 속처럼 들여다볼 기회를 줍니다. 그래서 말은 현명하게 하지만 행동은 성공적이지 못했던 페르시아인 세이람네스(Seiramnes)는 그 점에 놀라움을 표하는 이들에게 이렇게 말했습니다. "내가 한 말은 나 자신이 주인이지만, 내 행동은 운명과 대왕께서 주인이시라오."[4]

---

2) 플루타르코스의 『대비열전』 「아르타크세륵세스전」 제5장 참조할 것.

3) 플루타르코스의 『대비열전』을 말한다.

4) 디오도로스 시쿨루스(Diodorus Siculus)는 『역사도서관』 제15권 제41장에서 이 말을 세이람네스가 아니라 헬레스폰토스해협 근처 프리기아 지역의 페르시아 태수 파르나바조스 2세(Pharnabazos, 기원전 422~기원전 387)가 아테나이의 장군 이피크라테스(Iphikrates, 기원전 418경~기원전 353경)에게 한 것으로 썼다. 세이람네스의 이름은 그리스의 다른 문헌에서는 찾아볼 수 없다. 플루타르코스의 착오로 보인다. 이피크라테스의 일화는 뒤에 나올 '이피크라테스' 항목

『대비열전』에서는 사람들의 말과 행동에 관한 이야기가 같은 절들 속에 붙어 있어서 편안하게 읽으려는 사람들은 시간을 들여야만 했습니다. 하지만 이 글에서는 말들이 완전히 따로 떨어져 묶여 있습니다. 말하자면 사람의 일생 속의 근본적 요소와 실례로 제공되는 것입니다. 그러므로 제 생각에는 폐하에게 시간적 부담을 많이 드리지도 않을 것이고, 폐하께서는 기억할 만한 가치를 스스로 증명하는 많은 인물을 간단히 훑어보실 수 있을 것입니다.

키로스

1. 페르시아인들은 매부리코를 지닌 이에게 호감을 품는다. 그들이 왕 중에 가장 사랑하는 키로스[5]가 그런 형태의 코를 지녔기 때문이다.

2. 키로스는 스스로를 위해 좋은 것을 얻으려 하지 않는 자들은 다른 사람들을 위해서라도 당연히 좋은 것들을 얻어야 한다고 말했다. 그는 또 다스림을 받는 이들보다 나을 것이 없는 사람은 다스릴 권리가 없다고도 말했다.[6]

3. 페르시아인들이 자신들이 살던 산악 지대의 험한 땅 대신 평지의 경작하기 좋은 땅을 얻고 싶어 하자, 키로스는 식물의 씨앗과 사

참조할 것.
5) Kyros. 페르시아의 키로스 2세로 키로스 대왕, 또는 연로 키로스라고도 부른다. 고페르시아어로는 '쿠로쉬'라고 발음된다. 기원전 600년경, 또는 576년 태어나 기원전 530년 사망했다. 아케메니드(고페르시아어로는 '하카마네쉬') 왕조 페르시아를 창건한 인물이다.
6) 크세노폰(Xenophon)의 『키로스의 교육』(*Kyropaideia*) 제1권 제6장 및 제7권 제5장에도 비슷한 내용이 있다.

람의 삶은 태어난 땅과 똑 닮게 되어 있다고 말하며 허용해주지 않았다.[7]

다레이오스

1. 크세륵세스의 아버지 다레이오스[8]는 자신이 전투에서 그리고 무서운 위험이 닥쳤을 때 더 냉정하고 침착해졌다며 자화자찬하곤 했다.

2. 그는 백성이 내야 할 세금의 양을 정하고 나서 각 지역의 책임자들을 부르고 세금이 과중하지는 않은지 물어보았다. 세금이 적절하다는 대답을 듣자, 처음 정했던 세금의 반만 내라고 명했다.[9]

3. 다레이오스가 커다란 석류를 쪼갤 때, 석류 씨의 숫자만큼 갖고 싶으신 것이 있느냐고 어떤 사람이 물어보았다. 그러자 다레이오스는 "조피로스(Zopyros) 같은 이들이네"라고 대답했다.[10] 조피로스는

---

7) 헤로도토스의 『역사』 제9권 제122장에서 키로스는 새 땅들을 정복했으니 산악 지대를 떠나게 해달라는 페르시아인들의 요구에 대해, 그러면 지배민족에서 피지배민족으로 떨어질 각오를 하라고 하면서 이렇게 대답한다. "부드러운 땅에서는 부드러운 남자들이 태어난다. 기름진 곡식과 용감한 전사들이 같은 땅에서 나기는 불가능하기 때문이다." 페르시아인들은 키로스의 말이 옳음을 인정하고 요구를 철회했다.

8) Dareios. 고페르시아어로는 '다라야바우쉬'라고 발음된다. 기원전 550년경 태어나 기원전 521년부터 기원전 486/485년까지 재위했다. 다레이오스 대왕으로 불리는 페르시아의 제3대 왕이다.

9) 헤로도토스는 『역사』 제3권 제89장에서 키로스와 캄비세스 때는 정해진 세액이 없었으나, 다레이오스는 세액을 산정했기에 페르시아인 사이에서 다레이오스는 장사꾼이라는 말이 돌았다고 전한다.

10) 같은 일화가 헤로도토스의 『역사』 제4권 제143장에 수록되어 있는데, 여기서는 조피로스가 아니라 페르시아의 장군 메가바조스(Megabazos)를 말한다.

용맹한 사람이며 그의 친구였다.

4. 조피로스는 스스로 자기 손으로 얼굴을 망가뜨리고 코와 두 귀를 벰으로써 바빌로니아인들을 속여 신뢰를 얻은 다음, 그 도시를 다레이오스에게 바치는 데 성공했다. 다레이오스는 조피로스의 몸이 상하는 대가를 치러야 한다면, 100개의 바빌론도 얻지 않을 것이라고 여러 번 말하곤 했다.[11]

세미라미스

세미라미스[12] 여왕은 자신을 위해 큰 무덤을 준비하게 하고, 그곳에 다음과 같은 글을 새겼다. "어떤 왕이든지 자금이 필요해지면, 이 무덤을 열고 들어와서 원하는 만큼 자금을 가져가게 하라." 이에 다레이오스가 무덤을 열고 들어갔지만, 돈은 찾아볼 수 없었다. 그 대신 다음의 글이 새겨진 것을 보게 되었다. "그대가 돈에 대해 만족을 모르는 탐욕을 지닌 사악한 자가 아니라면, 죽은 자가 누워 있는 장소를 어지럽히지 않으리라."

---

11) 헤로도토스의 『역사』 제3권 제160장에는 "다레이오스는 20개의 바빌론을 더 얻기보다는 조피로스가 불구가 되지 않음이 자신에게 더 좋았을 것이라고 말하곤 했다고 한다"라고 쓰여 있다.

12) Semiramis. 아시리아의 전설적 여왕으로 아시리아어로는 '샤미람'이라고 부른다.

크세륵세스

1. 다레이오스의 아들이자 크세륵세스[13]의 형인 아리아메네스[14]
는 크세륵세스와 왕권을 다투기 위해 박트리아(Bactria)에서 오고 있
었다. 크세륵세스는 그를 불러들인 사람들을 통해 그에게 선물들을
보내며 이렇게 전하도록 명령했다. "이 선물들로 그대의 형제인 크
세륵세스가 경의를 표하오. 크세륵세스가 왕으로 선포된다면, 그대
는 크세륵세스의 궁정에서 가장 높은 자리에 서게 될 것이오." 크세
륵세스가 왕으로 지명되자, 아리아메네스는 즉시 그에게 경의를 표
했고, 스스로 동생의 머리에 왕관을 씌웠다. 그리고 크세륵세스는 그
에게 자기 바로 다음의 지위를 주었다.

2. 반란을 일으켰던 바빌론 사람들[15]에게 분노한 크세륵세스는 그
들을 진압하고 나서, 바빌론 사람들은 추후 무기를 지녀서는 안 되
고, 피리와 수금을 연주해야 하고, 공창(公娼)을 운영해야 하고, 작은
규모의 장사만 해야 하고, 길게 휘날리는 겉옷을 입어야 한다고 명했
다.[16]

---

13) Xexes. 페르시아의 제4대 왕이며 기원전 486년부터 기원전 465년까지 재위
했다. 고페르시아어로는 '크샤이야르샤'(Khshayarsha)라고 발음된다.
14) Ariamenes. 플루타르코스는 아리아메네스라고 칭하고 있지만, 헤로도토스
에 따르면 아리아비그네스(Ariabignes)다. 그는 다레이오스의 맏아들이었고,
당연히 왕위를 요구할 자격이 있었다. 하지만 크세륵세스는 자신이 아버지
다레이오스가 왕이 된 후 낳은 첫아들이고, 아리아비그네스는 아버지가 왕이
되기 전에 낳은 아들이므로 자신이 왕위를 이어야 한다고 주장했다. 이 문제
에 판결을 내릴 사람인 아르타바노스(Artabanos)가 크세륵세스의 편을 들어
서 그가 왕이 되었다.
15) 헤로도토스는 『역사』 제3권 제150장에서 바빌론 사람들이 반란을 일으킨 것
은 크세륵세스 때가 아니라, 다레이오스 때라고 서술한다.
16) 헤로도토스의 『역사』 제1권 제154~155장에 따르면 키로스가 리디아를 정복

3. 그는 판매용으로 수입한 아티카[17]의 무화과를 먹지 않았는데, 그 무화과를 산출한 땅을 차지하게 되면 그때야 먹겠노라고 말했다.

4. 그는 자기 진영을 염탐하러 온 그리스 첩자들을 붙잡았을 때, 그들에게 해를 끼치지 않고 자기 군대를 자유롭게 둘러보라고 한 다음 풀어주었다.[18]

아르타크세륵세스

1. 한 손이 다른 손에 비해 더 길었기 때문에 '긴 손'이라고 불렸던 크세륵세스의 아들 아르타크세륵세스[19]는 다른 사람이 가진 것을 빼앗기보다는 보태주는 것이 더 왕다운 일이라고 말하곤 했다.

2. 그는 사냥하러 갈 때, 같이 간 사람들에게 기회가 생긴다면 자신이 먼저 창을 던지기를 기다리지 말고 각자 창을 던지라고 명한 첫 번째 왕이었다.[20]

한 직후 반란이 일어났다. 키로스가 그 이전에 붙잡혔던 리디아의 왕 크로이소스에게 어찌해야 할지 묻자, 그들을 모두 죽일 것을 두려워한 크로이소스는 이렇게 대답했다. "리디아인에게 전령을 보내 무기소지를 금하시고, 겉옷 아래 속옷을 받쳐 입게 하시고, 발에는 부드러운 신을 신게 하십시오. 그리고 리디아인은 악기연주를 배우게 하시고, 자식들은 소매상인이 되게 가르치라고 하십시오. 그러면 머지않아 그들은 남자 대신 여자가 될 것이고, 다시는 반란이 없을 것입니다."

17) Attika. 아테나이가 위치한 아티카반도를 말한다. 다시 말해 아테나이를 겨냥한 것이다.

18) 헤로도토스의 『역사』 제7권 제146~148장에는 페르시아의 사르데이스를 염탐하기 위해 그리스에서 파견한 첩자 세 명이 붙잡혔을 때, 크세륵세스가 자신의 군세를 과시하기 위해 그들을 풀어주었다는 이야기가 나온다.

19) 앞서 나온 '트라야누스 황제에게 바치는 서문' 항목의 옮긴이주 1) 참조할 것.

20) 크세노폰은 『키로스의 교육』 제1권 제4장에서 이런 명을 내린 사람으로 키로

3. 그는 잘못을 범한 귀족들에게 다음과 같은 처벌방법을 제정한 첫 번째 왕이었다. 즉 죄를 범한 귀족들의 몸에 채찍질하고 머리에서 머리카락을 잡아 뽑는 대신, 그들의 겉옷을 벗겨 거기에 채찍질하고 머리쓰개를 벗긴 다음 그것을 잡아 뜯게 했다.

4. 그의 시종장인 사티바르자네스(Satibarzanes)가 불명예스러운 청원을 했는데, 그 이유가 은화 3만 닢이 필요해서임을 알게 되자, 그는 재무관을 시켜 그 돈을 가져오게 했다. 그리고 시종장에게 그 돈을 주며, "사티바르자네스, 이 돈을 가져가게. 내가 자네에게 이 선물을 주어도 나는 별로 가난해지지 않네. 하지만 내가 그 청원을 들어주면 내가 불명예를 얻게 된다네"라고 말했다.

연소 키로스

스파르타인에게 자신의 동맹이 되라고 촉구하면서, 연소 키로스[21]는 자신이 형보다 더 용감하고, 희석하지 않은 포도주를 더 많이 마시며, [무거운 것을] 더 많이 나를 수 있다고 했다. 그 밖에도 자기 형은 사냥할 때 말에 앉아 버티는 것을 잘하지 못하고, 위기의 순간에는 옥좌에 제대로 앉아 있을 수 없을 것이라고도 했다. 키로스는 스파르타인에게 병사들을 보내라고 촉구하면서, 보병이 오면 말을 주고 기병이 오면 전차를 주며, 농장을 소유한 이라면 마을을 주고 마을을 소유한 이라면 도시의 주인이 되게 하겠노라고 했다. 그리고 금

스 대왕을 꼽는다.
21) 페르시아의 다레이오스 2세의 둘째 아들로, 형인 아르타크세륵세스 2세의 왕권을 노리다가 전투에 패해 기원전 401년 사망했다.

과 은을 세어서 주지 않고, 무게를 달아 주겠다고 했다.[22]

아르타크세륵세스 므네모노스

1. '므네모노스'[23]라고 불리는 연소 키로스의 형 아르타크세륵세스는 자신에게 말하고 싶어 하는 자의 말을 경청할 뿐 아니라, 왕비의 마차에 있는 장막도 걷어놓게 하여 청원하는 여성들이 그녀와 길에서 말할 수 있게 했다.[24]

2. 어떤 가난한 자가 그에게 대단히 큰 사과를 한 알 바치자, 그는 기쁘게 받아들이며 이렇게 말했다. "미트라스(Mithras)께 맹세코, 이 자에게 작은 도시를 맡기면 큰 도시로 만들겠군."[25]

3. 한번은 그가 불시에 후퇴하게 되었을 때, 짐을 모두 약탈당해버렸다. 그 결과 그는 말린 무화과와 보리빵을 먹어야 했지만, 이렇게 말했다. "이는 내 생애에 결코 겪어본 적 없던 즐거움이군!"[26]

---

22) 이 부분은 플루타르코스의 『대비열전』 「아르타크세륵세스전」 제6장의 내용과 대부분 일치한다.

23) 다레이오스 2세의 맏아들로 기원전 404년부터 기원전 358년까지 재위했다. 기억력이 탁월하여 '기억하는 자'라는 의미의 '므네모노스'(Mnemonos)라는 별명이 붙었다.

24) 플루타르코스의 『대비열전』 「아르타크세륵세스전」 제5장에는 "페르시아 사람의 대부분은 왕비 스타테이라(Stateira)의 마차를 보고 즐거워했다. 이 마차의 장막은 언제나 걷혀 있어서 여성들이 다가가 왕비께 인사할 수 있었기 때문이다. 이 때문에 왕비는 백성에게 사랑받았다"라고 쓰여 있다.

25) 플루타르코스의 『대비열전』 「아르타크세륵세스전」 제4장에 같은 내용이 수록되어 있는데, 오미소스(Omisos)라고 하는 자가 대단히 큰 석류를 바쳤다고 쓰여 있다.

26) 플루타르코스의 『대비열전』 「아르타크세륵세스전」 제12장에 따르면 갈증으로 죽어가던 아르타크세륵세스에게 어떤 미천한 카우니아(Kaunia)인이 더럽

파리사티스

연소 키로스와 아르타크세륵세스의 모후(母后)인 파리사티스[27]는 왕에게 솔직하게 말하려는 이에게는 가장 부드러운 직물 같은 단어를 사용하라고 충고했다.

오론테스

아르타크세륵세스 왕의 사위인 오론테스[28]는 불미스러운 일에 연루되어 고발당하고, 결국 불리한 판결을 받자 이렇게 말했다. "수학자의 손가락이 어떨 때는 한 번에 수만을 세고 어떨 때는 낱개를 세듯이, 왕의 총애를 받는 사람들도 마찬가지군. 어느 때는 모든 일을 다 할 수 있지만, 다른 때는 거의 무능력하니 말이야."

멤논

다레이오스 왕의 편에 서서 알렉산드로스와 싸웠던 멤논[29]은 휘하

고 오염된 물을 찢어진 가죽조각에 담아 바치자, 기쁘게 마시며 어떤 포도주나 깨끗한 물도 이처럼 즐거움을 주지 못했다고 말했다고 한다.

27) Parysatis. 달리 알려진 바가 없다.
28) Orontes. 달리 알려진 바가 없다.
29) Memnon. 기원전 380년 태어나 기원전 333년 죽은 그리스 출신의 용병대장으로, 페르시아의 왕 다레이오스 3세에게 고용되어 마케도니아의 알렉산드로스(Alexandros) 대왕이 페르시아를 침공했을 때 맞서 싸운 뛰어난 지휘관이다.

의 용병 중 하나가 알렉산드로스에 대해 상스러운 말로 계속 중상을 일삼자, 그를 창으로 후려치면서 이렇게 말했다. "나는 알렉산드로스와 싸우라고 네게 돈을 주는 것이지, 그를 헐뜯으라고 주는 것이 아니다."

이집트 왕들의 관행

이집트 왕들은 자신들만의 규율에 따라 재판관들에게 다음과 같은 서약을 요구하곤 했다. 즉 설령 왕이 어떤 사건에 불공정한 판결을 내리게 시키더라도 따르지 않겠다는 서약을 하도록 한 것이다.

폴티스

트로이아전쟁이 벌어졌을 때, 트라키아의 왕이었던 폴티스[30)]는 트로이아와 그리스가 동시에 사절단을 보내자, 알렉산드로스[31)]가 헬레네를 돌려주면 그에게 두 명의 미인을 주겠다고 제안했다.

---

30) Poltys. 달리 알려진 바가 없다.
31) 보통은 파리스(Paris)로 더 많이 불리지만, 어떤 문헌에서는 그를 알렉산드로스로 칭하기도 한다. 스파르타의 왕비 헬레네(Helene)와 눈이 맞아 사랑의 도피를 감행하여 트로이아전쟁의 빌미를 제공했다. 호메로스의 『일리아스』는 그가 그리스의 영웅 아킬레우스(Achilleus)의 발뒤꿈치를 쏘아 맞혀 죽였다고 전한다.

테레스

시타클레스(Sitakles)의 아버지인 테레스[32]는 할 일이 없고, 군대를 거느리고 전쟁터에 있지 않을 때면, 자신과 하인 사이에 차이가 없다고 느낀다는 말을 하곤 했다.

코티스

언젠가 코티스[33]는 표범을 선물로 받자, 선물을 한 사람에게 답례로 사자를 선사했다. 그는 원래 매우 성미가 급했고 아랫사람의 실수를 심하게 처벌하는 경향이 있었다. 한번은 친구가 해외에서 돌아와 그에게 얇고 깨지기 쉬운 도기 그릇을 몇 점 가져다주었다. 이 그릇들에는 인물들이 사실적이면서도 아주 예술적인 방식으로 새겨져 있었다. 그는 친구에게 답례를 주고 나서, 그릇들을 모두 깨뜨려버렸다. 그는 "이렇게 하면 내가 그릇들을 깨뜨린 자에게 화내며 가혹하게 처벌할 일이 없겠지"라고 말했다.

이단티르소스

이단티르소스[34]는 다뉴브(Danube)강을 건너 공격해온 다레이오

---

32) Teres. 기원전 460년부터 기원전 445년까지 재위했던 트라키아 오드리시아(Odrysia) 왕조의 제1대 왕이다. 그의 후계자는 둘째 아들 시타클레스였다.
33) Kotys. 트라키아 오드리시아 왕조의 왕으로 기원전 383년부터 기원전 358년까지 재위했다.

스와 싸우기 위해 이오니아 지역의 참주들을 설득하여 강에 놓인 다리를 허물게 한 뒤 철수하려 했다. 하지만 참주들이 다레이오스에게 한 서약 때문에 그렇게 하지 않으려 하자, 그들을 결코 도망치려 하지 않는 좋은 노예들이라고 불렀다.[35]

아테아스

1. 아테아스[36]는 필리포스에게 이렇게 편지를 썼다. "그대는 사람과 싸우는 법을 배운 마케도니아인의 통치자요. 하지만 나는 굶주림과 목마름 모두와 싸울 줄 아는 스키티아인의 통치자라오."

2. 그는 말을 빗질해주다가 필리포스가 보낸 사절들을 맞게 되자, 필리포스도 이렇게 하는지 물었다.

3. 전투에서 저명한 피리연주자 이스메니아스(Ismenias)를 잡은 후, 한 곡조 연주해보라고 했다. 다른 모든 사람은 이스메니아스의 연주에 경탄했지만, 아테아스는 말의 울음소리가 더 좋다고 단언했다.

---

34) Idantyrsos. 정확한 생몰년은 알 수 없지만, 기원전 513년경 페르시아의 다레이오스가 침공했을 때 맞서 싸웠던 스키티아의 왕이다. 헤로도토스의『역사』제1권 제137~142장에 관련 내용이 있다.

35) 헤로도토스의『역사』제1권 제142장에 따르면 "그 뒤 스키티아인은 이오니아인이 자유민으로서는 가장 비열하고 비겁한 인간이지만, 노예로서는 어떤 경우에도 도망치지 않는, 주인에게 충직한 자라고 혹평했다."

36) Ateas. 스키티아의 왕으로 기원전 339년 마케도니아의 필리포스(Philippos) 2세(알렉산드로스 대왕의 부왕)와의 전쟁에서 목숨과 나라를 잃었다.

스킬루로스

80명의 아들을 둔 스킬루로스[37]는 임종을 맞는 자리에서 투창 한 묶음을 아들들에게 차례로 주면서 꺾어보라고 했다. 아들들이 모두 포기하자, 그는 투창을 하나씩 꺼내어 차례로 모두 쉽게 부러뜨려버렸다. 그럼으로써 자식들에게 한데 뭉치면 계속 강할 수 있지만, 서로 사이가 틀어지거나 다투면 약해질 것이라는 점을 가르쳐주었다.

겔론

1. 참주인 겔론[38]은 히메라(Himera)에서 카르타고와 싸워 이긴 후 평화조약을 맺을 때, 카르타고인이 크로노스[39]에게 아이들을 희생 제물로 더는 바치지 못하게 하는 조항을 조약에 강제로 포함했다.

2. 그는 시라쿠사인들을 마치 전쟁에 나간 것처럼 이끌어 들에 식물을 심도록 했다. 노동에 따라 땅은 더 개선되었고, 사람들은 게으름 때문에 타락하지 않게 되었다.

3. 그가 시민들에게 자금을 요구하자 시민들은 투덜거리기 시작했다. 그는 갚으려는 의도를 품고 요구한 것이라고 말했고 전쟁이 끝나자 그 자금을 돌려주었다.

4. 연회에서 사람들이 수금을 돌리며 연주하고 노래를 불렀다. 하지만 그는 자기 말을 가져오라고 한 뒤 아주 민첩하게 말 등에 올라탔다.

---

37) Skilouros. 기원전 2세기에 스키티아를 다스린 왕이다.
38) Gelon. 기원전 478년 사망한 겔라(Gela)와 시라쿠사(Syracuse)의 참주다.
39) Kronos. 셈족의 신 바알(Baal)이나 몰록(Moloch)일 것이다.

히에론

1. 겔론의 뒤를 이어 참주가 된 히에론[40]은 자신에게 솔직하게 이야기하는 사람에게는 언제나 시간을 낼 것이라고 말하곤 했다.

2. 그는 비밀을 누설한 사람은 그 비밀을 들은 사람에게 큰 죄를 지은 것이라고 판결했다. 우리는 비밀을 누설한 사람뿐 아니라, 듣지 않았으면 하는 것을 들은 사람도 미워하게 되기 때문이다.

3. 그는 입냄새가 심하다고 다른 사람에게 한 소리를 듣자, 그 점을 〔미리〕 말해주지 않았다고 부인을 책망했다. 그러자 부인은 "저는 남자들은 다 그런 냄새를 풍기는 줄 알았어요"라고 말했다.

4. 그는 하인을 두 명 데리고 있기도 힘들어 죽겠다고 말하는 콜로폰(Kolophon)의 크세노파네스[41]에게 이렇게 말했다. "하지만 그대가 헐뜯는 호메로스는 죽은 다음이기는 하지만 만 명도 더 되는 하인을 데리고 있지 않소."[42]

5. 그는 희극작가인 에피카르모스[43]가 자신의 부인이 참석한 장소에서 외설적인 말을 했다고 하여 그를 처벌했다.

---

40) Hieron. 달리 알려진 바가 없다.
41) Xenophanes. 기원전 570년경 태어나 기원전 475년경 죽은 그리스의 시인이자 철학자다. 그가 시켈리아섬에서 망명생활을 했다고 주장하는 학자도 있다. 그는 호메로스와 헤시오도스의 시를 비판하거나 풍자한 적이 많았다.
42) 위대한 호메로스는 죽은 이후에도 크세노파네스처럼 그를 비판하는 이를 포함해 많은 추종자를 거느렸는데, 겨우 하인 두 명 가지고 호들갑을 떤다는 의미다.
43) Epicharmos. 기원전 540년경 태어나 기원전 450년경 죽은 그리스의 극작가이자 철학자다.

연로 디오니시오스

1. 연로 디오니시오스[44]는 시민들에게 연설할 후보자들이 순서를 정하기 위해 알파벳 첫 글자로 제비를 뽑을 때, '뮤'(M)라는 글자를 제출했다.[45] 그리고 "디오니시오스, 혼동한 모양이구려"라고 말한 사람에게 "아니요, 나는 단독 통치자(*monarchos*)가 될 거요"라고 답했다. 그리고 시민들에게 연설한 후, 시라쿠사인들은 바로 그를 장군으로 뽑았다.

2. 통치 초기에 시민 중 일부가 그에 대한 음모를 꾸미며서, 그 결과 포위공격을 당하게 되었다. 그의 친구들은 그에게 제압당해 죽고 싶지 않다면 퇴위하라고 충고했다. 하지만 도축되고 있던 소가 바로 쓰러지는 것을 보고 있던 그는 "저리도 순간적인 죽음이 두려워서 그리도 강력한 주권을 버리는 것은 혐오스러운 일이 아닌가?"라고 말했다.

3. 그는 도시를 물려주려고 했던 아들이 한 시민의 아내와 정을 통하자, 화를 내며 아들에게 아버지의 행동 중에 그런 짓이 있느냐고 물었다. 그러자 아들은 "아닙니다. 아버지로서 참주가 되신 것은 아니기 때문입니다"[46]라고 대답했다. 그러자 그는 "그런 행동을 그만두지 않는다면, 참주 자리를 아들에게 물려줄 수 없을 것이다"라고 말했다.

4. 또 다른 때, 아들 집에 간 그는 엄청난 양의 금잔과 은잔을 보고

---

44) Dionysios. 기원전 432년경 태어나 기원전 367년 죽은, 시켈리아섬에 있는 그리스 식민시 시라쿠사의 참주 디오니시오스 1세. 고대인은 그를 잔인하고, 의심이 많으며, 앙심이 깊은 가장 나쁜 참주의 전형으로 보았다.

45) 원래 그는 자기 이름의 첫 글자인 '델타'(Δ)를 제출했어야 했다.

46) 즉 참주 자리를 아들에게 물려주기 위해 참주가 된 것은 아니라는 의미다.

이렇게 소리 질렀다. "너는 참주가 되지 못할 게다. 언제나 내게서 가져간 이 모든 잔을 가지고도 친구 하나 만들지 못했으니 말이다."

5. 그는 시라쿠사인에게 세금을 거두었다. 그리고 사람들이 가진 것이 없다고 슬퍼하며 애원하거나 항의하는 것을 보자, 세금을 또 걸으라고 명령했다. 이런 일을 두 번, 세 번 되풀이했다. 더 많은 세금을 거둔 다음에, 사람들이 시장을 돌아다니며 웃거나 조롱하는 소리를 듣고 나서야 징수를 멈추라고 명령했다. 그리고 "그들이 우리를 무시하는 것을 보니, 이제야말로 가진 것이 없어졌군"이라고 말했다.

6. 나이가 매우 많은 자신의 어머니가 남편을 얻고 싶어 하자, 그는 자신이 국가의 법은 어길 힘이 있지만, 자연의 법은 어길 수 없다고 말했다.

7. 그는 다른 모든 범죄자는 가차 없이 처벌했지만, 노상강도는 매우 관대하게 처벌했다. 그래서 시라쿠사인들은 한데 모여 만찬과 주연을 베푸는 것을 멈추어야 했다.

8. 한 이방인이 그에게 말하기를 그를 대상으로 음모를 꾸미는 자들을 사전에 알 방법을 비밀리에 가르쳐주겠노라고 했다. 디오니시오스가 말해보라고 하자, 그 이방인이 가까이 다가와 "음모를 꾸미는 자들의 비밀스러운 징표를 들으셨다는 인상을 줄 수 있도록, 저에게 1탈란톤[47]을 주십시오"라고 말했다. 디오니시오스는 음모자들의 징표를 들은 것처럼 돈을 주었고, 그 남자의 똑똑한 책략에 감탄했다.[48]

---

47) *talanton*. 고대 지중해에서 쓰인 무게 단위이자 화폐 단위다. 시대와 지역별로 조금씩 차이가 있다. 그리스, 특히 아테나이 등지에서는 은 26.2킬로그램, 로마에서는 32.3킬로그램, 이집트에서는 27킬로그램 정도였으며, 신약성서에 나오는 단위는 58.9킬로그램 정도다.

48) 디오니시오스가 음모를 알아낼 방법을 배운 것처럼 되었으므로, 앞으로는 그를 상대로 음모를 꾸미지 않을 것이니 돈이 아깝지 않았다는 의미다.

9. 그는 자신이 편히 쉬고 있는지를 물어보는 사람에게, "그런 일이 절대 일어나지 않기를 바라오!"라고 답했다.

10. 디오니시오스는 두 젊은이가 술자리에서 자신과 자신의 통치에 많은 불만을 토로했다는 이야기를 듣고, 그 두 사람을 만찬에 초대했다. 그리고 한 젊은이는 술을 많이 마시고 말을 함부로 하지만, 다른 젊은이는 술을 잘 마시지 않고 아주 조심스러워하는 것을 보았다. 그는 전자는 천성적으로 술꾼이며 술을 마실 때 말을 함부로 하는 자라고 여겨 풀어주었지만, 후자는 신중하게 생각한 끝에 불만과 적대적인 감정을 품은 자라고 여겨 사형에 처했다.

11. 시민들이 증오하는 자에게 명예를 주고 가까이한다며 몇몇 사람이 그를 비난하자, "하지만 나보다 더 미움받을 자가 생기는 것이 내 바람일세"라고 말했다.

12. 디오니시오스는 코린토스에서 파견한 사절들에게 선물을 주겠다고 제의했지만, 그들은 법에 따라 받을 수 없다고 거절했다. 사절단으로 간 사람은 권력자에게서 선물을 받아서는 안 된다는 것이었다. 그는 사절들이 참주정의 유일한 이점을 없애버리는 술수를 쓰고 있다고 말하며, 참주가 호의로 베푼 것일지라도 받을 때는 두려워해야 함을 가르쳐주었다.

13. 한 시민이 자기 집에 금을 묻어두었다는 것을 들은 디오니시오스는 그 사람에게 금을 가지고 오라고 명령했다. 하지만 그 사람은 금의 일부를 빼돌리는 데 성공했고, 나중에 다른 도시로 가서 농장을 샀다. 디오니시오스는 사람을 보내 그의 재산을 모두 돌려주었다. 그 사람이 이제 재산을 쓰기 시작하여서 더는 유용한 것을 무용하게 만들지 않는다는 이유에서였다.

연소 디오니시오스

1. 연소 디오니시시오스[49]는 학식 있는 사람들[50]에게 침대와 탁자를 선사한 것은 그들을 존경해서가 아니라, 그렇게 함으로써 자신이 존경받고 싶어서라고 말하곤 했다.

2. 논쟁에 능한 폴릭세노스(Polyxenos)가 자신을 논파했다고 주장하자, 그는 이렇게 말했다. "맞네, 말로는 그랬지. 하지만 행동으로는 내가 그대를 논파했다네. 그대는 이제 자기 일을 그만두고 궁정에서 내게 봉사하고 있지 않나."

3. 그가 강제로 자리에서 물러나야만 했을 때, 어떤 사람이 그에게 물었다. "플라톤의 가르침과 철학[51]이 그대에게 무슨 도움이 되었나요?" 그는 이렇게 대답했다. "운명의 거대한 변화에 불평하지 않고 승복하는 힘을 주었소."

4. 그는 가난한 일개 시민이었던 그의 아버지가 어떻게 시라쿠사의 통치권을 쥐게 되었는지 그리고 참주의 아들이었던 그가 어떻게 통치권을 잃었는지에 대해 질문받은 적이 있다. 그는 이렇게 답했다. "내 아버지는 민주정이 미움받을 때 정권을 잡으려고 시도하셨지만, 내 때는 참주정이 증오의 대상이 된 경우였소."

5. 다른 사람이 같은 질문을 하자, 이렇게 말했다. "내 아버지는 나라를 유산으로 주셨지만, 그분의 행운은 넘겨주시지 않으셨소."

---

49) 디오니시오스 2세로 기원전 397년 태어나 기원전 343년 죽었다. 시켈리아섬 시라쿠사의 참주였으며, 기원전 367년부터 기원전 357년까지 그리고 기원전 346년부터 기원전 344년까지 통치했다.

50) 원문은 '소피스테스들'이다.

51) 연로 디오니시오스의 아들인 그가 참주 자리를 물려받았을 때, 그의 방탕한 성품을 걱정한 숙부 디온(Dion)이 철학자 플라톤을 모셔와 그를 가르치게 한 적이 있었다.

아가토클레스

1. 아가토클레스[52]는 도공(陶工)의 아들이었다. 그는 시켈리아섬을 모두 장악하고 자신을 왕이라고 선포하고 난 뒤에 도기잔을 금잔 옆에 놓아두곤 했다. 그리고 그 잔들을 가리키며 젊은이들에게 이렇게 말하곤 했다. "저 도기잔은 내가 전에 쓰던 것이고, 이 금잔은 내 근면함과 참을성 덕분에 지금 쓰는 것이다."

2. 그가 어느 도시를 포위 공격하고 있을 때, 성벽 위에 있던 몇 사람이 그에게 욕하면서 "옹기장이야, 네 용병들의 급료는 어떻게 지불할 테냐?"라고 말했다. 하지만 그는 동요하지 않고 웃으면서 "내가 이 도시를 점령한다면"이라고 답했다. 그리고 그 도시를 급습하여 점령한 다음 포로들을 노예로 팔면서 말했다. "만약 너희가 내게 다시 욕한다면, 나는 너희의 주인에게 말하면 되겠군."[53]

3. 아가토클레스의 수병들이 이타카(Ithaka)섬에 침입하여 강제로 가축 일부를 가져가 몇몇 주민이 불만을 표하자, 그가 말했다. "하지만 너희의 왕은 우리에게 와서 가축을 가져갔을 뿐 아니라, 양치기의 눈도 멀게 하고 계속 길을 갔지."[54]

---

52) Agathokles. 기원전 317년부터 기원전 289년까지는 시라쿠사의 참주로, 기원전 304년부터 289년까지는 시켈리아섬의 왕으로 있었던 인물이다.

53) 플루타르코스의 『모랄리아』 「분노를 다스리는 법」 458F에는 마지막 말을 '외눈'(*monoptalmos*) 안티고노스(Antigonos)가 했다고 쓰여 있다.

54) 호메로스의 『오딧세이아』 제9권에 나오는, 이타카의 왕 오딧세우스가 시켈리아섬에 와서 외눈박이 거인 키클롭스(Kyklops)의 눈을 멀게 하고 그의 양 떼를 가져간 일화를 말한다.

디온

연소 디오니시오스를 권좌에서 끌어내리고 쫓아낸 디온[55]은 국내외를 막론하고 모든 친구 중에서 가장 믿고 있던 칼리포스(Kalippos)가 자신에 대한 음모를 꾸미고 있다는 말을 들었다. 그는 칼리포스를 심문하기 위해 불러들이는 대신, 이렇게 말했다. "적뿐 아니라 친구도 계속 감시하는 상태로 사느니 죽는 것이 낫다."

아르켈라오스

1. 아르켈라오스[56]는 연회에서 자신의 지인(知人)이지만, 성품이 그다지 훌륭하다고 할 수는 없는 이가 금잔을 달라고 청하자, 하인을 시켜 금잔을 에우리피데스(Eurypides)에게 주었다. 그리고 의아한 눈으로 쳐다보는 그에게 말했다. "자네가 내게 금잔을 달라고 요청할 권리가 있는 것은 맞네. 하지만 에우리피데스는 내게 요청하지 않아도 그것을 받을 권리가 있지."

2. 수다스러운 이발사가 그에게 "머리를 어떻게 자를까요?"라고 물었다. 그는 "조용하게"라고 답했다.

3. 주연이 한창 벌어지던 어느 날 저녁, 에우리피데스는 이미 수염을 기를 만큼 나이가 든 미남 아가톤(Agathon)을 끌어안고 입을 맞

---

55) Dion. 기원전 408년 태어나 기원전 354년 죽었다. 시라쿠사의 참주를 지냈다.

56) 아르켈라오스(Archelaos) 1세는 마케도니아의 왕으로 기원전 413년부터 기원전 399까지 재위했다. 여러 면에서 개혁을 시도했던 그의 재위기에 마케도니아는 강대국으로 성장하는 기틀을 마련했다.

추었다.[57] 아르켈라오스는 친구들에게 "놀라지들 말게. 미남은 나이가 들어도 미남이라네"라고 말했다.

4. 키타라연주자인 티모테오스(Timotheos)는 보수를 상당히 많이 받을 것으로 기대했지만, 예상보다 적게 받게 되었다. 그는 아르켈라오스에게 불만을 솔직하게 말했다. 그리고 "대지가 낳은 은(銀)을 그대는 격찬하네요"라는 짧은 시구를 노래하며 아르켈라오스를 가리켰다. 이에 아르켈라오스는 "하지만 그대가 갈구하는 것이 바로 그것이라네"라며 응수했다.

5. 어떤 사람이 그에게 물을 뿌리자, 아르켈라오스의 친구들은 그를 처벌하라고 부추겼다. 그는 "하지만 그는 내게 물을 뿌린 것이 아니라, 나라고 간주한 사람에게 물을 뿌렸다네"라고 말했다.[58]

알렉산드로스의 부왕 필리포스

1. 테오프라스토스[59]는 알렉산드로스의 아버지 필리포스[60]가 왕

---

57) 그리스인과 로마인은 보통 '동성애'를 행했다고 알려져 있는데, 정확하게는 '소년애'(*paiderastia*), 즉 '소년에 대한 사랑'이라고 불러야 할 것이다. 나이 든 사람이 보통 '에라스테스'(*erastes*, 사랑하는 자)가 되며, 10대 중후반의 소년이 '에로메노스'(*eromenos*, 사랑받는 자)가 된다. 그리고 이들의 육체적 연애관계는 에로메노스가 수염을 기를 나이가 되면 끝나고, 이후부터는 일종의 의형제 같은 관계로 전환된다.

58) 그는 내 참모습을 모르고 나를 좋지 않게 생각하여 물을 뿌렸는데, 나는 그런 사람이 아니니 화를 낼 필요가 없다는 의미다.

59) Theophrastos, 기원전 371년경 태어나 기원전 287년경 죽은 그리스 철학자로, 아리스토텔레스의 후계자다. 아리스토텔레스는 죽을 때, 자신의 원고를 그에게 넘겨주며 자신이 세운 학교인 리카이온(Lykaion)을 맡도록 했다. 테오프라스토스는 리카이온을 36년간 맡으며 크게 번성시켰다. 식물에 대한 작품

중에서도 위대할 뿐 아니라, 운명과 품행 때문에도 매우 위대하고 절제심이 있는 사람이라는 것을 스스로 증명했다고 기록했다.

2. 그는 아테나이 사람들이 매년 장군으로 선출할 열 명의 사람[61]을 찾아낼 수 있다면 행복한 운명을 지닌 것이니 축하해야만 한다고 말했다. 그 자신은 오랜 세월 파르메니온[62]이라는 단 한 명의 장군만을 찾았다는 이유에서였다.

3. 하루 동안 여러 가지 좋은 일이 잇달아 보고되자, 그는 "운명의 여신이여, 이렇게도 많은 좋은 일을 상쇄하기 위해 약간의 불운을 주소서"라고 말했다.

4. 그리스에 승리를 거둔 후, 몇몇 이가 그에게 수비대를 두어 그리스 도시들을 복종하게 하라고 충고했다. 그는 짧은 기간 지배자로 불

덕분에 그는 식물학의 아버지로 여겨진다.

60) 아민타스(Amyntas) 3세의 셋째 아들인 마케도니아의 필리포스 2세다. 기원전 382년 태어났고, 기원전 359년부터 기원전 336년까지 재위했다. 젊은 시절 보이오티아의 가장 큰 도시 테바이에 유학 겸 인질로 가 있던 그는 그곳에서 그리스의 전술 및 전략을 습득했는데, 특히 테바이의 천재적 전략가인 에파메이논다스(Epameinondas)가 창안한 사선진(斜線陳)을 아들 알렉산드로스에게 전한다. 알렉산드로스는 대규모 평원전투인 이소스(Issos)전투와 가우가멜라(Gaugamela)전투에서 사선진을 사용하여 페르시아에 결정적 승리를 거두었다.

61) 아테나이 민주정에서는 매년 열 명의 '장군'(strategos)을 선출했다. 보통 장군으로 번역하지만, 실제로는 아테나이 민주정의 지도자들로 필요시에 군을 이끌었다.

62) Parmenion. 기원전 400년경 태어나 기원전 330년 죽었다. 필리포스 2세 밑에서 복무했고, 알렉산드로스의 페르시아원정 때는 부사령관 역할을 맡아 크게 이바지했다. 아들 세 명이 모두 알렉산드로스의 주요 지휘관이었는데, 페르시아에 결정적인 승리를 거둔 다음인 기원전 330년 큰아들 필로타스(Philotas)가 알렉산드로스 암살음모에 연루되어 처형된 후, 알렉산드로스가 보낸 자객에게 암살당한다. 필로타스의 혐의에는 의심스러운 면이 많아 알렉산드로스가 자신의 권력을 확고히 하기 위해 군부에 큰 영향력을 지닌 그를 누명을 씌워 제거했을 가능성이 크다.

리기보다는 오랫동안 좋은 사람으로 불리기를 선호한다고 말했다.

5. 친구들이 그를 헐뜯고 다니는 자를 궁정에서 쫓아내라고 충고하자, 그는 "그러면 더 많은 사람에게 나를 안 좋게 말하고 다닐 테니, 그러지 않겠네"라고 말했다.

6. 스미키토스(Smykithos)는 니카노르(Nikanor)가 언제나 필리포스를 안 좋게 이야기하고 다닌다며 그를 흉보았다. 필리포스의 친구들은 사람을 보내 니카노르를 처벌해야 한다고 생각했다. 그러자 필리포스는 "하지만 실제로 니카노르가 마케도니아 사람 중 가장 나쁜 사람은 아닐세. 그러니 우리에게 책임이 있는 어떤 일이 있었던 것은 아닌지 조사해보아야 하네"라고 했다. 니카노르는 가난 때문에 극심한 고통을 겪고 있었는데, 자신이 이를 간과했던 것을 알게 된 필리포스는 그에게 선물을 주도록 지시했다. 그 후, 스미키토스가 다시 말하길, 이제는 니카노르가 만나는 사람마다 계속해서 필리포스를 엄청나게 찬미해댄다고 했다. 그 말을 들은 필리포스는 "그대들도 보아 알듯이, 우리에 대해 좋고 나쁜 말들이 나도는 데는 우리 자신의 책임이 있다네"라고 말했다.

7. 필리포스는 아테나이의 민중지도자들에게 감사함을 느낀다고 말했다. 그들이 자신에 관한 중상모략을 일삼기 때문에, 자신이 언행양면에서 더 나아진다는 것이다. "그들이 거짓말쟁이라는 것을 증명하기 위해 나는 말과 행동 모두 조심하고 있기 때문이지."

8. 그는 카이로네아(Chaironea)전투[63]에서 포로로 잡은 아테나이인들 전원을 몸값도 받지 않고 풀어주었다. 하지만 포로들은 겉옷과 침구 등도 돌려달라면서 마케도니아인들에게 불평을 늘어놓았다.

---

63) 기원전 338년 벌어진 전투로, 여기에서 승리한 마케도니아는 그리스에 대한 패권을 확립하게 되었다.

필리포스는 웃으면서 부하들에게 이렇게 말했다. "저 아테나이인들은 주사위놀이에서 졌다고 생각하는 것 같지 않나?"

9. 필리포스가 전투에서 쇄골이 부러졌을 때, 간호하던 의사가 매일매일 계속 보상을 요구했다. 그러자 필리포스는 "자네가 원하는 대로 가져가게. 자네가 해결의 열쇠[64]를 쥐고 있지 않나"라고 말했다.

10. '모두'(Amphoteros)와 '개별'(Hekateros)이라는 두 형제가 있었다. 필리포스가 보기에 '개별'은 분별 있고 실제적이었지만, '모두'는 분별없고 어리석었다. 그는 '개별'은 모두 가졌지만, '모두'는 아무것도 가지지 않았다고 평했다.

11. 그는 아테나이인에게 모질게 대해야 한다고 자신에게 조언한 사람들에게 말했다. "영광을 위해서라면 어떤 일도 감행하고 어떤 일도 견딜 사람에게 그 영광을 자랑할 기회를 던져버리라고 부추기는 것은 어리석은 일이오."

12. 두 불한당 사이에 벌어진 소송을 판결해달라는 청을 받은 그는, 한 명은 마케도니아에서 도망쳐 나가고, 다른 한 명은 그를 추적하라고 명했다.

13. 아주 좋은 장소에 진영을 설치하려고 했을 때, 그는 그곳에 짐을 나르는 동물들이 먹을 풀이 없다는 것을 알게 되었다. 그래서 "당나귀들의 편의에 맞춰 살아야 한다니, 아, 우리의 삶이란!"이라고 말했다.

14. 그는 어떤 요새를 점령하고 싶어 했다. 그가 보낸 정찰병들은 요새가 접근하기 어려운 난공불락이라고 보고했다. 그러자 그는 돈

---

64) 그리스어 '클레이스'(*kleis*)에는 열쇠와 쇄골이라는 뜻이 같이 있음을 이용한 재담이다.

을 실은 나귀조차 접근하기 어려울 정도냐고 물었다.[65]

15. 필리포스의 친구 중 몇몇이 올린토스(Olynthos) 사람 라스테네스(Lasthenes)의 동료들을 배반자[66]라고 부르자, 그들은 분개하여 불평했다. 그러자 필리포스는 마케도니아 사람들이 천성이 거칠고 촌스러워 가래(또는 삽)를 가래라고 부른다고 했다.[67]

16. 필리포스는 다른 사람이 통치하고 있는 한 그리고 친절하게 굴여력이 있는 한, 마케도니아 사람들의 호의를 얻기 위해 잘해주면, 대중에 대한 영향력을 얻게 될 것이라고 아들에게 말했다.[68]

17. 그는 아들에게 다른 충고도 했다. 여러 도시의 유력자 가운데 좋은 자, 나쁜 자와 모두 사귀라는 것이다. 그리고 후에 좋은 자는 이용하고, 나쁜 자는 혹사하라고 말했다.

18. 테바이인 필론(Philon)은 필리포스가 테바이에서 인질생활을 하고 있을 때, 자신의 집에 묵게 하면서 후원해주었다. 그러나 후에 필리포스가 보낸 선물은 어떤 것도 받으려 하지 않았다. 그러자 필리포스는 그에게 "은혜와 호의라는 면에서 나를 능가하여, 무적이라는 내 명성을 빼앗지 말아주시오"라고 말했다.

19. 한번은 많은 포로를 잡은 필리포스가 그들을 파는 것을 감독하며 앉아 있었는데, 그의 키톤(*chiton*, 일종의 가운)이 보기 흉하게 말려 올라갔다. 그때 팔려 가던 사람 중 하나가 절규했다. "필리포스 전하, 살려주십시오. 저는 당신 부왕의 친구였습니다." 그러자 필리포스가

---

65) 나귀에 실은 돈으로 매수해 내부의 배신자를 만들겠다는 의미다. 이 일화는 디오도로스 시쿨루스의 『역사도서관』 제16권 제54장 제3~4절에 실려 있다.
66) 라스테네스와 동료들은 필리포스에게 매수되어 조국을 배반했다.
67) 돌려 말할 줄 모른다는 의미다.
68) 플루타르코스의 『모랄리아』 「나라를 통치하기 위한 가르침」 제11장에는 이 아들이 알렉산드로스라고 쓰여 있다.

물었다. "어이, 그대는 어디서 왔고, 어떻게 그리되었나?" 그 남자는 "개인적으로 말씀드리고 싶으니 가까이 가게 해주십시오"라고 말했다. 그리고 필리포스의 앞에 온 그는 "망토를 조금 끌어 내리시지요. 앉아 계실 때 몸이 너무 많이 드러납니다"라고 말했다. 그러자 필리포스는 "이 사람을 풀어주어라. 내가 잘 기억나지는 않지만, 그는 나의 충실한 친구다"라고 말했다.

20. 한번은 행군 중에 지나가던 지역의 어떤 사람이 필리포스를 식사에 초대했다. 그는 대단히 많은 수행원을 데리고 갔다. 그는 집주인이 매우 불안해함을 발견했는데, 알고 보니 사람이 너무 많아서 식사준비가 미흡했기 때문이다. 그는 수행원 각자에게 "케이크 먹을 배는 남겨두게"라고 미리 말을 전했다. 수행원들은 먹을 것이 더 나올 것으로 예상하여 그의 충고에 따라 많이 먹지 않았다. 이렇게 하여 모든 사람이 충분히 식사할 수 있었다.

21. 에우보이아의 히파르코스[69]가 사망했을 때, 필리포스는 많이 상심한 것처럼 보였다. 누군가 "하지만 실제로 그분은 연로하셔서 돌아가신 것입니다"라고 말하자 필리포스는 "나도 아네. 그가 나이가 많아서 죽은 것은 사실이지. 하지만 내게는 이른 죽음일세. 그가 받아야 할, 우리의 우정에 걸맞은 호의를 내게서 받기에는 너무 빠른 죽음이었으니 말일세"라고 답했다.

22. 알렉산드로스의 모후 말고도 다른 여성들에게서 자식들을 낳은 것을 두고 알렉산드로스가 불평하는 것을 알게 된 필리포스는 이렇게 말했다. "네가 왕국을 놓고 겨룰 경쟁자들이 많이 생겼다면, 너 자신이 존경받을 훌륭한 인물임을 스스로 증명해보렴. 그리하면 내

---

69) Hipparchos. 기원전 343년경 필리포스가 에레트리아 지역을 다스리게 한 참주 중 한 명이다.

덕이 아니라, 너 자신의 힘으로 왕국을 얻을 수 있을 것이다." 그는 아리스토텔레스에게 집중하여 철학을 배우도록 알렉산드로스에게 명했다. 그리고 "그렇게 하면 내가 후회하고 있는 종류의 많은 일을 너는 하지 않을 수 있을 것이다"라고 말했다.[70]

23. 그는 안티파트로스[71]의 친구 중 한 명을 재판관으로 임명했다. 하지만 나중에 그 사람이 머리와 수염을 염색한 것을 알고는 해임했다. 그러면서 머리카락 문제에서조차 믿을 수 없는 사람이 행동 면에서는 적절하다고 믿을 수 없다고 말했다.

24. 그는 거의 잠들었을 때, 마카이타스(Machaitas)의 소송사건을 듣게 되었다. 그래서 사건의 진상에 제대로 주의를 기울이지 못했고, 마카이타스에게 패소판결을 내렸다. 그는 마카이타스가 판결에 이의를 제기하는 주장을 폈을 때, 정말로 화가 나서 "누구에게 이의를 제기하는가?"라고 물었다. 마카이타스는 "전하, 전하께 이의를 제기합니다. 잠이 깨셔서 주의 깊게 사건을 청취하셨다면 하고요"라고 답했다. 필리포스는 너무 화가 나서 자리를 박차고 일어날 뻔했다. 하지만 이성을 되찾고 나서는 소송사건을 불공정하게 판결했다는 점을 알게 되었다. 그러나 그는 판결을 번복하지는 않고, 판결에 따른 벌금을 자신이 내주는 것으로 그 문제를 정리했다.

25. 하르팔로스(Harpalos)는 친족이자 친한 친구인 크라테스(Krates)가 잘못된 행동으로 유죄판결을 받자, 그가 벌금은 물되 치욕 받지 않도록 불리한 판결은 사면하는 것이 좋은 해결책이 되지 않

---

70) 플루타르코스의『대비열전』「알렉산드로스전」제9장 참조할 것.
71) Antipatros. 기원전 397년경 태어나 기원전 319년 죽은 마케도니아의 귀족이자 장군으로 필리포스 2세와 알렉산드로스 대왕에게 모두 봉사했다. 알렉산드로스가 페르시아로 원정을 떠난 동안에는 마케도니아를 맡아 다스렸다. 뒤에 나올 '안티파트로스' 항목에서 다양한 일화를 소개한다.

겠느냐고 제안했다. 필리포스는 그 제안에 대하여, "우리가 그 친구 때문에 욕먹는 것보다는 그 친구 자신이 욕먹는 편이 더 낫겠네"라고 말했다.[72]

26. 필리포스가 올림피아(Olympia)제전에 모습을 드러내자, 펠로폰네소스반도 사람들[73]은 그가 잘 대해주었는데도 야유해댔다. 그의 친구들이 분개하자, 필리포스는 "괜찮네. 그들에게 못되게 굴었으면 어땠을지 생각해보게"라고 말했다.

27. 그가 한번은 전쟁 중에 평상시와 달리 길게 잠을 잤다. 그리고 나중에 깨고 나서, "나는 안전하게 잠들었다네. 안티파트로스가 깨어 있었거든"이라고 말했다.

28. 또 한번은 그가 낮에 자고 있자, 그리스인들이 그의 막사 앞에 모여 화를 내며 불평했다. 그러자 파르메니온이 "필리포스 전하께서 지금 자고 계신다고 이상하게 여기지 마시오. 그대들이 자는 동안 그분은 깨어 계셨으니"라고 말했다.

29. 그가 만찬석상에 나왔던 악기연주자의 연주를 지적하면서, 악기연주를 논하려고 하자, 그 연주자는 이렇게 말했다. "전하, 신께서는 전하가 이런 문제들을 저보다 더 잘 아실 만큼 신분이 낮아지시는 것을 금하셨습니다."

30. 필리포스가 왕비 올림피아스(Olympias) 및 아들 알렉산드로스와 사이가 좋지 않았을 때, 코린토스의 데마라토스(Demaratos)가 도착했다. 필리포스는 그에게 그리스인들이 가족 간에 어떤 감정을 품고 있는지를 물어보았다. 데마라토스는 "그리스인들이 어떻게 화합

---

72) 그렇게 해줄 수 없다는 의미다.
73) 제전이 열리는 올림피아는 펠로폰세소스반도의 도시국가 엘리스(Elis)에 있는 성지인데, 필리포스는 카이로네아전투의 승리 이후 그리스의 패권을 장악한 상태였다.

하는지를 물어보셨는데, 전하의 가정에서 가장 사랑하시는 이들이 전하께 느끼는 감정과 똑같은 것을 느낍니다"라고 대답했다. 필리포스는 그 말에 느끼는 바가 있어 화내기를 멈추고, 왕비 및 아들과 화해했다.

31. 어떤 가난한 노파가 왕이 듣는 앞에서 직접 소송에 대해 말하고 싶다고 고집하며 여러 번 그를 성가시게 했다. 필리포스는 시간이 없다고 말했다. 그러자 노파는 "그렇다면 왕 자리에서 내려오십시오"라고 소리 질렀다. 필리포스는 그 말에 깨달은 바가 있어 그녀의 소송뿐 아니라 다른 사람들의 소송도 즉시 처리하기 시작했다.[74]

알렉산드로스 대왕

1. 알렉산드로스[75]가 아직 소년이었을 때, 부왕 필리포스가 많은 전쟁에서 승리했다. 그러나 알렉산드로스는 기뻐하지 않고, 놀이친구에게 "부왕께서는 내가 정복할 곳을 남겨두시지 않을 것 같아"라고 말했다. 친구들은 그에게 "하지만 그분께서 얻으시는 땅은 모두 너를 위한 것이잖아?"라고 말했다. 그는 "내가 많은 것을 가져도, 아무것도 나 스스로 성취하지 못한다면 무슨 의미가 있어?"라고 말했다.

2. 알렉산드로스가 발이 빠르고 날래므로 부왕 필리포스는 올림피아제전의 경주에 나가보라고 권유했다. 알렉산드로스는 "왕들이 경쟁자로 나서면 나가서 뛰고 싶습니다"라고 대답했다.

---

74) 플루타르코스의 『대비열전』「데메트리오스전」제42장 참조할 것.
75) 페르시아원정과 정복으로 잘 알려진 알렉산드로스 대왕이다. 기원전 356년 태어나 기원전 323년 죽었다.

3. 한 여성이 그와 밤을 보내려는 의도를 품고 밤늦게 찾아왔다. 알렉산드로스는 그녀에게 "왜 이 시간에 왔는가?"라고 물었다. 그녀는 "제 남편이 잠자리에 들 때까지 기다려야 했어요"라고 답했다. 그러자 그는 아랫사람들을 심하게 꾸짖었다. 그들 때문에 간부(姦夫)가 될 뻔했기 때문이다.

4. 그는 신들께 향을 바칠 때 아낌없이 많은 양을 썼고, 유향(乳香)도 한 움큼씩 쓰곤 했다. 한번은 그를 어릴 때부터 가르쳤던 레오니다스[76]가 그 자리에 있었는데, "왕자님, 향료가 나는 땅을 정복하시면 그때나 아낌없이 향을 바치세요"라고 말했다. 향료가 나는 땅의 지배자가 되었을 때, 알렉산드로스는 레오니다스에게 이렇게 편지를 썼다. "선생님에게 100탈란톤의 유향과 몰약(沒藥)을 보내니, 다시는 신을 모실 때 쩨쩨하게 비용을 계산하지 마세요. 선생님도 알다시피 우리는 이제 이런 향료가 나는 땅의 지배자가 되었으니까요."

5. 그는 그라니코스(Granikos)전투[77] 직전에, 마케도니아 병사들에게 내일이면 적의 물자로 식사할 수 있을 테니 가진 것들을 아낌없이 먹어 치우고, 가진 것들을 모두 꺼내놓으라고 했다.

6. 그는 친구 중 하나인 페릴로스(Perillos)가 딸들의 지참금에 필요한 돈을 요청하자, 사람을 시켜 그에게 50탈란톤을 주도록 했다. 페릴로스가 10탈란톤이면 충분하다고 말하자, 알렉산드로스는 "자네가 받기에는 충분하겠지만, 내가 주기에는 충분하지 않다네"라고 답했다.

7. 그는 철학자 아낙사르코스[78]가 원하는 대로 내주라고 재산관리

---

76) Leonidas. 에페이로스(Epeiros) 출신의 교사로 알렉산드로스의 어머니인 올림피아스의 친척이다.
77) 페르시아로 원정을 떠나 기원전 334년 처음으로 치렀던 대규모 전투다.
78) Anaxarchos. 기원전 380년경 태어나 기원전 320년경 죽은 인물로, 데모크리

인에게 말했다. 그리고 아낙사르코스가 100탈란톤의 돈을 요청했다고 재산관리인이 아뢰자, "그가 잘 말했군. 그는 자기가 그만한 선물을 해줄 능력이 있고, 또 그럴 생각도 있는 친구를 두었다는 사실을 알거든"이라고 말했다.

8. 그는 밀레토스에서 올림피아제전과 피티아제전에서 승리한 운동선수들의 조각상이 많이 있는 것을 보고는, 밀레토스 사람들에게 이렇게 말했다. "이민족이 그대들의 도시를 포위 공격할 때, 이런 몸을 지닌 사람들은 어디에 있었는가?"[79]

9. 카리아[80]의 여왕 아다[81]는 요리사나 예술가들을 시켜 만든 호사스러운 요리나 특별한 과일설탕절임 등을 알렉산드로스에게 보내는 것을 자신의 명예로 생각했다. 하지만 알렉산드로스는 자신이 더 훌륭한 요리사들을 데리고 있다고 말했다. 즉 밤새워 행군하면 아침을 맛있게 먹을 수 있고, 아침을 조금 먹으면 저녁을 맛있게 먹을 수 있다는 것이다.

10. 한번은 전투에 필요한 모든 준비를 끝낸 후에 장군들이 그에게 무언가 추가하실 것이 있느냐고 물었다. 알렉산드로스는 "병사들의 수염을 깎는 것 외에는 없네"라고 대답했다. 파르메니온 장군이 당

토스(Demokritos)학파에 속하는 철학자다. 알렉산드로스의 페르시아원정에 따라갔다.

79) 그리스 사람들이 예전에 세운 식민시인 밀레토스를 비롯한 소아시아의 그리스 식민시들이 페르시아에 지배당한 것을 말한다.

80) Karia. 아나톨리아의 서쪽 지역이다.

81) Ada. 기원전 377년 태어나 기원전 326년 죽은, 페르시아의 카리아 지역 태수였던 헤카톰노스(Hekatomnos)의 딸이다. 그녀는 오빠인 이드리에우스(Idrieus)와 결혼했고, 태수였던 남편이 죽은 다음에는 태수령을 맡았으나, 남편의 형제인 픽소데로스(Pixoderos)에게 쫓겨났다. 망명해 있던 그녀는 알렉산드로스가 진군해오자 바로 항복했고, 알렉산드로스는 그녀를 어머니처럼 대우해주며 카리아 지역의 통치권을 넘겼다.

황해하자, 그는 "전투에서 수염을 움켜잡는 것보다 더 편리한 것이 없다는 사실을 모르시오?"라고 말했다.

11. 다레이오스가 1만 탈란톤의 돈을 주고, 아시아를 반으로 나누어 통치하는 조건으로 평화조약을 체결하고 싶어 하자, 파르메니온이 "제가 알렉산드로스라면 그 조건을 받아들이겠습니다"라고 말했다. 그러나 알렉산드로스는 "내가 파르메니온이라면 물론 그랬을 거요."[82]라고 말하고, 땅이 두 개의 태양을 용납할 수 없듯이 아시아도 두 명의 왕을 용납할 수 없다고 다레이오스에게 답서를 썼다.

12. 알렉산드로스가 아르벨라[83]에서 그를 상대로 정렬한 적병 100만 명과 건곤일척의 승부를 겨루려고 할 때, 친구들이 찾아와서 병사들을 고발했다. 그 병사들이 군막 안에서 이야기하는 것을 들었는데, 전리품을 왕의 창고에 넘기지 않고 자기들이 모두 차지하겠다고 합의했다는 것이다. 그는 그 말을 듣고 웃으며 말했다. "자네들이 좋은 소식을 가져왔군. 이야기를 들어보면 병사들이 도망칠 준비를 하는 것이 아니라, 정복할 준비를 하고 있으니 말이야." 많은 병사가 그에게 와서 이렇게 말했다. "전하, 기운 내시고, 적이 많다고 하여 두려워하실 필요도 없습니다. 저들은 우리에게 배어 있는 염소냄새도 견디어낼 수 없을 테니 말입니다."[84]

13. 전투를 위해 병사들이 도열해 있을 때, 알렉산드로스는 병사

---

82) 아리아노스의 『알렉산드로스 대왕 원정기』 제2권 제25장에는 뒤이어 "그러나 나는 파르메니온이 아니라 알렉산드로스라오"라고 말했다는 내용이 쓰여 있다.

83) Arbela. 실제로는 가우가멜라(Gaugamela)다. 가우가멜라전투에서의 결정적인 승리로 알렉산드로스는 페르시아를 거의 정복하게 되었다. 아르벨라라는 지명이 라틴어로 전쟁이라는 *bellum*(복수형은 *bella*)과 비슷해서인지 많은 로마시대 작가는 가우가멜라 대신 인근의 아르벨라라는 지명을 쓰고 있다.

84) 산지가 많은 마케도니아에서는 염소(또는 산양)를 많이 키웠다.

중 하나가 투창의 가죽끈을 손보고 있는 것을 보았다. 그리고 그는 그 병사를 쓸모없는 놈이라며 대열에서 떠밀어버렸다. 무기를 사용해야 할 시점에, 준비하고 있었기 때문이다.

14. 그가 안티파트로스를 은근히 비난하는 내용이 적힌 모후의 편지를 읽고 있을 때, 헤파이스티온[85]이 여느 때처럼 같이 편지를 보았다. 알렉산드로스는 헤파이스티온을 막지 않았고, 다만 그가 편지를 다 읽고 나자, 자신의 반지를 빼 헤파이스티온의 입술에 대어 봉인하는 시늉을 했을 뿐이었다.[86]

15. 아문(Amun)의 성역에서 신이 내린 사제가 그를 맞으며 제우스의 아들이라고 인사했다. 그는 "이상한 일도 아니지. 제우스께서는 원래 모든 사람의 아버지이시고, 가장 고귀한 이들을 자신의 아들로 삼으시니까"라고 말했다.[87]

16. 알렉산드로스가 다리에 화살을 맞았을 때, 습관적으로 자주 그를 신으로 부르며 환호했던 자 여럿이 서둘러 그에게 달려갔다. 그는 편안한 표정을 지어 보이며 말했다. "자네들도 보다시피 이것은 피

---

85) Hephaistion. 알렉산드로스와 어렸을 적부터 친구이며, 소년애 관계의 애인이었다. 능력이 출중하여 원정군에서 알렉산드로스와 파르메니온 바로 다음이었다. 그가 죽자 알렉산드로스는 매우 슬퍼하며, 지나치다는 말이 나올 정도로 성대한 장례식을 치렀다.

86) 고대의 반지는 대부분 봉인을 위해 찍는 인장의 역할도 했다.

87) 이집트의 최고신인 아문을 그리스인들은 그리스식으로 아몬(Ammon)이라고 불렀다(아몬이라고 처음 칭한 이는 그리스 시인 핀다로스(Pindaros)로, 그는 아문을 그리스의 제우스와 동일시했다). 아문의 성역은 테바이에서 서쪽으로 640킬로미터 정도 떨어진 시와(Siwah)에 있었다. 디오도로스 시쿨루스, 퀸투스 쿠르티우스 루푸스(Quintus Curtius Rufus), 플루타르코스 등에 따르면 제사장이 나와서 알렉산드로스를 맞이하며 신의 아들(즉 아문의 아들, 또는 제우스의 아들)이라고 불렀고, 그는 혼자서 신탁소 안으로 들어갔다고 한다. 알렉산드로스가 받은 신탁은 그가 신의 후손이며, 세계를 지배하게 될 것이라는 내용이라고 생각해도 좋을 것이다.

네. '축복받은 불멸자의 상처에서 솟아나는 이코르 같은 것'[88]은 아니지."

17. 몇몇 사람이 안티파트로스가 검약하다며 칭찬했다. 그들에 따르면 안티파트로스는 단순하고 소박하게 살았다. 그 말을 들은 알렉산드로스는 "안티파트로스는 겉으로 보면 소박한 흰옷을 입고 있지만, 속에 입은 옷은 모두 자주색이지"라고 말했다.[89]

18. 추운 겨울에 그를 접대하고 있던 친구 중 하나가 조그만 화로에 불을 약간만 피워서 가지고 왔다. 알렉산드로스는 그에게 장작이나 향을 가져오라고 말했다.[90]

19. 안티파트리데스(Antipatrides)가 아름다운 하프연주자를 식사자리에 데리고 오자, 그녀를 보고 반하게 된 알렉산드로스는 안티파트리데스에게 그녀와 사랑에 빠졌는지 물어보았다. 안티파트리데스가 그 질문에 긍정하자, 알렉산로스는 "이런 지독한 친구! 그녀를 바로 여기서 내보내게"라고 말했다.

20. 또 어느 때 카산드로스(Kasandros)가 피리연주자인 에비오스(Evios)가 사랑하는 소년인 피톤(Python)에게 자기와 키스하라며 강압했다. 에비오스가 분노한 것을 본 알렉산드로스도 화가 나서 벌떡 일어나 소리 질렀다. "자네나, 자네 같은 이들은 누군가와 사랑에 빠지는 일조차 용납되지 않네."

21. 알렉산드로스가 병들었거나 복무할 수 없게 된 마케도니아 병사들을 본국에 송환할 때, 아무 문제가 없는데도 환자명단에 이름을 올린 자가 있다는 보고를 받았다. 그래서 그자를 불러와서 심문해보았다. 그는 본국에 돌아가게 되어 있는 텔레시파(Telesippa)라는 여성

---

88) 호메로스의 『일리아스』 제5권 제340행.
89) 자주색은 왕권을 상징하므로, 안티파트로스가 왕권을 노리고 있다는 의미다.
90) 장작불을 피우든지, 조그만 화로에 어울리는 향이나 피우라는 의미다.

때문에 그랬노라고 순순히 인정했다. 알렉산드로스는 "텔레시파에 대해서 꼭 이야기해야 하는 사람이 있느냐?"라고 물었다. 그러자 그는 자기가 알기로는 텔레시파가 노예가 아니라고 대답했다. 알렉산드로스는 "그러면, 안테게네스(Antigenes), 텔레시파더러 여기 남아 있으라고 같이 설득해보자. 그녀는 자유민 여성이니 그녀에게 남으라고 강요하는 것은 우리 권한이 아니다"라고 말했다.

22. 페르시아 편에 서서 싸우다가 잡힌 그리스 용병들을 포로로 잡은 후에, 그는 아테나이인과 테살리아인은 사슬로 묶어두라고 명했다. 아테나이인은 국가가 준 돈으로 먹고살 수 있는데도 용병 노릇을 한 자들이고, 테살리아인은 토질이 비옥한데도 경작해서 먹고살려고 하지 않았다는 이유에서였다. 그러나 테바이인은 풀어주게 하면서, 이들만이 우리 때문에 도시도 없어졌고 남겨진 땅도 없어졌기 때문이라고 말했다.[91]

23. 알렉산드로스는 인디아인 사이에서 가장 명사수라고 명성이 자자한 자를 포로로 잡았다. 그는 활을 쏘아 화살을 반지 사이로 통과시킬 수 있다고 알려졌다. 알렉산드로스는 그에게 능력을 보이라고 명했지만, 그는 거절했다. 알렉산드로스는 화가 나서 그를 처형하라고 명했다. 그는 끌려 나가면서 포박한 사람들에게 오랫동안 연습을 못 해서 실패하는 것이 두려웠다고 말했다. 그 말을 들은 알렉산드로스는 경탄하면서 그에게 많은 선물을 주고 풀어주라고 했다. 그가 자신의 명성에 걸맞지 않은 모습을 보이는 것보다 차라리 죽음을 선택했기 때문이다.

24. 인디아의 왕 중 하나인 탁실레스(Taxiles)는 알렉산드로스를 만

---

91) 알렉산드로스가 즉위하자 테바이는 마케도니아에 반기를 들었는데, 알렉산드로스는 군을 이끌고 가서 테바이를 점령한 후, 시민들은 노예로 팔아버리고 도시를 철저히 파괴했다.

났을 때, 싸우려 하지 않았다. 그리고 알렉산드로스가 자신보다 떨어지는 인물이라면 자신이 주는 호의를 받아들이고, 자신보다 나은 인물이라면 자기들에게 호의를 베풀어달라고 말했다. 이에 대해 알렉산드로스는 베푸는 호의가 다른 이들을 능가하는지 겨루는 일이 그들 사이의 관행이라고 말했다.[92]

25. 인디아에서 그는 '아오르노스'(Aornos, 새가 없는 곳)라고 불리는 바위산[93]에 대해 들었다. 이곳은 대단히 험준하여 난공불락이라고 알려졌는데, 그 책임자가 겁쟁이라고 했다. 알렉산드로스는 "그렇다면 공략하는 것이 어렵지 않다"라고 말했다.

26. 난공불락처럼 보이는 바위산을 지키고 있던 또 다른 사람이 요새를 바치며 알렉산드로스에게 항복했다. 알렉산드로스는 그 사람이 요새를 계속 보유할 수 있게 했을 뿐 아니라, 다른 땅도 통치하라며 더 내주었다. 그러면서 이렇게 말했다. "강력한 요새가 아니라 훌륭한 이에게 자신을 맡기는 것을 보니 이 사람은 판단력이 있는 것으로 보인다."

27. 바위산을 점령한 후, 친구들이 알렉산드로스의 위업이 헤라클레스의 위업을 능가한다[94]고 말했다. 하지만 그는 "아니, 지휘관으

---

92) 북미 인디언 사이에도 추장이 다른 추장들을 불러 많은 선물을 줌으로써 자신이 우월하다고 인정받는 관행이 있었다.

93) 오렐 스타인 경(Sir Aurel Stein)의 『인더스강까지의 알렉산드로스의 여정을 따라서』(On Alexander's track to the Indus, London, 1929) 129쪽 이하에 따르면, 아오르노스산은 오늘날의 피르사르(Pir-Sar)산으로 평평한 정상은 높이가 해발 2,100미터 이상이고, 아톡(Attock)에서 북쪽으로 120킬로미터 정도 떨어진 위치여서 인도스강을 내려다볼 수 있다.

94) 아리아노스의 『알렉산드로스 대왕 원정기』 제4권 제28장에는 이런 내용이 있다. "아오르노스는 이 지역에 있는 대단히 큰 바위산으로, 심지어 제우스의 아들 헤라클레스도 이 산을 정복하지 못했다는 이야기가 세간에 많이 전해진다. 사실 나는 헤라클레스가 실제로 인디아에 갔다고 확언할 수 없다. 오히려

로서의 내 지위로는, 내가 성취한 위업이 헤라클레스의 한마디 말과 비견한다고 느끼지 않네"라고 말했다.

28. 그는 친구 중 몇몇이 주사위놀이를 오락이 아니라 도박으로 한다는 것을 알고 그들에게 벌금을 부과했다.[95]

29. 그는 자신과 가깝고 영향력을 미치는 친구 중에서 크라테로스[96]를 가장 존중하고, 헤파이스티온을 가장 사랑했다. 그에 따르면, "크라테로스는 왕을 사랑하고, 헤파이스티온은 알렉산드로스를 사랑하기 때문이다."

30. 알렉산드로스는 철학자인 크세노크라테스[97]에게 50탈란톤을 보냈지만, 그는 필요 없다고 말하며, 돈을 받으려 하지 않았다. 알렉산드로스는 그에게 친구가 하나도 없느냐고 물어보았다. "내 경우에는 다레이오스의 재산도 내 친구들에게 주기에 부족할 지경이기 때문이오."

31. 인디아인의 왕 포로스는 전투가 끝난 후, "어떻게 대우해주기를 바라오?"라는 알렉산드로스의 질문에 "왕처럼 대우해주시오"라고 말했다. 더 필요한 것은 없느냐는 질문에 포로스는 "그 말에는 모

실제보다 그 산의 험준함을 과장한 사람들이 헤라클레스조차 그 산을 정복하지 못했다고 이야기를 만들어냈다는 생각이 든다."

95) 플루타르코스의 『대비열전』「알렉산드로스전」제76장에 따르면, 알렉산드로스가 아팠을 때, 메디오스(Medios)와 종일 주사위놀이를 했다고 한다.

96) Krateros. 기원전 70년경 태어나 기원전 321년 죽었다. 마케도니아의 장군으로 알렉산드로스 사후 그의 자리를 노렸던 '후계자들'(diadochoi, 디아도코이) 중 한 명이다.

97) Xenokrates. 크세노크라테스는 칼케돈(Chalkedon) 출신의 그리스 철학자이자 수학자로, 기원전 339/338년부터 기원전 314/313년까지 플라톤이 세운 아카데메이아(Akademeia)의 학장을 맡았다. 이 교육기관은 당시의 지명을 따서 아카데메이아라고 불렸는데, 이는 '아카데미'(academy)라는 말의 어원이 되었다.

든 것이 다 포함되어 있소"라고 답했다. 그의 명민함과 남자다움에 경탄한 알렉산드로스는 포로스가 원래 다스리고 있던 왕국 말고도 넓은 땅을 보태주었다.

32. 어떤 자가 자신을 헐뜯는 것을 알게 된 알렉산드로스는 "훌륭하게 행동하고도 욕을 듣는 일이야말로 왕다운 일이지"라고 말했다.

33. 알렉산드로스는 죽어가면서 친구들을 향해, "내 장례식이 성대할 것임을 나는 아네"라고 말했다.

34. 알렉산드로스가 죽음을 맞이했을 때, 연설가인 데마데스[98]는 마케도니아군은 지도자를 잃었기 때문에 눈이 먼 이후의 키클롭스처럼 보였다고 말했다.

라고스의 아들 프톨레마이오스

라고스의 아들 프톨레마이오스[99]는 통상적으로 친구들의 집에서 먹고 자곤 했다. 그리고 그가 만찬을 개최할 때도, 친구들에게 사람을 보내 그릇과 천, 탁자 등을 가지고 왔고, 상황에 맞게 그것들을 사용했다. 그 스스로는 일상생활에 필요한 것 이상은 소유하지 않았기 때문이다. 그리고 자신이 부유해지기보다는 다른 이들을 부유하게 하는 것이 왕다운 일이라고 말하곤 했다.

---

98) Demades. 기원전 380년경 태어나 기원전 318년경 죽은 아테나이의 연설가이자 정치가다.

99) 라고스(Lagos)의 아들 프톨레마이오스(Ptolemaios)는 기원전 323년부터 기원전 285년까지 이집트를 통치한 왕으로, 알렉산드로스의 친구이자 주요 지휘관 중 하나였다. 알렉산드로스 사후에 그의 시신을 이집트로 운구했다.

안티고노스

1. 안티고노스[100]는 꾸준히 돈을 거두어들였다. 어떤 사람이 "알렉산드로스 전하께서는 이러지 않으셨소"라고 말하자, 그는 "당연하지. 그분은 아시아를 수확하셨고, 나야 지푸라기나 줍고 있는 것뿐이니"라고 답했다.

2. 그는 병사 몇몇이 흉갑과 투구를 걸치고 공놀이하는 것을 보고 기분이 좋아져서 지휘관들을 칭찬해주려고 사람을 보냈다. 하지만 그들이 술을 마시고 있다는 소식을 들은 그는 지휘권을 몰수하여 병사들에게 줘버렸다.

3. 그는 나이를 먹자 만사를 점잖고 부드럽게 처리했다. 모든 사람이 놀라워하자, 이렇게 말했다. "전에는 내가 권력을 갈망했지만, 이제는 사람들에게서 나오는 명성과 호의를 바란다네."

4. 그의 아들 필리포스가 많은 사람이 있는 곳에서 "우리는 언제 진영을 걷나요?"라고 질문했다. 그러자 그는 "너는 무엇을 걱정하는 거냐? 너 혼자만 나팔소리를 못 들을까 봐?"라고 말했다.[101]

5. 그의 아들 필리포스가 어여쁜 세 딸이 있는 미망인의 집에 숙소를 정하자, 그는 집주인을 불러 말했다. "내 아들을 사람이 바글거리는 숙소에서 내보내지 않을 건가?"

6. 안티고노스는 오랫동안 병으로 고생했다. 건강을 되찾았을 때,

---

100) Antigonos. 알렉산드로스의 휘하 지휘관 중 하나로, '외눈' 안티고노스라고도 불린다. 기원전 323년부터 기원전 301년까지 소아시아를 지배했다.

101) 플루타르코스의 『대비열전』「데메트리오스전」 제23장에는 같은 이야기를 또 다른 아들인 데메트리오스 폴리오르케테스(Demetrios Poliorketes)에게 한 것으로 되어 있다. 폴리오르케테스는 데메트리오스의 별명으로 '공략자'란 뜻이다.

그는 이렇게 말했다. "이 상황이 그렇게 나쁘지는 않군. 아프면, 우리가 너무 건방져지지 않도록, 그저 필멸자에 불과하다는 사실을 되새기게 되거든."

7. 헤르모도토스(Hermodotos)가 그를 '태양신의 아들'이라고 시에서 묘사하자, 그는 "내 침실용 변기를 담당하는 노예는 그 사실을 모르던데!"라고 말했다.[102]

8. 어떤 이가 왕들이 행하는 모든 일은 명예롭고 정당한 일이라고 말했다. 그러자 그는 "야만족의 왕들이나 그렇겠지. 내가 볼 때는 그저 명예로워야 명예로운 일이 되고, 정당해야 정당한 일이 된다네"라고 말했다.

9. 그의 동생인 마르시아스(Marsyas)는 고발당하자, 자기가 집에서 재판받을 권리가 있다고 주장했다. 안티고노스는 그에게 "재판은 광장에서 열릴 것이고, 우리가 부정을 저지르는 것은 아닌지 지켜볼 수 있도록 모든 사람이 방청할 것이다"라고 말했다.

10. 한번은 겨울에 식량이 부족한 지역에서 숙영해야만 했다. 병사 중 몇몇이 그가 가까이 있는 줄 모르고서 악담을 퍼붓자, 그는 지팡이로 막사 문을 찔러 열면서 말했다. "더 멀리 가서 내 악담을 하지 않는다면, 후회하게 될 것이다."

11. 그의 친구 중 한 명인 아리스토데모스(Aristodemos)는 요리사의 아들이었는데, 지출과 선물을 줄이라고 작은 소리로 그에게 충고했다. 그는 "아리스토데모스, 네 말에서 부엌 앞치마의 악취가 나는구나"라고 말했다.

12. 아테나이인들이 그를 존중하여서 그의 노예 중 한 명에게 시민

---

102) 알렉산드로스 이후에는 지배자 숭배가 만연하여 신의 아들이라고 높이는 경우가 많았다.

권을 공여하고, 명부에 자유민으로 기재했다. 그러자 그는 "아테나이 시민이 한 명이라도 내게 채찍질당하지 않도록 하겠다"라고 말했다.

13. 그가 참석한 자리에서 수사학자 아낙시메네스(Anaximenes)의 제자 중 하나인 어떤 젊은이가 매우 신중하게 준비한 연설을 발표했다. 안티고노스가 정보를 더 얻기 위해 질문했는데, 그 젊은이는 대답하지 못했다. 그러자 그는 "네 대답은 무엇인가? 아니면 이는 책에 쓰인 내용에 불과했던가?"[103]라고 말했다.

14. 또 다른 수사학자가 이번 계절[104]에는 이상하게 눈이 많이 와서 들에 가축이 먹을 풀이 부족하겠다고 말하자, 그는 "보통 사람들에게 말하는 식으로 내게 말하지 말게"라고 했다.

15. 키니코스학파[105]의 트라실로스(Thrasyllos)가 그에게 1드라크메[106]만 주셨으면 하고 요청했다. 그는 "그 돈은 왕이 선물로 주기에는 적합하지 않소"라고 말했다. 그리고 트라실로스가 "그러면 1탈란톤을 주시지요"라고 말하자, 그는 "하지만 그 돈은 키니코스학파 철학자가 받기에 적합하지 않소"라고 응수했다.

16. 그는 아들인 데메트리오스에게 그리스를 해방하기 위한 전선(戰船)과 병력을 보내면서 말하기를, 자신의 명성이 그리스에서 높아져 마치 봉화처럼 사람이 사는 세계 전체로 퍼져나갈 것이라고 했다.

---

103) "이는 책에 쓰인 내용에 불과했던가?"는 극작가 에우리피데스의 극인 『타우리아인 사이에서의 이피게네이아』 제787행의 내용이다.

104) 봄인 것으로 보인다.

105) 영어로는 Cynicism이며, 우리말로는 견유학파라고도 한다. 소유를 버리고 단순하고 소박하게 자연에 따라 살자고 주장하는 학파다. 이 학파의 가장 유명한 사람은 통 속에 들어가 살았다는 시노페(Sinope)의 디오게네스(Diogenes)다.

106) *drachme*. 고대 그리스의 화폐 단위로 시대와 지역에 따라 다르지만, 대체로 1드라크메는 은 4.3그램 정도였다. 당시 1드라크메는 숙련공의 일당에 해당한다.

17. 시인 안타고라스(Antagoras)가 붕장어를 요리하면서 손으로 냄비를 흔들고 있을 때, 안티고노스는 그의 뒤로 가까이 가서 말했다. "안타고라스, 호메로스가 아가멤논 왕의 위업에 관한 시를 쓰고 있을 때, 붕장어를 요리했을 거로 생각하나?" 그러자 안타고라스는 "그러면 전하, 군중에서 누군가 붕장어를 요리하고 있을 때, 아가멤논 왕이 간섭하면서 그런 위업을 이룩했다고 생각하시나요?"라고 대꾸했다.

18. 안티고노스는 꿈에서 미트리다테스[107]가 금으로 된 곡식을 수확하는 것을 보고 그를 죽일 계획을 세웠다. 그는 아들인 데메트리오스에게 그 계획을 말해주면서, 침묵을 지킬 것을 맹세하게 했다. 하지만 데메트리오스는 미트리다테스와 해변을 거닐면서 창끝으로 모래에 "미트리다테스, 도망쳐라"라고 썼다. 그의 의도를 알아차린 미트리다테스는 폰토스로 도망쳐서 죽을 때까지 그곳을 다스렸다.

데메트리오스

1. 데메트리오스[108]가 로도스를 포위 공격하고 있을 때, 그는 교외에서 화가 프로토게네스(Protogenes)가 이알리소스[109]를 그린 그

---

107) Mithridates. 아나톨리아의 폰토스(Pontos, 오늘날 터키의 흑해 연안 지역)에 왕조를 세운 미트리다테스 1세를 말한다. 페르시아 귀족집안의 자제였던 그는 안티고노스 밑에 있었고, 안티고노스의 아들인 데메트리오스 폴리오르케테스와 동갑내기 친구였다고 전한다.
108) 데메트리오스 폴리오르케테스로 데메트리오스 1세라고도 하며, 기원전 294년 마케도니아의 왕이 되어 기원전 288년까지 통치했다. 기원전 337년 태어나 기원전 283년 죽었다.
109) Ialysos. 로도스섬에 있는 그리스의 식민시다.

림[110] 한 점을 손에 넣었다. 로도스 사람들은 그에게 전령을 보내 그 그림을 망치지 말아달라고 탄원했다. 그는 그 그림을 망칠 바에야 자기 아버지를 그린 그림과 조각을 바로 망쳐버리고 말겠노라고 답했다. 그리고 로도스와 평화조약을 맺은 후, 그는 자신의 위대함과 로도스 사람들의 용기를 나타내는 상징이라며 '도시 점령자'라는 별명을 지닌 거대한 공성무기를 남기고 떠났다.

2. 아테나이 사람들이 반란을 일으켜 그가 점령했을 때, 아테나이는 이미 식량부족으로 심각한 곤경에 처해 있었다. 그는 즉각 민회를 소집하고 곡식을 풀었다. 아테나이 시민들 앞에서 이 문제에 대해 연설할 때, 그는 잘못된 문장을 말했다. 그 자리에 앉아 있던 이 중 하나가 제대로 된 문구를 알려주자, 그는 "이렇게 문장을 고쳐주었으니, 그 대가로 당신들에게 곡식 1,000가마니를 더 주겠소"라고 말했다.

안티고노스 2세

1. 안티고노스 2세[111]의 부친 데메트리오스가 포로가 되었을 때, 데메트리오스는 안티고노스에게 자기 친구 중 하나를 보내면서, 셀레우코스의 강압으로 무언가를 써 보내지만 관심을 두지 말 것이며, 주둔한 도시들에서 철군해서 안 된다고 권고했다. 그러나 안티고노스는 자진하여 셀레우코스에게 편지를 보내, 부친 데메트리오스를

---

110) 『자연사』의 저자 플리니우스(Plinius)에 따르면, 이 그림은 후일 로마로 옮겨져 평화의 신전에 보관되었다.
111) 기원전 319년 태어나 기원전 283년부터 사망한 해인 기원전 239년까지 마케도니아를 통치했던 인물로, 데메트리오스 폴리오르케테스의 아들이다. 안티고노스 고나타스(Gonatas)라고도 불린다.

방면한다면 왕국 전체도 넘겨줄 것이고, 자신이 대신 인질로 가겠노라고 했다.

2. 안티고노스가 이집트 왕 프톨레마이오스의 장군들과 해전을 치르려 할 때, 키잡이가 적의 배들이 아군보다 훨씬 많다고 말했다. 그러자 그는 "너는 이 자리에 있는 내가 몇 척이나 되는 배에 필적한다고 생각하느냐?"라고 물었다.

3. 한번은 적이 진격함에 따라 퇴각하고 있는데, 그는 자신이 도망치는 것이 아니라 후미에 있는 유리한 점을 쫓아가고 있는 것이라고 말했다.

4. 자기 아버지는 용감했지만, 자기 자신은 용감한 병사라는 평판을 얻지 못한 한 청년이 자기가 아버지만큼의 보수를 받는 것이 옳다고 주장했다. 안티고노스는 "이 녀석아, 나는 한 사람이 뛰어나면 보수와 선물을 준다. 절대 그의 아버지가 뛰어나다고 해서 주지는 않는단다"라고 말했다.

5. 철학자 중에서 가장 존경했던 키티온(Kithion)의 제논[112]이 죽자, 그는 자신의 위업을 들어줄 청중이 사라졌다고 말했다.

리시마코스

1. 리시마코스[113]는 트라키아에서 드로미카이타스(Dromichaitas)

---

112) Zenon. 스토아학파의 창시자다.
113) Lysimachos. 알렉산드로스의 휘하 장군 중 하나였으며, 그의 사후에는 후계자 중 한 명이 되었다. 기원전 306년에는 트라키아를, 기원전 301년에는 소아시아를, 기원전 288년에는 마케도니아를 점령했다. 기원전 281년 코루페디온(Korupedion)전투에서 패사(敗死)했다.

에게 제압당했고, 갈증 때문에 병사들과 함께 항복했다.[114] 포로가 되고 나서 물을 마신 후, 그는 "신들이시여! 왕이었다가 노예로 떨어지는 이 짧은 즐거움이라니!"라고 말했다.

2. 그는 희극작가이며 친한 친구인 필리피데스(Philippides)에게 "내가 가진 것 중 무엇을 너와 나눌까?"라고 말했다. 필리피데스는 "전하의 비밀만을 제외하고는 무엇이든지요"[115]라고 대답했다.

안티파트로스

1. 파르메니온이 알렉산드로스의 손에 살해되었다는 소식을 들은 안티파트로스[116]는 이렇게 말했다. "파르메니온이 알렉산드로스 전하께 음모를 꾸몄다면, 도대체 누가 신뢰받겠는가? 그리고 그가 음모를 꾸미지 않았다면, 무슨 일이 일어난 것인가?"

2. 그는 이미 노인이었던 수사학자 데마데스를 희생제에서 뜯어 먹힌 동물 같다고 평했다. 그저 위와 혀만 남았다는 것이다.[117]

안티오코스 3세

1. 안티오코스 3세[118]는 만약 자신이 법률에 반하는 일을 하라고

---

114) 기원전 292년의 일이다.
115) 윗사람의 비밀을 아는 것은 위험한 일이다.
116) 마케도니아의 귀족이자 장군이다. 더욱 자세한 내용은 앞서 나온 '알렉산드로스의 부왕 필리포스' 항목의 옮긴이주 71) 참조할 것.
117) 데마데스는 배가 많이 나왔으며, 말할 때 고래고래 소리 질렀다고 한다.

명령하는 문서를 보내면, 몰라서 그랬으려니 하고 관심을 두지 말라는 편지를 써서 각 도시에 보냈다.

2. 그는 외모가 대단히 아름다운 아르테미스의 여사제를 보고서, 곧바로 행렬을 재촉하여 에페소스[119]에서 떠났다. 자신의 결심과 반대로 어떤 불경한 짓을 무리하게 저지를까 두려워서였다.

안티오코스 히에락스

별명이 '히에락스'(*hierax*, 매)[120]였던 안티오코스는 형인 셀레우코스와 왕위를 놓고 싸우고 있었다. 하지만 갈라티아(Galatia)인에게 패한 셀레우코스의 행방이 묘연하고, 모든 정황상 그가 전사했다고 판단되자, 안티오코스는 자주색 의복을 내려놓고 어두운 색의 겉옷을 입었다.[121] 하지만 얼마 후에 형이 안전하게 살아 있다는 사실을 알게 되자, 그 좋은 소식을 축하하기 위해 신들에게 희생제를 올리고, 자신이 장악하고 있던 도시의 주민들에게 화관을 쓰고 축하하도록 했다.

---

118) Antiochos. 기원전 222년부터 기원전 187년까지 재위했던 시리아 셀레우코스 왕조의 제6대 왕이다. 별명은 '메가스'(Megas), 즉 '대왕'으로, 안티오코스 대왕이라고도 불렸다. 셀레우코스 2세의 아들이며, 그 뒤를 이은 셀레우코스 3세의 동생이다. 3년간 재위하던 형이 아나톨리아에서 암살된 후, 왕위를 이었다.

119) Ephesos. 이오니아해에 면한 그리스 식민시였다. 우리나라에서는 보통 '에베소'로 알려져 있는데, 현대 터키어로는 '에페스'라고 발음된다.

120) 안티오코스 2세의 작은 아들이자 셀레우코스 2세의 동생으로 기원전 224년 살해당했다.

121) 왕을 상징하는 자주색 의복 대신 상복을 걸쳤다는 의미다.

에우메네스

에우메네스[122]는 페르세우스[123]가 꾸민 음모로 죽었다고 알려졌다. 그 이야기가 페르가몬에 전해지자, 그의 동생 아탈로스(Attalos)는 왕관을 쓰고 왕비인 형수와 결혼하여 통치권을 장악했다. 하지만 형이 살아서 오고 있다는 것을 알게 되자, 항상 그랬듯이 경호원들을 거느리고 창 한 자루를 든 채 형을 맞으러 갔다. 에우메네스는 친근하게 그를 껴안으며 귀에 대고 속삭였다. "과부와 결혼하려거든, 그 남편이 죽을 때까지 기다려야 한다."[124] 그리고 죽을 때까지 의심을 살 만한 말이나 행동을 하지 않았다. 그리고 죽을 때, 아탈로스에게 왕비와 왕국을 맡겼다. 아탈로스는 그 보답으로, 자기 자식이 많았는데도 직접 양육하지 않고, 에우메네스의 아들이 장성하자, 자신이 살아 있을 때 왕위를 양여(讓與)했다.

에페이로스의 피로스

1. 피로스[125]의 아들들이 아직 어렸을 때, 누구에게 왕국을 남겨주

---

122) Eumenes. 페르가몬(Pergamon)의 왕 에우메네스 2세로 기원전 197년부터 기원전 159년까지 재위했다.
123) Perseus. 기원전 212년경 태어나 기원전 166년 죽었다. 마케도니아 안티고노스 왕조의 마지막 왕이다. 기원전 168년 6월 22일 벌어진 피드나(Pydna) 전투에서 패배했고, 그 후 마케도니아는 로마의 지배를 받게 되었다.
124) 지금은 단편만 전하는 소포클레스(Sophokles)의 극 중 대사다.
125) Pyrrhos. 기원전 319/318년 태어나 기원전 272년 죽었다. 소국인 에페이로스의 왕이었으며, 짧으나마 마케도니아를 통치하기도 했다. 명장으로 유명했던 그는 여러 번 승리했으나, 그때마다 병력을 많이 잃어 후퇴하는 일이 많았다. 그 결과 '피로스의 승리'(Pyrrhus' victory, 이겼지만 피해가 큰 상황)

실 것이냐고 물어보았다. 그는 "너희 중 칼을 더 날카롭게 갈아놓은 사람에게"라고 대답했다.

2. 피톤과 카프시아스(Kaphsias) 중 누가 더 나은 피리연주자인지를 물어보자, 그는 "폴리페르콘(Polyperkon)이 더 나은 장군이다"라고 답했다.

3. 그는 로마인과 싸워서 두 번 이겼지만, 친구와 지휘관을 많이 잃었다. 그러자 "치르지도 못해본, 또 한 번의 전투에서 로마인과 싸워 이길 수 있었더라면!"이라고 말했다.

4. 시켈리아섬에서 실패[126]를 겪은 피로스는 섬을 떠나면서 뒤를 돌아보며 친구들에게 이렇게 말했다. "우리는 멋진 투기장을 로마인과 카르타고인이 레슬링을 하도록 남겨두고 떠나는구나!"

5. 병사들이 그를 '독수리'라고 부르자, "내가 너희 무기의 빠른 날개 위에서 높은 곳으로 올라갔으니, 왜 독수리가 아니겠는가?"[127]라고 말했다.

6. 몇몇 청년이 술을 마시면서 그를 매우 험담했다는 이야기를 들은 피로스는 다음 날 그들을 모두 자기 앞에 데려오라고 명했다. 그들이 모이자, 그는 먼저 자기를 험담한 일이 있는지 물어보았다. 그러자 한 청년이 이렇게 대답했다. "예, 전하. 그리고 저희가 술을 더 마셨으면, 험담을 더 했을 겁니다."[128]

라는 말이 생겼다.

126) 기원전 276년의 일이다.

127) 병사들의 지지와 무기 덕분에 승리할 수 있었다는 의미다. 플루타르코스의 『대비열전』「피로스전」제10장 제1절에는 "너희 덕분에 내가 독수리가 되었다. 왜 아니겠는가? 너희의 무기 덕분에 나는 빠른 날개를 지닌 것처럼 높이 올라갈 수 있었으니"라고 적혀 있다.

128) 플루타르코스의 『대비열전』「피로스전」제8장 제5절에는 그 말을 들은 피로스가 웃으며 청년들을 풀어주었다고 적혀 있다.

안티오코스

1. 파르티아인과의 두 번째 전투를 끝낸 안티오코스[129]가 사냥 중에 사냥감을 쫓다가 친구들 및 시종들과 떨어져 길을 잃었다. 결국 자신을 알아보지 못하는 어떤 가난한 사람의 오두막에 들어가게 되었다. 그는 식사하면서 왕을 화제에 올렸다. 그리고 왕은 대체로 점잖으시지만 업무의 대부분을 방탕한 친구들에게 맡겨두며, 사냥을 너무 좋아하는 나머지 긴요한 문제들을 종종 등한시하거나 무시한다는 말을 들었다. 그때 그는 아무 말도 하지 않았다. 하지만 다음 날 아침 경호대원 일부가 그 오두막에 도착하여 자주색 의복과 왕관을 대령하자, 그의 정체가 드러났다. 그는 이렇게 말했다. "내가 이것들을 걸친 후, 나에 관한 진실한 말을 들은 것은 어제가 처음이었다."

2. 그가 예루살렘을 포위 공격하고 있을 때, 유다인들은 자신들의 가장 중요한 축제 때문이라며 7일간의 휴전을 요청했다. 그는 그 요청을 들어주었을 뿐 아니라, 뿔에 금박을 입힌 황소들과 엄청난 양의 향 및 향료를 준비하여 엄숙하게 성문까지 운송했다. 그리고 제사장들의 손에 공물들을 건네주고 진영으로 돌아갔다. 유다인들은 그의 행동에 감명받았고, 축제가 끝난 뒤에 바로 그에게 항복했다.

테미스토클레스

1. 테미스토클레스[130]는 젊었을 때, 술과 여자에게 빠져 방탕하게

---

129) 기원전 137년부터 기원전 128년까지 재위했던 시리아 셀레우코스 왕조의 안티오코스 7세를 말한다.

130) Themistokles. 기원전 524년경 태어나 기원전 459년 죽었다. 기원전 493년

살았다. 하지만 아테나이군을 이끈 밀티아데스(Miltiades)가 마라톤에서 페르시아에 승리를 거둔 후로는 결코 방만한 모습을 보이지 않았다. 그런 변화에 놀라워하는 사람들에게 그는 "잠자거나 나태한 모습을 보였다가는 내게는 밀티아데스처럼 전승기념비가 절대 허용되지 않겠지요"라고 말했다.

2. 아킬레우스가 되고 싶은지, 호메로스가 되고 싶은지를 묻는 말에 테미스토클레스는 이렇게 반문했다. "당신은 어떤지요? 올림피아 제전에서 우승자가 되고 싶으신가요? 아니면 우승자를 발표하는 사람이 되고 싶으신가요?"

3. 페르시아 왕 크세륵세스가 강대한 군세를 거느리고 그리스를 침공해왔을 때, 그는 부도덕하고 겁이 많은 선동정치가 에피키데스(Epykides)가 장군으로 선출되어 나라를 망칠 것을 우려했다. 그래서 그는 에피키데스에게 뇌물을 주어 장군직 입후보를 사퇴하도록

아테나이 최고행정관인 아르콘(archon) 중 하나로 선출된 그는 해군력을 증강하는 데 앞장섰다. 기원전 490년 벌어진 페르시아의 제1차 그리스침공 당시 마라톤(Marathon)전투에 지휘관으로 참여했을 것으로 보인다. 기원전 483년 아테나이가 삼단노선 200척을 증강하도록 민회를 설득했고, 기원전 480년부터 기원전 479년까지 재침공함 페르시아에 맞서 아테나이를 소개(疏開)하고 아르테르미시온(Artermision)해전, 살라미스해전에서 그리스연합함대를 주도했다. 이 전쟁이 끝난 후, 아테나이에서 가장 유력한 정치가가 되었지만, 스파르타와 사이가 좋지 않았고, 오만한 모습을 보여서 결국 기원전 472/471년 아테나이에서 추방되었다(아테나이 민주정은 독재의 가능성이 보이는 인물에 대해 투표를 실시하여 10년간 해외로 추방하는 도편추방 제도를 운용했다). 추방된 그는 아르고스에 가 있었는데, 스파르타의 파우사니아스의 반역죄에 연루되어 결국 그리스에서 떠나야 했다(반역죄에 관한 더욱 자세한 내용은 이 책의 「스파르타인들의 어록」 '플레이스토아낙스(Pleistoanax)의 아들 파우사니아스' 항목의 옮긴이주 230) 참조할 것). 그는 마케도니아에 잠시 머물렀다가, 결국 페르시아의 아르타크세륵세스 1세에게 몸을 의탁했다. 그는 페르시아의 마그네시아(Magnesia) 지역 태수로 여생을 보냈다.

했다.

4. 해전을 치를 용기가 부족했던 아데이만토스(Adeimantos)는 그리스인들에게 싸울 것을 계속 권고하고 용기를 북돋워온 테미스토클레스에게 말했다. "테미스토클레스, 경기에서 신호가 떨어지기 전에 뛴 경주자들은 언제나 징계를 당합니다." 그러자 테미스토클레스가 답했다. "맞소, 아데이만토스. 하지만 경주에서 뒤처진 자들이 우승하는 법은 없지요."131)

5. 에우리비아데스가 그를 치려는 듯이 지휘봉을 치켜들자, 그는 "치시오. 하지만 내 말을 들으시오"라고 말했다.

6. 해협에서 적의 전선들과 교전을 벌이자고 에우리비아데스를 설득했지만 성공하지 못하자, 테미스토클레스는 크세륵세스에게 몰래 사람을 보내 그리스인들이 도망치려 하니 겁내지 말라고 전했다. 그리고 테미스토클레스는 그리스 측에 유리한 지점에서 싸워 그의 충고를 받아들였던 크세륵세스에게 승리했다. 그는 크세륵세스에게 또 사람을 보내 그리스 측에서 다리를 파괴하려 하니 가장 빠른 경로를 따라 헬레스폰토스해협으로 퇴각하라고 권고했다. 이렇게 한 데는 한편으로는 그리스 측의 피해를 줄이기 위해서였고, 다른 한편으로는 자신이 살려주었다는 인상을 크세륵세스에게 주기 위해서였다.

7. 세리피오스(Seriphios)라는 작은 섬에서 온 사람이 그에게 "당신이 유명한 이유는 당신 나라 덕분이지, 당신 덕분이 아닙니다"라고

---

131) 헤로도토스의 『역사』 제8권 제59장에는 코린토스인 아데이만토스가 대화에 등장한다. 하지만 플루타르코스의 『대비열전』 「테미스토클레스전」 제11장에는 아데이만토스 대신 스파르타의 에우리비아데스(Eurybiades)가 등장한다. 에우리비아데스는 페르시아의 제2차 그리스침공 당시 그리스연합함대의 제독(提督)을 맡았던 스파르타의 장군이다.

말했다. 그러자 그는 "확실히 당신 말이 맞소. 내가 세리피오스 출신이었으면 유명해지지 않았을 거요. 하지만 당신은 아테나이 출신이었어도 유명해지지 않았을 거요"라고 답했다.[132]

8. 테미스토클레스가 반했던 미남 청년인 안티파테스(Antiphates)는 처음에는 그를 피하고 깔보았지만, 테미스토클레스가 대단한 명성과 권력을 얻자, 그에게 다가가서 알랑거렸다. 테미스토클레스는 "이 친구야, 시간이 걸리는 법이라지만, 이제는 우리 둘 다 분별력을 갖추었다네"라고 말했다.

9. 그는 정당하지 않은 결정을 해달라고 탄원하는 시인 시모니데스(Simonides)에게 이렇게 말했다. "자네가 가락이 맞지 않은 곡조를 부르면 좋은 시인이 되지 못하는 것처럼, 내가 법에 맞지 않는 결정을 내리면 좋은 공직자가 되지 못하네."

10. 그의 아들은 자기 어머니에게 함부로 하는 편이었다. 그래서 그는 그 아이가 그리스에서 누구보다 큰 권력을 행사한다고 말했다. 아테나이인들은 그리스인들을, 자기 자신은 아테나이인들을, 소년의 어머니[즉 자기 부인]는 자신을 그리고 소년은 자기 어머니를 통제하기 때문이라는 것이다.

11. 그는 딸의 구혼자 중에서 부유한 사람보다는 전도유망한 사람을 더 높게 평가했다. 그러면서 "나는 돈이 필요한 사람을 찾는 것이지, 사람이 필요한 돈을 찾는 것이 아니오"라고 말했다.

12. 그는 땅을 한 필지 팔기 위해 공고하면서, 그 땅에는 좋은 이웃

---

132) 헤로도토스의 『역사』 제8권 제125장에 따르면 티모데모스(Timodemos)라는 아테나이인이 그에게 시비를 걸었고, 그는 "내가 벨비나(Belbina) 출신이었다면 스파르타인들에게 그렇게 존경받지 못했겠지요. 하지만 그대는 아테나이 출신이지만 그들에게 그렇게 존경받지 못할 것이오"라고 답한다. 벨비나는 수니온곶 앞바다의 작은 섬이다.

이 있다는 내용도 넣어달라고 했다.[133]

13. 아테나이인들이 그에게 무례하게 굴자, 그는 "왜 여러분은 같은 사람을 여러 차례 섬기는 것을 그리 지겨워하십니까?"라고 말했다. 그는 또 자신을 플라타너스에 비유하기도 했다. 폭풍우가 몰아칠 때는 사람들이 그 밑으로 가려고 서두르지만, 날씨가 좋아지면 지나가면서 잎사귀를 뜯고, 가지를 꺾는 모습이 비슷하다는 이유에서였다.

14. 그는 익살스럽게 "에레트리아인들은 오징어 같아서 칼[134]은 있지만, 심장이 없다오"라고 말했다.[135]

15. 그는 처음 아테나이에서 추방되었고, 그 후 그리스 여타 지역에서도 지낼 수 없게 되자 페르시아 왕에게로 갔다. 그리고 연설하라는 명을 받게 되자, "연설이란 양탄자와 같습니다. 펼쳐지게 되면 형상을 드러내지요. 하지만 작게 말려지면 형상을 감추고 망칩니다. (16) 그러니 제게 시간을 주십시오. 제가 페르시아어를 익히게 되면 다른 사람(통역)을 통해서가 아니라, 직접 말씀드릴 수 있을 것입니다"[136]라고 말했다.

17. 그는 많은 선물을 받아서 금방 부유해졌다. 그는 아들들에게, "얘들아, 우리가 전에 파멸하지 않았더라면, 이번에 파멸했겠다!"라고 말했다.[137]

---

133) 좋은 이웃이란 자신을 말한다.
134) 오징어의 뼈가 칼 모양이라서 한 농담이다.
135) 플루타르코스의 『대비열전』「테미스토클레스전」 제11장 제5절에는 "어떤 에레트리아인이 그에게 반박하려 하자, 테미스토클레스는 마치 오징어처럼 심장이 있어야 할 자리에 긴 주머니가 있는 사람이 전쟁에 대해 무슨 논의를 하겠소?"라고 쓰여 있다.
136) 투키디데스의 『역사』 제1권 제138장 제1절에는 그가 페르시아어와 페르시아의 관행을 더 알게 되면 말하겠다 했다고 적혀 있다.

미로니데스

미로니데스[138]는 보이오티아와 전쟁을 치르면서 아테나이인들에게 적의 영토를 침공할 준비를 하라고 명령을 내렸다. 공격 시각이 다가왔을 때, 아직 모든 이가 도착하지 않았다고 하급 지휘관들이 보고하자, 그는 이렇게 말했다. "싸울 준비가 되어 있는 자들은 다 와 있다." 그리고 병사들의 열의가 식기 전에, 그들을 이끌고 전투에 나가서 적을 상대로 승리를 거두었다.[139]

아리스테이데스

1. '공정한 자'로 불리는 아리스테이데스[140]는 정치할 때 언제나 독자적이었으며, 어느 당파에 소속되기를 꺼렸다. 악행은 친구들의 영향력에서 촉발된다고 생각해서였다.

---

137) 전에 파멸했다는 것은 그리스에서 추방된 것을 말하는 것으로 보인다.
138) Myronides. 기원전 5세기 중엽에 활약했던 아테나이의 장군이다.
139) 기원전 457년 벌어진 오이노피타(Oinophyta) 전투다.
140) Aristeides. 기원전 530년 태어나 기원전 468년 죽었다. 아테나이의 정치가이자 장군이다. 그의 별명은 '공정한 자'였다. 마라톤전투에 장군 중 한 명으로 참전했고, 육군의 유지를 주장하여, 해군 중심으로 전력을 재편하자는 테미스토클레스와 맞섰다. 기원전 485년부터 기원전 482년까지의 어느 시기에 투표로 추방당했다. 기원전 480년 초 페르시아의 재침공에 대비하여 추방에서 풀려나 귀국하고, 장군으로 선출되었다. 기원전 479년 장군으로 재선된 그는 플라타이아(Plataia) 전투에서 아테나이군의 지휘를 맡아 그리스연합군의 승리에 큰 역할을 했다. 그리고 페르시아의 재침을 대비하기 위해 결성된 델로스동맹에서 참여국들의 분담금을 산정하는 직무를 맡아 매우 공정하게 처리했다.

2. 어느 때인가, 아테나이인들이 충동적으로 도편추방제도를 실시하기로 결정했다. 그때 한 무지한 시골 사람이 자신의 몫으로 주어진 도편[141]을 쥐고 그에게 다가와서 거기에 아리스테이데스의 이름을 써달라고 했다. 그는 "왜지요? 아리스테이데스를 아시오?"라고 물었다. 그 남자는 아리스테이데스를 모르지만, '공정한 자'라고 불리는 것이 짜증나서라고 대답했다. 아리스테이데스는 입을 다물고, 그 도편에 자기 이름을 쓴 다음 돌려주었다.

3. 그는 테미스토클레스와 사이가 나빴다. 그런데 함께 사절단의 일원이 되어 파견되어야만 했던 적이 있었다. 그래서 그는 테미스토클레스에게 이렇게 말했다. "테미스토클레스, 우리 사이에 있는 적대감을 국경에 놓아두고 떠날 수 있겠소? 그대가 이 점에 동의한다면 귀국할 때, 놓아두었던 그 적대감을 다시 집어 듭시다."

4. 그는 그리스인들이 치러야 할 분담금을 산정[142]하고 나서, 출장 간 동안 썼던 돈만큼 가난해진 채로 귀국했다.

5. 아이스킬로스[143]는 암피아라오스[144]에 관해 다음과 같은 [희곡의] 대사를 썼다.

그의 방패에는 문장이 없다오. 그의 관대한 영혼은

그렇게 보이지는 않으나, 최고가 되기를 원하네.

---

141) 질그릇 조각이다. 이 도편 위에 참주, 또는 독재자가 될 것 같은 사람의 이름을 쓰는데, 6,000표 이상 받은 사람은 10년간 추방했다.
142) 델로스동맹 참여국들의 분담금 산정을 말한다.
143) Aischylos. 기원전 525/524년 태어나 기원전 456/455년 죽었다. 아테나이를 대표하는 희곡작가 중 한 명이고, 평생 80여 편의 작품을 썼다고 하지만, 현재는 일곱 편만 남아 있다. 여기서 인용하는 대사는『테바이를 공격한 일곱 장수』제592절이다.
144) Amphiaraos. 그리스신화에 나오는 아르고스의 왕이다.

그의 고귀한 정신에 깊이 파인 주름에서
현명하고도 신중한 권고들을 수확하면서.

그리고 〔연극에서 배우가〕 이 대사를 말했을 때, 모든 사람은 아리스테이데스를 쳐다보았다.

페리클레스

1. 페리클레스[145]는 군의 지휘권을 잡을 때마다, 전투용 망토를 걸치면서 자기 자신에게 이렇게 말하곤 했다. "페리클레스야, 주의해라. 너는 그리스인이고 자유인인 아테나이인들을 지휘할 것이다."

2. 그는 아이기나섬[146] 사람들을 이주시키라고 아테나이인들에게 명하면서, "저 〔섬은〕 항구 페이라이에우스[147]를 위협하는 종기요"라고 말했다.

3. 그는 맹세를 포함한 거짓 증언을 해주기를 자신에게 원하는 친

---

145) Perikles. 기원전 495경 태어나 기원전 429년 죽었다. 기원전 461년부터 기원전 430년까지의 기간을 '페리클레스의 시대'라고 부를 정도로 시대를 풍미한 아테나이의 장군, 연설가, 정치가다. 그가 영도했던 시기의 아테나이는 고전기(Greek Classical Age, 기원전 500년경~기원전 323년) 중에서도 '황금기'라고 불릴 정도로 군사적·경제적·문화적으로 융성했다.

146) Aigina. 그리스의 사로니카만에 있는 섬으로, 아테나이에서 27킬로미터밖에 떨어져 있지 않다. 기원전 6~5세기에 아이기나는 아테나이의 호적수였다.

147) Peiraieus. 아테나이의 외항으로 시내와 7킬로미터 떨어져 있다. 육지에서 스파르타가 이끄는 펠로폰네소스동맹과 적대하고 있을 때, 이 항구는 아테나이의 생명선이나 마찬가지였다. 그래서 페리클레스는 이 항구와 아테나이를 모두 감싸는 장성(長城)을 건설하여 지켰다.

구에게, "나는 제단에 이르기까지[148] 자네의 친구라네"라고 대답했다.[149]

4. 그는 임종의 자리에서 "나 때문에 검은 상복을 입은 아테나이인이 없었으니, 나는 행복한 사람일세"라고 말했다.

알키비아데스

1. 알키비아데스[150]는 어렸을 때, 레슬링을 하다가 상대에게 붙잡혀 빠져나오지 못하게 되자, 자신을 넘어뜨린 소년의 팔을 물었다. 그 소년이 "너는 계집애처럼 무는구나"라고 말하자, 알키비아데스는 "아니, 사자처럼 문다"라고 말했다.

2. 그에게는 7,000드라크메[151]나 주고 산 매우 잘생긴 개가 한 마리

---

148) '죽을 때까지'라는 의미다.

149) 플루타르코스는 『모랄리아』의 다른 소론들에서 그의 말은 잘못되었다고 비판했다.

150) Alkibiades. 기원전 450년경 태어나 기원전 404년 죽었다. 그의 외가는 알크마이온(Alkmaion)가문으로, 민주정치를 시작한 것으로 유명한 테미스토클레스도 이 가문 소속이다. 아테나이 민주정의 지도자로 유명했던 페리클레스가 알키비아데스의 후견인이었다. 또한 철학자 소크라테스가 사랑하는 제자이기도 했다. 대단한 미남으로 소문난 그는 정계에 화려하게 데뷔했으며, 쉽게 주도권을 잡았다. 그러나 술과 여성을 좋아하는 성품 때문에 스캔들을 여러 번 일으켰고, 결국 두 번이나 망명해야 했다. 펠로폰네소스전쟁에서 아테나이가 패한 책임의 상당 부분이 그에게 있다고 할 만하고, 소크라테스가 재판에서 사형을 선고받는 데도 그와의 관계가 크게 영향을 미쳤을 것이다. 참고로 펠로폰네소스전쟁은 기원전 431년부터 기원전 404년까지 아테나이가 이끄는 델로스동맹과 스파르타가 이끄는 펠로폰네소스동맹이 치른 전쟁으로, 결국 페르시아의 지원을 받은 펠로폰네소스동맹의 승리로 끝났다. 실상 델로스-펠로폰네소스전쟁이라고 부르는 것이 더 적절하다.

151) 1드라크메가 숙련공의 일당에 해당하므로 7,000드라크메는 엄청나게 큰돈

있었다. 그는 개의 꼬리를 잘랐다. 그리고 이렇게 말했다. "이렇게 했으니, 아테나이 사람들은 나에 대해서 이것만을 말할 것이고, 그 밖의 다른 많은 것은 내게 연루시키지 못하겠지."152)

3. 학교에 갔을 때, 『일리아스』를 달라고 요청했으나, 교사가 호메로스의 책은 한 권도 없다고 하자, 알키비아데스는 주먹으로 교사를 한 대 치고 가버렸다.153)

4. 그가 페리클레스의 집에 갔을 때, 아테나이 사람들에게 어떻게 설명해야 할지를 고민하느라 바빠서 [만날 수 없다는] 것을 [들어서] 알게 되었다. 그러자 그는 "표현을 안 할 방법을 고민하는 것이 더 낫지 않을까요?"라고 말했다.

5. 그는 시실리[원정 중에] 사형선고를 받을 수도 있는 재판에 참석하라는 소환[명령을] 받았다.154) 그는 "고발된 사람이 도망칠 수 있는 상황에서 처벌을 피할 방법을 찾는 것은 바보짓이다"라고 말하

이다.

152) 플루타르코스의 『대비열전』 「알키비아데스전」 제9장 제1절에 따르면, 알키비아데스가 비싼 개의 아름다운 꼬리를 잘라 볼품없이 만들자 사람들이 그를 욕했다고 한다. 이에 알키비아데스는 웃으면서, "아테나이 사람들은 이제 그 문제를 가지고 이야기할 것이고, 나에 대해 더 나쁜 말은 나오지 않을 거야"라고 했다.

153) 호메로스의 영웅서사시에 애착을 보이는 모습을 묘사함으로써, 명예에 집착하는 알키비아데스의 성품을 간접적으로 묘사하고 있다.

154) 기원전 415년부터 기원전 413년까지 아테나이는 시켈리아섬을 침공했다. 시켈리아섬은 스파르타가 이끌고 있던 펠로폰네소스동맹에 식량을 제공하는 중요한 지역으로, 이 원정이 성공한다면 펠로폰네소스동맹의 와해를 기대할 수 있었다. 민회에서 이 원정을 밀어붙인 알키비아데스는 20척으로 구성된 함대가 출발하기 며칠 전에 친구들과 함께 신을 모독하는 짓을 저질렀다고 하여 고발되었고, 그 결과 원정 중에 소환명령을 받았다. 당시 아테나이에서 신성모독 관련 재판은 무죄를 선고하는 경우가 거의 없었고, 십중팔구 사형을 언도했다. 도망친 알키비아데스는 적국인 스파르타로 망명했다.

며 도망쳤다.

6. 어떤 사람이 그에게, "조국이 그대에게 어떤 결정을 내릴지 믿지 못하는 거요?"라고 물었다. 그러자 그는 "나야 믿소. 하지만 〔내 생명이 걸린 시점에서는〕 어머니도 못 믿겠소. 무의식중에 〔무죄를 뜻하는〕 흰 조약돌 대신 〔유죄를 뜻하는〕 검은 조약돌을 던지실지도 모르지 않소?"라고 대꾸했다.

7. 그와 동료들에게 사형이 선고되었다는 소식을 들은 그는 "그러면 우리가 살아 있다는 것을 저들에게 보여주세"라고 말했다. 그리고 스파르타 측으로 돌아선 그는 아테나이를 상대로 데켈레아 (Dekelea)전쟁[155]을 시작했다.

라마코스

라마코스[156]는 실수를 저지른 한 하급 지휘관을 호되게 꾸짖었다. 하급 지휘관이 다시는 그런 일이 없을 것이라고 맹세하자, 라마코스는 "전쟁을 치르는 도중에는 두 번의 실수를 용인할 여지가 없다네"라고 말했다.

---

155) 스파르타로 망명한 알키비아데스는 아테나이에 인접한 데켈레아를 점령하라고 조언했다. 이전까지는 아티카반도에 침입하여 농토를 망치기만 하고 철군했던 스파르타는 데켈레아를 점령하여 요새화하고 병력을 배치해 지속적으로 아테나이를 괴롭혔다. 더 큰 문제가 된 것은 인근에 있던 아테나이의 은광을 망쳐놓고, 그곳에서 일하던 아테나이의 노예 2만여 명을 해방해준 것이었다. 아테나이는 스파르타의 지속적인 위협, 경제적인 어려움, 일손의 부족 등을 겪게 되었다.
156) Lamachos. 펠로폰네소스전쟁이 한창이던 기원전 420년대 중반 활약한 아테나이의 장군이다.

이피크라테스

1. 사람들은 제화공(製靴工)의 아들로 알려진 이피크라테스[157]를 업신여겼다. 그는 몸에 상처를 입은 채로, 적 한 명을 갑옷과 장비 일체와 함께 사로잡아 자신이 탔던 삼단노선으로 끌고 온 것으로 처음 유명해졌다.

2. 그는 우호적인 동맹국 영토 내에서 숙영할 때조차, 아주 신중하게 목책을 세우고, 도랑을 파게 했다. 그리고 "무엇을 그리 두려워하십니까?"라고 묻는 자에게, "그건 생각도 못 했소"라는 말은 장군에게 최악의 말이라고 대답했다.[158]

3. 그는 이민족과의 전투에 대비하여 군을 정렬시키면서 이렇게 말했다. "다른 적들의 마음에 공포심을 불러일으키는 이피크라테스의 이름을 저들이 모른다는 사실이 두렵다."[159]

4. 그는 중대범죄 혐의로 기소[160]되었을 때, 그 소식을 전한 이에게

---

157) 기원전 4세기에 활약한 아테나이의 장군이다.

158) 로마의 장군인 스키피오 아프리카누스(Publius Cornelius Scipio), 파비우스 막시무스(Quintus Fabius Maximus Verrucosus)도 이렇게 말했다고 전해진다 (왈레리우스 막시무스Valerius Maximus, 『아홉 권의 기억해둘 만한 위업과 금언들』*Factorum ac dictorum memoralbilium libri IX*, 제7권 제2장; 세네카Seneca, 『분노에 관하여』*De ira*, 제2권 제31장 제4절 참조할 것). 한편 키케로(Cicero)는 『의무론』(*De officiis*) 제1권 제23장에서 일반적인 금언으로 이 말을 언급한다.

159) 더욱 자세한 내용은 2세기에 활동한 마케도니아 출신 작가 폴리아이노스 (Polyainos)의 『전략론』(*Stratagemata*) 제3권 제9장 제25절에서 찾아볼 수 있다. "이 이민족들은 이피크라테스의 무기가 가져다주는 공포를 실감하지 못하고 있는 것 같다. 하지만 여러분의 도움이 있다면, 나는 이 공포를 저들에게 알려줄 것이다. 그러면 저들은 그 교훈을 다른 자들에게 전할 것이다."

160) 기원전 357년부터 기원전 355년까지 '동맹시전쟁'이 벌어진다. 전쟁의 한 편은 아테나이와 제2차 아테나이 해상동맹국들이었고, 다른 편은 키오스 (Chios), 로도스, 코스(Kos), 비잔티온(Byzantion)이었다. 이 전쟁에서 아테

이렇게 말했다. "어이, 친구. 지금 무슨 짓을 하시는 거지? 우리 주변 곳곳에서 전쟁이 벌어지고 있는 이 시점에 그대들은 나와 〔전쟁에 대해〕 상의하기보다는 나에 대한 〔처벌을〕 숙고하도록 국가를 설득하고 있구려."

5. 하르모디오스[161]의 후손인 하르모디오스가 천한 출신이라며 그를 조롱했다. 그러자 그는 "우리 가문의 역사는 나부터 시작되었는데, 그대 가문은 그대로 끝났구려"라고 응수했다.

6. 어떤 연설자가 민회에서 이피크라테스에게 질문했다. "그렇게도 자신만만한 그대는 도대체 뭐 하는 사람이오? 그대는 기병, 아니면 중장보병이나 궁병, 방패병 중 무엇이오?" 그는 "그중 누구도 아니오. 다만 나는 그들 모두를 통솔하는 법을 아는 사람이오"라고 답했다.

티모테오스

1. 일반적으로 티모테오스[162]는 운이 좋은 장군이라고 여겨졌다.

나이 측으로 출전한 장군들은 이피크라테스와 티모테오스, 메네스테오스(Menestheos, 이피크라테스의 아들), 카레스(Chares)였다. 헬레스폰토스해협에서 양측은 대치했다. 이때 돌풍이 불어서 티모테우스와 이피크라테스는 전투를 하지 않기로 했다. 그러나 그 충고를 무시한 카레스는 전투를 강행했고, 여러 척의 배를 잃었다. 전투가 끝난 후, 카레스는 티모테우스와 이피크라테스를 고발했다. 이피크라테스는 무죄방면으로 자유의 몸이 되었으나, 정적이 많았던 티모테오스에게는 큰 벌금이 부과되었다. 벌금을 낼 돈이 없었던 티모테오스는 칼키스로 가서 얼마 후 죽었다.

161) Harmodios. 하르모디오스와 아리스토게이톤(Aristogeiton)은 기원전 514년 참주인 히파르코스를 살해하여 '참주 살해자들'(*tyrannoktonoi*)이라는 별명을 얻었다. 그 후 아테나이인들은 그들을 영웅시했다.

그리고 그를 질시하던 몇몇 사람이, 그가 자는 동안에 〔그가 싸워 이긴〕 도시들이 자진하여 덫으로 들어가는 모습들을 그려놓았다. 이에 대해 티모테오스는 이렇게 평했다. "내가 잠자면서 저 도시들을 점령했다면, 깨어 있을 때는 어땠을 거로 생각하시오?"

2. 어떤 무모한 장군[163]이 아테나이인들에게 자신이 입은 상처를 드러내 보였다. 그러자 티모테오스는 "내가 사모스(Samos)에서 그대를 지휘하고 있었을 때,[164] 투석기에서 발사된 돌이 내 근처에 떨어진 그 순간이 유감스럽구려"[165]라고 말했다.

3. 유명한 연설가들이 카레스를 거명하면서, 아테나이의 장군이란 이 사람 같아야 한다고 주장했다. 그러자 티모테오스는 "장군이 아니라, 장군의 침구를 나르는 자겠지"라고 말했다.

카브리아스

1. 카브리아스[166]는 적의 활동을 가장 잘 아는 사람이 최고의 지휘관이라고 말하곤 했다.

2. 카브리아스가 이피크라테스[167]와 함께 반역죄로 기소되었을

162) Timotheos. 기원전 354년 사망한 아테나이의 정치가이자 장군이다. 앞서 나온 '이피크라테스' 항목의 옮긴이주 160) 참조할 것.

163) 카레스를 말한다.

164) 기원전 366년의 일이다.

165) 카레스와의 사이가 극도로 좋지 않았던 것을 생각해볼 때, 그 돌에 카레스가 맞아 죽지 않아서 유감스럽다는 의미로 보인다.

166) Chabrias. 기원전 4세기 전반에 활약한 아테나이의 장군이다.

167) 본문에는 이피크라테스라고 되어 있지만, 기원전 366년 오로포스(Oropos, 아티카반도 동쪽에 있는 작은 도시국가)를 향해 테바이에 항복하라고 권고했다는 이유로 기소된 장군은 기원전 350년대 사망한 칼리스트라토스

때, 이피크라테스는 카브리아스가 평소처럼 김나시온[168]에 가고 식사하며 시간을 보냈다고 비난했다. 카브리아스의 답변은 다음과 같았다. "아테나이 사람들이 우리에게 불리한 결정을 내리게 되어 우리 둘 다 사형당하게 된다면, 나는 [이미] 배도 채웠고 목욕도 한 데다가 [기름으로] 몸을 문지르기도 했소. 한데 당신은 불결하고 텅 빈 배를 움켜쥐고 [죽으러] 갈 것이 확실하군요."

3. 그는 사자가 지휘하는 사슴 무리를 사슴이 지휘하는 사자 무리보다 더 무서워해야 한다고 종종 말하곤 했다.[169]

헤게시포스

별명이 '상투머리'[170]인 헤게시포스[171]는 [민회에서] 공개적으로 [마케도니아의] 필리포스와 싸우자고 아테나이인들을 선동하는 연설을 했다. 민회에 참석했던 어떤 이가 [그에게 들릴 만큼] 큰 소리로, "당신은 전쟁을 불러오고 있어!"라고 소리쳤다. 그러자 그는 이렇게 응수했다. "분명히 말하건대, 그렇소. 그리고 [상복인] 검은 옷과 국장(國葬), 전사자의 무덤 앞에서 [장송]연설이 있겠지요. 우리

(Kallistratos)다. 플루타르코스의 오해나 실수로 보인다.

168) *gymnasion*. 고대 그리스에서 운동하고 공부하는 운동장 겸 학교를 가리킨다. 주로 청소년들이 이용하는 이곳에서 고대 그리스인은 운동하고, 몸을 씻고, 올리브기름 바른 몸을 아마포천으로 문질렀다.

169) 이와 유사한 발언은 다른 장군이나 왕들도 자주 했다.

170) 아주 오래된 전통방식에 따라 틀어 올려 묶은 머리를 해서 이런 별명이 붙은 것으로 보인다.

171) Hegesippos. 기원전 4세기의 아테나이 연설가로, 마케도니아의 필리포스 2세에게 매우 적대적이었다.

가 자유인으로 살기를 바라고, 마케도니아인들이 우리에게 금하는 것들을 하지 않는다면 말이오."

피테아스

피테아스[172]는 아직 젊은 나이에 민회에서 공개적으로 알렉산드로스를 [신격화하여] 경의를 표하자는 결의안에 반대했다. "이런 주요한 문제에 대해서 너같이 젊은 녀석이 발언하다니 뻔뻔하지 않아?"라고 누군가 말했다. 그는 "여러분께서 채택하려는 결의안이 신이라고 선언하는 알렉산드로스는 사실 저보다 어립니다"라고 응수했다.

아테나이인 포키온

1. 누구도 아테나이인 포키온[173]이 웃거나 우는 모습을 본 적이 없었다.
2. 민회가 열리던 어떤 때 누군가 그에게, "포키온, 당신은 무언가를 생각하고 있는 것 같습니다"라고 말했다. 그러자 그는 "당신께서 짐작하고 있는 것이 맞습니다. 저는 아테나이인들에게 말할 것 중 어

---

172) Pytheas. 기원전 4세기 후반의 아테나이 연설가로, 반(反)마케도니아파라고 할 수 있다.
173) Phokion. 기원전 402년경 태어나 기원전 318년경 죽었다. 아테나이의 정치가이자 장군이다. 평생 극도로 검소하고 덕을 추구하며 살아 '훌륭한 사람'이라고 불렸다.

느 부분을 덜어낼까 생각하고 있었거든요"라고 대답했다.

3. 아테나이인들에게 전해진 신탁에 따르면 시민 중 한 사람의 의견이 모든 사람과 대립한다고 했다. 그래서 그 사람이 누구인지 찾느라 야단법석이 벌어졌다. 포키온은 그 사람이 자기라고 밝혔다. "그 사람은 바로 접니다. 왜냐하면 군중이 말하고 행동하는 것 중 단 하나라도 좋아하지 않는 사람이 저거든요."

4. 한번은 그가 군중 앞에서 자신의 의견을 밝히자, 사람들이 갈채를 보냈다. 그는 모든 사람이 자신이 내놓은 의견을 받아들이는 것을 알게 되었다. 그러자 그는 친구들에게 몸을 돌리면서, "내가 무의식중에 무언가 좋지 않은 말을 한 것처럼 보이지 않나?"라고 말했다.[174]

5. 아테나이에서 국가적 희생제와 축제를 치르기 위해 기부금을 모금하고 있었다. 그리고 그를 제외한 사람들은 모두 기부금을 냈다. 그도 기부금을 요청받았는데, 이렇게 말했다. "이 사람에게 돈을 상환하지도 않고, 기부금을 내게 되면 부끄러운 일이 될 거요." 그러면서 그는 자신이 돈을 빌린 사람을 가리켰다.

6. 연설가인 데모스테네스(Demosthenes)는 그에게, "아테나이 사람들이 정신이 이상해지면 당신을 사형에 처할 거요"라고 말했다. 그러자 그는 "그렇지요. 아테나이인들이 제정신이 아니면요. 하지만 제정신이면 당신을 사형에 처할 겁니다"라고 응수했다.[175]

7. 중상모략을 일삼는 자인 아리스토게이톤은 사형판결을 받고 감옥에서 집행을 기다리고 있었다. 아리스토게이톤은 포키온이 자신

---

174) 플루타르코스의 『대비열전』 「포키온전」 제8장 제2절에 따르면, 그는 아테나이인들이 듣기 좋아하는 말을 하는 법이 거의 없었다.
175) 플루타르코스의 『모랄리아』 「정치의 교훈」 제14장(811A)에는 데모스테네스 대신 데마데스라고 쓰여 있다.

을 만나러 와주기를 원했다. 포키온의 친구들은 포키온이 그렇게 사악한 자를 만나러 가는 것을 반대했다. 포키온은 "도대체 아리스토게이톤과 이야기를 나누며 즐거워할 곳이 그 외에 어디 있단 말인가?"라고 말했다.

8. 아테나이인들은 비잔티온인들이 필리포스에게 대항할 때, 도움을 주기 위해 카레스에게 군대를 주어 파견했는데, 비잔티온인들이 카레스를 도시 안으로 들이지 않았던 일에 분격했다. 하지만 포키온은 [카레스를] 신뢰하지 않는 동맹국 사람들에게 화를 내어서는 안되며, 신뢰받지 못하는 장군들을 뽑은 우리 스스로에게 화를 내야 한다고 말했다. 그러자 사람들은 포키온을 장군으로 선출했다. 비잔티온인들에게 신뢰받고 있던 그는 필리포스가 목적을 달성하지 못한 채 철군하도록 했다.[176]

9. 알렉산드로스 대왕이 그에게 선물로 100탈란톤이나 되는 돈을 보냈다. 그러자 포키온은 돈을 가지고 온 사람들에게 많은 사람이 아테나이에 있는데, 알렉산드로스가 자신에게만 돈을 주었는지 물어보았다. 그들은 "저희의 대왕께서는 당신만이 정직하고 존경할 만한 분이라고 생각하시기 때문입니다"라고 답했다. 그는 "그렇다면, 내가 그렇게 보일 뿐 아니라, 실제로 그런 사람이 되도록 그분께서 도와주셨으면 좋겠군요"라고 말했다.[177]

10. 알렉산드로스가 [아테나이에] 삼단노선들을 만들어달라고 요구하자, 사람들은 앞으로 나와서 의견을 말하라고 포키온의 이름을 외쳤다. 그는 일어서서 이렇게 말했다. "제 의견은 여러분께서 무력으로 정복자가 되시든지, 아니면 정복자들의 친구가 되시든지 해야

---

176) 기원전 339년의 일이다.
177) 정직하고 존경할 만한 사람이 되도록 뇌물을 안 보냈으면 좋겠다는 의미다.

한다는 것입니다."[178)

11. 알렉산드로스가 사망했다는 소식—의심스러운 바가 다분한—이 갑작스럽게 전해졌을 때, [아테나이의] 연설가들은 즉각 연단으로 뛰어 올라가서 지체 없이 전쟁하자고 했다. 하지만 포키온은 조금 기다리며 사실을 확인해야 한다고 주장했다. 그는 "왜냐하면 만약 알렉산드로스가 오늘 죽었으면, 내일도 또 모레도 사망상태일 것이기 때문입니다"라고 말했다.

12. 레오스테네스[179)는 아테나이를 전쟁[180)으로 몰고 갔다. 그는 자유를 가져온 명장으로 저명해질 희망에 부풀어 매우 의기양양했다. 그때 포키온은 그의 말을 삼나무에 비유했다. "왜냐하면 둘 다 멋지고 높지만, 열매를 맺지 못하기 때문이오."[181) 그렇지만 전쟁의 초기단계는 성공적이었고, 좋은 소식에 아테나이는 희생제를 올리기로 했다. 그때 포키온은 이런 업적을 자신이 성취하기를 바랐느냐는 질문을 받았다. 그는 "물론 그렇지요. 그런데도 [전쟁하지 말자는] 내 권고가 받아들여졌으면 좋았겠소"라고 말했다.

13. 마케도니아군이 [아테나이가 있는] 아티카반도를 침공[182)하여

---

178) 플루타르코스의 『대비열전』 「포키온전」 제21장에 따르면, 여러 정치가가 앞서 그 요구에 반대했다. 여기서 포키온은 무력으로는 이기지 못하므로 그 요구에 따라야 한다는 말을 돌려서 한 것이다.

179) Leosthenes. 기원전 323년 사망한 아테나이의 장군이자 정치가다.

180) 기원전 323년부터 기원전 322년까지 마케도니아의 안티파트로스와 그리스 동맹군 사이에 벌어진 라미아(Lamia)전쟁을 말한다.

181) 플루타르코스의 『대비열전』 「포키온전」 제23장 제2절에 따르면, 포키온이 이 말을 하자 히페레이데스(Hypereides)라는 인물이 "그렇다면 그대는 아테나이가 언제 전쟁에 나가야 한다고 권고할 작정이요?"라고 반문했다. 그러자 포키온은 "청년들이 전열(戰列)에서 자기 자리를 지키려 하고, 부자들이 기부금을 내고 싶어 하며, 연설가(즉 정치가)들이 공금에 손대는 도둑 같은 손을 멈춘다면 언제든 좋소"라고 대답했다.

154

해안의 영토를 유린했을 때, 포키온은 병력을 이끌고 나갔다. 곧 많은 사람이 그의 주위에 몰려들어서, "저기 있는 언덕을 점령합시다", 또는 "이곳에 병력을 전개합시다" 등의 주장들을 해댔다. 그는 "신들이시여! 병사는 별로 없고, 장군만 이리도 많은 광경을 제가 보고 있다니요!"라고 말했다. 그런데도 그는 적과 싸워 승리하고 마케도니아 장군인 미키온(Mikion)을 전사하게 했다.[183]

14. 얼마 후, 아테나이는 전쟁에서 패했고, [마케도니아의] 안티파트로스가 강요한 [마케도니아] 수비대의 [주둔을] 받아들여야 했다. 수비대 지휘관인 메닐로스(Menyllos)는 포키온에게 돈을 주겠다고 제안했다.[184] 포키온은 분개하며, "메닐로스는 알렉산드로스보다 훌륭한 인물이 전혀 아니고, 예전에는 돈을 받지 않았는데[185] 이제 와 돈을 받는다는 것은 전보다 더 안 좋은 일이다"라고 말했다.

15. 안티파트로스는 이렇게 말했다. "나는 아테나이에 좋은 친구가 두 명 있다. 그리고 둘 중에서 포키온이 선물을 받도록 설득해본 적이 없고, 데마데스가 받은 선물에 만족하게 한 적도 없다."[186]

16. 안티파트로스가 권력을 사용하여 포키온에게 부당한 행동을 하도록 요구하자, 그는 "안티파트로스, 그대는 나를 친구이자 동시에 아첨꾼으로 둘 수는 없소"라고 말했다.[187]

---

182) 기원전 322년의 일이다.
183) 포키온은 이 전투에서 승리했지만, 전반적으로 마케도니아군에게 쓸려버린 그리스동맹군은 패퇴했다.
184) 아테나이의 유력 정치가이자 장군인 그에게 뇌물을 주어 점령군에게 협조하라는 의도였던 것으로 보인다.
185) 알렉산드로스 대왕이 주려 한 돈을 거절했던 일을 말한다.
186) 데마데스는 매우 탐욕스러워서 아무리 많은 선물을 주어도 만족하지 않았다는 의미다.
187) 플루타르코스의 『대비열전』 「아기스전」 제2장 제2절도 같은 일화를 인용하고 있다.

17. 안티파트로스가 사망하자, 아테나이에는 [다시] 민주정이 세워졌다. 그리고 민회에서 포키온과 그의 친구들을 사형에 처하는 법령이 통과되었다. 그들이 끌려가는 동안 다른 이들은 흐느꼈지만, 포키온은 침묵을 지킨 채 걷기만 했다. 그의 적대파 중 한 명이 그의 얼굴을 때렸다. 그는 행정관들을 쳐다보며, "누가 이 사람이 무례한 짓을 그만하도록 해주지 않겠소?"라고 말했다.[188]

18. 그와 함께 사형당하기로 예정된 사람 중 하나가 울면서 저주의 말을 내뱉자, 그는 "투디포스(Thudippos), 자네는 나와 함께 죽기로 되어 있는 것에 만족하지 않나?"라고 말했다.

19. 그는 사약[189]이 담긴 잔을 건네받으며, 아들에게 남길 말이 없느냐는 질문을 받았다. 그는 "아테나이 시민들에게 어떤 악감정도 품지 말라고 명령하며, 또 권고한다고 해주시오"라고 말했다.

페이시스트라토스

1. 아테나이의 참주 페이시스트라토스[190]는 언젠가 친구들 일부가

---

188) 포키온은 국가의 힘이 마케도니아에 미치지 못하다는 것을 알고 안티파트로스가 이끄는 마케도니아와의 전쟁을 피하려 했고, 안티파트로스에게 이런저런 일을 거부한 적도 있으나 대체로 협조적이었다. 그래서 사람들은 그를 친(親)안티파트로스파로 분류했고, 안티파트로스 사망 후 마케도니아에서 독립을 원하는 민주정파와 마케도니아의 새 권력자인 폴리페르콘은 모두 그를 죽이려 했다.

189) 코니움 마쿨라툼(conium maculatum)이라는 독당근속의 독성 식물로 만든 독약이다. 소크라테스도 이 독약을 마시고 죽었다.

190) 기원전 600년경 태어나 기원전 528/527년 죽었다. 기원전 561년 정권을 잡으려고 시도했으나 얼마 안 가 실패했고, 결국 기원전 546년 정권을 잡았다. 적당한 재산을 지닌 귀족가문 출신인 페이시스트라토스는 아테나이의 가난

반란을 일으켜 필레(Phyle)[191]를 장악하자, 침구를 들고 그들에게 갔다. 그들이 무슨 의미로 이런 행동을 하느냐고 묻자, 그는 "자네들을 설득하여 여기서 데리고 갈 것일세. 만약 내가 설득하지 못하면 자네들과 함께 여기 있겠네. 그게 내가 준비해 온 이유야"라고 말했다.

2. 페이시스트라토스는 어머니에 관해 떠도는 이야기를 듣게 되었다. 어머니가 한 젊은이와 사랑에 빠져 밀회하곤 하는데, 그 젊은이가 〔페이시스트라토스를〕 두려워하여 〔만남을〕 종종 거부한다는 내용이었다. 그러자 그는 젊은이를 식사자리에 초대했다. 식사가 끝나자, 그는 "식사는 어땠는가?"라고 물었다. 젊은이가 "매우 좋았습니다"라고 대답하자, 그는 이렇게 말했다. "내 어머니를 기쁘게 해드린다면 매일 이런 즐거움을 누릴걸세."

3. 페이시스트라토스의 딸과 사랑에 빠진 트라시불로스는 그녀와 만날 때마다 키스했다. 페이시스트라토스는 트라시불로스에게 화내는 아내에게 이렇게 말했다. "우리가 우리에게 애정을 품고 있는 이들을 미워한다면, 미움을 품고 있는 이들에게는 어찌해야 하오?" 그리고 자신의 딸을 트라시불로스에게 아내로 주었다.

4. 술 취한 사람 몇몇이 페이시스트라토스의 아내와 마주쳤을 때, 아주 상스러운 말들을 지껄였다. 그들은 다음 날 페이시스트라토스에게 눈물을 흘리며 용서를 빌었다. 페이시스트라토스는 "그대들은 앞으로 행실을 조심하도록 노력해야 할 것이고, 내 아내는 어제 종일 밖에 나간 적이 없소"라고 말했다.

5. 그가 두 번째 아내와 결혼하려고 마음먹고 있었을 때, 자식들이 "저희가 아버님께 잘못한 일이라도 있나요?"라고 물었다. 그는 "전

한 사람들과 소농들이 품은 불만을 이용하여 그들의 지지로 정권을 장악하고 참주가 되었다.
191) 아티카반도 북서쪽에 있는 작은 항구도시다.

혀 아니란다. 너희는 칭찬받을 일만 했지. 그저 너희 같은 자식들을 더 얻고 싶을 따름이란다"라고 말했다.

팔레레우스의 데메트리오스

팔레레우스 출신의 데메트리오스[192]는 프톨레마이오스 왕에게 왕과 통치자의 의무를 다룬 책들을 사서 읽으시라고 권했다. 그는 "왕의 친구들이 감히 직접 충고하지 못하는 말들이 그 책들에는 쓰여 있기 때문입니다"라고 말했다.

리쿠르고스

1. 스파르타인 리쿠르고스[193]는 시민들이 머리를 길게 기르도록 하는 법률을 제정했는데, 그러면서 "이렇게 하면 잘생긴 이는 더 멋져 보이게 되고, 못생긴 이는 더 무서워 보이게 될 것이다"라고 말했

---

192) Demetrios. 기원전 350년경 태어나 기원전 280년경 죽었다. 팔레레우스 (Phalereus) 출신인 아테나이의 연설가로, 아리스토텔레스의 제자인 테오스프라스토스(Theosphrastos)에게 배운 것으로 알려져 있다. 어쩌면 아리스토텔레스에게서 배웠을 수도 있다. 그는 당시 그리스 전역에 강력한 영향력을 행사하던 마케도니아의 카산드로스에게 지원받아 아테나이에서 기원전 317년부터 기원전 307년까지 10년간 권력을 잡았으나, 정적의 공격으로 망명해야 했다. 기원전 297년 이후에는 이집트의 알렉산드리아로 가서 프톨레마이오스의 궁정에서 지냈다. 그는 역사, 수사학, 문학비평 등 다양한 분야의 저작을 집필했다.

193) 스파르타의 전설적인 입법자다. 더욱 자세한 내용은 이 책의 「7현인의 저녁 식사」의 옮긴이주 28) 참조할 것.

다고 한다.

2. 국가체제를 민주정으로 만들자고 말한 이에게 그는 이렇게 답했다. "그대 집에서 먼저 민주정을 만드시구려."[194]

3. 그는 사람들이 집을 지을 때, 톱과 도끼만을 쓰라고 명했다. 그렇게 하면 소박한 집에 값비싼 그릇이나 깔개, 탁자 등을 들여놓는 일을 부끄러워하게 될 것으로 생각했기 때문이다.

4. 그는 권투와 격투시합을 금했다. 그렇게 하면 운동경기에서조차 포기하는 습관이 들지 않을 것으로 생각했기 때문이다.

5. 그는 같은 민족과 여러 번 전쟁하는 것을 금했다. 적이 너무 호전적으로 되지 않도록 하려는 의도였다. 그리고 그 말이 맞았으니, 아주 먼 훗날 아게실라오스[195] 대왕이 부상했을 때 안탈키다스[196]가 이렇게 말했다. "전쟁을 바라지 않았던 테바이인들에게〔전

194) 아테나이에 민주정이 도입된 시기가 훨씬 뒤이므로 이 일화는 후대의 창작일 것이다.

195) Agesilaos. 아게실라오스 2세(즉 아게실라오스 대왕)로, 기원전 444년경 태어나 기원전 398년부터 죽은 해인 기원전 360년까지 재위했다. 키가 작고 태어날 때부터 한쪽 다리가 불편했으나, 예기치 않게 40대 중반에 왕이 되었다. 소아시아를 침공하여 큰 명성을 얻었으나, 기원전 371년 테바이를 필두로 하는 보이오티아동맹과의 레욱트라(Leuktra)전투에서 대패했다. 이후 스파르타는 국력이 급격히 약해졌다. 말년에는 자금을 충당하기 위해 해외에서 용병대장으로 활동했고, 귀국하다가 84세의 나이로 키레나이카(Kyrenaika)에서 사망했다. 시신은 스파르타로 운구되었다. 뒤에 나올 '아게실라오스' 항목과 이 책의「스파르타인들의 어록」'아게실라오스 대왕' 항목에서 다양한 일화를 다룬다.

196) Antalkidas. 기원전 367년경 죽은 스파르타의 장군이자 정치가다. 기원전 387년 페르시아 왕의 중재로 그리스에서 싸우던 아테나이와 아르고스를 중심으로 한 동맹국들 그리고 스파르타를 중심으로 한 펠로폰네소스동맹 사이에 '안탈키다스의 화약(和約)'을 끌어낸 외교관으로 유명하다. 스파르타 국내 정치에서는 아게실라오스 대왕의 정적이었다고 할 수 있다. 뒤에 나올 '안탈키다스' 항목과 이 책의「스파르타인들의 어록」'안탈키다스' 항목에

쟁을〕 가르쳐주고 〔전쟁이〕 습관이 되게 하셨던바, 〔이제〕 교훈을 베풀어주신 보답을 잘 받으셨군요."[197]

카릴로스

1. 카릴로스[198] 왕은 리쿠르고스가 법률을 적게 제정한 이유를 물어보는 사람에게, "말을 많이 하지 않는 민족에게는 많은 법률이 필요 없소"라고 대답했다.[199]

2. 어떤 헤일로테스[200]가 그에게 상당히 불손하게 행동했을 때, 그는 "내가 화나지 않았더라면, 맹세코 네 놈을 죽였을 것이다"라고 말했다.[201]

3. 왜 그와 다른 사람들이 머리를 길게 기르느냐고 묻는 사람에게,

서 다양한 일화를 다룬다.

197) 이 책의 「스파르타인들의 어록」 '아게실라오스 대왕' 항목의 제71번도 같은 일화를 다룬다.

198) Charillos. 기원전 8세기 중엽의 스파르타 왕이다. 리쿠르고스의 조카이며 제자로 알려져 있다. 이 책의 「스파르타인들의 어록」 '카릴로스' 항목에서 좀 더 자세하게 다룬다.

199) 이 책의 「스파르타인들의 어록」 '카릴로스' 항목의 제1번도 같은 일화를 다룬다.

200) heilotes. 스파르타인이 맨 처음 펠로폰네소스로 쳐들어갔을 때 그곳에 살던 원주민들의 후손이다. 그 후 스파르타는 옆 나라 메세니아를 침략하여 정복한 후에 메세니아인도 헤일로테스(복수는 헤일로타이)로 만들었다. 스파르타는 헤일로테스를 개인이 팔거나 해방할 수 없는 일종의 국가노예로 취급했다. 스파르타 병사들은 전쟁에 나갈 때 각자 일곱 명의 헤일로테스를 대동했는데, 짐꾼으로 쓰거나, 무기손질과 잡일을 맡기기 위해서였다.

201) 이 책의 「스파르타인들의 어록」 '카릴로스' 항목의 제3번도 같은 일화를 다룬다. 격앙된 상태이므로 감정대로 행동하지 않고 참겠다는 의미로 해석하면 맞을 것이다.

그는 "이것이 모든 장신구 중에서 가장 싸게 먹힌다오"라고 대답했다.[202]

텔레클로스

텔레클로스[203] 왕의 동생은 시민들이 자신에게 왕에게 하는 만큼의 존중을 보여주지 않는다고 불평했다. 텔레클로스는 "너는 예의 없음을 감수하는 법을 알지 못한다는 것이 그 이유다"라고 말했다.[204]

테오폼포스

테오폼포스[205]가 어떤 도시를 방문했을 때, 한 사람이 성벽을 가리키며 높고 아름답게 보이지 않느냐고 물었다. 그는 "이 도시는 여성들이 살기 위해 지은 곳인가요?"라고 물었다.[206]

---

202) 이 책의 「스파르타인들의 어록」 '니칸드로스' 항목의 제2번과 '카릴로스' 항목의 제6번에서 비슷한 일화를 다룬다.
203) Teleklos. 기원전 8세기 재위한 스파르타 아기아다이(Agiadai) 왕가의 왕이다. 아르켈라오스 왕의 아들이며 아게실라오스 1세의 손자다.
204) 이 책의 「스파르타인들의 어록」 '텔레클로스' 항목의 제2번도 같은 일화를 다룬다.
205) Theopompos. 기원전 8세기 말부터 기원전 7세기 초까지 살았던 것으로 추정되는 스파르타 에우리폰티다이(Eurypontidai) 왕가의 왕이다.
206) 이 일화는 플루타르코스의 『모랄리아』 서너 곳에서 거의 같은 뉘앙스로 등장한다. 다만 화자가 다를 뿐이다. 스파르타인은 높은 성벽이 아니라 용기가 주민들의 안전을 지켜준다고 믿기 때문에 전사로 나가 싸우는 남성이 아닌

아르키다모스

펠로폰네소스전쟁 중에 동맹국들이 아르키다모스[207]의 유일한 권리는 기여금의 한도를 정해주는 것이라고 말했다. 그러자 아르키다모스는 "전쟁은 정해진 군량을 먹지 않는다"라고 말했다.[208]

브라시다스

1. 브라시다스[209]는 말린 무화과 사이에서 쥐를 한 마리 잡고는 물리자 놓아주었다. 그다음에 그 자리에 있던 사람들에게 몸을 돌리고 말했다. "저리 작은 동물도 자신을 공격하는 자에게 대항하여 스스로를 지킬 용기를 지니고 있으면 목숨을 구할 수 있다네."[210]

2. 어느 전투에서 그는 자신의 방패를 꿰뚫은 창에 상처를 입었다.

여성의 도시라고 비꼰 것이다.

207) Archidamos. 기원전 361/360년부터 기원전 338년까지 재위했던 아르키다모스 3세를 말한다. 뒤에 나올 '아게실라오스의 아들 아르키다모스' 항목과 이 책의 「스파르타인들의 어록」 '아게실라오스의 아들 아르키다모스' 항목에서 다양한 일화를 소개한다.

208) 이 책의 「스파르타인들의 어록」 '아게실라오스의 아들 아르키다모스' 항목의 제7번도 같은 일화를 다룬다. 다만 아르키다모스 3세의 일화로 보기에는 시기가 맞지 않는다. 따라서 펠로폰네소스전쟁을 겪은 아르키다모스 2세의 일화로 보아야 한다. 한편 플루타르코스의 『대비열전』 「데모스테네스전」 제17장 제3절은 별명이 '상투머리'인 헤게시포스가 마케도니아의 필리포스와 전쟁을 준비할 때, 이런 이야기를 했다고 전한다.

209) Brasidas. 기원전 422년 암피폴리스전투에서 전사한 스파르타의 장군이다. 펠로폰네소스전쟁 초기에 크게 활약했다.

210) 이 책의 「스파르타인들의 어록」 '브라시다스' 항목의 제1번과 '아게실라오스 대왕' 항목의 제9번도 비슷한 일화를 다룬다.

그는 상처에서 창을 뽑고는 바로 그 창으로 적을 죽였다. 그리고 어떻게 상처를 입게 되었느냐고 질문받자, "내 방패가 배신자가 되었을 때 그랬네"라고 답했다.[211]

3. 그는 트라키아 지역에 사는 그리스인들의 자유를 지켜주기 위해 싸우다가 죽었다. 그러자 그 지역 사람들이 사절단을 스파르타로 파견하여 그의 어머니 아르길레오니스(Argileonis)를 만나기 위해 기다렸다. 〔그들이 만나게 되었을 때〕 그녀는 브라시다스가 명예롭게 최후를 맞이했는지를 가장 먼저 물었다. 그러자 트라키아인들은 그에 대해 최고의 찬사를 했고, 누구도 그와 같지는 못할 것이라고 말했다. 그러자 아르길레오니스는 이렇게 말했다. "여러분은 외국에서 오셔서 잘 모르시는군요. 〔내 아들〕 브라시다스가 괜찮은 사람이긴 했어도 스파르타에는 그보다 더 나은 사람들이 많다오."[212]

아기스

1. 아기스[213] 왕은 "스파르타인들은 적이 얼마나 많은지를 묻지 않고, 적이 어디 있는지를 묻는다"라고 말했다.

---

211) 이 책의 「스파르타인들의 어록」 '브라시다스' 항목의 제2번도 같은 일화를 다룬다.
212) 이 책의 「스파르타인들의 어록」 '브라시다스' 항목의 제4번도 같은 일화를 다룬다.
213) Agis. 기원전 427년부터 기원전 401년까지 재위했던 아기스 2세를 말한다. 여기서 소개하는 내용의 상당수는 이 책의 「스파르타인들의 어록」 '아르키다모스의 아들 아기스' 항목의 일화들과 겹친다. 또 내용으로 보아 기원전 338년부터 기원전 331년까지 재위했던 아기스 3세의 일화로 보이는 것들도 있다. 플루타르코스의 실수인 듯하다.

2. 그가 거느린 병사들보다 수가 많은 적과 만티네이아(Mantineia)에서 결정적 전투를 하는 것에 대해서 여러 사람이 설득하여 〔전투를〕 단념시키려고 하자, 그는 "많은 백성을 다스릴 사람은 많은 〔적과〕 싸워야만 한다"라고 말했다.

3. 올림피아제전을 매우 공정하게 운영한다고 하여 엘리스 사람들이 칭찬받자, 그는 "그들이 그저 4년에 하루 공정하게 행동했다고 해서 무슨 대단한 업적을 세웠다는 거요?"라고 말했다. 그리고 같은 사람들이 계속 칭찬을 멈추지 않자, 그는 또 "그들이 명예로운 일, 즉 정의를 공정하게 시행한다고 해서 뭐가 놀랍단 말이요?"[214]라고 말했다.

4. 그는 계속해서 스파르타인 중에서 누가 가장 뛰어난지 묻는 야비한 사람에게, "당신과 가장 많이 다른 사람"이라고 말해주었다.[215]

5. 또 다른 이가 스파르타인의 수가 얼마나 되느냐고 묻자, 그는 "모든 못된 자들을 쫓아낼 만큼 충분히"라고 답했다.

6. 다른 이가 똑같은 질문을 했을 때, 그는 "그대가 스파르타인들이 싸우는 것을 보게 된다면, 수가 많다고 생각하게 될 거요"라고 말했다.

리산드로스

1. 〔시라쿠사의〕 참주 디오니시오스가 리산드로스[216]의 딸들에게

---

214) 이 책의 「스파르타인들의 어록」 '아르키다모스의 아들 아기스' 항목의 제
    10번에는 이 일화의 전반부가 나오지만, 후반부는 없다.
215) 이 책의 「스파르타인들의 어록」 '연소 아기스'(즉 아기스 3세) 항목의 제2번
    도 같은 일화를 다룬다.

아주 값비싼 옷들을 보냈지만, 리산드로스는 받지 않았다. 그러면서 그 옷들 때문에 딸들이 더 못생겨 보일까 걱정된다고 말했다.[217]

2. 그가 대부분의 일을 기만술을 써서 성취한다고 하며 헐뜯는(헤라클레스의 후손[218]에게는 걸맞지 않은 방법이라고 주장했다) 사람들에게, 그는 이렇게 답하곤 했다. "사자의 가죽으로 닿지 못하는 곳은 여우의 가죽으로 뚫어야만 한다."

3. 아르고스와 스파르타가 영토를 놓고 분쟁을 벌일 때 아르고스가 더 나은 명분을 지닌 듯 보였다. 그러자 리산드로스는 칼을 뽑고 이렇게 말했다. "국경문제에 대해서는 이것의 주인이 가장 말을 잘할 것이오."

4. 스파르타군이 코린토스의 성벽 앞에서 전투를 벌이는 데 대해 머뭇거리는 것을 알게 된 그는 해자에서 산토끼 한 마리가 뛰어나오는 것을 보고 이렇게 말했다. "적이 움직이지 않아서 산토끼가 성벽에서 자고 있다. 저런 적을 두려워할 것인가?"[219]

---

216) Lysandros. 기원전 395년 죽었다. 기원전 405년 아이고스포타미(Aigospotami)전투에서 아테나이해군에게 결정적 승리를 거둔 스파르타의 제독이다. 펠로폰네소스전쟁의 주역 중 하나라고 할 만하다. 아기스 2세가 죽은 뒤 스파르타인이 아게실라오스 2세를 왕으로 선출하도록 설득한 인물이기도 하다. 이 책의 「스파르타인들의 어록」'리산드로스' 항목의 내용과 상당 부분이 겹친다.
217) 이 책의 「스파르타인들의 어록」'리산드로스' 항목의 제1번과 '제욱시다모스의 아들 아르키다모스' 항목의 제7번도 비슷한 일화를 다룬다. 다만 '리산드로스' 항목 제1번의 내용이 좀더 자세하다.
218) 스파르타의 왕가는 자신들이 영웅 헤라클레스의 후손이라고 주장했다. 리산드로스는 왕가의 일원은 아니지만, 스스로 헤라클레스의 후손 중 하나라고 주장했다.
219) 이 책의 「스파르타인들의 어록」'제욱시다모스의 아들 아르키다모스' 항목의 제5번도 비슷한 일화를 다룬다.

5. 그는 회견장에서 자신감을 보이며 말하는 메가라[220] 사람에게, "당신의 말을 뒷받침하려면 도시가 더 커져야겠소"라고 말했다.[221]

아게실라오스

1. 아게실라오스[222]는 아시아에 사는 이들은 자유민으로서는 좋지 않으나, 노예로서는 좋다고 말하곤 했다.[223]

2. 페르시아인들이 자신들의 왕을 대왕이라고 부르는 관습을 두고, 아게실라오스는 "그가 나보다 더 공정하지도, 자제력이 있지도 않은데, 도대체 어떤 면에서 나보다 더 위대하다는 거지?"라고 말했다.

3. 그는 용기와 정의 중 어느 것이 더 좋으냐는 질문에, "정의롭지 못하다면 용기가 필요 없다"라고 답했다.

4. 그는 밤중에 적의 영토를 서둘러 벗어나기 위해 진영을 철수할 준비를 하고 있었다. 그리고 병이 들어 뒤에 남겨진 채 울고 있는 사랑하는 젊은이를 보고, "정(情)을 돌보면서 동시에 분별력을 갖추기란 정말로 어렵구나!"라고 말했다.[224]

---

220) Megara. 그리스 아티카반도에 있던 도시국가로 이스트무스해협에 면해서 코린토스와 마주 보고 있다.

221) 이 책의 「스파르타인들의 어록」 '아게실라오스 대왕' 항목의 제56번도 비슷한 일화를 다룬다.

222) 아게실라오스 2세(즉 아게실라오스 대왕)다. 더욱 자세한 내용은 앞서 나온 '리쿠르고스' 항목의 옮긴이주 195) 참조할 것.

223) 이 책의 「스파르타인들의 어록」 '칼리크라티다스' 항목의 제3번도 비슷한 일화를 다룬다. 해당 항목은 이오니아인들을 그렇게 규정한다.

224) 이 책의 「스파르타인들의 어록」 '아게실라오스 대왕' 항목의 제17번은 볼 일이 있어서 연인을 남겨두고 스파르타군의 진영으로 다녀와야 할 때의 일이라고 소개한다. 여기에서 연인은 소년애의 대상인 젊은 청년을 말한다.

5. 의사인 메네크라테스(Menekrates)는 〔의술이 뛰어나〕 '제우스'라고 불렸다. 그는 아게실라오스에게 이렇게 편지를 썼다. "제우스 메네크라테스가 아게실라오스 전하께, 건강과 행복을 빕니다." 아게실라오스는 이렇게 써서 답장을 보냈다. "아게실라오스 왕이 메네크라테스에게, 건강하고 제정신이 되기를 바라네."[225]

6. 스파르타가 코린토스에서 아테나이인과 그들의 동맹국들에 승리를 거두었고, 엄청난 수의 적이 전사했다는 소식을 들었을 때, 그는 이렇게 소리쳤다. "아, 그리스여. 얼마나 많은 이를 스스로 죽인 것인가! 모든 이민족을 죽이기에 충분한 수인데."[226]

7. 그는 올림피아에서 제우스에게 자신이 원하던 신탁을 받았다. 그러자 에포로스[227]들은 같은 문제를 피티아의 신[228]에게 여쭤보라는 명령을 내렸다. 그래서 그는 델포이에 도착하여 신에게 "아폴론이시여, 당신께서도 당신의 부친과 같은 생각입니까?"라고 물었다.[229]

8. 그는 카리아의 히드리에우스(Hidrieus)에게 친구 중 한 명의 일을 중재하기 위해 이렇게 편지를 썼다. "니키아스(Nikias)가 결백하다면, 그를 석방하시오. 그가 죄가 있다면 나를 보아서 그를 석방하

---

225) 이 책의 「스파르타인들의 어록」 '아게실라오스 대왕' 항목의 제59번은 전말을 좀더 자세하게 소개한다.
226) 원문에서 아게실라오스의 말은 심한 라코니아 사투리로 쓰여 있다.
227) *ephoros.* 스파르타의 최고 행정관으로 모두 다섯 명이다. 스파르타가 이(二) 왕제 국가이기는 하지만, 왕은 행정과 사법의 권한이 없고 다만 해외원정 시 군사령관 역할과 최고 제사장 역할만을 맡았다. 행정과 사법은 민회에서 선출하는 임기 1년의 에포로스들이 맡았다.
228) 피티아의 신은 아폴론을 말한다. 아폴론은 제우스의 아들이다.
229) 이 책의 「스파르타인들의 어록」 '아게실라오스 대왕' 항목의 제10번은 전말을 좀더 자세하게 소개한다. 또 해당 항목은 올림피아가 아니라 도도나(Dodona)에서 제우스의 신탁을 받았다고 쓰여 있다.

시오. 어쨌거나 그를 석방하시오."[230]

9. 그는 지빠귀 울음소리를 흉내 내는 사람을 보러 오라는 초청을 받고 이렇게 말했다. "나는 그 새가 직접 우는 것을 여러 번 들었소."

10. [스파르타의] 법률은 전쟁터에서 도망친 자의 시민권을 모두 박탈하게 되어 있었다.[231] 레욱트라전투[232]가 끝난 후, 에포로스들은 시민 수가 부족한 것을 알고 이 법률을 폐지하고 싶어 했다. 그래서 그들은 아게실라오스에게 법률의 개정권한을 주었다. 그는 에포로스들에게 나아가 내일부터 모든 법률은 [다시] 효력을 발휘할 것이라고 명했다.[233]

11. 그는 이집트 왕[234]의 동맹군으로 파견되었다. 그리고 이집트

---

230) 이 책의 「스파르타인들의 어록」 '아게실라오스 대왕' 항목의 제16번은 아게실라오스가 다른 면에서는 법을 잘 지켰으나, 친구들과 관련된 문제에서는 앞뒤를 가리지 않았다고 소개한다.

231) 스파르타에서는 전장에서 도망친 자들을 '비겁자'(*tresantes*)라고 부르며 콧수염을 한쪽만 자르고, 개가죽으로 만든 조끼를 입게 하여 구별했다. 그리고 그들에게는 엄청난 경멸을 퍼붓고 사회적 차별을 가했으며, 그 가문에도 많은 불이익을 주었다.

232) 기원전 371년 7월 6일 벌어진, 스파르타 및 동맹국들과 테바이가 주축이 된 보이오티아 지역 도시국가들의 전투다. 스파르타에서는 아기아다이 왕가의 왕으로 기원전 380년부터 재위해오던 클레옴브로토스(Kleombrotos) 1세가 출전했다. 테바이군을 이끄는 이는 에파메이논다스 장군이었는데, 그는 중장기병을 50열로 좁고 깊게 짜 좌익에 비스듬히 배치하여 적의 중앙부를 노렸고 대승을 거두었다. 이 과정에서 클레옴브로토스 1세가 패사했다.

233) 이 책의 「스파르타인들의 어록」 '아게실라오스 대왕' 항목의 제73번은 이 일화를 좀더 자세하게 소개한다.

234) 테오스(Teos), 또는 타오스(Thaos)로, 이집트 제30왕조의 파라오다. 기원전 361/360년 즉위했다. 그는 페르시아의 팔레스타인과 페니키아 지역을 공략하기 위해 당시 80대였던 스파르타의 왕 아게실라오스와 아테나이의 장군 카브리아스를 초빙했다. 그리고 그리스에서 많은 용병과 전선 200척을 고용하거나, 지원받았다. 그는 전비(戰費)를 충당하기 위해 이집트에서 많은 세금을 걷었고, 그 때문에 매우 좋지 않은 평판을 얻게 되었다. 그는 제독으로

왕과 함께 자신들의 군대보다 몇 배나 많은 적에게 포위당해 진영에 갇혔다. 적들이 진영 주위에 〔도망치지 못하도록〕 도랑을 파고 있자, 〔이집트〕 왕은 출격하여 죽기 살기로 싸우자고 했다. 그러나 아게실라오스는 적과 같은 수의 병력을 데리고 싸우고 싶었기 때문에 적을 방해하자는 요청을 거절했다. 도랑의 양 끝이 거의 만나게 되었을 때, 그는 열려 있는 〔도랑의〕 틈으로 병사들을 도열시켜 적과 같은 수로 싸워 승리를 쟁취했다.[235]

12. 아게실라오스는 죽어가면서 친구들에게 〔자신을 기리기 위해〕 '회반죽이나 물감'을 사용하지 말라고 했다. 이는 그가 조각상이나 그림을 칭할 때 사용하던 말투였다. 그는 "내가 고귀한 행동을 했다면, 그 행동들이 나를 기념할 것이다. 그렇지 못했다면, 세상의 모든 조각상도 쓸모없을 것이기 때문이다"라고 말했다.

아게실라오스의 아들 아르키다모스

아게실라오스의 아들 아르키다모스[236]는 그때 처음으로 시켈리

카브리아스를, 용병대장으로 아게실라오스를 임명하고, 조카인 나크토레브(Nakhthorheb, 후에 넥타네비오스 2세가 된다)를 보병대장으로 삼았다. 그리고 스스로 원정군 사령관이 되어 떠나면서, 이집트는 동생인 트야하피무(Tjahapimu)를 섭정으로 삼아 맡겼다. 트야하피무는 형이 원정을 떠난 사이에 반란을 일으켰고, 나크토레브는 아게실라오스를 자신들의 편으로 끌어들였다. 이 반란은 성공했고, 테오스는 페르시아로 망명할 수밖에 없었다.

235) 이 책의 「스파르타인들의 어록」 '아게실라오스 대왕' 항목의 제78번도 같은 일화를 다룬다. 다만 해당 항목의 제76번은 이 시기 스파르타가 돈이 부족하여 이집트에 용병대장으로 갔다고 묘사한다. 동맹군이라고 해도 완전히 틀리지는 않겠지만, 용병으로 간 것이 더 정확한 표현이다.

236) 아르키다모스 3세를 말한다.

아섬에서 공수해온 투석기에서 쏘아진 돌을 보았을 때, "헤라클레스여! 인간의 용맹이 쓸모없어졌군요!"라고 소리쳤다.[237]

연소 아기스

1. 연소 아기스[238]는 데마데스가 "곡예사들이 스파르타인의 칼은 크기가 작아서 삼키는 〔곡예에〕 사용합니다"라고 주장하자, "하지만 칼을 적에게 닿게 하는 데는 세상 누구보다 스파르타인이 낫다는 것이 사실이오"라고 답했다.

2. 에포로스들이 아기스에게 휘하의 병사들을 〔적국의〕 배신자에게 넘겨주라고 명령하자, 그는 자기 도시 사람들을 배신한 자에게 병사들을 맡길 수 없다고 말했다.[239]

클레오메네스

어떤 사람이 클레오메네스[240]에게 죽을 때까지 싸우는 싸움닭들

---

237) 이 책의 「스파르타인들의 어록」 '아게실라오스의 아들 아르키다모스' 항목의 제8번도 같은 일화를 다룬다.
238) 기원전 338년부터 기원전 331년까지 재위했던 아기스 3세를 말한다. 그는 마케도니아의 필리포스 2세가 그리스연합군에게 결정적 승리를 거두었던 카이로네아전투가 벌어진 날, 즉 기원전 338년 8월 2일 즉위했다. 이후 기원전 331년 아기스 3세는 엘리스, 아카이아, 아르카디아와 연합하여 메갈로폴리스를 공격했는데, 구원군으로 온 마케도니아의 안티파트로스에게 패했다. 아기스 3세는 아군의 퇴각을 엄호하다가 전사했다.
239) 이 책의 「스파르타인들의 어록」 '아르키다모스의 아들 아기스' 항목의 제1번도 같은 일화를 다룬다.

을 주겠다고 약속하자, 그는 "아니요, 주지 마시오. 그 대신 싸워서 죽일 놈들을 주시오"라고 받아넘겼다.[241]

파이다레토스

〔스파르타에서는 왕의 친위대〕 300명에 들어가는 것이 최고의 명예였다. 파이다레토스[242]는 친위대에 뽑히지 못했을 때, "우리나라에 나보다 훌륭한 이가 300명이 있다니 기쁘다"라고 말하며, 즐겁게 웃으면서 〔그 자리를〕 떴다.

다모니다스

〔합창단의〕 지휘자가 말석(末席)을 지정해주자, 다모니다스[243]는 "좋군요. 지휘자님께서는 명예롭지 않은 이 자리를 명예로운 자리로 만드는 법을 발견하셨군요"라고 소리쳤다.[244]

---

240) Kleomenes. 기원전 369년부터 기원전 309년까지 재위했던 아기아다이 왕가의 왕 클레오메네스 2세를 말한다. 클레옴브로토스 1세의 아들이다.

241) 이 책의 「스파르타인들의 어록」 '클레옴브로토스의 아들 클레오메네스' 항목도 같은 일화를 다룬다.

242) Paidaretos. 펠로폰네소스전쟁 시기의 스파르타 장군이다. 이 책의 「스파르타인들의 어록」 '파이다레토스' 항목에서 좀더 자세하게 다룬다.

243) Damonidas. 달리 알려진 바가 없다. 이 책의 「스파르타인들의 어록」 '다모니다스' 항목도 같은 일화를 소개한다.

244) 이 책의 「스파르타인들의 어록」 '아게실라오스 대왕' 항목의 제6번도 비슷한 일화를 다룬다.

니코스트라토스

〔스파르타의 왕〕아르키다모스는 아르고스의 장군 니코스트라토스[245]에게 요새를 하나 넘겨주면 많은 돈을 주고 왕가의 여성이 아닌 스파르타의 어떤 여인과도 결혼시켜주겠다고 약조했다. 거기에 대해 니코스트라토스는 "아르키다모스 전하는 헤라클레스의 후손이 아니시군요. 그분은 악한 자를 벌하려 하셨는데, 전하께서는 선한 자를 악한 자로 만드시려고 하시니 말입니다"라고 답했다.

에우다미다스

1. 에우다미다스[246]는 이미 적잖이 나이가 든 크세노크라테스가 아카데메이아에서 제자들과 철학을 논하는 것을 보았다. 그리고 그는 덕을 찾고 있다는 말을 들었다. 에우다미다스는 "도대체 언제 그 덕을 발휘한다는 말이오?"라고 말했다.[247]

2. 또 다른 때 한 철학자가 현인만이 유일하게 훌륭한 지휘관이라고 주장하는 것을 듣자, 에우다미다스는 "강연은 훌륭한데, 강연자는 〔전쟁의〕 나팔소리가 울려 퍼지는 한가운데 있었던 적이 없지 않소"라고 말했다.

---

245) Nikostratos. 기원전 4세기 중엽의 인물이다. 달리 알려진 바가 없다.
246) Eudamidas. 기원전 330년부터 기원전 300년경까지 재위했던 에우리폰티다이 왕가의 왕으로, 아르키다모스 3세의 아들이자 아기스 3세의 동생이다. 이 책의 「스파르타인들의 어록」'아르키다모스의 아들 에우다미다스' 항목은 열 개의 일화를 소개한다.
247) 크세노크라테스가 나이가 많기에 한 말장난이다.

안티오코스

안티오코스[248]는 에포로스로 재직하는 동안 필리포스 왕이 메세니아인들에게 영토를 주었다는 소식을 듣고, "그는 메세니아인들에게 그 땅을 지키기 위해 싸워 이길 힘도 주었소?"라고 말했다.[249]

안탈키다스

1. 그[250]는 스파르타인들이 무식하다고 한 어떤 아테나이인에게 이렇게 응수했다. "어쨌거나 그대들에게 악덕을 배우지 않은 사람들은 우리밖에 없으니까요."[251]

2. 또 다른 아테나이인이 그에게 "우리가 당신네〔스파르타인들을〕 케피소스강[252]에서 여러 번 꺾었던 사실을 인정할 수밖에 없을 것이오"라고 말했다. 그러자 그는 "우리는 에우로타스(Eurotas)강[253]에

---

248) Antiokos. 기원전 338/337년에 에포로스였을 것으로 추정된다. 그 외에는 달리 알려진 바가 없다.

249) 기원전 369년 테바이의 에파메이논다스가 스파르타의 압제하에 있던 메세니아인들을 해방하고, 메세니아를 재건해주었다. 그 후 메세니아는 계속 외부의 도움을 구했고, 테바이가 몰락한 후에는 마케도니아의 필리포스 2세와 동맹을 맺었다.

250) 스파르타의 장군이자 정치가다. 더욱 자세한 내용은 앞서 나온 '리쿠르고스' 항목의 옮긴이주 196) 참조할 것.

251) 이 책의 「스파르타인들의 어록」 '안탈키다스' 항목의 제2번과 '플레이스토아낙스' 항목도 같은 일화를 다룬다. 다만 해당 항목에서는 아테나이인을 아테나이의 한 연설가라고 지칭한다.

252) Kephisos. 아테나이 영토 내에 있는 강이다.

253) 스파르타의 라코니아 지방을 가로지르는 강 이름이다. 아테나이가 에우로타스강이 있는 곳까지 쳐들어오지도 못했다고 비꼬는 것이다.

서 당신네를 꺾어본 적이 없소"라고 응수했다.

3. 어떤 소피스테스가 헤라클레스를 찬미하는 글을 읽으려고 할 때, 그는 "아니, 도대체 누가 그에 대해 안 좋은 말을 한단 말이오?"라고 했다.

에파메이논다스

1. 테바이인 에파메이논다스[254]가 장군이었을 때 거느렸던 병력은 결코 공황상태에 빠졌던 적이 없다.

2. 그는 "가장 아름다운 죽음은 전장에서 맞이하는 죽음이다"라고 말하곤 했다.

3. 그는 종종 중장보병은 운동만이 아니라 군사훈련으로 몸을 단련해야 한다고 표명하곤 했다. 이런 이유로 그는 언제나 뚱뚱한 사람에게 혐오감을 보였다. 그리고 한 뚱뚱한 자를 군에서 내쫓으면서, "네 배를 가려 보호하려면 방패가 서너 장 있어도 모자랄 것이다. 또 네 배에 가려서 그 아래 있는 물건은 보이지도 않겠군"이라고 말했다.

4. 그는 매우 소박하게 먹었는데, 한번은 이웃 사람에게 저녁식사에 초대받았다. 가서 보았더니, 케이크와 과자며 그 밖의 다른 요리들을 공들여 차려놓고, 향수도 뿌려놓았다. 그는 이렇게 말하며 즉각 자리를 떴다. "나는 이 자리가 식사자리인 줄 알았소. 오만의 전시장이 아니라."

5. 취사병이 에파메이논다스와 그의 동료 지휘관들에게 여러 날 동

---

254) 기원전 362년 죽은 테바이의 장군으로, 당시 스파르타의 영향력 아래 있던 테바이를 그리스에서 가장 강력한 국가로 만들었다.

안 쓴 [식자재의] 청구서를 제출했다. 에파메이논다스는 올리브기름을 엄청나게 많이 썼다며 그 부분에만 화를 냈다. 동료 지휘관들이 의문을 표하자, 그는 "내가 신경 쓰는 것은 비용이 아니오. 내 몸에 기름이 많이 들어갔다는 것이오"라고 말했다.

6. 도시에서 사람들이 축제를 즐기며 정신없이 술을 마시고, 이것 저것 즐기면서 놀고 있었다. 그때 에파메이논다스만 홀로 씻지도 않고 걸으면서 생각에 빠져 있었다. 그러다가 친한 친구 한 명을 만났다. 그는 왜 이 나라에서 홀로 그렇게 하고 있느냐고 물었다. 에파메이논다스는 이렇게 대답했다. "그대들 모두 술을 마시고 축제를 즐기도록 하기 위함이라네."[255]

7. 크지 않은 죄를 지은 쓸모없는 자가 있었다. 에파메이논다스는 펠로피다스[256]의 요청을 받고도 그를 풀어주지 않았지만, 그 남자의 부인이 탄원하자 풀어주었다. 그러면서, "[펠로피다스에게] 그런 선물은 장군이 아니라 몸 파는 여자들이나 받는 것이라네"라고 말했다.[257]

8. 스파르타가 침공하겠다고 위협하며 [진군해오고] 있을 때, [테바이 사람들이 문의했던] 신탁의 내용들이 테바이에 도착했다. 그중 일부는 패배를, 다른 일부는 승리를 말하고 있었다. 그는 승리를 예언하는 신탁 두루마리들을 연단의 오른쪽에, 패배를 예언하는 것들

---

255) 에파메이논다스의 이 말은 북송(北宋)의 정치가 범중엄(范仲淹, 989~1052) 이 쓴 「악양루기」(岳陽樓記)에 나오는 "천하가 근심하기 전에 먼저 근심하고, 천하가 즐거워한 후에야 [비로소] 즐거워한다"(先天下之憂而憂 後天下之樂而樂)라는 말, 즉 '선우후락'의 고사성어를 연상하게 한다.

256) Pelopidas. 기원전 364년 사망한 테바이의 장군이자 정치가다.

257) 펠로피다스는 선물을 받고 그를 풀어달라고 요청한 것으로 보인다. 같은 이야기가 플루타르코스의 『모랄리아』 「국정 운영의 교훈」 808E에 나온다. 보완해 넣은 부분([펠로피다스에게])은 「국정 운영의 교훈」을 참조한 것이다.

을 왼쪽에 놓아두게 했다. 두루마리들이 모두 지시에 따라 놓이자, 그는 일어나서 말했다. "그대들이 지휘관들의 명에 기꺼이 복종하여 적과 바짝 붙어 싸우면 이것들이 그대들을 위한 신탁이오." 그러면서 그는 좋은 징조를 알리는 신탁 두루마리들을 가리켰다. "하지만 그대들이 위험에 대면하여 겁쟁이처럼 군다면 저것들이 그대들을 위한 신탁이오." 그는 이렇게 말하면서 좋지 않은 징조를 알리는 신탁 두루마리들을 노려보았다.

9. 또 다른 때 그는 적을 향해 군대를 이끌고 있었다. 천둥이 치자, 그의 근처에 있던 사람들은 신께서 이로써 알려주려 하신 게 무엇이라고 생각하는지를 그에게 물어보았다. 그는 이렇게 대답했다. "이는 적이 천둥, 번개에 맞아 정신을 못 차리고 있다는 의미다. 천둥, 번개가 치는 장소는 매우 가까이 있고, 적들은 그런 곳에 진영을 펼치고 있기 때문이다."[258]

10. 그는 자신에게 온 행운 중에서 가장 만족스러운 것은 부모님께서 아직 생존해 계실 적에 레욱트라에서 스파르타군과 싸워 승리를 쟁취한 일이라고 말하곤 했다.

11. 그는 언제나 신체를 잘 단련하여 남에게 깔끔하고 침착한 모습을 보였다. 하지만 [레욱트라] 전투를 치른 다음 날, 그는 씻지도 않고 우울한 안색을 하고 나다녔다. 친구들이 혹시 무슨 걱정거리가 생겼

---

258) 이 이야기는 폴리나이우스(Polynaeus)의 『전략론』 제2권 제3장 제4절에 더욱 자세히 나와 있다. "에파메이논다스가 펠로폰네소스반도를 침공했을 때, 그는 적이 오네이온(Oneion)산에 진영을 세운 것을 알았다. 그리고 그때 천둥, 번개가 거세게 쳤다. 그가 거느린 병사들은 겁을 먹었고, 예언자들은 전투를 피하자고 말했다. 하지만 에파메이논다스는 지금이 전투의 적기라고 말했다. 천둥, 번개가 진영에 머물러 있는 적에게 내리쳤기 때문이라는 이유에서였다. 그가 이렇게 해석하자, 병사들은 새롭게 용기를 끌어올렸다. 그리고 공격을 위해 맹렬히 나아갔다."

느냐고 묻자, 그는 이렇게 말했다. "그렇지 않네. 다만 어제 [이겨서] 내가 정도를 넘어설 정도로 자부심을 느꼈다는 것을 알게 되었지. 그래서 오늘 나는 [어제] 너무 좋아했던 것을 자책하는 중일세."

12. 에파메이논다스는 스파르타가 자신들에게 닥친 불운을 숨기고 싶어 하고, 그들이 얼마나 큰 재난을 겪었는지를 분명히 밝히려 하지 않는다는 것을 알게 되자, 스파르타 전사자들을 한꺼번에 치우지 못하게 하고, 도시별로 따로 치우게 했다. 그렇게 함으로써 스파르타의 전사자 수가 1,000명이 넘어간다는 것이 모두에게 알려지도록 했다.[259]

13. 테살리아의 왕인 이아손은 동맹으로서 테바이에 도착하여 당시 매우 궁핍한 상황에 부닥쳐 있던 에파메이논다스에게 2,000조각의 금을 보냈다. 에파메이논다스는 그 돈을 받지 않았다. 그리고 흔들리지 않는 얼굴을 하고서 이아손을 바라보며, "잘못하시는 것입니다"라고 말했다. 그런 뒤, 그는 동료 시민 중 한 명에게 50드라크메[260]를 빌려서 자신이 행군할 때 필요한 비용을 처리한 다음, 펠로폰네소스

---

259) 이 이야기는 파우사니아스의 『그리스 소묘』 제9권 제13장 제11~12절에 더욱 자세히 나와 있다. "[레욱트라전투에서] 테바이가 거둔 승리는 그리스인을 상대로 그리스인이 거둔 승리 중에서 가장 유명한 것이었다. 스파르타는 다음 날, 자신들의 전사자를 매장하려고 했다. 그래서 전령을 테바이로 보냈다. 그러나 에파메이논다스는 스파르타인들이 항상 자신들의 재난을 감추려 한다는 것을 알고 있었으므로, 자신들의 동맹국들이 먼저 자국의 전사자를 수습하고 난 다음에야 스파르타가 자신들의 전사자를 매장하는 것에 동의하겠노라고 말했다. 동맹국 중 일부는 전사자가 발생하지 않아서 전혀 전사자를 수습하지 않은 곳들도 있었다. 다른 곳들도 약간의 전사자만을 기록했을 뿐이었다. 그래서 스파르타가 자신들의 전사자를 매장하게 되자, 그들의 전사자 수가 얼마인지 즉각 드러났다. 테바이와 성실하게 남아 있던 보이오티아동맹의 전사자 수는 47명이었고, 스파르타의 전사자 수는 1,000명이 넘었다."
260) 50드라크메는 2,000조각의 금에 비하면 말도 안 될 정도로 적은 돈이다.

반도로 진군했다.

14. 훗날 페르시아 왕이 그에게 3,000개나 되는 페르시아 금화를 보내자, 그는 자신을 타락시키기 위해 그렇게나 멀리 항해해서 왔느냐고 하면서 [돈을 가지고 온] 디오메돈(Diomedon)을 심하게 비난했다. 그리고 페르시아 왕께 이렇게 전하라고 했다. "전하께서 테바이의 번영에 도움이 되시는 한, 제게 아무것도 해주시지 않아도 저는 전하의 친구로 남을 것입니다. 하지만 그 반대시라면, 저는 전하의 적이 될 것입니다."[261]

15. 아르고스가 테바이와 동맹을 맺었을 때,[262] 아테나이의 사절단이 [아르고스가 있는] 아르카디아(Arkadia) 지역에 와서 두 나라를 비난했다. 사절단 대표인 칼리스트라토스는 그 비난의 예로 오레스테스[263]와 오이디푸스[264]를 들었다. 에파메이논다스는 논박하기 위해 일어나 이렇게 말했다. "우리나라에 부친 살해자가 있었다는 것

---

261) 이 일화는 기원전 1세기에 활동한 로마의 전기작가인 코르넬리우스 네포스(Cornelius Nepos)의 『명사(名士)전』 「에파미논다스전」 제15권 제4장에 더욱 자세히 나와 있다.

262) 기원전 370년, 즉 레욱트라전투 다음 해의 일이다.

263) Orestes. 전설 속의 인물로 아가멤논 왕의 아들이다. 아가멤논은 트로이아에서 귀환한 후, 왕비 클리타임네스트라(Klytaimnestra)와 간통한 아이기스토스(Aigisthos)에게 살해당한다. 이를 알게 된 오레스테스는 아이기스토스와 어머니 클리타임네스트라를 죽이고, 복수의 여신들의 저주로 미쳐 떠돌게 된다. 그 후 정화의식을 거쳐 용서받는다. 이 이야기는 후일 여러 비극작가가 작품으로 만들어 다양한 판본이 존재한다.

264) Oidipus. 테바이의 전설적인 왕으로 테바이 왕 라이오스(Laios)와 이오카스테(Iokaste)의 아들이다. 아버지를 죽일 것이라는 신탁 때문에 버려졌다가, 후일 알지 못한 채로 아버지를 죽이고, 스핑크스의 수수께끼를 풀어 테바이를 구한 후, 어머니와 결혼하게 된다. 이 사실을 뒤늦게 알게 된 이오카스테는 자살하고, 오이디푸스는 스스로 두 눈을 찔러 눈이 멀게 된다. 비극작가 소포클레스의 『오이디푸스 왕』은 이 전설을 다룬 작품으로 매우 유명하다.

을 인정합니다. 또 아르고스에는 모친 살해자가 있었지요. 그러나 우리는 그런 행동을 한 사람들을 추방했습니다. 그리고 아테나이는 그들을 받아들였지요."[265]

16. 스파르타인들이 테바이가 저지른 심각한 범죄들을 길게 언급하며 비난하자, 그는 "이런, 이들 테바이인이 당신네의 짧은 어법[266]을 멈추게 했구려!"라고 응수했다.

17. 아테나이가 테바이의 원수인 페라이[267]의 참주 알렉산드로스[268]와 동맹을 맺었다. 그리고 알렉산드로스는 아테나이에 고기 400그램 가량을 2분의 1오볼로스[269]에 공급하겠다고 약속했다. 에파메이논다스는 "우리는 그 고기를 조리할 나무를 공짜로 공급하겠소. 그들이 무슨 문제를 일으키면 그 땅에 있는 모든 것을 베어버릴 것이기 때문이오"라고 말했다.

18. 보이오티아 사람들은 안일함에 젖어 늘어져 있었기에, 그는 그들이 언제나 무장하고 있으려 하기를 바랐다. 수석행정관으로 선출되었을 때, 그는 사람들에게 강조하여 충고하곤 했다. "시민들이여, 한 번 더 스스로에 대해 숙고하시오. 내가 장군이었으면 당신들은 내

---

265) 코르넬리우스 네포스의 『명사전』 「에파미논다스전」 제15권 제6장도 같은 일화를 다루는데, 좀더 자세하다. 여기서 에파메이논다스는 아르고스에서 오레스테스가, 테바이에서 오이디푸스가 태어났지만, 범죄를 저지르자 추방했다는 것을 강조한다. 즉 존속살해죄를 용납하지 않았다는 것이다. 하지만 아테나이는 그들에게 보호처를 제공했으니, 그 죄를 용납한 것이 아니냐고 반박하고 있다.

266) 스파르타인들은 말을 짧게 하는 것으로 유명했다.

267) Pherai. 테살리아 남동쪽에 있는 도시국가다.

268) 기원전 369년부터 350년경까지 페라이를 통치했던 인물이다. 알렉산드로스 대왕과는 동명이인이다.

269) obolos. 고대 그리스의 화폐 단위로 1오볼로스는 6분의 1드라크메다. 1드라크메가 대개 숙련공 일당에 해당하므로, 이는 숙련공 일당의 12분의 1 정도다.

휘하에서 복무할 것이오." 그리고 그는 평탄하고 열려 있는 보이오티아의 평원을 '전쟁의 무대'라고 부르면서, 보이오티아 사람들이 방패의 손잡이를 쥐고 있지 않으면 그 평원의 소유권을 지킬 수 없음을 암시하곤 했다.

19. 카브리아스는 코린토스 인근에서 테바이인 몇 명과 마주쳤고 열띤 싸움을 계속하며 성벽 바로 아래까지 가서 그들을 죽인 뒤, 전승기념비를 세웠다. 에파메이논다스는 이를 조롱하며 이렇게 말했다. "그 장소에 세워져야 할 것은 전승기념비가 아니라 헤카테[270]다." 성문 앞 세 갈래 길이 교차하는 곳에 사람들이 헤카테의 상을 세워두곤 했기 때문이다.

20. 누군가 아테나이인들이 새로운 갑옷을 잘 차려입은 군대를 펠로폰네소스반도로 파견했다고 보고했다. 그는 "텔레스(Telles)가 새 피리, 또는 두 개의 피리를 지녔다고 해서, 안티게니다스(Antigenidas)가 울 이유가 있던가?"라고 말했다(텔레스는 피리연주자 중에 가장 실력이 없었으며, 안티게니다스는 가장 실력이 좋았다).

21. 그는 자신의 방패를 나르는 자가 한 전쟁포로에게서 큰돈을 받은 것을 알게 되었다. 그는 방패를 나르는 자에게 말했다. "내 방패를 내놓게. 그리고 자네의 여생을 보낼 선술집이나 차리게나. 이제 자네는 부자가 되어 넉넉해졌으니, 더는 전처럼 위험에 직면하지 못할 테니까."

22. 그는 카브리아스와 이피크라테스 중 누가 더 나은 장군이라고 생각하느냐는 질문을 받고, "우리가 살아 있는 동안에는 판단하기 힘들군"이라고 말했다.[271]

---

270) Hekate. 마법, 갈림길, 사령술(死靈術, necromancy) 등을 관장하는 여신이다. 아테나이에서는 종종 집 안에 모시고 안정과 번영을 빌었다.
271) 아마도 전투에서 자신을 죽이는 자가 더 나은 장군이라는 의미인 듯하다.

23. 그는 라코니아에서 돌아왔을 때, 동료 장군들과 함께 사형을 선고받을 수도 있는 재판을 받게 되었다. 법률에 반하여 보이오티아 수석행정관직을 4개월간 연장했기 때문이다. 그는 동료 장군들에게 자신에게 지시받아서 어쩔 수 없었다며 책임을 모두 미루라고 했다. 그리고 그는 이렇게 말했다. "저는 제가 했던 행동들보다 더 나은 말을 할 수 없습니다. 하지만 재판관들께 꼭 말씀드려야만 한다면, 그저 직분을 다하시라고 하겠습니다. 만약 제게 사형을 선고하시면, 판결문을 제 묘비에 새겨주십시오. 그러면 모든 그리스인은 에파메이논다스가 테바이인들의 뜻에 반하여 강제로 〔테바이군을 데리고〕 500여 년간 약탈당한 적이 없던 라코니아를 칼과 불로 짓밟아놓았다는 것을 알게 될 것입니다. 또 230여 년간의 공백 뒤에 메세니아에 다시 나라를 세워주고, 아르카디아 지역 사람들을 조직하여 하나의 연맹으로 만들어놓았으며, 그리스에 자치를 되돌려주었다는 것도 알게 될 것입니다." 물론 이 모든 일이 이번 원정에서 이루어진 것은 사실이었다. 그러자 모든 재판관은 큰 소리로 웃으며 재판정을 떠났다. 물론 투표용지를 그에게 처벌하자는 쪽으로 던지지도 않았다.

24. 그는 마지막 전투[272]에서 부상해 군막으로 운송되었을 때, 다이판토스(Daiphantos)를 호출했고, 그다음으로는 이올라이다스(Iolaidas)를 불렀다. 그리고 그 두 사람이 이미 전사했다는 것을 알게

---

[272] 기원전 362년 7월 4일 벌어진 만티네이아(Mantinea)전투다. 제2차 만티네이아전투라고도 한다. 한편은 아르카디아의 지원을 받은 보이오티아동맹군을 테바이의 에파메이논다스가 이끌었고, 다른 한편은 엘리스, 아테나이, 만티네이아의 지원을 받은 스파르타군을 아게실라오스 2세가 이끌었다. 이 전투에서 에파메이논다스가 전사했다. 이 전투 자체는 테바이 측이 승리했지만, 에파메이논다스가 죽고 난 후, 테바이 그리고 보이오티아동맹은 급격히 쇠퇴했다. 테바이와 스파르타 양국의 쇠망으로 이어졌기에, 마케도니아 부흥의 계기가 된 전투라고 할 수 있다.

되자, 적과 휴전하라고 테바이인들에게 일렀다. 더는 지휘관이 남아 있지 않다는 이유였다. 그리고 그의 말대로 되었다. 이처럼 그는 동료 시민들을 가장 잘 아는 사람이었다.

펠로피다스

1. 에파메이논다스의 동료 지휘관이었던 펠로피다스[273]는, 그가 아주 중요한 일, 즉 돈 모으는 일을 간과한다는 말을 한 친구에게 이렇게 답했다. "그렇군, 확실히 돈은 중요하지. 여기 있는 니코데모스 (Nikodemos)에게라면 말이지." 그는 말하면서 다리를 저는 장애가 있는 이를 가리켰다.

2. 그가 전쟁터로 나가기 위해 집을 떠날 때, 아내가 그에게 목숨을 아끼라며 당부했다. 그는 "다른 이에게라면 이렇게 권고해도 좋소. 하지만 지휘관과 장군에게는 동료 시민들의 목숨을 아끼라고 권고해야 하오"라고 말했다.

3. 그가 이끄는 병사 중 한 명이 "우리는 적 사이에서 죽을 것입니다"라고 말하자, 그는 "적들이 우리 사이에 있을 텐데, 그들이 무엇을 할 수 있겠나?"라고 말했다.

4. 그는 페라이의 참주 알렉산드로스의 음모에 걸려 묶이게 되자, 그에게 욕설을 퍼부었다. 그러자 참주(알렉산드로스)는 "그대는 빨리 죽고 싶어 하는군"이라고 말했다. 그러자 펠로피다스는 "확실히 그렇다. 그러면 테바이인들이 더 격노하게 될 것이고, 당신이 응보를

---

273) 테바이의 장군이자 정치가다. 더욱 자세한 내용은 앞서 나온 '에파메이논다스' 항목의 옮긴이주 256) 참조할 것.

받을 날이 더 빨라질 테니까"라고 응수했다.

5. 참주(알렉산드로스)의 부인 테베(Thebe)가 펠로피다스에게 다가와서 "당신은 묶여 있는데도 이렇게 기운차다니 놀랍군요"라고 말했다. 펠로피다스는 "당신은 묶여 있지 않은데도 알렉산드로스와 함께 지내다니, 내게는 그것이 더 놀랍소"라고 답했다.

6. 에파메이논다스의 도움으로 풀려난 후 펠로피다스는 이렇게 말했다. "나는 알렉산드로스에게 감사한다. 실제로 시험해본 결과, 이제 내가 전쟁터에서뿐 아니라, 죽음에 직면해서도 용기를 잃지 않을 수 있다는 것을 알게 되었으니 말이다."

로마인들의 어록

마니우스 쿠리우스

1. 몇몇 사람이 마니우스 쿠리우스[1]가 적에게서 빼앗은 땅을 조금씩만 나누어주고, 대부분의 땅을 공유지로 만들었다고 불평했다. 그러자 그는 "먹고살기에 충분한 땅을 작다고 보는 로마인이 없기를!"이라고 기원했다.

2. 삼니움족이 패배한 후 그에게 뇌물을 주기 위해 찾아왔을 때, 그는 마침 순무를 냄비에 넣어 요리하고 있었다. 그는 삼니움족에게 "나는 이런 음식으로 식사할 수 있는 한, 돈이 필요 없소"라고 답했

---

1) Manius Curius Dentatus. 기원전 270년 죽었다. 집정관을 세 차례 역임했으며, 로마 공화정의 평민 출신 영웅 중 하나다. 삼니움전쟁을 끝낸 것으로 유명하다. 플리니우스에 따르면, 그는 이가 난 채로 태어났다고 하여 '덴타투스'(*dentatus*, 이가 있는)라는 별명을 얻게 되었다. 기원전 290년 처음 집정관직을 지낼 때, 삼니움족과 사비네족을 물리쳐 두 번의 개선식을 치렀다. 기원전 275년 집정관직을 지낼 때는 유명한 에피로스 왕 피로스와 베네벤툼전투를 치렀다. 결정적인 승리를 얻어내지는 못했지만, 피로스를 이탈리아에서 물러나게 했다. 그는 청렴하고 소박한 사람으로 알려졌다.

다. 그는 재물을 가지는 것보다 재물을 가진 자들을 지배하는 것을 더 기꺼워했다.

가이우스 파브리키우스

1. 가이우스 파브리키우스[2]는 로마군이 피로스에게 패한 것을 알게 되자, "피로스는 라이비누스[3]를 패배시켰지만, 에피로스가 로마를 패배시킨 것은 아니다"라고 말했다.

2. 그가 전쟁포로들의 몸값을 협상하기 위해 피로스를 방문했을 때, 피로스가 많은 돈을 주겠다고 제의했으나 받으려 하지 않았다. 다음 날 피로스는 기르던 코끼리 중 가장 큰 것을 파브리키우스 몰래 그의 등 뒤에서 나타나게 하고, 갑작스럽게 나팔을 불도록 했다. 일은 계획대로 실행되었지만, 파브리키우스는 돌아선 다음 미소 지으며 이렇게 말했다. "어제는 돈으로, 오늘은 짐승으로 저를 놀라게 하려 하셨지만 실패하셨군요."

3. 피로스는 자신의 진영에 남으면 이인자 자리를 주겠다고 파브리키우스를 설득했다. 거기에 대해 파브리키우스는 이렇게 말했다. "이

---

2) Gaius Fabricius Luscinus Monocularis. '모노쿨라리스'(*monocularis*)는 '애꾸'라는 뜻이다. 그는 기원전 280년 헤라클레아(Heraclea)전투에서 피로스에게 패한 로마 측의 대표로 평화협상을 진행했다. 그리고 몸값을 주고 포로를 찾아오려고 했다. 플루타르코스에 따르면 피로스는 파브리키우스를 매수하는 데 실패하자, 그를 높이 평가하여 포로들을 몸값도 받지 않고 풀어주었다. 파브리키우스는 마니우스 쿠리우스와 함께 공화정 시기의 청렴함과 소박함의 대명사였다.

3) 라이비누스(Publius Valerius Laevinus)는 헤라클레아전투의 로마 측 지휘관으로, 에피로스 왕 피로스에게 패배했다.

는 그대에게 좋은 일이 아닙니다. 에피로스인들이 우리 둘을 모두 알게 되면, 그대보다는 제가 통치하기를 바랄 테니까요."

4. 파브리키우스가 집정관이었을 때,[4] 피로스의 시의(侍醫)가 그에게 편지를 써, 언질만 주면 피로스를 독살하겠다고 제안했다. 파브리키우스는 피로스에게 편지를 보내어 "그대가 친구와 적을 모두 제대로 판별하지 못하는 이유를 주목해보시는 것을 권합니다"라고 했다.

5. 음모를 파악한 피로스는 시의를 교수형에 처하도록 하고, 몸값도 받지 않은 채 전쟁포로들을 파브리키우스에게 송환했다. 그러나 파브리키우스는 그가 보답받았다는 인상을 주지 않도록 그 송환을 선물로 받아들이지 않고 자신도 같은 수의 전쟁포로들을 돌려보내며 이렇게 말했다. "왜냐하면 그 행동은 피로스가 음모를 알아내게 하여 호의를 얻으려고 한 일이 아니고, 로마인이 떳떳한 승리를 쟁취하지 못하여 음모로 (적을) 암살한다는 평을 받지 않으려고 한 일이었기 때문이다."

파비우스 막시무스

1. 파비우스 막시무스[5]는 한니발[6]과의 전쟁을 피하고 싶어 했다.

---

4) 기원전 278년의 일이다.
5) Quintus Fabius Maximus Verrucosus. 기원전 280년경 태어나 기원전 203년 죽었다. 로마의 정치가이자 장군으로 집정관을 다섯 차례 역임(기원전 233, 228, 215, 214, 209년)했으며, 기원전 221년과 기원전 217년 독재관에 임명되었다. 한니발과의 전쟁에서 활약한 인물로 일종의 게릴라전술을 펼쳤다. 한니발과 직접 교전을 피하는 전술을 주로 사용하여 얻은 별명이 '지연시키는 자'(*cunctator*)다.
6) Hannibal Barcas. 기원전 247년 태어나 기원전 182년경 죽었다. 카르타고의 장

하지만 〔동시에〕 시기를 잘 잡아 한니발의 군세를 약화하고 싶어 했는데, 한니발군은 군비와 군량이 모두 부족했기 때문이다. 그래서 파비우스 막시무스는 한니발을 바짝 뒤쫓는데, 험한 산지를 통과하면서 나란히 가는 길을 택했다. 대부분의 사람이 한니발의 시중을 드는 노예라고 비웃었지만, 그는 신경 쓰지 않고 자신의 계획을 진행해나갔다. 그는 친구들에게 "나는 적에게서 도망치는 이보다, 조소하는 자들을 두려워하는 이가 더 겁쟁이라고 생각하네"라고 말했다.

2. 지휘권을 나눈 동료 미누키우스(Minucius)가 적 일부를 무찌르자, 사람들은 그야말로 로마에 걸맞은 인물이라며 많은 칭찬을 아끼지 않았다. 그때 파비우스는 미누키우스에게 닥칠지 모를 불운보다는 그의 행운이 더 걱정스럽다고 말했다. 그리고 오래지 않아 미누키우스는 매복에 걸렸고, 이끌고 있던 병사들과 함께 괴멸될 절체절명의 위기에 빠져버렸다. 파비우스는 시기를 맞추어 그를 구원하러 왔고, 상당수의 적을 죽이고 그를 구해주었다. 그 후 한니발은 친구들에게 "내가 가끔 자네들에게 말하지 않았나? 산꼭대기의 구름[7]은 언젠가 풀려나게 되면 우리를 덮치는 폭풍이 된다고 말이야"라고 말했다.

3. 칸나이[8]에서 로마를 덮친 재난을 맞은 이후 파비우스는 한니발

군으로, 역사상 최고의 명장 중 하나로 꼽히는 인물이다. 제2차 로마-카르타고 전쟁(포에니Poeni전쟁, 또는 포이니전쟁)에서 활약했으며 여러 차례 로마를 궁지로 몰아넣었으나, 결국 기원전 202년 북아프리카에서 치렀던 자마전투에서 패하여 시리아로 망명했다. 하지만 시리아의 안티오코스 3세가 로마에 패하자 결국 자살로 생을 마감했다.

7) 파비우스가 험한 산지를 통과하며 따라왔던 것을 의미한다.

8) Cannae. 오늘날의 오판토(Ofanto)강 우안에 있는 지역이다. 기원전 216년 8월 2일 한니발이 이끄는 카르타고군은 로마의 두 집정관인 루키우스 아이밀리우스 파울루스(Lucius Aemilius Paullus)와 가이우스 테렌티우스 바로(Gaius Terentius Varro)가 이끄는 8만 6,000명 정도의 로마군을 이중극점 포위전술로

과 싸워보겠다는 대담함과 열망을 지닌 인물인 클라우디우스 마르켈루스(Claudius Marcellus)와 함께 집정관에 선출되었다. 파비우스는 한니발과 아무도 싸우지 않으면 중압감에 계속해서 시달린 그의 군대가 곧 포기하게 될 것이라고 관측했다. 그러자 한니발은 싸우려 하는 마르켈루스보다 싸우려 하지 않는 파비우스가 더 두렵다고 말했다.

4. 루카니아[9] 출신의 한 병사가 어떤 젊은 여성을 사모하여 밤에 종종 진영에서 빠져나간다는 죄명으로 기소되었다. 소식을 들은 파비우스가 확인해보니, 병사는 다른 면에서는 매우 훌륭했다. 그래서 그는 명령을 내려 병사의 연인을 몰래 구금하여 자기에게 데려오게 했다. 그녀가 도착하자, 그는 병사를 불러 말했다. "자네가 밤에 나간 것은 규율에 어긋나는 짓이니 간과하고 넘어갈 수는 없네. 하지만 자네는 예전에 공을 세웠으니 그것도 참작해야 하네. 그러니 자네의 규정위반은 용감하고 씩씩하게 싸웠던 전공으로 벌충하겠네. 그리고 내가 보증인을 데리고 있으니, 앞으로 자네는 우리와 같이할걸세." 그리고 그 처녀를 앞으로 나오게 하여 병사에게 넘겨주었다.

5. 한니발은 수비대를 두어 아크로폴리스[10]를 제외한 타렌툼[11] 전 도시를 장악했다. 파비우스는 계략을 써서 아주 멀리 한니발을 꾀어

궤멸시켰다. 살아 돌아간 로마군은 4만 명이 채 안 되었으며, 이 전투는 로마 역사상 최악의 전투 중 하나로 평가된다.

9) Lucania. 남부 이탈리아의 한 지역이다.

10) *acropolis*. 고대 그리스나 로마의 도시는 중심에 방어에 유리한 언덕이나 작은 산이 있었다. 이곳에 신전이나 중요 건물들을 배치하고 내성(內城)형태로 요새화해 최후의 방어선으로 활용했다. 도시의 높은 곳에 있으므로 아크로폴리스라고 불렀다. '아크로'는 '높은'이라는 의미이고, '폴리스'는 '도시'라는 의미다.

11) Tarentum. 남부 이탈리아에 있는 오늘날의 타란토를 말한다.

낸 후 타렌툼을 장악하고 약탈했다. 부관이 성화(聖畫)들은 어떻게 처리하실 것이냐고 묻자, 그는 "타렌툼 사람들이 분노한 신들과〔함께 있도록〕남겨두세나"라고 말했다.

6. 수비대를 거느리고 계속해서 아크로폴리스를 지키던 마르쿠스 리위우스(Marcus Livius)가 도시를 점령한 것은 자기 덕분이라고 말했다. 다른 사람들은 그를 비웃었지만, 파비우스는 "자네 말이 옳네. 만약 자네가 도시를 빼앗기지 않았다면, 내가 다시 탈환하지 못했을 테니까"라고 말했다.

7. 파비우스가 나이가 들어 노인이 되었을 때, 그의 아들이 집정관이었다. 그의 아들은 자신의 의무인 공적인 업무를 수행하기 위해 많은 군중 앞에 나타났다. 파비우스는 말을 타고 앞으로 나아가고 있었다. 집정관인 그의 아들이 호위병[12]을 보내 자신의 아버지에게 말에서 내릴 것을 명령하자, 다른 이들은 당황했다. 하지만 파비우스는 나이에 걸맞지 않을 정도로 민첩하게 말에서 뛰어내려 아들을 껴안았다. 그리고 "잘했다. 내 아들아. 네가 맡은 직책이 어떤 것인지 그리고 네게 맡겨진 직책이 얼마나 높은지를 깨달은 분별력을 보여주는구나"라고 말했다.

연로 스키피오

1. 연로 스키피오[13]는 군사적·정치적 의무를 행하다가 얻는 자투

---

12) *lictor.* 고대 로마에서 명령권(*imperium*)을 지닌 왕이나 고위 행정관들을 호위하는 호위병이다. 집정관에게는 12명의 호위병이 따라붙었다. 호위병은 도끼를 단 장대다발을 가지고 다녔다. 이 무기를 파스케스(*fasces*)라고 하는데, 훗날 '파시즘'(fascism)이라는 말의 어원이 되었다.

리 시간을 모두 문학작품을 읽는 데 썼다. 그래서 그는 자신이 해야 할 일이 없을 때, 가장 바쁘다고 말하곤 했다.

2. 그가 기습작전으로 〔에스파니아에 있는〕 신(新)카르타고(Nova Carthago)시를 점령했을 때, 일부 병사가 아름다운 처녀를 포로로 잡아 그에게 데리고 왔다. 그리고 그녀를 그에게 바치겠다고 말했다. 그러자 그는 "그녀를 기쁘게 받아들이고 싶네. 내가 지휘관이 아니고 일개 사병이라면 말일세"라고 답했다.

3. 그가 바테이아[14]시를 포위 공격하고 있을 때, 성내에는 다른 어떤 곳보다 높이 솟아 있는 아프로디테[15]신전이 있었다. 그 장소를 특정하여 〔도시를 함락한 후〕 모일 것을 서약하라고 〔병사들에게〕 명령했다. 이틀 후에 서약한 당사자들을 바로 그 아프로디테신전에서 만나고 싶어 했기 때문이다. 그리고 도시를 함락한 이후, 그는 앞서 예고한 대로 자신의 말을 지켰다.

4. 시켈리아섬[16]에 있을 때, 바다를 건너 카르타고로 군대를 이끌고 가려는 그에게 어떤 사람이 무엇을 믿느냐고 물었다. 그러자 그는 갑옷을 입고 훈련 중인 병사 300명과 바다를 굽어볼 만큼 높이 솟아 있는 탑을 같이 가리켰다. 그리고 "이 병사 중에는 내 명령 한마디에 저 탑 위로 올라가 거꾸로 몸을 던지지 않을 자가 하나도 없소"라고 말했다.

---

13) Publius Cornelius Scipio Africanus. 기원전 236년 태어나 기원전 183년 죽었다. 역사상의 모든 장군 중에서도 손꼽히는 인물로 한니발을 자마전투에서 꺾음으로써 제2차 로마-카르타고전쟁(일명 한니발전쟁)을 로마의 승리로 이끌었다.

14) Batheia. 바리아(Baria), 또는 바디아(Badia)라고 보는 학자들도 있다.

15) 그리스식으로 아프로디테라고 썼으나, 페니키아의 여신 아스타르테(Astarte)일 것이다.

16) 시실리섬을 말한다.

5. 그가 바다를 건너 그 땅을 점령하고 적의 진영들을 불태우자, 카르타고인들이 사람을 보내 평화협정을 맺었다. 자신들의 〔전투용〕 코끼리들과 전선들을 넘기고 배상금을 치르는 데 동의하는 내용이었다. 하지만 한니발이 이탈리아에서 배를 타고 돌아오자, 이제 두려움을 느끼지 않게 되었으므로 협정 맺은 일을 후회하게 되었다. 이 사실을 알게 된 스키피오는 이렇게 말했다. "그들이 한니발에게 사람을 보냈으므로, 그 협정을 계속 지키고 싶다고 할지라도 5,000탈란톤을 더 내지 않는 이상 나도 지킬 생각이 없다."

6. 카르타고는 〔전쟁에서〕 완전히 패망하게 되자, 평화협정을 협상하기 위해 그에게 사절단을 보냈다. 그러나 그는 루키우스 테렌티우스[17]를 데려오기 전에는 조건조차 듣지 않겠다며, 도착한 이들을 즉시 내보냈다. 테렌티우스는 아주 훌륭한 재능을 갖춘 로마인으로서 〔당시〕 카르타고의 포로로 잡혀 있었다. 사절단이 테렌티우스를 데리고 오자, 스키피오는 회의장에서 그를 자신 옆에 있는 판관석에 앉혔다. 그리고 나서야 그는 카르타고인들과 협상을 시작했고, 전쟁을 종결했다.

7. 테렌티우스는 개선식에서 마치 해방된 노예처럼 펠트로 만든 모자를 쓰고, 스키피오 바로 뒤에서 행진했다. 그리고 스키피오가 사망했을 때, 장례식에 참석한 사람이 모두 실컷 마실 만큼의 벌꿀을 탄 포도주를 제공했다. 그리고 매장에 필요한 모든 물품도 엄청난 양을 제공했다. 물론 이 일은 나중에 일어난 것이다.

8. 안티오코스 대왕[18]은 로마인이 바다를 건너와 그를 공격하자, 스키피오에게 사람을 보내 평화협정의 조건을 문의했다. 스키피오

---

17) Lucius Terentius, 즉 Quintus Terentius Culleo. 로마의 원로원 의원이었다. 기원전 187년 법무관(*praetor*)을 지냈다.
18) 안티오코스 3세를 말한다.

는 "전에는 평화협정이 가능했소. 하지만 말에 재갈을 물리고 기수가 말 등에 올라탄 지금은 안 되오"라고 답했다.

9. 원로원은 스키피오가 국고에서 자금을 수령하도록 결의해주었다. 하지만 재무관들은 정해진 날에 국고를 개방하려 하지 않았다. 그러자 그는 "나 스스로 국고를 열겠소. 국고가 계속 닫혀 있는 이유는 내가 엄청난 자금으로 국고를 꽉 채워놓았기 때문이니 말이오"라고 선언했다.

10. 페틸리우스(Petillius)와 퀸투스(Quintus)가 민중 앞에 나가서 여러 가지 이유로 스키피오를 고발했다. 그러자 그는 바로 이날 자신이 카르타고인들과 한니발을 정복했노라고 언명했다. 그리고 "나는 화관을 쓰고 카피톨리누스(Capitolinus)언덕에 올라 희생제를 올리려하니, 내 [고발에] 표를 던지고 싶어 하는 이는 해보시구려"라고 말하고서 길을 갔다. 민중은 여전히 그에 대해 연설하고 있는 고발자들을 남겨두고 그의 뒤를 따랐다.

티투스 퀸크티우스

1. 티투스 퀸크티우스[19]는 처음부터 눈에 띄는 재능을 갖춘 인물이어서, 호민관(*tribunus*)이나 법무관, 조영관(*aedile*)을 지내지 않고 집정관으로 선출되었다.[20] 그는 [마케도니아 왕] 필리포스를 상대할

---

19) Titus Quinctius Flamininus. 로마의 정치가이자 장군으로, 기원전 197년 키노스케팔라이(Kynoskephalai)전투에서 마케도니아의 필리포스 5세를 꺾고 그리스 지역에 대한 로마의 지배권을 확립했다.

20) 로마 공화정 시기에 대부분의 저명한 인물은 전통적으로 재무관으로 관직을 시작했다. 그 뒤에는 조영관이나 호민관이 될 수 있었고, 그다음에는 법무

군대의 지휘권을 받아 파견되었다. 그는 설득당하여 필리포스를 만나 협상하기로 했다. 필리포스는 자신의 안전을 보장받기 위해 로마인 일부를 〔인질로〕 받아야 한다고 주장했다. 퀸크티우스는 여러 동향인을 대동하지만, 자신은 홀로 마케도니아인을 대표한다는 이유에서였다. 그러자 퀸크티우스는 "홀로 친구들과 친족을 죽음으로 몰고 가는 사람이 그대라는 것이 진실이오"라고 말했다.

2. 전투에서 필리포스에게 승리하고 난 후, 이스트미아(Isthmia)제전[21]에서 그는 앞으로도 그리스인이 자유와 독립을 누리게 해주겠다고 선언했다. 그러자 그리스인들은 한니발 시대에 포로가 되어 노예가 된 모든 로마인을 각자의 주인에게 200드라크메씩 주고 사서, 그에게 증여했다. 그리고 이때 풀려난 이들은 해방된 노예들의 관습에 따라 머리에 펠트로 만든 모자를 쓰고 퀸크티우스의 개선행렬에서 그를 따라 걸었다.

3. 아카이아[22]인들이 자킨토스섬[23]과 전쟁을 치르기 위해 군대를 보내려고 마음먹자, 그는 "당신들이 민물거북처럼 펠로폰네소스반도 밖으로 머리를 들이민다면 위험에 빠지고 말 테니 그러지 않도록 주의하시오"라고 말했다.

4. 〔시리아의〕 안티오코스 3세가 대군을 이끌고 그리스에 도착했

관 그리고 마지막으로 집정관이 될 수 있었다. 이를 '명예로운 관직의 경력'(*cursus honorum*)이라고 불렀다.

21) 코린토스의 이스트모스에서 열렸던 고대 그리스의 운동경기로, 올림피아제전의 전해와 다음 해에 열렸다. 올림피아제전과 마찬가지로 전 그리스인이 참여했다.

22) 그리스의 펠로폰네소스반도 북부에 있는 도시국가 10여 개의 연방이다. 처음에는 마케도니아와 싸우는 로마의 맹방(盟邦)이었으나 간섭을 견디다 못해 결국 로마와 전쟁을 벌였고, 기원전 149년부터 기원전 146년까지 치른 아카이아전쟁에서 끝내 패했다.

23) Zakyntos. 이오니아해에 있는 그리스의 한 섬이다.

다. 그리스의 모든 사람은 시리아군의 엄청난 수와 장비에 겁먹었다. 그러자 플라미니누스는 아카이아인들을 위해 다음과 같은 이야기를 들려주었다. "나는 칼키스에서 한 친구와 식사했소. 그리고 엄청나게 여러 종류의 고기요리가 나와서 놀랐소. 하지만 내 친구가 그 요리들은 양념과 조리법만 다를 뿐 모두 돼지고기라고 이야기했다오. 그러니 여러분께서도 '창병' '중무장병' '정예 보병' '두 마리 말을 다루는 궁병'이라는 이름들을 듣고 왕의 군세에 놀라지 마시구려. 이는 모두 그저 소지품만 다를 뿐 시리아인이니 말이오."

5. 그는 많은 기병과 중무장병을 거느리고 있지만, 자금이 넉넉하지는 않은 아카이아의 필로포이멘[24] 장군에 대해 이런 농담을 했다. "필로포이멘은 팔과 다리는 있지만, 복부가 없군요." 실제로 필로포이멘의 육체적 모습도 그와 비슷한 면이 있었다.

그나이우스 도미티우스

연로 스키피오가 안티오코스와의 전쟁에서 사령관이 된 자신의 동생 루키우스[25]의 동료로 본인 대신 그나이우스 도미티우스[26]를 지명했다. 그나이우스 도미티우스가 적의 전열을 살피고 있을 때, 그의 참모인 장교들이 즉각 공격을 가하자고 재촉했다. 그러자 그는 "수

---

24) Philopoimen. 기원전 253년 태어나 183년 죽었다. 그리스 아카이아의 정치가로, 여덟 번이나 연방의 총사령관이자 대표 격인 '장군'(*strategos*)을 역임했다.
25) Lucius Cornelius Scipio Asiaticus. 기원전 190년 집정관을 지냈다. 시리아와의 전쟁에서 승리해 '아시아를 정복한 자'(Asiaticus)라는 별명을 얻었다.
26) Gnaeus Domitius Ahenobarbus. 기원전 192년 집정관을 지낸 로마의 정치가다.

천 명의 적을 베어 넘기고 전리품을 약탈할 시간이 부족하네. 진영으로 돌아가서 [우리 병사들이] 편안하게 지내도록 해주세. 내일, 때가 되면 그 모든 것을 해낼걸세"라고 말했다. 그리고 다음 날 그는 적과 교전을 치렀고, 적 5만 명을 주살(誅殺)했다.

푸블리우스 리키니우스

푸블리우스 리키니우스[27]는 집정관으로 군을 지휘하여 마케도니아의 왕 페르세우스와 기병으로 전투를 치렀다가 패했다. 이때 2,800명이 전사하거나 포로가 되었다. 전투가 끝나고 페르세우스는 평화협정을 협상할 사절단을 파견했다. 패자는 승자에게 그 문제는 로마인의 결정을 따라달라고 말했다.[28]

파울루스 아이밀리우스

1. 파울루스 아이밀리우스[29]는 두 번째로 집정관 후보에 나섰을 때 낙선했다. 하지만 장군들이 경험이 없고 우유부단하여 마케도니아의 페르세우스와의 전쟁이 지지부진하자, 로마인은 그를 집정관

---

27) Publius Licinius Crassus. 기원전 176년 법무관, 기원전 171년 집정관을 지냈다.
28) 폴리비우스는 『역사』 제27권 제8장에서 로마인은 "패배의 순간에 독단적이고 거만하며, 승리했을 때 가장 온건하다"라고 했다. 그에 따르면 로마의 결정에 따르라는 말은 로마 원로원의 결정에 따르라는 의미다.
29) Lucius Aemilius Paullus Macedonicus. 기원전 229년경 태어나 기원전 160년 죽었다. 기원전 182년과 기원전 168년 집정관을 지냈다. 피드나전투에서 마케도니아의 페르세우스를 상대하여 승리했다.

으로 선출했다. 하지만 그는 자신이 민중에게 감사할 이유가 없다고 말했다. 자신이 관직을 원해서가 아니라, 그들이 행정관을 원하여 자신을 장군으로 선택했다는 이유에서였다.

2. 포룸[30]에서 집에 돌아온 그는 어린 딸 테르티아(Tertia)가 울고 있는 것을 보고 이유를 물었다. 딸은 "우리 페르세우스가 죽었어요" (애완견의 이름이 페르세우스였다)라고 말했다. 그러자 그는 "내 딸아, 나는 운이 좋구나. 그 징조를 받아들일 것이야"라고 말했다.

3. 그는 진영에서 〔병사들이〕 마치 장군이나 된 양 오지랖을 떨며 자신만만해하는 모습을 보고 이렇게 말했다. "조용히 하고, 그저 칼이나 예리하게 갈아놓게. 나머지는 모두 내가 알아서 하지."

4. 그는 보초들이 밤에 창이나 칼 없이 근무하도록 명령을 내렸다. 적에게 대항하여 자신을 지킬 수 있다는 희망을 품지 못하게 함으로써 졸지 않게 할 수 있다는 것이다.

5. 그는 산악 지대를 통과하여 마케도니아에 침입했고, 적이 전투 대형으로 자리 잡은 것을 알게 되었다. 나시카(Nasica)가 즉시 적을 공격하자고 재촉하자 이렇게 말했다. "내가 당신 나이라면 그러겠소. 하지만 경험을 많이 해보니, 행군 직후에 전투대형으로 서 있는 적을 상대로 싸우면 안 된다는 것을 알게 되었소."

6. 그는 페르세우스에 대한 승리를 축하하기 위한 연회를 진행하고 있을 때 이렇게 말했다. "적에게 가장 두려운 군대를 준비하는 능력과 친구들에게 가장 기분 좋은 연회를 준비하는 능력은 같은 범주에 속한다네."

7. 포로가 된 페르세우스는 자신을 이긴 자의 개선행렬에서 전시품

---

30) *forum*. 광장, 시장, 공적 활동을 하던 공간이었다. 여기서는 로마의 포룸, 즉 오늘날의 포로 로마노를 말한다.

이 되라는 제안을 단호하게 거부했다. 아이밀리우스는 "그것은 그대에게 달려 있소"라고 대답하여, 페르세우스가 자결을 선택할 수 있게 해주었다.

8. 그는 〔전리품으로〕 엄청나게 많은 재보(財寶)를 보았지만, 스스로를 위해 어떤 것도 취하지 않았다. 다만 최고의 용맹함을 보인 것을 인정하여 자신의 사위 투베로(Tubero)에게 1.5킬로그램 정도 되는 은잔을 주었을 뿐이다. 사람들에 따르면 이 잔은 아일리우스(Aelius)가문에서 볼 수 있는 최초의 은제 물품이었다.[31]

9. 그는 자신이 낳은 아들 네 명 중 두 명을 다른 집안에 양자로 보냈다. 집에 남은 두 아들 중 하나는 그가 개선하기 5일 전에 열네 살의 나이로 죽었고, 다른 하나는 개선하고 5일 후에 열두 살의 나이로 죽었다. 그가 길을 가고 있을 때, 사람들은 그에게 동정과 연민의 감정을 표했다. 그는 "이제 나는 조국에 근심이나 불안을 느끼지 않소. 운명의 여신께서는 우리의 모든 행운에 대해 내 집안에 응보를 내리셨고, 내가 모든 사람을 위해 그 응보를 받아들였기 때문이오."라고 말했다.

연로 카토

1. 연로 카토[32]는 사람들에게 만연한 사치와 낭비를 비난하면서,

---

31) 플루타르코스의 『대비열전』 「파울루스 아이밀리우스전」 제5장에 따르면, 사위 투베로가 속한 아일리우스가문은 매우 가난했는데도 처지에 만족하며 품위를 지켰다고 한다.

32) Marcus Porcius Cato. 기원전 234년 태어나 기원전 149년 죽었다. '감찰관 카토'(Cato Censorius)라고도 불리며, 로마의 원로원 의원이자 역사가다. 라틴어

"들을 귀가 없는 위장[33)]에 대고 말하는 것은 힘든 일이다"라고 말했다.

2. 그는 물고기 한 마리가 황소보다 더 비싸게 팔리는 도시가 어떻게 별일 없이 계속 존재할 수 있는지 놀라울 따름이라고 말했다.

3. 그는 [로마에서] 여성들이 우위에 있는 현상을 혹평하면서, "모든 [사회의] 남성은 여성을 지배한다. 그리고 우리는 모든 남성을 지배한다. 하지만 우리나라의 여성들은 우리를 지배한다"라고 말했다.

4. 그는 "나는 나쁜 짓을 했을 때 처벌받지 않는 것보다는 좋은 일을 했을 때 감사받지 않는 것을 택하련다"라고 말했고, 잘못한 사람이 누구든 간에 언제나 용서해주었다. 그 자신만 빼고.

5. 그는 행정관들이 국사를 집행할 때, 잘못한 자들을 강하게 징계할 것을 촉구하면서 이렇게 말하곤 했다. "범죄를 저지르지 못하게 할 권한이 있는 이들이 그렇게 하지 않는다면, 범죄를 조장하는 것이다."

6. 그는 [당황하여] 얼굴이 새파래진 아이들을 보느니, [부끄러움에] 새빨개진 아이들을 보는 것이 더 즐겁다고 말했다.

7. 그는 행군할 때는 손을 바쁘게 놀리고, 전투할 때는 발을 바쁘게 놀리며, 전투의 함성보다 더 크게 코를 고는 병사를 미워한다고 말했다.

8. 그는 최악의 통치자란 스스로를 다스리지 못하는 자라고 말했다.

9. 그는 누구도 자신과 분리되지 못하므로, 모든 사람은 각별히 스스로를 존중할 필요가 있다고 생각했다.

로 역사를 쓴 최초의 로마인이기도 하다. 정직하고 소박하며 전통에 충실해 외래 문물, 특히 헬레니즘 문물에 반감을 강하게 드러냈다.

33) 탐욕을 말한다.

10. 그는 여러 사람을 기리는 조각상들이 세워져 있는 것을 보고, "나라면 사람들이 카토의 조각상이 왜 있느냐고 묻느니보다, 카토의 조각상이 왜 없느냐고 묻는 편이 더 좋다"라고 말했다.

11. 그는 권한을 지닌 사람이 권위를 보존하기 위해 〔그 행사를〕 자제하면, 그 사람에게 계속 권위가 남아 있을 것이라고 말했다.

12. 그는 덕성에서 명예를 분리해내는 것은 젊은이에게서 덕성을 분리하는 것과 같다고 말하곤 했다.

13. 그는 "행정관이나 재판관은 정의를 인정하는 데 탄원이 필요해서도 안 되고, 불의를 규정하는 데 탄원에 휘둘려서도 안 된다"라고 말했다.

14. 그는 "범죄를 저지른 자에게 위험을 가져다주지 않아도, 범죄는 모든 이에게 위험을 가져다준다"라고 말하곤 했다.

15. 그는 "나이가 들면 그렇지 않아도 불쾌한 일이 많이 생기는데, 악덕에서 나오는 악평까지 더해지지 않도록 애써야 한다"라고 말하곤 했다.

16. 그는 화내는 사람을 그저 〔차분해질〕 시간이 모자라서 정신을 놓은 사람과 구분해야 한다고 생각했다.

17. 그는 "자신의 행운을 도리에 맞게 그리고 삼가며 쓰는 사람은 거의 질시받지 않는다. 사람들은 개인이 아니라 그의 환경을 질시하기 때문이다"라고 말했다.

18. 그는 "별것도 아닌 일에 심각하게 대응하는 사람은, 심각한 일에서 웃음거리가 될 것이다"라고 말하곤 했다.

19. 그는 "훌륭한 행위를 성취하기 위해서는 훌륭한 행위를 수단으로 삼아야 한다. 그렇게 하는 사람은 평판이 추락하지 않을 것이다"라고 말하곤 했다.

20. 그는 시민들이 선거에서 항상 같은 사람을 뽑는 것을 비난하곤

했다. 그는 "[로마에서] 관직이 별 가치가 없다는 인상을 주게 되거나, [로마에는] 관직에 어울리는 자가 별로 없다는 인상을 주게 되기 때문이오"라고 말했다.

21. 그는 바다 옆에 붙어 있는 [조상 전래의] 땅을 팔아버린 사람을 보고 마치 바다보다 강한 것처럼 행동했다고 감탄하듯 시늉했다. 그는 "바다도 그저 철썩이기만 할 뿐 [쓸어내지 못한 땅을] 이 남자는 쉽사리 홀딱 마셔버렸으니 말이오"라고 말했다.

22. 그는 감찰관 후보로 나섰을 때, 다른 후보자들이 사람들에게 애걸하고 아부하는 것을 보았다. 그때 그는 사람들에게는 단호한 의사(醫師)와 철저한 정화[34]가 필요하다고 외쳤다. 사람들은 가장 고분고분한 사람을 뽑아서는 안 되고, [다른 이들의 말에] 가장 흔들리지 않는 사람을 뽑아야 한다는 것이다. 그 연설의 결과, 그는 1위 당선자가 되었다.

23. 그는 젊은이들에게 용감하게 싸우라고 가르치며 종종 이렇게 말했다. "적을 패배하게 하고 당황하게 하는 데는, 말이 칼보다, 목소리가 손보다 낫다."

24. 그가 바이티스(Baetis) 강변에 사는 종족과 전쟁을 치를 때,[35] 적의 수가 많아서 큰 위험에 처했다. 이베리아반도에 사는 켈트족은 200탈란톤을 주면 도와줄 용의가 있노라고 제안했다. 다른 로마인들은 야만족에게 돈을 치르는 데 반대했다. 카토는 "여러분은 틀렸소. 우리가 이기면 우리가 돈을 치르지 않고 적이 치를 것이며, 우리가 패주하면 채무자도 채권자도 [이곳에] 없을 것이오"라고 말했다.

25. 그는 "적들이 있는 곳에서 지낸 날보다 더 많은 도시를 점령했

---

34) 당시 하제(下劑, 설사약)를 먹어 속을 깨끗이 비워내는 요법이 인기가 있었다.
35) 기원전 195년 이베리아반도에서 치른 전쟁을 말한다.

지만, 나 자신을 위해서는 먹고 마신 것 외에 적의 땅에서 취한 것이 없다"라고 말했다.

26. 그는 모든 병사에게 각기 은화 한 닢씩을 나누어주면서, 전쟁을 치르고 나서 많은 병사가 은을 지니는 것이 소수의 병사만이 금을 지니는 것보다 더 좋다고 말했다. 그리고 "행정관들은 속주에서 평판을 높이는 것 이외에 다른 어떤 것도 늘리지 말아야 한다"라고 말했다.

27. 그는 전쟁 시에 [노예] 다섯 명을 대기시켜놓았는데, 그중 한 명이 포로 세 명을 구매했다. 그리고 카토가 그 일을 알게 되었다는 것을 인지하자, 주인이 도착하기를 기다리지 않고 목을 매어 죽었다.

28. 스키피오 아프리카누스가 그에게 전쟁에 져서 [인질로 와 있는] 아카이아인들을 고국에 돌려보내는 문제에 영향력을 행사해달라고 부탁했다. 그는 짐짓 아무 관심이 없는 것처럼 행동했다. 하지만 원로원에서 그 문제로 많은 논란이 일자, 그는 일어나서 이렇게 말했다. "우리는 다른 할 일이 아무것도 없는 것처럼 여기 앉아서 몇몇 불쌍한 그리스인이 무덤에 갈 때 우리나라의 상여꾼을 쓸지, 그리스의 상여꾼을 쓸지 논쟁하고 있구려."

29. 포스투미우스 알비누스(Postumius Albinus)는 그리스어로 쓴 역사서에서 독자들이 관대하게 보아주셨으면 한다고 했다. 카토는 만약 알비누스가 [그리스의] 인보동맹[36]의 억압 때문에 글을 썼다면, 관대하게 보아주겠노라고 빈정거렸다.

---

36) 인보동맹은 대개 하나의 신전, 또는 종교적 성지를 둘러싼 혈연 관계로 맺어진 종족들의 연합체다. 델로스섬의 아폴론을 모시는 델로스인보동맹, 델포이의 성지를 지키는 델포이인보동맹 등이 유명하다.

연소 스키피오

1. 사람들의 말에 따르면, 연소 스키피오[37]는 54년을 살면서 어떤 것도 사거나 팔지 않았고, 어떤 건물도 세우지 않았다. 그는 위대한 생애를 보냈으면서도 그저 15킬로그램 정도의 은과 1킬로그램이 조금 안 되는 금만을 남겼을 따름이었다. 그는 카르타고를 정복했고, 자신의 병사들을 최고의 부자로 만들어주었는데도, 스스로는 [후대에] 남긴 것이 거의 없었다.

2. 그는 폴리비오스의 충고를 따라, 자신과 이야기한 사람 중 누군가와 친해지거나 친구가 되기 전에는 포룸에서 집으로 돌아가려 하지 않았다.

3. 그가 아직 젊었을 때부터 용맹하고 명민하다는 소문이 났다. 연로 카토가 카르타고에 주둔했을 당시 휘하 막료에 대해서 질문받았다. 연소 스키피오도 그중 하나였는데, 카토는 [호메로스의 시구를 인용하여] 이렇게 답했다. "오로지 그만이 지혜롭다네. 나머지는 모두 그저 펄럭거리는 그림자일 뿐."[38]

4. 그가 전장에서 로마로 돌아왔을 때 민중은 그에게 관직을 부여했다.[39] 호의를 보이기 위해서가 아니라, 그가 쉽고 빠르게 카르타고

---

37) Publius Cornelius Scipio Aemilianus Africanus Numantinus. 기원전 185년 태어나 기원전 129년 죽었다. 기원전 149년부터 기원전 146년까지 치러진 제3차 로마-카르타고전쟁에서 로마의 승리를 이끈 인물이다. 이러한 공로를 인정받아 기원전 147년과 기원전 134년 집정관을 지냈다. 파울루스 아이밀리우스의 아들로 태어났다. 고모부인 연로 스키피오의 장남 스키피오 아프리카누스의 양자로 입적되었다. 연로 스키피오와 구분하기 위해 연소 스키피오, 또는 소(小) 스키피오로 불린다. 역사가 폴리비오스(Polybios)의 친구이기도 하다.

38) 호메로스의 『오딧세이아』 제10권 제495절.

39) 기원전 147년 집정관이 된 일을 말한다.

를 점령해줄 것을 바라서였다.

5. 그가 외성을 통과하자 카르타고인들은 요새에 틀어박혀 완강하게 저항했다. 그는 외성과 요새 사이에 놓인 바다가 별로 깊지 않다는 것을 알았다. 또한 폴리비오스도 그 바다에 뾰족한 가시가 튀어나온 쇠공이나 못 박힌 널빤지 등을 던져 넣어서 적이 바다를 건너 로마군 방어물을 공격하지 못하게 하라고 충고했다. 하지만 스키피오는 "우리가 성벽을 점령하고 시내도 장악했는데, 적과 교전을 피하려고 애쓴다는 것은 우스운 일이오"라고 말했다.

6. 그는 카르타고 시내에 시켈리아섬에서 가져온 그리스 조각품들과 〔신에게 바치는〕 봉납물들이 잔뜩 있는 것을 알았다. 그래서 〔시켈리아섬의〕 도시들에서 온 사람들은 신분을 증명하고 그것들을 가지고 가라고 포고했다.

7. 그는 모든 사람이 전리품을 약탈하는 데 몰두하는 동안, 자신의 노예나 해방노예가 어떤 것도 취하지 못하게 하고, 심지어 전리품을 사들이는 것도 허락하지 않았다.

8. 그는 가장 친한 친구인 가이우스 라일리우스(Gaius Laelius)가 집정관 후보로 나섰을 때 적극적으로 도와주었다. 그는 폼페이우스[40]에게 후보로 나설 것인지 물어보았다(폼페이우스는 피리연주자의 아들로 유명했다). 폼페이우스는 자신이 후보로 나서지 않을 것이라 말하며, 라일리우스 측과 같이하며 유세를 도와주겠다고 제안했다. 그 말을 믿고 협력을 기대했지만 완전히 속아버렸다. 폼페이우스 자신이 〔후보로〕 나서며 시민들을 설득하고 있다는 소식이 들렸기 때문이다. 다른 이들은 분개했지만, 스키피오는 웃으며 이렇게 말했다.

---

40) Quintus Pompeius. 기원전 141년 집정관이 되었다. 그의 아버지 아울루스 폼페이우스(Aulus Pompeius)는 출신이 미천한 피리연주자였다.

"그저 우리가 멍청했기 때문이지. 마치 우리가 사람이 아니라 신에 게 부탁한 것처럼 피리연주자를 기다리며 시간을 낭비했지 않나!"

9. 그가 감찰관 후보로 나섰을 때, 아피우스 클라우디우스(Appius Claudius)가 경쟁자였다.[41] 클라우디우스는 자신은 모든 로마인을 이름으로 부르며 인사할 수 있지만, 스키피오는 거의 아는 사람이 없 다고 주장했다. 그러자 스키피오는 "그대 말이 옳으이. 나는 누구도 나를 모르지 않게 하려고 하는 것만큼 많은 사람을 알려고 애쓰지 않 았거든"이라고 말했다.

10. 그는 켈티베리아인들과 전쟁을 치르는 동안 자신과 자신의 경 쟁자를 함께 레가투스[42]나 천부장[43]으로 보내달라고 청했다. 그러 면 각자의 용맹을 병사들이 말하고 판단할 것이라고 했다.

11. 그는 감찰관이 된 후 어떤 젊은 기병에게서 말을 압수했다. 이 기병은 카르타고와의 전쟁 중에 호화스러운 식사를 했기 때문이다. 그 기병은 카르타고시를 본뜬 벌꿀케이크를 만들게 하고, 그 케이크 를 카르타고라고 부르면서 동료들 앞에 약탈하라며 내놓았다. 그 젊 은 기병이 왜 자기를 강등시켰느냐고 묻자, 스키피오는 "자네가 나 보다 먼저 카르타고를 약탈했기 때문이네"라고 말했다.

12. 가이우스 리키니우스[44]가 자기 앞으로 다가오는 것을 본 스키 피오는 "나는 이 사람이 위증죄를 범했다는 것을 아네만, 누구도 그 를 고발하지 않으니 나도 그를 고발하고 벌을 줄 수 없네"라고 말

---

41) 기원전 142년의 일이다.

42) *legatus*. 군의 고위 장교로 공화정 말기에는 속주의 총독대리 역할을 했다. 오늘 날의 장군급 장교다.

43) *tribunus militum*. 호민관을 뜻하는 *tribubus*라는 단어가 들어가지만, 실제로는 오늘날의 영관급 고위 장교라고 보면 된다. 군사호민관이라고 번역하기도 한다.

44) Gaius Licinius Crassus. 기원전 145년 호민관을 지냈던 인물이다.

했다.

13. 〔시찰이라는〕 목적을 달성하기 위해 원로원은 스키피오를 세 번이나 파견했다.[45] 클레이토마코스[46]는 〔호메로스를 인용하며〕 "사람들의 제멋대로인 행동과 훌륭한 행동을 보라"라고 말했다. 즉 그는 도시들과 그곳의 사람들, 왕들의 감독자로 파견된 것이다. 그가 〔이집트의〕 알렉산드리아에 상륙하여 머리를 토가로 가린 채 걷고 있을 때, 알렉산드리아 사람들이 빠르게 그를 둘러쌌다. 그리고 얼굴을 걷어 자신들에게 보여달라고 간청했다. 그래서 그는 환호와 갈채 속에서 얼굴을 드러냈다. 〔이집트의〕 파라오[47]는 활동적이지도 않고, 살도 많이 쪄서 이제까지 〔시민들과〕 함께 걷지 못했다. 스키피오는 〔동행하던〕 파나이티오스[48]에게 부드럽게 속삭였다. "알렉산드리아 사람들은 우리가 방문하여 벌써 득을 보았구려. 우리 덕분에 자신들의 파라오가 걷는 것을 보았으니 말이오."

14. 그가 〔공무로〕 여행할 때, 동료로서 친구인 철학자 파나이티오스와 노예 다섯 명이 함께 했다. 노예 중 한 명이 객지에서 사망하자, 그는 〔공금을 써서〕 한 명을 더 구매하고 싶지 않았다. 그래서 로마에서 한 명을 보내게 했다.[49]

---

45) 스키피오는 원로원의 명을 받고 기원전 141년부터 지중해 동부의 여러 국가를 시찰했다.

46) Kleithomachos. 카르타고 출신으로 아테나이에 가서 철학을 공부한 인물이다. 그 후 플라톤학파의 수장이 되었다.

47) 프톨레마이오스 8세를 말한다. 기원전 182년경 태어나 기원전 116년 죽었다. 별명이 '피스콘'(*physkon*, 살찐)이었다.

48) Panaitios. 기원전 185년경 태어나 기원전 110년경 죽었다. 로도스섬 출신의 스토아 철학자다.

49) 아테나이오스의 『소피스테스들의 식사』제6권 제105장(273a)도 비슷한 일화를 다룬다. "옛 로마인은 절제심이 있고, 매우 도덕적이었다. 예를 들어 원로원은 다른 나라들을 안정시키기 위해 아프리카누스라는 별명을 지닌 스

15. 누만티아(Numantia)인들은 무적인 것처럼 보였고, 〔로마의〕 여러 장군을 패퇴시켰다. 〔로마〕 민중은 이 전쟁 때문에 스키피오를 다시 한번 집정관으로 선출했다. 많은 사람이 열렬하게 이 전쟁에 자원했지만, 원로원이 개입했다. 이탈리아가 무방비가 될 수 있다는 이유에서였다. 게다가 원로원은 이미 준비된 자금도 가져가지 못하게 했고, 다만 아직 거둘 때가 되지 않은 세금 중에서 그에게 필요한 재원을 책정해두었다. 스키피오는 이렇게 말했다. "나는 전비가 필요하지 않소. 나와 내 친구들의 재산으로 충분하오. 하지만 병사들에 관해서라면 문제가 있소. 앞으로 치를 전쟁은 힘든 전쟁이오. 그렇게도 여러 번 우리가 패했던 것이 적이 용맹하기 때문이라면, 그런 자들을 상대해야 하므로 어렵소. 만약 우리 〔로마〕 시민들의 용맹성이 부족하기 때문이라면, 그런 이들을 이끌고 전쟁을 치러야 하므로 어렵소."

16. 진영에 도착했을 때, 그는 무질서와 방종, 미신과 사치가 진내 (陣內)에 만연해 있는 것을 알게 되었다. 그는 바로 점쟁이, 예언자, 포주를 몰아내고, 솥과 구이용 꼬챙이, 도기로 만든 컵을 제외하고는 모든 도구를 치워버리도록 명했다. 다만 900그램 미만의 은제 술잔은 원한다면 지니고 있도록 허용해주었다. 그는 목욕을 금했다. 하지만 기름을 〔몸에〕 바르고 문지르려고 하는 자는 각자 스스로 하되, 손이 없는 수송용 동물들은 문질러주어도 좋다고 했다. 그는 또 명령을 내려서 점심은 서서, 조리하지 않은 것을 먹어야 한다고 했다. 다

키피오에게 정당한 통치권을 위임하여 파견한 적이 있었다. 그는 단지 노예 다섯 명만을 데리고 있었다. 이 이야기는 폴리비오스와 포세이도니오스 (Poseidonios)가 전하는 것인데, 도중에 노예 중 하나가 죽자, 스키피오는 가족들에게 편지를 써서 노예를 하나 사서 보내라고 했다." 여기서는 연로 스키피오의 일화로 소개한다.

만 저녁을 먹을 때는 기대서 먹어도 좋으나 빵이나 간단한 죽만을 먹어야 하며, 고기는 굽거나 끓여서만 먹어야 한다고 했다. 그 자신은 걸어 다닐 때, 검은 망토로 몸을 감싸 군이 치욕거리가 된 것을 슬퍼하고 있노라고 말했다.

17. 그는 천부장 멤미우스(Memmius)의 수송용 동물이 나르던 짐에서 테리클레스[50]가 만든, 보석으로 장식한 포도주 냉각기를 발견했다. 그래서 그는 멤미우스에게 이렇게 말했다. "이런 행동으로 자네는 스스로를 내게, 또 조국에 30일간[51] 쓸모없는 존재로 만들었네. 하지만 자네 자신에게는 스스로를 평생 쓸모없는 존재로 만든 것일세."

18. 다른 사람이 그에게 멋지게 장식된 방패를 보여주자, 그는 이렇게 말했다. "젊은 친구, 멋진 방패로군. 하지만 로마인이라면 왼손〔에 멋진 방패를 드는 것〕보다 오른손에 희망을 두는 것이 더 어울린다네."

19. 또 다른 사람이 목책을 만들기 위한 목재를 나르면서 엄청나게 무겁다고 말했다. 그러자 스키피오는 "그런 것 같군. 자네의 칼보다 이 목재를 더 믿기 때문일세"라고 말했다.

20. 그는 적이 무방비한 것을 관찰하고, "나 자신은 시간을 들여 안전을 사겠네. 훌륭한 장군은 의사와 마찬가지로 칼을 사용하는 것을 마지막 수단으로 두는 법이지"라고 말했다. 그렇지만 그는 적절한 시기에 공격하여 누만티아군을 달아나게 했다.

21. 어떤 노인이 패배한 〔누만티아〕 병사들에게, "왜 자네들이 자주 이겼던 상대에게서 도망치는 겁쟁이가 되었나?"라고 물었다. 그

---

50) Thericles. 당시 코린토스의 유명한 도예가다.
51) 아마도 처벌 기간이 30일이었던 것으로 보인다.

러자 누만티아 병사 중 하나가 "양은 똑같지만 양치기가 다르답니다"라고 답했다고 한다.

22. 그는 누만티아를 정복하고 두 번째 개선식을 거행한 후, 원로원과 동맹국들에 관해 가이우스 그라쿠스[52]와 말다툼을 벌였다.[53] 권익이 많이 침해당했다고 느낀 민중은 [포룸의] 연단에서 내려가라고 소리를 지르기 시작했다. 하지만 그는 이렇게 말했다. "무장한 군대의 전투함성도 나를 당황하게 하지 못한다. 내가 잘 아는바, 이탈리아가 친모가 아니라 계모인 군중의 함성은 더더욱 그렇다."[54]

23. 그라쿠스당파에 속하는 자들이 "참주를 죽여라!"라고 소리쳤다. 그는 이렇게 말했다. "우리 조국에 적대적 감정을 느끼는 자들이 나를 제일 먼저 제거하려 드는 것은 당연하지. 스키피오[55]가 버티고 있는 동안 로마는 몰락하지 않을 것이고, 로마가 몰락했는데 스키피오가 살아 있을 수는 없으니."

카이킬리우스 메텔루스

1. 카이킬리우스 메텔루스[56]가 병사들을 이끌고 방비가 잘되어 있

---

52) Gaius Sempronius Gracchus. 기원전 154년 태어나 기원전 121년 죽었다. 로마의 민중 정치가로, 호민관을 지내며 귀족들의 이익을 침해하는 토지법을 제안했다가 귀족들에게 죽임당했다.

53) 벨레이우스 파트로쿨루스(Velleius Paterculus)의 『역사』(Historiae) 제6권 제4장에 따르면, 이때 그가 말다툼한 사람은 가이우스 그라쿠스가 아니었다. 당시 호민관이었던 카르보(Carbo)가 가이우스 그라쿠스가 죽임당한 것에 대해 의견을 묻자, 그가 정권을 잡으려 했다면 그렇게 죽어도 싸다고 답해, 민중이 분개했다는 것이다.

54) 당시 새로이 로마 시민권을 얻은 이가 많았음을 의미한 것으로 보인다.

55) 자신과 자신의 가문을 중의적으로 표현한 것이다.

는 요새를 공격하려 할 때, 백부장 한 명이 열 명만 희생하면 요새를 함락할 것이라고 말했다. 메텔루스는 그에게 "자네가 열 명 중 하나가 되기를 원하나?"라고 물었다.

2. 젊은 축에 속하는 한 백부장이 앞으로 어떻게 하실 요량이냐고 그에게 물었다. 그는 "내가 윗도리에 걸치고 있는 속옷이 내 마음을 알고 있다고 생각하면, 벗어서 불에 처넣어버릴걸세"라고 말했다.

3. 그는 스키피오가 살아 있었을 때 극심하게 대립했다. 하지만 스키피오가 죽자 깊이 애도했고, 자기 아들들에게 운구에 참여하라고 명했다. 그리고 "나는 로마인으로서, 스키피오가 다른 나라 사람이 아니었던 것을 신들께 감사한다"라고 말했다.

가이우스 마리우스

1. 가이우스 마리우스[57)]는 한미(寒微)한 가문 출신으로서 군공(軍功)을 세워 정치가가 될 수 있었다. 그는 선임조영관 후보에 나서겠다고 공표했는데, 득표가 모자랄 것을 알아채고 같은 날에 평민조영관 후보에 나섰다.[58)] 그는 이 선거에서도 떨어졌지만, 언젠가 로마의

56) Quintus Caecilius Metellus Macedonicus. 기원전 210년경 태어나 기원전 116/115년 죽었다. 기원전 143년 집정관을 지냈으며 제3차와 제4차 로마-마케도니아전쟁에서 큰 역할을 했다.

57) Gaius Marius. 기원전 157년 태어나 기원전 86년 1월 13일 죽었다. 일곱 차례나 집정관을 지냈는데, 이는 전무후무한 일이었다.

58) 로마의 조영관은 공공건물과 도로의 보수, 질서유지 등을 맡던 관직이었다. 평민조영관(aediles plebis) 두 명과 선임조영관(aediles curules) 두 명으로 구성되었는데, 평민조영관은 평민만이 후보로 나설 수 있었고, 선임조영관은 평민과 귀족 모두 가능했다. 로마에서 정치가들의 일반적 출세길은 조영관, 또는 재무관으로 시작하여, 법무관, 집정관으로 올라가는 것이었다.

일인자가 되겠다는 꿈을 포기하지 않았다.

2. 그의 양쪽 다리에 큰 정맥류가 생겼다. 그 부위를 묶어서 처치하는 것을 거부하고 의사가 절제하도록 했다. 그리고 〔한쪽 다리를〕 수술받는 동안, 의연하게 신음을 내지 않았을 뿐 아니라 눈썹 하나 까딱하지 않았다. 하지만 의사가 다른 쪽 다리도 〔수술하려고〕 하자, 그는 치료가 고통을 참을 만한 가치가 없다고 말하며 동의하지 않았다.

3. 가이우스 마리우스가 두 번째로 집정관을 지내고 있을 때, 조카인 루시우스(Lusius)가 트레보니우스(Trebonius)라는 이름의 젊은 병사를 성폭행하려다가 되려 죽임당했다.[59] 많은 이가 그 병사를 고발했지만, 가이우스 마리우스는 그 병사가 장교를 죽였음을 부인하지 않으면서도 전모를 밝혔다. 그리고 가장 용기 있는 행동에 수여하는 관을 가져오게 하고, 그 병사에게 씌워주었다.

4. 튜튼족을 상대로 싸울 때, 〔로마군〕 진영에는 물이 거의 없었다. 병사들이 목마르다고 말하자, 그는 적의 목책 근처를 흐르는 강을 가리키면서 말했다. "그대들이 피로써 값을 내고 살 수 있는 물이 있다." 그리고 병사들은 자신들의 체내에 아직 피가 액체상태로 있을 때, 〔그 피가〕 목마름에 말라버리기 전에 이끌어달라고 청했다.

5. 그는 킴브리족(Cimbri)과의 전쟁에서 용맹하게 싸웠던 카메리눔(Camerinum)인 1,000명에게, 법을 무시하고 로마 시민권을 부여했다. 이에 불만을 표하는 이들에게 그는 이렇게 말했다. "무기들이 부딪치는 소리 때문에 법의 〔소리를〕 듣지 못했다오."

6. 동맹시전쟁[60] 중에, 도랑 옆에서 적에게 포위된 채 고립되었다.

---

59) 소년애 때문인 것으로 보인다.

60) 기원전 90년부터 기원전 88년까지 로마가 이탈리아 내에서 동맹이었던 도시들과 치렀던 전쟁이다. 로마는 이 전쟁에서 이겼지만, 그 후 이 도시의 사람들에게 로마 시민권을 주었다.

그는 [항복하지 않고] 버티며 기회가 오기를 기다리고 있었다. 포파이디우스 실로[61]가 그에게 말했다. "마리우스, 그대가 위대한 장군이라면 이리 와서 싸우라!" 그러자 마리우스는 "그대가 위대한 장군이라면, 내가 그렇게 하고 싶어 하지 않을 때도 싸우도록 해보라"라고 답했다.

카툴루스 루타티우스

킴브리족과의 전쟁 중에 카툴루스 루타티우스[62]는 아티소(Atiso) 강 옆에 진영을 설치했다. 이민족이 강을 건너 공격해오자, 로마군은 퇴각했다. 퇴각하는 병사들을 제지하지 못한 루타티우스는 서둘러 도망치는 병사들의 맨 앞 열로 나아갔다. 그렇게 함으로써 병사들이 적에게서 도망치는 것이 아니라, 지휘관을 따라가는 것처럼 보이게 했다.[63]

술라

'행운아'(펠릭스Felix)라 불렸던 술라[64]는 자신의 행운 중에 두 가

61) Poppaedius Silo. 로마에 반기를 든 마르시(Marsi)족의 수장이었다.
62) Quintus Lutatius Catulus. 기원전 102년 가이우스 마리우스와 함께 집정관을 지냈고, 킴브리족과의 전쟁을 함께 지휘했다. 이 일이 일어난 시기는 기원전 101년이다.
63) 그는 로마군 병사들이 지휘관의 명령에 불복하고 도망치는 것이 아니라, 자신의 퇴각명령에 따르는 것처럼 만듦으로써 스스로 오명을 뒤집어썼다.
64) Lucius Cornelius Sulla Felix. 기원전 138년 태어나 기원전 78년 죽었다. 마리

지를 [최고로] 꼽았다. 한 가지는 메텔루스 피우스[65]와 친교를 맺은 것이고, 다른 한 가지는 아테나이를 파괴하지 않고 보존한 것이다.

가이우스 포필리우스

가이우스 포필리우스[66]는 원로원의 서한을 가지고 안티오코스 [4세]에게 파견되었다.[67] 이 서한에서 원로원은 안티오코스가 이집트에서 철군하고, 프톨레마이오스의 자식들이 부모에게서 물려받은 왕국을 침해하지 말라고 명령했다. 그가 [안티오코스의] 진영을 통과하며 다가가자, 아직 멀리 떨어져 있는데도 안티오코스는 정중하게 맞이했다. 하지만 그는 답례의 인사를 하지 않고 서류를 전달했다. 안티오코스 왕은 서한을 읽고 나서, 생각해본 뒤에 답을 주겠노라고 말했다. 그러자 포필리우스는 가지고 있던 지팡이로 안티오코스 주변에 원을 그린 다음, "그대가 이 선 안에 서 있는 동안 생각해보고 답을 주시오"라고 말했다. 모든 사람이 포필리우스의 거만한 태도에 아연실색했다. 그리고 안티오코스가 로마의 명령을 승낙하겠다고 했다. 그가 동의하자, 포필리우스는 안티오코스에게 인사하고 그를 껴안았다.

우스의 부관으로 활약했으며, 후에는 민중파를 이끄는 마리우스의 경쟁자로 원로원의 지지를 받아 마리우스 일파와 대적했다. 마리우스가 죽은 후에 그 잔당을 소탕하고 종신독재관에 취임했으나, 곧 사임하고 낙향했다. 아내의 병 때문인 것으로 보이며, 얼마 안 가 아내가 죽자, 그도 곧 죽었다.

65) Quintus Caecillius Metellus Pius. 기원전 80년 집정관을 지낸 친술라파 정치가다.

66) Gaius Popillius Laenas. 기원전 172년과 기원전 158년 집정관을 지냈다.

67) 기원전 168년의 일로, 상대는 안티오코스 4세인 에피파네스(Epiphanes)였다.

루쿨루스

1. 루쿨루스[68]는 아르메니아에서 정예병 1만 명과 기병 1,000기를 거느리고, 병사 15만 명을 데리고 있는 티그라네스 왕을 상대하기 위해 행군하고 있었다.[69] 때는 10월 6일로, 몇십 년 전에 카이피오 (Caepio)가 이끄는 로마군이 킴브리아인에게 전멸[70]한 날이었다. 로마인은 이날을 속죄해야 하는 두려운 날이자 불길한 날로 여긴다는 말을 어떤 사람이 했다. 그러자 루쿨루스는 "그러면 우리가 전력을 다해 분투함으로써, 이날을 악운이 낀 우울한 날 대신 로마인에게 기쁘고 반가운 날로 만들어보세"라고 말했다.

2. 그가 이끄는 병사들이 중무장병들을 가장 두려워하자, 그는 적을 패배하게 하는 것보다 〔적의 시신에서 갑옷을〕 벗기는 일이 더 고될 것이라고 말하며, 두려워하지 말라고 일렀다. 그는 맨 앞에 서서 언덕을 향해 돌진했다. 그리고 이민족의 움직임을 관찰하면서 "병사들이여, 우리가 이긴다!"라고 소리 질렀다. 그리고 저항 없이 계속 적을 추격했다. 이 과정에서 로마 병사는 오직 다섯 명만 전사한 반면, 적은 10만 명 이상이 전사했다.

---

68) Lucius Licinius Lucullus. 기원전 118년 태어나 기원전 57/56년 죽었다. 술라와 가까운 정치가로, 폰토스의 미트리다테스 왕과 벌인 전쟁, 아르메니아의 티그라네스 왕과 벌인 전쟁에서 활약했다.
69) 기원전 69년의 일이다.
70) 기원전 105년의 일이다.

그나이우스 폼페이우스

1. 로마인들은 폼페이우스[71]의 아버지를 미워했던 것만큼이나, 폼페이우스를 사랑했다. 그는 젊었을 때, 술라의 당파를 위해 〔일하면서〕 마음을 다했고, 공적인 관직에 있거나 원로원 의원이 되지 않았는데도 이탈리아에서 많은 병사를 소집하여 휘하에 거느렸다. 술라가 소환하자, 그는 전리품이나 학살에 따른 전과 없이 사령관 앞에 군대를 데려다 놓을 수 없다며 〔즉시 가기를〕 거부했다. 그리고 여러 전투에서 적의 장군들을 정복하기 전에는 갈 수 없다고도 했다.

2. 술라가 그를 장군 자격으로 시켈리아섬에 파견했을 때, 그는 병사들이 행군 도중에 대열을 빠져나가 폭력을 행사하거나 약탈한다는 사실을 알았다. 그래서 그는 낙오하거나 이리저리 돌아다니는 자들을 처벌하고, 공식적으로 그와 함께 파병된 병사들의 검을 봉인해 버렸다.

3. 그는 〔술라가 아닌〕 다른 당파(즉 마리우스파)에 합류한 마메르티니[72]를 〔마지막〕 한 사람에 이르기까지 죽이고 싶어 했다. 하지만 마메르티니에게 인기 있는 지도자인 스텐니우스[73]는 폼페이우스가 책임을 물어야 할 한 사람 대신 많은 무고한 사람을 처벌하는 것은 옳지 못하다고 했다. 그리고 그 한 사람은 바로 자신인데, 자신이 친구들을 설득하고 적들을 강압해 마리우스 편을 들게 했다고 말했다.

---

71) Gnaeus Pompeius Magnus. 기원전 106년 태어나 기원전 48년 죽었다. 크라수스, 카이사르와 함께 제1차 삼두정치를 시행했던 인물이다. 집정관을 세 번 역임했고, 개선식도 세 차례 치렀다.
72) *mamertini*. 라틴어로 '마르스(Mars)의 아들들'이라는 뜻이다. 이탈리아 남부 캄파니아 출신의 용병들이다.
73) Stennius. 시켈리아섬 출신의 연설가다.

자신의 생명보다 고향 땅을 더 귀하게 생각하는 스텐니우스에게 많이 놀란 폼페이우스는 그의 말에 설득되어 마메르티니를 용서해주었다. 또한 그 도시와 스텐니우스를 자유롭게 해주었다.

4. 그는 도미티우스[74]를 상대하기 위해 아프리카로 건너가서, 치열한 전투 끝에 승리했다. 병사들이 그를 총사령관이라고 부르며 환호하자, 적의 목책이 아직 똑바로 서 있는 상황에서는 그런 명예를 받아들일 수 없다고 말했다. 그리고 엄청난 비가 내리는데도 휘몰아치듯 공격하여 적 진영을 약탈했다.

5. 그가 귀환하자, 술라는 여러 가지 명예를 주며 따뜻하게 맞아주었다. 그리고 처음으로 그를 '대단한 이'(Magnus)라고 불렀다. 그는 개선식을 치르고 싶어 했으나, 술라는 허용하지 않았다. 아직 원로원의원이 아니었기 때문이다. 폼페이우스가 같이 있던 사람들에게, 아직도 술라는 많은 이가 지는 해가 아니라 뜨는 해를 숭배한다는 사실을 알아차리지 못하고 있다고 말하자, 술라는 "그가 개선식을 치르도록 해줘!"라고 소리쳤다. 귀족인 세르윌리우스[75]는 〔폼페이우스의 개선식을〕 달가워하지 않았다. 많은 병사가 선물을 요구하며 개선식을 가로막았다. 폼페이우스는 이 병사들의 비위를 맞추느니 차라리 개선식을 포기하겠노라고 말했다. 〔이 말을 들은〕 세르윌리우스는 폼페이우스가 진정으로 위대하며, 개선식을 치를 자격이 있다고 말했다.

---

74) Gnaeus Domitius Ahenobarbus. 기원전 81년 죽었다. 로마의 내전에서 마리우스 편을 들었던 그는 기원전 82년 술라가 정권을 장악하자, 아프리카로 도망쳤다. 그곳에서 같은 처지인 사람들을 규합한 그는 누미디아의 왕 히라바스(Hirabas)의 지원을 받아 군대를 모았다. 하지만 기원전 81년 우티카(Utica)에서 폼페이우스에게 패했다.

75) Publius Servilius Vatia Isauricus. 기원전 79년 집정관을 지냈다.

6. 로마에서는 기사계층 사람들이 정규복무를 마치면, 정해진 시기에 자신의 말을 끌고 광장쪽에 나가는 관행이 있었다. 그들이 감찰관이라고 불리는 행정관 중 두 명 앞에서 자신이 참여한 전투를 열거하고, 누구 휘하에서 복무했는지를 말하고 나면, 〔감찰관들이〕 적합한 칭찬이나 꾸중을 했다. 당시 집정관이었던 폼페이우스는 손수 말을 끌고 감찰관 겔리우스[76]와 렌툴루스[77] 앞에 섰다. 그리고 감찰관들이 관행에 따라 모든 전투에 복무했는지를 묻자, 그는 "네. 모든 전투에. 총사령관으로서 저 자신의 휘하에서요"라고 답했다.

7. 폼페이우스가 에스파니아에서 세르토리우스(Sertorius)의 문서들을 손에 넣게 되었다. 그 문서 중에는 〔로마의〕 지도적 위치에 있는 인물 다수가 세르토리우스에게 로마로 와서 반란을 일으키고 정부를 전복하라며 보낸 편지들이 있었다. 그는 편지들을 모두 불태워버림으로써 악한 자들이 회개하고 더 나은 인간이 될 기회를 주었다.

8. 파르티아[78]의 왕 프라테스[79]가 그에게 사람을 보내 유프라테스강이 자기 나라 국경이 될 권리가 있다고 주장하자, 그는 로마인이 파르티아 쪽으로 국경을 정하면 그것이 정당하다고 말했다.

9. 루키우스 루쿨루스는 전쟁에서 손을 뗀 후에 쾌락을 추구하며 매우 사치스럽게 살았다. 그리고 폼페이우스가 〔많은〕 나이에 어울리지 않게 열심히 일하는 삶을 동경한다고 강하게 불만스러워했다. 그러자 폼페이우스는 노인에게 나이에 어울리지 않는 행동은 공직을 맡는 것이 아니라 주색을 즐기는 것이라고 말했다.

---

76) Lucius Gellius Poplicola. 기원전 72년 집정관을 지냈다.
77) Gnaeus Cornelius Lentulus Clodianus. 기원전 72년 집정관을 지냈다.
78) Parthia. 오늘날의 이란 북동쪽 지역에 있던 고대 국가다.
79) Phrates. 파르티아의 프라테스 3세로 기원전 69년부터 기원전 57년까지 재위했다.

10. 그가 병이 들었을 때, 주치의가 식이요법으로 개똥지빠귀를 〔먹으라고〕 처방했다. 하지만 개똥지빠귀가 활동하는 계절이 아니었기 때문에 한 마리도 구할 수 없었다. 누군가 말하기를 루쿨루스의 저택에서는 개똥지빠귀를 1년 내내 기르고 있으므로 구할 수 있을 것이라고 말했다. 그러자 폼페이우스는 "루쿨루스가 주색을 탐닉하지 않았다면, 폼페이우스가 살지 못할 것이라는 〔말이 되는구나!〕"라고 하며 주치의를 내보내고, 구하기 어렵지 않은 것들로 식이요법을 행했다.

11. 로마에 심각한 식량난이 일어났을 때, 폼페이우스는 명목상으로는 시장감독관으로 지명되었지만, 실제로는 육지와 바다의 전권을 갖게 되었다. 그래서 그는 아프리카, 사르디니아, 시실리로 항해해갔다. 그는 엄청난 양의 곡식을 모았고, 서둘러 로마로 가져가려 했다. 〔그때〕 큰 폭풍이 몰아쳐서 키잡이들이 〔출항을〕 머뭇거리자, 그는 제일 먼저 배 위로 뛰어올라가 닻을 올리라고 명하면서, "항해는 필요에 따른 것이지만, 삶은 필요에 따른 것이 아니다!"라고 소리질렀다.

12. 카이사르와의 불화가 불거졌을 때, 폼페이우스가 키워주어 유명해졌지만 카이사르파로 넘어간 마르켈리누스[80]가 원로원에서 그를 길게 비난했다. 그러자 폼페이우스가 이렇게 말했다. "마르켈리누스, 나를 욕하는 것이 부끄럽지 않은가? 우물거리며 제대로 말도 못 하더니 이제 이렇게 유창하게 말하고, 굶주리다가 이제는 먹고 나서 토하고 다시 먹는 게 다 내 덕인데 말이지."

13. 카토[81]가 폼페이우스를 심하게 공격했다. 카토는 종종 카이사

---

80) Gnaeus Cornelius Lentulus Marcellinus. 기원전 56년 집정관을 지냈다.

81) Marcus Porcius Cato Uticensis. 스토아 철학자이자 유명한 연설가인 로마 정치가로, 증조부인 연로 카토, 또는 대(大)카토와 구별하기 위해 연소 카토, 또

르의 권력과 명성이 커지면 민주정치에 좋지 못한 징조가 될 것이라고 예언해왔는데, 폼페이우스의 생각은 반대였기 때문이다. 그러자 폼페이우스는 "그대의 말은 예언에 가깝고, 내 행동은 더 [카이사르에게] 친화적이었지"라고 [자신의 행동을 인정하며] 말했다.

14. 그는 솔직하게 스스로를 평하며, "나는 모든 관직을 스스로 예상한 것보다 일찍 손에 넣었고, [다른 사람들이] 예상한 것보다 일찍 그만두었다"라고 말했다.

15. 파르살로스[82] 전투 이후 그는 이집트로 도망쳤다. 삼단노선에서 이집트 파라오가 그를 위해 보내온 낚싯배에 옮겨 타면서, 그는 아내와 아들을 돌아보고 다른 말 없이 소포클레스의 [희곡에 나오는] 두 구절을 읊조렸다.

왕과 거래하게 된 자는 누구든
그의 노예가 되리니, 전에는 자유로운 이였어도.

땅에 발을 디뎠을 때 그는 칼에 맞았다. 그는 한마디 신음을 내고는, 얼굴을 가리고 칼로 베도록 자기 자신을 내주었다.[83]

는 소(少)카토라고 불린다.

82) Phasalos. 라틴어로는 파르살루스(Pharsalus)다. 오늘날 그리스의 파르살라(Pharsala)로 이곳에서 기원전 48년 전투가 벌어졌다. 카이사르가 폼페이우스에게 승리했다.

83) 역사가인 아피아누스(Appianus)와 디오 카시우스(Dio Cassius)에 따르면, 그는 이 시구를 읊고 곧이어 파라오의 참모들의 명령에 따라 살해되었다.

키케로

1. 연설가 키케로[84]는 이름 때문에 놀림당한 적이 많았다.[85] 친구들은 이름을 바꾸라고 권했지만, 그는 키케로라는 가문명을 카토, 카툴루스, 스카우루스[86]보다 더 존경받게 하겠노라고 말했다.

2. 그는 은잔을 신들께 봉헌하면서, 조각사에게 자신의 이름 앞 두 글자는 알파벳 철자로 새겨 넣고, '키케로'[가 들어갈 자리에는] 대신 병아리콩을 새기게 했다.

3. 격하게 고함을 치는 연설가들은, 다리를 저는 사람이 말을 타는 것처럼, 너무나 약해서 소음이 자신을 데리고 가게 하는 것이라고 그는 말하곤 했다.

4. 어렸을 때 덕성과는 담을 쌓은 아들을 둔 웨레스[87]가 키케로를 일러 유약하고 젊은이를 타락시킨다며 비난했다. 키케로는 "그거 아시오? 아이들은 자기네 집 문 안쪽에서 야단맞는 것이 옳다오"라고 대답했다.[88]

5. 메텔루스 네포스[89]는 키케로에게 "그대는 옹호로 구한 사람보다 더 많은 이를 증언으로 죽게 했소"라고 말했다. 키케로는 "맞소. 그것이 내가 웅변[가]보다 더 큰 신뢰를 받는 이유요"라고 답했다.

---

84) Marcus Tullius Cicero. 기원전 106년 태어나 기원전 43년 죽었다. 기원전 63년 집정관을 지낸 로마의 정치가이자 법률가, 철학자, 연설가로, 수많은 명문장을 남겼다.

85) 그의 이름의 어원이 되는 'cicer'는 병아리콩이라는 뜻이다.

86) 셋 모두 로마의 저명한 가문이다.

87) Gaius Verres. 로마의 행정관으로 시실리 속주를 착취한 것으로 악명이 높았다.

88) 아이들은 집에서 가르치는 법이니, 아들이 돼먹지 못했다면 아버지에게 잘못이 있다는 말이다.

89) Quintus Caecilius Metellus Nepos. 기원전 98년 집정관을 지냈다.

6. 메텔루스가 키케로에게 도대체 아버지가 누구냐고 계속 묻자, 이렇게 답했다. "당신에게 똑같은 질문을 하면 그대 어머니는 더 난감해하실 거요." 메텔루스의 어머니는 정숙과는 거리가 아주 먼 사람이었고, 그 자신도 경박하고 귀가 얇으며 충동적인 사람이었기 때문이다.

7. 메텔루스는 수사학 선생이었던 디오도투스[90]가 사망하자, 대리석으로 만든 까마귀로 무덤을 장식했다. 키케로는 "아주 적절한 기념물이군. 그는 메텔루스가 높이 날게 가르치기는 했지만, 연설가가 되게 가르치지는 못했으니까"라고 평했다.

8. 키케로와 사이가 좋지 않았던 와티니우스[91]는 전반적으로 인품이 별로였다. 키케로는 그가 죽었다고 들었는데, 나중에 살아 있다는 것이 알려지자, "그런 거짓말을 하다니, 저런 악당에게는 천벌이 내릴 것이야"라고 말했다.

9. 아프리카 혈통으로 보이는 어떤 이가 키케로가 말할 때 듣지 못했다고 주장했다. 그러자 "당신은 구멍 뚫리지 않은 귀만 있구려"라고 대꾸했다.[92]

10. 키케로는 어떤 사건 공판에서 무식하고 멍청하지만 법률가가 되고 싶어 한 카스투스 포필리우스를 증인으로 소환했다. 그가 아무것도 아는 바가 없다고 하자, "당신은 마치 법률상의 쟁점을 질문받고 있다고 생각하는 것 같구려"라고 말했다.

---

90) 플루타르코스의 『대비열전』 「키케로전」 제26장에 따르면, 메텔루스의 스승은 필라그루스(Philagrus)다. 키케로의 스승이자 친구였던 디오도투스(Diodotus)와 착각한 것으로 보인다.

91) Publius Vatinius, 기원전 47년 집정관을 지냈다.

92) 플루타르코스의 『대비열전』 「키케로전」 제26장에 따르면, 이 사람의 이름은 옥타위우스(Octavius)다. 귀에 구멍을 뚫는 것은 당시 일반적인 노예의 표식이었다.

11. 연설가 호르텐시우스[93]는 웨레스에게 사례비로 은제 스핑크스를 받았다. 키케로가 어떤 문제를 놓고 계속 비꼬는 말을 했을 때, 호르텐시우스는 수수께끼를 푸는 기술은 없노라고 말했다. 키케로는 "그러면서도 집에 스핑크스를 두고 있구려"라고 받아쳤다.[94]

12. 그가 워코니우스를 만날 때, 못생긴 얼굴의 세 딸도 같이 있었다. 그는 친구들에게 조용히 속삭였다. "그가 자식들을 가진 건 포이부스[95]의 뜻이 아니었을 거야."

13. 술라의 아들 파우스투스[96]가 많은 빚을 졌기 때문에 자기 재산을 경매에 부친다고 공고했다. 키케로는 "그의 아버지가 내곤 했던 공고[97]에 비하면 이 공고는 정말 환영할 만하지"라고 말했다.

14. 폼페이우스와 카이사르가 서로 대립하게 되자 그는 이렇게 말했다. "누구에게서 도망쳐야 하는지는 알겠는데, 누구에게로 도망쳐야 할지는 모르겠군."

15. 그는 폼페이우스가 도시를 버리고 퇴각한 데 대해,[98] "테미스토클레스가 아니라 페리클레스의 처지에 있으면서,[99] 페리클레스보

---

93) Quintus Hortensius Hortalus. 로마의 연설가로 기원전 69년 집정관을 지냈다.

94) 여행객에게 수수께끼를 내고 풀지 못하면 잡아먹는다는 스핑크스 이야기를 빗댄 말이다.

95) Phoebus. 아폴론을 말한다.

96) Faustus Cornelius Sulla. 기원전 88년 태어나 기원전 46년 죽었다. 로마 공화정 말기의 군인이자 정치가다. 폼페이우스와 카이사르가 갈등할 때 장인인 폼페이우스 편을 들었으나, 기원전 46년 탑수스전투에서 패배, 카이사르의 추종자에게 살해당한다.

97) 술라는 내전이 끝나고 정권을 잡자, 많은 인물을 숙청했다. 그때 내걸었던 처형자명단이 실린 공고를 말하는 것으로 보인다.

98) 플루타르코스의 『대비열전』 「폼페이우스전」 제62장에 따르면, 폼페이우스는 이탈리아 남동부의 항구도시 브룬디시움(Brundisium, 오늘날의 브린디시 Brindisi)을 떠나 자신의 군대가 있는 에스파니아로 갔다.

99) 제2차 그리스침공 당시 페르시아군이 육로로 아티카반도를 침공하자, 테미

다는 테미스토클레스를 흉내 낸다"라고 비난했다.

16. 그가 다시 마음을 바꾸어 폼페이우스 진영으로 넘어갔을 때, 폼페이우스가 사위인 피소[100]는 어디에 남겨두었느냐고 물었다. 키케로는 "그대의 장인[101]과 함께 있소"라고 말했다.

17. 어떤 사람이 카이사르 측에서 폼페이우스 측으로 편을 바꾸면서, 마음이 급하고 서두른 나머지 말을 남겨두고 왔다고 말했다. 키케로는 그가 자신의 말을 더 신경 쓰고 있다고 말했다.[102]

18. 키케로는 카이사르의 친구들이 우울해하고 있다는 말을 전한 사람[103]에게, "그대는 마치 그들이 카이사르의 적들인 양 말하는구려"라고 대꾸했다.

19. 파르살로스전투가 끝나고 폼페이우스가 도망쳤을 때, 노니우스(Nonius)라는 자가 "아직 우리 편에 독수리 일곱 마리가 남아 있으니, 용기를 냅시다"[104]라고 말했다. 키케로는 "당신의 충고가 옳소. 우리가 까마귀들과 전쟁 중이라면 말이오"라고 말했다.

20. 카이사르가 〔내전에서〕 승리한 후, 〔폼페이우스를 존중하여〕 땅에 쓰러져 있던 폼페이우스의 조각상들을 다시 세워주었다. 키케

스토클레스는 노인과 부녀자는 살라미스 등으로 피란시키고, 나머지 전 시민은 군함에 태워 도시를 완전히 소개했다. 페리클레스는 스파르타를 중심으로 한 펠로폰네소스동맹과의 전쟁에서 도시 주변의 주민들을 성안으로 피신시키고, 과감히 바다로 나가 적을 공격했다.

100) Gaius Calpurnius Piso Frugi. 기원전 58년 재무관을 지냈다.
101) 폼페이우스는 카이사르의 딸 율리아(Julia)와 결혼했다. 이때는 율리아가 이미 사망했던 때다.
102) 자신의 거취가 더 중요한데, 상대적으로 중요성이 덜한 말이나 신경 쓴다는 의미다.
103) 플루타르코스의『대비열전』「키케로전」제38장에 따르면, 이 사람은 렌툴루스다.
104) 로마에서는 독수리를 승리의 징조를 보여주는 길조로 여겼다.

로는 카이사르에 대해 이야기하던 중에, 그가 조각상들을 다시 세워줌으로써 스스로를 안전하게 했다고 말했다.

21. 그는 특출한 변론을 아주 높게 평가했고, 변론을 잘하기 위해 매우 공을 들였다. 그래서 한번은 민사법정에 나가 변론하게 되었는데, 그날이 거의 이르렀을 때, 그의 노예인 에로스(Eros)가 그 공판이 하루 연기되었다고 전하자, 그를 해방할 정도였다.

가이우스 카이사르

1. 가이우스 카이사르[105]가 아직 젊었을 때, 술라를 피해 도망치다가 해적의 손아귀에 떨어지고 말았다. 그는 해적들이 원하는 것이 대단히 많은 몸값이라는 소리를 듣고, 그들이 잡은 사람의 가치를 모른다며 웃었다. 그리고 몸값을 두 배로 주겠다고 했다. 돈을 구하며 구금되어 있을 때, 그는 해적들에게 자야 하니 떠들지 말고 정숙히 있으라고 명했다. 그는 또 연설문과 시를 써서 자신을 잡은 자들에게 낭송해주기도 했다. 그리고 그들이 그의 글을 별로 높이 평가하지 않자, 멍청한 야만인들이라고 부르며 목을 매달아버리겠노라고 웃음기 어린 말로 위협했다. 그리고 얼마 후 그 말을 실천에 옮겼다. 몸값이 와서 풀려난 후에, 그는 소아시아에서 사람들과 배들을 모아 해적

---

105) Gaius Julius Caesar. 기원전 100년 7월 12/13일 태어나 기원전 44년 3월 15일 죽었다. 정치가이자 장군으로, 제1차 삼두정치의 일원이었고, 로마 공화정 말기의 제2차 내전에서 승리했다. 그가 살해된 후, 양자인 옥타위아누스가 제3차 내전을 끝내고 로마 황제가 되었다(옥타위아누스는 공식적으로는 공화정의 수호자로 행세했고, 단 한 번도 자신이 황제라고 내세우지 않았지만, 후세의 역사가들은 그를 황제로 칭한다).

들을 사로잡고 십자가형에 처해버린 것이다.

2. 로마에서 카이사르는 대제사장[106] 후보로 나섰다.[107] 그의 경쟁 상대인 카툴루스[108]는 로마에서 매우 명망이 있던 자였다. 〔선거일에〕 어머니가 문 앞까지 따라 나오자, 그는 "어머니, 오늘 당신의 아들은 제사장이 되거나 망명자가 될 겁니다"[109]라고 말했다.

3. 그는 아내 폼페이아[110]가 클로디우스[111]와의 추문에 연루되어 〔사람들의 입에〕 오르내리자 헤어졌다. 후에 이 추문으로 고소된 클로디우스가 재판정에 서게 되었다. 카이사르는 증인으로 소환되었고, 자신의 아내는 결백하다고 말했다. 고소인이 "그러면 그대는 왜 아내를 집에서 내보냈습니까?"라고 물었을 때, 그는 "카이사르의 아내는 의심조차 받아서는 안 되기 때문입니다"라고 답했다.

4. 그는 알렉산드로스 대왕의 위업에 관한 글을 읽고 있다가 갑자기 눈물을 흘리며 친구들에게 말했다. "그는 내 나이 때 〔페르시아의 대왕〕 다레이오스와 싸워 이겼는데, 지금까지 나는 아무것도 해놓은 일이 없네."

5. 알프스산맥에 있는 초라한 작은 마을을 지나던 중에, 그의 친구들이 이런 곳에서도 최고의 자리를 놓고 경쟁하는 무리가 있을까 하고 의문을 제기했다. 그는 멈춰 서서 생각에 빠지더니, "나는 로마의

---

106) *pontifex maximus*. 로마의 대제사장은 전문 성직자가 아니라 귀족들이 맡았다.

107) 기원전 63년의 일이다.

108) Quintus Lutatius Catulus. 기원전 78년 집정관을 지냈다.

109) 대제사장 선거를 치르기 위해 많은 돈을 빌렸기 때문에 선거에 지면 갚을 길이 없어 도망쳐야 한다는 의미다.

110) Pompeia. 카이사르의 두 번째 아내다. 그녀의 어머니 코르넬리아는 술라의 딸이다.

111) Publius Clodius Pulcher. 기원전 58년 호민관을 지냈다. 폼페이아를 연모하여 여장하고 카이사르의 집에 침입했다가 잡힌 것을 계기로 추문이 나돌았다.

이인자가 되기보다는 이곳의 일인자가 되고 싶네"라고 말했다.

6. 그는 "대담하고 위대한 행위에는 행동이 필요한 것이지, 사고(思考)가 필요한 것이 아니다"라고 말했다.

7. 그는 〔자신이 총독으로 있던〕 갈리아 속주를 떠나 〔군대를 이끌고 넘어가서는 안 되는 경계인〕 루비콘(Rubicon)강을 건너며 모든 사람의 앞에서 "주사위는 던져졌다!"[112]라고 말했다.

8. 폼페이우스가 바다를 건너 로마에서 도망쳤을 때, 카이사르는 국고에서 〔전쟁용〕 자금을 꺼내기를 원했다. 하지만 책임자였던 메텔루스[113]가 그렇게 하지 못하게 하려고 국고를 잠가버렸다. 그러자 카이사르는 그를 죽이겠다고 협박했다. 메텔루스가 놀라자, "어이, 젊은 친구. 나는 행동하는 것보다 말하는 것이 더 어렵다네"라고 말했다.

9. 휘하의 병사들을 브룬디시움에서 디라키움[114]으로 천천히 수송하고 있을 때, 카이사르는 다른 사람들 몰래 작은 배를 타고 〔강을 따라간 뒤에〕 바다를 건너가려고 했다. 하지만 그 배가 파도에 전복될 위험에 처하자, 그는 키잡이에게 자신의 신분을 밝히고 소리쳤다. "자네가 지금 실어 나르는 이가 카이사르임을 알았으니, 운명의 여신을 믿게!"

10. 바로 그때 폭풍우가 격렬해졌기 때문에 그는 바다를 건너가지 못했다. 휘하의 병사들은 그가 자신들을 믿을 수 없다고 느꼈기에 다른 병력을 기다리려고 그랬던 것은 아닌가 하여 흥분된 상태로 재빨리 그의 주위에 모였다. 전투가 벌어졌고, 폼페이우스가 승기를 잡았

---

112) 라틴어 표현은 'iacta alea est'다.
113) Lucius Caecilius Metellus. 기원전 49년 호민관을 지냈다.
114) Dyrrachium. 예전 이름은 에피담노스(Epidamnos)로 일리리아의 항구도시다.

다. 그러나 폼페이우스는 승기를 이어나가려 하지 않고 자신의 진영으로 돌아갔다. 카이사르는 "오늘 적이 승기를 잡았지만, 저들 진영에는 이기는 법을 아는 자가 없다"라고 말했다.

11. 파르살로스전투에서 폼페이우스는 휘하 병력에 명령을 내려 전투대형으로 자기 자리에 서서 적의 공격에 맞서 싸우라고 했다. 이에 대해 카이사르는 폼페이우스가 실수했다고 평했다. 열정적으로 공격해 들어가는 데서 나오는 병사들의 집중과 열정의 효과를 놓쳤다는 이유에서였다.

12. 그는 빠르게 공격하여 폰토스의 파르나케스[115] 왕을 공략하고 난 후, 친구들에게 편지를 썼다. "왔노라, 보았노라, 이겼노라."[116]

13. 아프리카[117]에서 스키피오[118]와 그의 추종자들이 도주하고 난 후 카토[119]가 자결했다. 그러자 카이사르는 "카토여, 내가 그대의 목숨을 살려주려는 것을 그대가 질시했으므로, 나는 그대의 죽음을 질시하오"라고 말했다.

14. 몇몇 사람은 안토니우스[120]와 돌라벨라[121]를 의심의 눈초리로 쳐다보면서, 카이사르에게 그들을 조심할 것을 권고했다. 하지만 카이사르는 그런 살찌고 말쑥한 상인이나 기술자 같은 이들은 두렵지

---

115) 파르나케스 2세를 말한다. 기원전 47년의 일이다.

116) 'Veni, vidi, vici'라는 라틴어 어구로 유명하다.

117) 오늘날의 튀니지 일대를 말한다.

118) Quintus Caecilius Metellus Pius Scipio. 기원전 52년 집정관을 지냈다.

119) 연로 카토를 말한다.

120) Marcus Antonius. 기원전 83년 태어나 기원전 30년 죽었다. 카이사르 휘하의 장군이었다가 그의 사후 옥타위아누스 및 레피두스와 함께 제2차 삼두정치의 주역이 되었다. 후일 옥타위우스에게 패하고 자결했다.

121) Publius Cornelius Dolabella. 기원전 80년경 태어나 기원전 43년 죽었다. 장군이자 정치가로, 처음에는 폼페이우스 측이었다가 나중에는 카이사르 측으로 넘어갔다. 키케로의 사위였다.

않지만, 저런 여위고 창백한 이들은 두렵다고 말하며 브루투스[122]와 카시우스[123]를 가리켰다.

15. 한번은 저녁식사 도중에 담화를 나누다가, 대화 주제가 죽음으로 흘러갔다. 어떤 죽음이 가장 좋겠느냐는 물음에 그는 "갑작스러운 죽음"이라고 답했다.[124]

카이사르 아우구스투스

1. 아우구스투스[125]라는 존칭을 받게 된 첫 번째 카이사르는 아직 젊

---

122) Marcus Junius Brutus. 기원전 85년 태어나 기원전 42년 죽었다. 카이사르의 측근이었다가 폼페이우스 측으로 변절했다. 폼페이우스가 패한 후 카이사르는 그를 사면해주었지만, 카시우스 등 몇몇 원로원 의원을 규합하여 카이사르를 살해했다.

123) Gaius Cassius Longinus. 기원전 85년 태어나 기원전 42년 죽었다. 로마의 원로원 의원이며 처남이 되는 브루투스와 함께 카이사르를 살해한 인물 중 하나다.

124) 원로원에서 연설하다가 갑작스럽게 살해당했으므로 그는 자신이 원하는 죽음을 맞은 셈이다.

125) Caesar Augustus. 기원전 63년 9월 23일 태어나 기원후 14년 8월 19일 죽었다. 원래 이름은 가이우스 옥타위우스 투리누스(Gaius Octavius Thurinus)로, 카이사르는 그의 외종조부가 된다. 기원전 44년 3월 15일 카이사르가 살해되고 나서 유언장에 따라 그의 양자가 되었다. 그 이후에는 가이우스 카이사르 옥타위아누스(Gaius Julius Caesar Octavianus)로 불렸다. 안토니우스, 레피두스와 함께 제2차 삼두정치를 시행했으나, 레피두스가 죽으며 벌어진 내전에서 안토니우스를 물리치고 로마의 일인자가 되었다. 기원전 27년 아우구스투스라는 존칭을 선사받고 공화정의 수호자를 자처했으나, 후세인은 그를 로마 제정의 창시자로 여기게 되었다. 기원전 27년 이후에는 임페라토르 카이사르 디위 필리우스 아우구스투스(Imperator Caesar Divi Filius Augustus)라고 공식적으로 불렸고, 주로 줄여서 '임페라토르'(명령권자)라고 불렸다. 후에 '엠페러'(Emperor)가 '황제'를 의미하게 된 이유다.

은이였을 때, 안토니우스에게 암살당한 첫 번째 카이사르의 재산 중에서 주화 2,500만 개[126]를 공식적으로 요구했다. 〔그때는〕 안토니우스가 카이사르의 저택에서 재산을 옮겨 자신이 보관하던 중이었다. 아우구스투스는 카이사르가 〔유언장에서 남긴〕 돈, 즉 75드라크메[127]를 각 로마 시민에게 주고 싶어 했다. 하지만 안토니우스는 그 돈을 꽉 쥐고 놓지 않았다. 그리고 아우구스투스가 양식이 있다면 그런 요구는 하지 않고 잊어버리는 편이 더 좋을 것이라고 했다. 그러자 아우구스투스는 조상 전래의 재산을 경매에 부칠 것이라고 선언하고, 팔아버렸다. 그리고 그 돈을 〔시민들에게〕 줌으로써, 큰 신망을 얻었다. 그리고 시민들은 안토니우스를 미워하게 되었다.

2. 안토니우스의 동맹이었다가 아우구스투스 측으로 넘어간 트라키아의 왕 로이메타클레스(Rhoimetakles)는 술자리에서 절제하지 못하는 사람이었다. 그는 〔술자리에서〕 새로운 동맹자(아우구스투스)를 얕보는 말들을 내뱉으며 대단히 무례하게 굴었다. 그러자 아우구스투스는 다른 왕 중 한 명과 건배하면서 "나는 변절을 좋아하지만,[128] 변절자에 대해서는 좋은 말을 할 수가 없소"라고 말했다.

3. 〔아우구스투스가 이집트의〕 알렉산드리아를 점령하자, 그 도시 사람들은 엄청나게 가혹하게 다루어질 것을 각오했다. 아우구스투스는 연단에 오르며 알렉산드리아 출신 아레이우스[129]를 자기 옆자리에 두었다. 그리고 이 도시를 보존해주겠노라고 밝히며 이유를 들

---

126) 여기서는 주화 2,500만 개라고 했지만, 플루타르코스의 『대비열전』 「안토니우스전」 제15장에서는 4,000탈란톤이라고 명시했다. 1탈란톤은 6,000드라크메이고, 1드라크메는 은 4.3그램이다.

127) 노동자의 두 달 반 임금에 해당한다.

128) 자신의 편으로 넘어온 것을 말하는 듯하다.

129) Areius. 아우구스투스의 행정대리인으로 시켈리아섬을 관장했다.

었다. 첫 번째로는 알렉산드리아의 큰 규모와 아름다움 때문이고, 두 번째로는 이 도시의 창건자 알렉산드로스 때문이며, 세 번째로는 자신의 친구인 아레이우스 때문이라고 했다.

4. 그가 이렇게 말하자, 이집트의 행정대리인인 에로스가 새싸움에서 다른 새들을 모두 이긴, 이론할 여지 없이 챔피언인 메추라기를 사서 구워 먹었다. 황제는 사람을 보내 그의 행동을 조사했는데, 에로스는 그 사실을 인정했다. 황제는 명령을 내려 에로스를 배의 돛대에 못으로 박아버리도록 했다.[130]

5. 그는 시실리에서 행정대리인으로 있던 테오도루스[131][를 해임하고] 대신 아레이우스를 임명했다. 어떤 사람이 그에게 "타르수스의 테오도루스는 대머리이고 도둑놈입니다. 어떻게 생각하시는지요?"라고 쓰인 쪽지를 건넸다. 아우구스투스는 쪽지를 읽고 그 아래에 "나도 그리 생각하오"라고 썼다.

6. 막역지우인 마이케나스[132]는 매년 아우구스투스의 생일에 잔(盞)을 선물하곤 했다.

7. 철학자 아테노도로스[133]는 노령을 이유로 사직과 낙향을 허락

---

130) 에로스는 아마 아레이우스에 대한 질투심 때문에 토사구팽당했다고 생각하여 그렇게 행동했던 듯하다.

131) Theodorus. 시켈리아섬 연안의 도시인 타르수스 출신이다.

132) Gaius Cilnius Maecenas. 기원전 68년 태어나 기원전 8년 죽었다. 아우구스투스의 친구로, 관계가 매우 깊었는데도 원로원 의원이 되지 않았다. 대신 호라티우스(Horatius)나 웨르길리우스(Vergilius) 같은 당대 시인들의 후원자를 자처했다. 아우구스투스 시대에 그는 비공식적 문화부 장관 같은 역할을 했다. 현대에 이르기까지 그의 이름은 부유하고 관대한 예술의 후원자를 상징하게 되었다. 그래서 오늘날 '메세나'(Mecenat)라는 말이 생겼다.

133) Athenodoros. 기원전 74년경 태어나 기원후 7년 죽었다. 오늘날 터키의 타르수스 인근에 있는 카나나(Canana)에서 출생한 스토아 철학자다. 기원전 44년 로마에 와서 아우구스투스에게 자문한 것으로 보인다. 그에게 공개적

해달라고 청했다. 아우구스투스는 그 청을 들어주었다. 아테노도로스는 떠나려고 하면서, "카이사르여, 화나실 때마다 알파벳의 24글자를 되뇌시기 전에는 어떤 말도, 어떤 행동도 하셔서는 안 됩니다"라고 충고했다. 그러자 아우구스투스는 그의 손을 잡고, "나는 아직 그대가 여기 같이 있어 줄 필요를 느끼오"라고 말하며, 1년을 더 붙들어두었다. 그리고 "침묵이 가져오는 보상에는 어떤 위험도 없다네"라는 시구를 읊조렸다.

8. 아우구스투스는 알렉산드로스가 32세에 정복을 거의 마무리한 다음 여생 동안 무엇을 해야 할지를 전혀 알 수 없어서 쩔쩔맸다는 것을 알게 되었다. 그는 알렉산드로스가 제국을 얻는 것보다 얻은 제국의 질서를 세우는 일이 더 위대한 과업이라고 간주하지 않은 것에 놀라움을 표했다.

9. 그는 고발당한 자가 어떤 식으로 재판에 회부되는지, 또 유죄를 선고받은 자가 어떤 처벌을 받는지를 규정한 간통법[134]을 반포했다. 후일 자신의 딸 율리아와의 추문에 연루된 한 청년을 만나게 되었을 때, 분노에 사로잡혀 그를 주먹으로 때렸다. 그리고 그 청년이 "카이사르여, 당신께서 그 법을 만드셨습니다"라고 소리치자 격동하게 되어, 그날은 식사도 못 했다.

10. 외손자인 가이우스[135]를 아르메니아로 파견했을 때, 그는 "신들이시여, 이 청년에게 폼페이우스의 인기와 알렉산드로스의 대담함 그리고 저의 행운이 함께하도록 해주소서!"라고 축원했다.

11. 그는 같은 일을 두 번 숙고하지 않는 이를 자신의 옥좌에 앉을

으로 충고한 일화로 유명하며, 후일 타르수스로 낙향했다.
134) '간통과 정숙에 관한 율리우스 법'(*Lex Iulia de adulteriis et de pudicitia*)을 말한다.
135) Gaius Julius Caesar. 기원전 20년 태어나 기원후 4년 죽었다. 아우구스투스의 외손자로 마르쿠스 아그리파(Marcus Agrippa)와 율리아의 아들이다.

후계자로 로마인들에게 남겨주겠다고 말했다. 이는 티베리우스[136]를 의미하는 것이었다.

12. 그는 떠들썩하게 소란을 피우고 있는 일단의 젊은 귀족을 조용히 하게 하려고 했지만, 그들은 계속 떠들면서 별로 주의를 기울이지 않았다. 그러자 그는 "어이 젊은이들, 이 노인의 말을 듣게. 내가 젊었을 때도 당시의 노인들은 내게 귀를 기울였다네"라고 말했다.

13. 아테나이 사람들이 어떤 범법행위를 저질렀을 때, 아이기나섬에 머물던 아우구스투스가 그들에게 편지를 써 보냈다. "여러분이 내가 화났다는 사실을 모르는 척하지 않기를 바라오. 그렇지 않다면 나는 아이기나에서 겨울을 다 보내지 않을 것이오."[137] 하지만 그는 그들에게 더는 말도, 행동도 하지 않았다.[138]

14. 어떤 이가 에우리클레스[139]를 심하게 그리고 짜증 날 정도로 공공연히 비난해댔다. 더 나아가서, "카이사르여, 이런 일들이 별로 중요하지 않게 여겨지신다면, 그에게 명령하시어 제게 투키디데스의 저작 제7권[140]을 다시 읽어주라고 해주십시오"라고까지 말했다.

---

136) Tiberius Caesar Divi Augusti Filius Augustus. 기원전 42년 태어나 기원후 37년 죽었다. 아우구스투스의 뒤를 이은 제2대 황제다. 그는 티베리우스 클라우디우스 네로(Tiberius Claudius Nero)와 리위아 드루실라(Livia Drusilla)의 아들로 태어났다. 드루실라는 네로와 이혼한 다음 아우구스투스와 재혼했고, 이에 티베리우스는 아우구스투스의 의붓아들이 되었다. 티베리우스는 후에 아우구스투스의 딸 율리아와 결혼하고, 그의 아들로 입적되어 후계자가 되었다.

137) 아테나이로 가서 처벌하겠다는 의미일 것이다.

138) 아우구스투스만이 아니라 그 후의 로마 황제들도 아테나이를 문화적·예술적인 도시라고 특별히 대우했다.

139) Eurykles. 아마도 악티온해전에서 안토니우스 측의 기함을 추격했던 그 에우리클레스인 것으로 보인다. 플루타르코스의 『대비열전』 「안토니우스전」 제67장 참조할 것.

140) 투키디데스의 『역사(펠로폰네소스전쟁사)』를 말하는데, 현대식 나눔으로는

몹시 화난 아우구스투스는 그를 감옥에 가두라고 명령했지만, 그가 브라시다스의 유일한 후손이라는 것을 알게 되자, 다시 불러 적절히 훈계한 다음 방면했다.

15. 피소[141]가 아우구스투스의 저택을 기초부터 지붕까지 정성껏 지었다. 아우구스투스는 "그대가 이렇게 집을 지어 내 마음을 흡족하게 해주었구려. 마치 로마가 영원히 지속할 것처럼 말이오"라고 말했다.

제4권이 된다. 해당 권은 스파르타의 장군 브라시다스를 다룬다.
141) 당시 피소라는 이름을 가진 이가 많았다. 기원전 7년 집정관을 지낸 그나이우스 칼푸르니우스 피소(Gnaeus Calpurnius Piso)이거나, 같은 이름의 그 아버지, 또는 루키우스 칼푸르니우스 피소(Lucius Calpurnius Piso)였을 수도 있다.

스파르타인들의 어록

아가시클레스

1. 스파르타의 왕 아가시클레스[1]는 독서와 강연을 매우 좋아했지만, 학자인 필로파네스[2]는 만나려 하지 않았다. 누군가 이를 놀라워하자, 그는 "아버지로도 모시고 싶은 사람에게 배우고 싶을 뿐이오"라고 말했다.

2. 어떤 이가 근위대의 경호를 받지 않고서도 안전하게 통치하려면 어떻게 해야 하느냐고 물었다. 그는 "아버지가 자식을 돌보는 것처럼 신민들을 통치한다면"[3]이라고 답했다.

---

1) Agasikles(Agesikles, 또는 Hegesikles). 기원전 600년부터 기원전 590년경까지 재위했다. 아르키다모스 1세의 아들이다. 재임 중 테게아(Tegea)와의 전쟁에서는 좋은 결과를 얻지 못했으나, 다른 전쟁은 성공적으로 수행했다.

2) Philophanes. 달리 알려진 바가 없다.

3) 호메로스의 『오딧세이아』 제2권 제47행인 "그분(오딧세우스)께서는 일찍이 이곳에서 그대들의 왕이셨고 상냥하신 아버지였소"를 떠오르게 한다.

아게실라오스 대왕

1. 한번은 아게실라오스 대왕[4]이 만찬의 예식을 주관하는 이로 뽑혔다. 포도주 따르는 일을 맡은 노예가 참석한 손님들에게 포도주를 얼마나 따라주어야 하는지를 그에게 물었다. 그는 "포도주가 넉넉히 준비되어 있다면 각자 요구하는 만큼, 조금밖에 없다면 모두에게 똑같이"라고 대답했다.

2. 한 죄인이 기가 꺾이지 않고 고문을 참아내자, 아게실라오스는 "인내와 끈기를 그런 비열하고 수치스러운 목적에 쏟아붓다니, 대단한 악당이군"이라고 말했다.

3. 어떤 사람이 작은 문제를 크게 부풀려 말하는 능력을 갖춘 연설가를 칭찬하자, 아게실라오스는 "작은 발에 큰 구두를 만들어주는 제화공은 좋은 기술자가 못 되오"라고 말했다.

4. 어떤 사람이 그에게 이야기하면서, "당신도 동의하셨지요"라고 하며 같은 말을 계속 되풀이했다. 아게실라오스는 "그 일이 옳다면, 틀림없이 그랬소. 하지만 옳지 않다면, 내가 그렇게 말했더라도 나는 동의하지 않았던 거요"라고 말했다. 그때 다른 사람이 대화에 끼어들었다. "하지만 왕은 '왕의 동의'[5]로 확증한 것은 무엇이든 실행에 옮겨야 합니다." 아게실라오스는 "왕에게 다가가는 자는 시의적절하게 왕이 승낙하기에 적합한 요청을 하도록 노력하고, 옳은 일을 청하

---

4) 아게실라오스 2세다. 더욱 자세한 내용은 이 책의 「왕들과 장군들의 어록」 '아게실라오스' 항목 참조할 것.

5) 호메로스의 『일리아스』 제1권 제527절인 "내가 고개를 끄덕였으니 믿으라. 이는 내가 신들에게 바치는 가장 엄숙한 행위이니. 나는 내 말을 철회하지도, 속이지도, 없던 일로 하지도 않으리라. 내가 고개를 끄덕였으면"에서 나온 말로 왕이 고개를 끄덕여 동의한 것을 의미한다.

며, 옳은 말만을 하는 것 외에는 해서는 안 되오"라고 말했다.

5. 그는 사람들이 비난하거나 칭찬하는 것을 들을 때마다, 그들이 누구를 입에 올리고 있는지 못지않게, 말하는 사람의 특성을 자신이 알게 되는 것도 중요하다고 생각했다.

6. 그가 아직 소년이었을 때, 소년들이 나체로 치르는 축제에서 춤의 연출을 맡은 이가 그에게 눈에 띄지 않는 자리를 배정했다. 그는 이미 왕이 되기로 예정되어 있는데도,[6] 그 명령에 따랐다. 그러면서 이렇게 말했다. "좋은데! 사람을 명예롭게 하는 것은 자리가 아니고, 사람이 자리를 명예롭게 한다는 것을 보여줄 수 있게 되었어."[7]

7. 어떤 의사가 그에게 매우 복잡하고 지나치게 힘든 치료요법을 처방하자, 그는 "말도 안 돼! 내 운명은 이 모든 것을 해내야만 살 수 있는 것이 아니야. 어떤 것도 따라 하지 않겠어"라고 말했다.

8. 그가 아테나를 모시는 청동궁(靑銅宮)의 제단에서 어린 암소를 희생제물로 바치느라고 서 있을 때, 이에게 물렸다. 그는 머리칼을 털어버리지 않고, 그 이를 집어 올려 모든 사람이 보고 있는 앞에서 눌러 죽여버렸다. 그리고 "신들에게 맹세코, 심지어 제단에서라도 몰래 공격하는 녀석을 죽이는 것은 즐거운 일이오"라고 말했다.

9. 또 다른 때 그는 한 소년이 생쥐를 잡아 구멍에서 끌어내고 있는 것을 보았다. 그 생쥐는 몸을 돌려 소년의 손을 물고 도망쳤다. 그러자 아게실라오스는 옆에 있는 사람들에게 그 광경을 보도록 주의를 환기한 다음 말했다. "가장 조그만 동물조차 자신을 공격하는 자에

---

6) 플루타르코스의 『대비열전』 「아게실라오스전」 제1~2장에 따르면, 그는 왕세자가 아니어서 일반 시민처럼 교육받았고, 왕세자 아기스가 죽은 이후에야 왕이 될 수 있었다. 따라서 여기서는 아게실라오스의 품성을 강조하기 위해 플루타르코스가 과장한 것으로 보인다.

7) 이 책의 「7현인의 저녁식사」 제3번에 비슷한 일화가 나온다.

게 대항하여 스스로를 지키는 것을 보았으니, 사람이라면 어찌해야 할지를 생각해보게."

10. 아시아에 사는 그리스 동포들을 해방하기 위해서 페르시아와 전쟁하려고 한 그는 도도나에 있는 제우스신전에서 신탁을 구했다. 제우스가 실행에 옮기라고 하자, 그는 에포로스들에게 신탁의 내용을 보고했다. 에포로스들은 그에게 델포이[8]로 가서 다시 한번 신탁을 구하게 했다. 이에 그는 예언을 듣는 성역에 가서 이렇게 물어보았다. "아폴론이시여, 당신께서도 당신의 부친과 같은 생각입니까?" 그리고 아폴론이 동의하자, 아게실라오스는 〔사령관으로〕 선택되어 전쟁을 시작했다.

11. 티사페르네스[9]가 처음에는 아게실라오스를 두려워하여 〔페르시아의〕 왕이 그리스 도시들에 자유와 독립을 보장한다는 조건의 조약을 맺었다. 하지만 〔페르시아의〕 왕이 대군을 보내준 다음에는 아게실라오스가 아시아에서 물러날 때까지 전쟁하겠다고 선언했다. 아게실라오스는 이 조약위반을 기쁘게 받아들이고, 카리아로 진군하려는 것처럼 출발했다. 티사페르네스가 군대를 그곳으로 집중시키자, 아게실라오스는 다시 빠르게 움직여서 프리기아를 침공했다. 그 결과 많은 도시와 엄청난 전리품을 획득하고 친구들에게 말했다. "조약을 체결한 후에 그것을 어기는 것은 사악한 짓이지만, 적의 의표를 찌르는 것은 정당하고 평판도 좋아질 뿐 아니라, 기분 좋고 이득 되는 일일세."

12. 그는 기병전력이 열세라는 것을 알고, 에페소스로 퇴각했다.

---

8) 델포이의 아폴론신전도 도도나의 제우스신전과 함께 가장 유명한 신탁소 중 하나다.

9) Tissaphernes. 기원전 445년 태어나 기원전 395년 죽었다. 페르시아의 장군이자 정치가다.

그리고 그곳에서 재산이 있는 자들이 말 한 마리와 사람 한 명을 〔군에〕 제공하면 당사자는 복무에서 빼주겠다고 포고했다. 그 결과 아주 짧은 시간 내에 부유한 겁쟁이들을 대신할 말과 능력 있는 사람들을 모았다. 아게실라오스는 자신이 아가멤논을 따라 했다고 말했다. 아가멤논이 부유하고 비열한 자들을 병역에서 빼주고 준마를 받았기 때문이다.[10]

13. 그는 포로들을 벌거벗겨 팔도록 명령했다. 그래서 전리품 판매자들은 포로들을 나체인 채로 팔려 했다. 많은 구매자가 〔포로들이 벗어놓은〕 옷을 사려고 했는데, 포로들은 실내생활을 했기에 모두 몸이 하얗고 부드러워 쓸모도, 가치도 없다고 비웃었다. 그러자 아게실라오스가 다가가서 "이 옷들이 너희가 싸우는 목적이고, 이자들이 너희가 싸우는 대상이다"라고 말했다.[11]

14. 티사페르네스를 리디아 지역에서 쫓아내고 그의 병사들을 엄청나게 많이 죽인 다음, 아게실라오스는 페르시아 왕의 땅을 계속 짓밟으며 〔깊숙이〕 들어갔다. 페르시아 왕은 그에게 돈을 보내면서 교전을 중단할 것을 요청했다. 그러나 아게실라오스는 이렇게 답했다. "오로지 국가만이 평화협정을 맺을 권한이 있소. 그리고 나는 자신이 부자가 되는 것보다, 병사들을 부자로 만들어주는 것이 더 기쁘다오. 또 그리스인으로서 적에게 선물을 받는 대신 전리품을 취하는 것이 더 당당한 행동이라고 나는 생각하오."

---

10) 호메로스의 『일리아스』 제23권 제295~299행에는 이렇게 쓰여 있다. "〔아가멤논의〕 준마는 안키세스(Anchises)의 아들 에케폴루스(Echepolus)가 대가를 받지 않고 선사한 것이로다. 에케폴루스는 바람 부는 일리오스로 아가멤논을 따라가고 싶지 않았기 때문이라네. 그는 집에 머물러 즐거움을 느끼고 싶었을 따름이었네. 제우스께서 그에게 엄청난 부를 주셨고, 그는 넓은 시키온(Skyion)에 살고 있었기에."

11) 구매자들은 아게실라오스의 부하들인 것으로 보인다.

15. 스피트리다테스[12]의 아들인 메가바테스(Megabates)는 매우 미남이었다. 그는 아게실라오스가 자신에게 호감을 품었다고 느꼈기에 키스로 인사하려고 그에게 다가갔다. 그런데 아게실라오스는 뒤로 물러섰다. 그를 보기 위해 오던 소년도 멈춰 섰고, 아게실라오스는 자신의 뒤쪽으로 가라고 청했다. 그러자 아게실라오스의 친구들은 잘생긴 소년이 키스하려고 다가오는데 움츠리다니 잘못한 일이라고 말했다. 그리고 그렇게 겁쟁이처럼 굴지 않으면, 그 소년이 다시 다가올 것이라고 했다. 아게실라오스는 제법 길게 침묵을 지키며 생각하다가 결국 이렇게 말했다. "우리가 그 소년을 설득할 필요는 없네. 우리의 적이 지닌 가장 인구가 많은 도시를 들이쳐서 점령하는 것보다 그 일(소년을 설득하지 않은 일)을 더 높이 평가해야 한다고 보네. 우리의 자유를 잘 지키는 것이 다른 이의 자유를 빼앗는 것보다 낫기 때문이네."[13]

16. 거의 모든 문제에서 아게실라오스는 법을 정확하게 잘 지켰다. 다만 친구들과 연관된 일에서는 엄격하게 정의를 따지는 것이 그저 구실일 뿐이라고 여겼다. 어쨌거나 그가 카리아인 히드리에우스에게 쓴 편지가 아직 남아 있다. 이 편지에서 그는 친구 중 한 명을 석방하라고 요청하면서 이렇게 썼다. "니키아스가 결백하다면 그를 석방하시오. 그가 죄가 있다면 나를 보아서 그를 석방하시오. 어쨌거나 그를 석방하시오."

---

12) Spithridates. 기원전 4세기의 인물로, 페르시아의 왕 다레이오스 3세 밑에서 리디아와 이오니아 지역을 다스렸던 태수다. 그는 이때보다 후일인 기원전 334년 알렉산드로스와 치른 그라니코스전투에 참전했다.
13) 당시 그리스 사회의 소년애에 관한 더욱 자세한 내용은 이 책의 「왕들과 장군들의 어록」, '아르켈라오스' 항목의 옮긴이주 57) 참조할 것. 이 일화는 개인적 욕망을 참는 것의 중요성을 보여주는 듯하다.

17. 그는 친구들의 행위와 관련된 대부분의 일을 이처럼 처리했다. 하지만 결정적인 상황에서 공공의 복리를 좀더 중요하게 여긴 적이 있기는 하다. 한번은 진영에 무질서가 난무하여 〔진영 내부가〕 나뉠 지경이 되자, 아게실라오스는 몸이 아픈 〔친구이자〕 연인¹⁴⁾을 남겨 놓고 가보려 했다. 연인은 눈물을 흘리며 돌아오라고 애원했다. 하지만 아게실라오스는 〔그를 남겨두고〕 돌아서면서 외쳤다. "정을 돌보면서 동시에 분별력을 갖추기란 정말로 어렵구나!"

18. 그는 개인적인 생활태도 면에서는 동료 중 누구보다 현명했다. 그는 언제나 과식도 과음도 삼갔고, 수면도 마찬가지여서 해야 할 일이 있으면 언제나 수면보다 우선했다. 추위와 더위에 대처하는 것도 마찬가지였다. 어느 계절에도 그만이 기후에 잘 대처할 수 있었다. 그의 군막은 병사들의 군막 사이에 있었는데, 병사들과 똑같은 침상을 사용했다.

19. 그는 언제나 지휘관이란 병사들보다 안락함과 사치스러움이 아니라 인내와 용기에서 우월해야 함이 옳다고 말하곤 했다.

20. 한번은 어떤 이가 리쿠르고스¹⁵⁾의 법이 스파르타에 가져다준 이점이 무엇인지를 묻자, 그는 "쾌락에 대한 경멸"이라고 말했다.

21. 어떤 이가 그와 다른 스파르타인들의 의복과 식사가 간소한 것을 보고 놀라움을 표하자, 그는 이렇게 답했다. "친구여, 우리는 이런 식으로 살아서, 자유라는 수확물을 거두오."

22. 다른 이가 그에게 "운명이란 불확실하므로 이런 기회가 다시 안 올 수도 있습니다"라고 하면서 좀 편하게 살라고 충고했다. 그는 "나는 불변(不變) 속에서 변화를 추구하는 훈련을 하면서 스스로를

---

14) 남자친구이자 연인이다.

15) 스파르타만의 독특한 생활방식을 창안했다고 알려진 전설적인 정치가다. 더욱 자세한 내용은 이 책의 「7현인의 저녁식사」 옮긴이주 28) 참조할 것.

적응시키고 있소"라고 답했다.

23. 심지어 그는 늙은 뒤에도 같은 생활방식을 고수했다. 누군가 그에게 "나이가 많으시면서 이렇게 추운 날씨에 속옷도 안 입고 다니시는 이유가 무엇인지요?"라고 물었다. 그러자 그는 "그래야 젊은 이들이 따라 할 거요. 가장 나이 많은 이들과 에포로스들이 본보기가 되면"이라고 답했다.

24. 그가 군대를 이끌고 타소스[16] 땅을 지나고 있을 때, 타소스 사람들이 그에게 밀가루, 거위고기, 과일설탕절임, 벌꿀과자 및 여타 값비싼 음식들과 온갖 음료를 보냈다. 그는 밀가루만 받고, 나머지는 가져온 이들에게 도로 가져가라고 했다. 스파르타인들에게는 필요 없는 물품이라는 것이 그 이유였다. 하지만 타소스 사람들이 끈덕지게 청하면서 온갖 수단을 동원해 모두 받으라고 부탁하자, 그는 명령을 내려 그 물품들을 〔짐꾼으로 따라온 국가노예인〕 헤일로테스들에게 나누어주었다. 그리고 타소스 사람들이 그 이유를 묻자 이렇게 말했다. "용감한 덕성을 실행해야 하는 이들은 그렇게 폭식에 탐닉하는 행위를 해서는 안 됩니다. 노예근성을 지닌 어중이떠중이나 유혹하는 물품들은 자유민에게 용납되지 않습니다."[17]

25. 또 다른 때 타소스 사람들이 그에게 큰 은혜를 입었다고 생각하여서 그를 신격화하고 〔그에게 바치는〕 신전을 지어 경의를 표하기로 했다. 한편 특사를 파견하여 자신들의 행동을 그에게 알렸다. 특사단이 그에게 바치는 명예의 〔목록을〕 읽자, 그는 "그대들의 나라에는 인간을 신격화하는 권한이 있소?"라고 물었다. 그리고 특사단이 그렇다고 답하자, 이렇게 말했다. "가시오. 그대들부터 먼저 신으

---

16) Thasos. 에게해 북부에 있는 그리스의 섬이다.

17) 아테나이오스, 아일리아누스(Aelianus) 같은 고대 작가들도 이 일화를 언급했는데, 그들은 일화의 주인공이 스파르타의 제독 리산드로스라고 기록했다.

로 만드시오. 그 일을 다 하고 나면, 그때야 그대들이 나도 신으로 만들어줄 수 있다는 것을 믿겠소."

26. 아시아에 사는 그리스인들이 자신들의 주요한 도시들에 그의 조각상[18]을 건립하기로 결의하자, 그는 이렇게 편지를 써 보냈다. "내 모습을 그리지도, 새기지도, 조각상으로 만들지도 마시오."

27. 그는 아시아에서 지붕의 대들보가 네모진 것을 보고 집주인에게 "이 나라에서는 나무가 네모지게 자라오?"라고 물었다. 집주인이 "아닙니다. 둥글지요"라고 답하자, 그는 "흠, 만약 나무가 네모지게 자란다면 당신들은 둥글게 마무리할 거요?"라고 말했다.

28. 한번은 스파르타의 영역을 얼마나 확장할 것이냐는 질문을 받자, 그는 창을 휘두르면서 "이 창이 닿는 만큼"이라고 답했다.

29. 어떤 이가 스파르타에 성벽이 없는 이유를 알고 싶어 하자, 그는 완전무장을 한 시민들을 가리키면서, "이들이 스파르타의 성벽이오"라고 말했다.

30. 또 다른 사람이 같은 질문을 하자, 그는 "도시란 석재와 목재가 아니라 그곳에 사는 사람들의 강인한 힘으로 요새화되어야 한다"라고 말했다.

31. 그는 친구들에게 돈이 아니라, 용기와 덕성이라는 면에서 부유해지라고 충고했다.

32. 그는 병사들이 어떤 일을 빨리했으면 하고 바랄 때면, 자신이 직접 모든 사람이 보는 앞에서 솔선수범했다.[19]

33. 그는 자신이 누구 못지않게 열심히 일하고 자제력이 있다는 점을 왕의 자리에 있는 것보다 더 자랑스럽게 여겼다.

---

18) 당시의 관행에 따라 금과 상아로 치장한 호화스러운 조각상이었을 것이다.
19) 플루타르코스의 『대비열전』 「마리우스전」 제7장은 마리우스가 했다고 소개한다.

34. 다리를 저는 한 스파르타인이 전쟁에 나가려고 하면서 어디에서 말을 구할 수 있을지를 물어보자, 그는 "전쟁에서 필요한 것은 도망치는 자가 아니라, 땅을 딛고 서 있는 자라는 것을 깨닫지 못했나?"라고 말했다.

35. 그는 어떻게 해서 대단한 명성을 얻을 수 있게 되었느냐는 질문을 받자, 이렇게 답했다. "죽음에 대한 경멸을 보여줌으로써."

36. 어떤 이가 스파르타인들이 겹피리 부는 소리를 들으며 전투하는 이유를 알고 싶어 하자, 그는 "음악소리에 맞추어 모든 사람의 발을 떼어놓으면, 겁쟁이와 용감한 자를 쉽게 구분할 수 있소"라고 답했다.

37. 어떤 사람이 당시 아주 어린 나이였던 페르시아 왕의 엄청난 행운을 강조하자, 아게실라오스는 "저 프리아모스[20]마저도 그 나이 때는 불운을 겪지 않았소"라고 말했다.

38. 아시아의 상당 부분을 세력권 아래 놓게 되자, 아게실라오스는 페르시아 왕을 대적하기 위해 진군하기로 결심했다. 그럼으로써 페르시아 왕의 한가한 시절을 끝내고, 또 그가 그리스의 민중지도자들을 매수[21]하지 못하게 하고 싶었기 때문이다.

39. 〔스파르타의〕 에포로스들은 아게실라오스를 소환했다. 페르시아가 보낸 돈을 받아 영향받은 주변 그리스 국가들이 스파르타를 상대로 전쟁을 선포했기 때문이다. 그는 좋은 지휘관은 법의 명령에 복

---

20) Priamos. 트로이아전쟁 때 트로이아를 다스린 왕으로 라오메돈(Laomedon)의 아들이다. 결국 트로이아가 그리스연합군에게 멸망했으므로 그의 이름을 예로 든 것이기도 하고, 마찬가지로 그리스군을 상대하는 왕이기 때문에 그렇기도 하다.

21) 페르시아는 그리스침공이 실패하자 그리스의 지도자 중 일부를 금전으로 매수해 자신들의 뜻대로 움직이게 하는 정책을 계속했고, 이는 상당한 성공을 거두었다.

종해야 한다고 말하고서, 아시아에 사는 그리스인들의 열망을 뒤로
한 채 배를 타고 아시아를 떠났다.

40. 페르시아의 주화에는 궁수(弓手)가 찍혀 있었다. 그래서 그는 진
영을 철수하면서 3만 명의 궁수를 거느린 〔페르시아〕 왕에 의해 아시
아에서 밀려나고 있노라고 말했다. 3만이라는 수는 티모크라테스[22]가
아테나이와 테바이로 가져다가 민중지도자들에게 뿌린 금화의 수였
기 때문이다. 그리하여 이들에게 선동된 민중은 스파르타에 적대감
을 보였다.[23]

41. 그는 에포로스들에게 이렇게 답장을 써 보냈다. "아게실라오스
가 에포로스들께 안부를 전하오. 우리는 아시아 대부분을 정복하고
이민족을 패배시켜 달아나게 했소. 그리고 이오니아 지방에 여러 요
새를 건축했소. 하지만 그대들의 명은 내가 정해진 날까지 돌아오라
는 것이니, 이 편지를 보내고 바로 가리다. 어쩌면 내가 편지보다 먼
저 도착할 수도 있소. 나는 자신을 위해서가 아니라, 조국과 동맹국
들을 위해 지휘권을 지니기 때문이오. 진정으로 충실한 지휘관이라
면 법과 에포로스들, 또는 국가의 권위에서 나오는 어떤 지시에도 따
라야 하니 말이오."[24]

42. 그는 헬레스폰토스해협을 건너 트라키아 지역을 통과해 행군

---

22) Timokrates. 로도스섬 출신의 그리스인이다. 페르시아의 태수 파르나바조스
   (Parnabazos)는 기원전 396/395년 이 사람을 통해 스파르타에 적대하는 이들
   에게 돈을 보냈다. 결국 그의 선동으로 기원전 395년부터 기원전 387년까지
   코린토스전쟁이 벌어졌다.
23) 크세노폰의 『헬레니카』(Hellenika) 제3권 제5장 제1절에 따르면, 페르시아 금
   화는 테바이, 코린토스, 아르고스에 뿌려졌고, 아테나이는 돈을 받지 않았다.
   그렇지만 아테나이는 예전에 스파르타에 패한 데 따른 복수심에서 전쟁에 참
   여했다.
24) 원문에는 심한 라코니아 사투리가 섞여 있다.

하면서 이민족들에게 어떤 요청도 하지 않았다. 그저 각 이민족의 지역을 통과하면서 그들에게 우호적으로 나올 것인지, 적대적으로 나올 것인지만을 사람을 보내 물어보았다. 거의 모든 곳이 그에게 우호적으로 대하고, 도움을 주었다. 하지만 예전에 크세륵세스조차 선물을 보냈던 트랄레스(Tralles)인이라고 불리는 부족만은, 아게실라오스에게 자신들의 영토를 통과하는 대가로 100탈란톤의 은과 100명의 여성을 내놓으라고 했다. 하지만 그는 비웃으며, "바로 와서 그것들을 가져가보지 그래?"라고 말하고, 트랄레스인이 전투를 위해 정렬한 곳으로 군대를 이끌고 갔다. 교전을 벌여 그들을 엄청나게 많이 죽이고 승리를 거두었다. 그리고 계속 행군했다.

43. 그는 마케도니아의 왕에게도 사람을 보내 같은 질문을 했다. 그리고 마케도니아 왕이 고려해보겠다고 하자, 그는 "그는 고려해보시라고 하고, 우리는 계속 행군할 것이다"라고 말했다. 마케도니아 왕은 그의 대담성에 놀라고, 또 두렵기도 해서 친구의 자격으로 계속 행군해가라고 했다.

44. 테살리아는 [반스파르타]동맹국이었기에, 그는 [테살리아] 영토를 약탈했다. 하지만 [테살리아의 가장 큰 도시인] 라리사(Larissa)에는 크세노클레스(Xenokles)와 스키테스(Skytes)를 보내 [행군에] 우호적으로 동의[해줄 것을] 제안했다. 하지만 라리사 사람들은 이 두 사람을 붙잡아 억류했다. 그러자 아게실라오스의 부하들은 모두 대단히 불쾌해하면서 라리사 근처에 진영을 세우고 그 도시를 포위 공격해야 한다고 생각했다. 하지만 아게실라오스는 테살리아 전체와도 부하 한 명을 맞바꾸고 싶지 않다고 천명하면서, 적과 협상하여 그 두 사람을 돌려받았다.

45. 그는 코린토스 인근에서 벌어진 전투에서 스파르타인은 아주 적은 수만 전사했지만, 코린토스인과 아테나이인 및 그들의 편에 섰

던 이는 매우 많이 전사했다는 소식을 들었다. 하지만 그는 기뻐하거나 의기양양한 모습을 보이지 않았다. 오히려 아주 깊은 한숨을 내쉬고는 이렇게 말했다. "아, 그리스여. 얼마나 많은 이가 자기 자신을 죽인 것인가! 모든 이민족을 죽이기에 충분한 수인데."[25]

46. 파르살리아[26]인들이 그와 그의 군대를 포위하고, 계속 공격을 가하여 힘들게 했다. 그는 500명의 기병을 거느리고 적들을 패주하게 한 뒤에 나르타키온(Nartakion) 산기슭에 전승기념비를 세웠다. 그는 다른 어떤 승리보다도 이 승리에 만족했다. 직접 애써서 조련한 기병들로 최고의 기병이라고 자부하는 이들을 이겼기 때문이다.[27]

47. 〔에포로스 중 한 명인〕 디프리다스(Diphridas)가 그에게 본국의 훈령을 전해주었다. 행군해가는 도중에 바로 보이오티아를 침공하라는 것이다. 원래 그는 준비를 제대로 더 한 다음에 보이오티아를 침공하려고 계획했지만, 본국 정부의 훈령을 거역하지 않았다. 그는 휘하 병력 중 두 모라[28]를 코린토스 지역으로 파견하고, 스스로는 보이오티아 지역으로 들어갔다. 코로네이아[29]에서 그는 테바이, 아테나이, 아르고스, 코린토스, 로크리스 지역 중 두 곳[30]에서 온 병력을 상대로 전투를 치렀다. 그는 여러 군데를 다쳐 대단히 힘들어했지만, 〔그가 치른〕 가장 큰 규모의 전투에서 승리했다. 크세노폰[31]은 〔이

---

25) 원문에는 심한 라코니아 사투리가 섞여 있다.

26) Pharsalia. 그리스 북부 테살리아의 한 도시다.

27) 테살리아의 기병은 그리스 전역에서 강하기로 유명했고, 후에 알렉산드로스 휘하에서도 정예로 활약했다.

28) *mora*. 모라는 오늘날의 1~1.5개 대대 정도의 병력으로 구성된 군사 단위다. 즉 500~900명 정도 된다.

29) Koroneia. 보이오티아의 한 촌락, 또는 소도시가 있던 지역이다.

30) 로크리스는 중부 그리스의 도시국가인데 서로 떨어진 세 구획으로 구성되었다.

31) 기원전 430년경 태어나 기원전 354년 죽었다. 철학자, 역사가인 동시에 장군, 용병대장이었다. 소크라테스의 제자인 그는 『헬레니카』라는 역사서를

를 두고〕 "아게실라오스가 치렀던 전투 중에 가장 대단했다"라고 평했다.

48. 그는 그렇게나 대단한 승리와 성공을 거두었는데도, 귀국한 뒤 생활방식이나 일상생활의 어느 것에도 변화를 주지 않았다.

49. 그는 시민 중 일부가 경주용 종마를 기르고 있다고 하여 스스로 대단한 사람이 된 것처럼 생각하고 거드름을 피우는 것을 알게 되자, 자신의 누이 키니스카[32]를 설득하여 올림피아제전에서 열리는 전차경주에 나가도록 했다. 그는 이런 종류의 일〔경주용 종마를 기르는 일〕은 특출함의 표식이 아니라, 그저 돈이 있고 또 그 돈을 쓸 의지가 있다는 것일 뿐이라는 점을 그리스인들에게 보여주고 싶었기 때문이다.

50. 그는 상당히 존중하고 대우하며 같이 지낸 철학자 크세노폰에게 아들들을 스파르타로 보내서 키우라고 권했다. 그들이 스파르타에서 가장 훌륭한 가르침 ─ 다스리는 것과 다스림을 받는 것 ─ 을 받을 것이라는 이유에서였다.

51. 또 다른 때 그는 스파르타인이 다른 모든 민족보다 운이 좋은 특별한 이유가 있느냐는 질문을 받았다. 그는 "스파르타인은 다른

썼고, 페르시아의 왕위쟁탈전에 그리스 용병의 일원으로 참가했다. 이때 자신의 고용주인 키로스가 죽자, 다른 용병대장들과 함께 그리스 용병 1만 명을 이끌고 페르시아를 횡단하여 그리스로 돌아갔다. 그는 후일 이 행군을 『아나바시스』(*Anabasis*)라는 작품으로 남겼다. 그는 스파르타와 친밀한 인물로 스파르타에 한동안 머물기도 했다. 그 결과 『스파르타의 정치체제』(*Lakedaimonion Politeia*)라는 작품을 썼다.

32) Kyniska. 기원전 396년과 기원전 392년 여성의 몸으로 올림피아제전에 출전하여 우승했다. 그러나 직접 전차를 몬 것은 아니고, 전차를 모는 남성들을 고용한 것이다. 하지만 당시에는 마주(馬主)를 우승자로 보았으므로 그녀가 우승자라고 할 수 있다. 이 두 번의 우승으로 전차와 말들을 배경으로 서 있는 그녀의 모습이 동상으로 세워졌다.

무엇보다 다스리는 것과 다스림을 받는 것을 연습했기 때문이오"라고 답했다.

52. 리산드로스[33]는 아게실라오스가 아시아에서 귀환한 직후부터 그를 반대하는 파벌을 조성했다. 리산드로스가 죽자 그와 연합한 세력이 엄청나다는 것을 알게 된 아게실라오스는 그가 생전 어떤 사람이었는지를 지적하여 실체를 폭로하는 일에 착수했다. 먼저 그는 리산드로스의 서류들을 검토했다. 그중에는 할리카르나소스[34] 출신의 클레온(Kleon)이 쓴 연설문이 하나 있었다. 리산드로스는 통치체제에 혁신적 변화를 가져오자는 취지로 쓴 이 글을 가져다가 대중 앞에서 공개하려고 했다. 이 연설문을 읽은 아게실라오스[도] 공개하려고 했다. 하지만 장로회[35]의 한 사람이 그 연설문을 읽어보고서, 내용이 훌륭함[36]에 깜짝 놀라, 죽은 리산드로스의 서류 중에서 끄집어내지 말고 그의 시신과 함께 매장하자고 충고했다. 아게실라오스는 그 충고를 따랐고, 아무 일도 하지 않았다.

53. 그는 암암리에 자신을 적대시했던 자들에게 공개적으로 위해를 가하지는 않았지만, 언제나 그중 일부가 외국에 장군이나 행정관으로 파견되도록 했다. 이로써 그들이 직무를 수행하며 부도덕하고 탐욕스럽다는 것을 계속해서 스스로 입증하여 내보이도록 했다. 그리고 후일 그들이 재판에 회부되면, 이번에는 그들을 돕고 변호하는 역할을 했다. 그렇게 함으로써 그들의 충성을 얻고, 자신의 편이 되

---

33) 펠로폰네소스전쟁에서 활약한 스파르타의 제독이다. 더욱 자세한 내용은 이 책의 「왕들과 장군들의 어록」 '리산드로스' 항목의 옮긴이주 216) 참조할 것.

34) Halikarnassos. 오늘날 터키의 보드룸(Bodrum) 지역에 있던 고대 그리스의 식민시다. '역사의 아버지'로 불리는 헤로도토스의 고향이기도 하다.

35) gerousia. 스파르타의 장로회는 두 왕을 포함하여 30명으로 구성된 조직으로 일종의 상원(上院) 같은 역할을 했다.

36) 스파르타의 체제를 더욱 민주적으로 개혁하자는 내용이었다.

도록 했다. 그 결과 그에게 대적하는 자가 아무도 없게 되었다.

54. 어떤 이가 그에게 아시아에 있는 친구들에게 편지를 써서 청원한 일이 제대로 처리되도록 해달라고 부탁했다. 아게실라오스는 "하지만 내 친구들은 내가 편지를 써 보내지 않아도 일을 제대로 처리할 거요"라고 말했다.

55. 아게실라오스가 외국에 있을 때, 어떤 이가 높은 망루가 있고 엄청나게 단단히 지어진 도시의 성벽을 가리키면서 장대해 보이지 않느냐고 그에게 물었다. 그는 "그래요. 정말로 장대하오. 하지만 남성은 아니고, 여성이 그 안에서 살기에 말이오"라고 말했다.

56. 메가라에서 온 어떤 이가 자기 도시를 지나치게 자랑하자, 그는 이렇게 말했다. "젊은 친구, 자네 이야기를 뒷받침해줄 대단한 국력이 필요하군."

57. 그는 다른 사람들이 선망하는 것들을 보면서도 관심을 주지 않는 경향이 있었다. 예를 들어 한번은 그리스 전역에 이름이 널리 알려지고, 어디서나 평판이 엄청나게 치켜세워지며, 관심받던 비극 배우 칼리피데스(Kallippides)가 아게실라오스 앞에 먼저 나서서 자신을 소개했다. 그리고 함께 걷던 패거리들에게 거만하게 몸을 내밀었다. 아게실라오스 왕이 그에게 호의적으로 말을 걸어주었으면 하는 것이 분명했다. 그리고 결국 그는 "전하, 저를 못 알아보시나요? 제가 누구인지 들어보신 적이 없으신가요?"라고 말했다. 그러자 아게실라오스는 그를 보고 이렇게 말했다. "자네는 광대 칼리피데스가 아니던가?" 광대란 스파르타인들이 순회공연하는 배우들을 일컫는 말이었다.

58. 그는 지빠귀 울음소리를 흉내 내는 사람을 보러 오라는 초청을 정중히 거절하며 말했다. "나는 그 새가 직접 우는 것을 여러 번 들었소."

59. 의사인 메네크라테스는 죽을병에 걸린 사람을 여러 차례 치료하여 '제우스'라고 불렸다. 그는 이 호칭을 온갖 곳에서 쓰곤 했는데, 심지어 뻔뻔스럽게도 아게실라오스에게 다음과 같은 식으로 편지를 쓰기에 이르렀다. "제우스 메네크라테스가 아게실라오스 전하께, 건강과 행복을 빕니다." 아게실라오스는 더 읽지도 않고, 이렇게 써서 답장을 보냈다. "아게실라오스 왕이 메네크라테스에게, 건강하고 제 정신이 되기를 바라네."

60. 코논[37]과 파르나바조스[38]가 페르시아 함대를 이끌어 바다를 제패하고 스파르타의 해안을 봉쇄했다. 그리고 아테나이의 장성(長城)[39]은 파르나바조스가 제공한 지원금으로 재건되었다.[40] 결국 스파르타는 페르시아와 평화조약[41]을 맺었다. 스파르타는 안탈키다스를 티리바조스[42]에게 보냈고, 아게실리오스가 싸워서 자유를 찾아 주었던 소아시아의 그리스인들을 페르시아 왕의 손에 넘겨주었다. 따라서 아게실라오스는 이 불명예스러운 일에 어떻게도 개입하지 못했다. 안탈키다스는 그에게 적대감을 품고 있었고, 평화조약을 맺기 위해 모든 수단과 방법을 가리지 않았기 때문이다. 아게실라오스가 그 전쟁으로 위대해지고, 명성과 관록을 얻게 되었다고 안탈키다

---

37) Konon. 아테나이의 장군으로 아이고스포타미에서 스파르타에 패전했다. 이 해전을 계기로 펠로폰네소스전쟁에서 패한 아테나이는 스파르타에 극도로 적대감을 품게 되었다. 결국 페르시아와 연합하여 스파르타에 다시 도전했다.

38) 프리기아 지역의 페르시아 태수 파르나바조스 2세다.

39) 아테나이와 외항인 페이라이에우스를 잇는 긴 성벽으로 기원전 5세기에 스파르타가 침공해오는 것을 막기 위해 6킬로미터 규모로 건설되었다. 기원전 403년 전쟁에서 패한 다음 스파르타의 압력을 받아 허물어야 했다.

40) 기원전 393년의 일이다.

41) 기원전 387년 맺은 안탈키다스의 화약을 말한다.

42) Tiribazos. 페르시아 서아시아 지역의 태수다.

스가 생각한 것이 그 이유였다.

61. 그러나 아게실라오스는 스파르타인이 친페르시아파가 되었다고 말한 어떤 사람에게, 차라리 페르시아인이 친스파르타파가 되었다〔말하라고〕 일러주었다.

62. 언젠가 아게실라오스는 용기와 정의 중 어느 덕성이 더 좋은 것이냐는 질문을 받았다. 그는 "정의가 함께 갖추어지지 않은 용기는 쓸모없으며, 모든 사람이 정의로워지면 용기가 필요 없다"라고 말했다.

63. 아시아에 사는 사람들은 페르시아 왕에게 '대왕'이라는 호칭을 붙이는 데 익숙해져 있었다. 그러나 아게실라오스는 "그가 나보다 더 공정하지도, 자제력이 있지도 않은데, 도대체 어떤 면에서 더 위대하다는 거지?"라고 말했다.

64. 그는 아시아에 사는 사람들이 자유민으로서는 별 볼 일 없지만, 노예로서는 훌륭하다고 말하곤 했다.

65. 그는 어떻게 하면 사람들에게 확실하게 좋은 평판을 얻을 수 있느냐는 질문을 받자, "가장 훌륭한 것을 말하고, 가장 명예로운 행동을 해라"라고 말했다.

66. 그는 장군이란 적을 향한 대담함과 부하들을 향한 자애를 갖추어야 한다고 말하곤 했다.[43]

67. 어떤 사람이 소년이 배워야 할 것이 무엇인지를 알고 싶어 하자, 그는 "소년이 어른이 되었을 때 쓸 것"이라고 말했다.

68. 한번은 그가 재판을 주재하고 있을 때, 원고는 말을 잘했고, 피고는 그저 각각의 논점에 관한 대답만 되풀이하면서, "아게실라오스

---

43) 스토바이오스(Stobaios)의 『플로릴레기움』(*Florilegium*) 제54권 제49장에는 "그리고 위기에 봉착했을 때의 추론능력"이라는 말이 덧붙어 있다.

전하, 왕은 법을 유지해주셔야 합니다"라고 말했다. 그러자 그는 "누군가 그대의 집을 부수고 들어가서 옷을 훔쳐 가면, 집을 지은 이와 옷을 만들어준 이가 그대를 도와주러 와야 한다고 기대할 건가?"라고 말했다.

69. 안탈키다스의 화약이 맺어진 후, 페르시아 왕의 서한이 그에게 전해졌다. 서한을 가지고 온 페르시아인 사절은 스파르타인 칼리아스(Kallias)를 대동했다. 서한의 목적은 우호와 친선이었다. 그러나 아게실라오스는 그 서한을 받으려 하지 않았다. 그는 사절에게 명하기를, 페르시아 왕이 자신에게 개인적으로 서한을 보낼 필요가 없다는 말을 돌아가 전하라고 했다. 즉 만약 페르시아 왕 스스로 스파르타의 친구가 된 모습을 보여주고 그리스를 우호적으로 대한다면, 그 자신은 힘닿는 만큼 페르시아 왕의 친구가 되겠다는 것이다. 그리고 계속해서 말하기를, 하지만 페르시아 왕이 그리스를 상대로 음모를 꾸미려고 한다면, "내가 아무리 많은 서한을 받더라도, 그가 나와 친구가 되리라고 믿지 마시오"라고 [경고]했다.

70. 그는 아이들을 대단히 사랑했다. 아이들이 아직 어렸을 때, 집에서 작대기를 목마처럼 타며 놀아주곤 했다고 한다. 하지만 한 친구가 그 모습을 보게 되자, 그는 "자네가 자식들을 두기 전까지는 누구에게도 말하지 말아주게"라고 부탁했다.[44]

71. 그는 계속해서 테바이와 전쟁을 벌였다. 그리고 전투[45]에서 부상했을 때, 안탈키다스가 이렇게 소리 질렀다고 한다. "테바이인들은 싸우고 싶어 하지 않았고 심지어 싸우는 법도 몰랐는데, 그들에게 싸움을 가르쳐준 보답을 잘 받으신 겁니다!" 실제로 당시 테바이인들

---

44) 디오게네스 라에르티우스(Diogenes Laertius)에 따르면 이 일화의 주인공은 소크라테스였다.

45) 기원전 378년 보이오티아 지역을 침공했을 때의 일이다.

은 스파르타와 빈번하게 전쟁하느라 전보다 더 호전적으로 되었다
는 말이 있다. 바로 그런 이유로 옛날의 리쿠르고스는 소위 '법령'을
만들어, 상대가 전쟁을 배우게 될 터이니 같은 민족과 자주 싸우지
말라고 했다.

72. 한번은 그가 스파르타의 동맹국들이 계속되는 전쟁으로 불만
을 품게 되었다는 말을 들었다(동맹국들은 병사가 많은데도 그 수가
적은 스파르타군을 따라야 했기 때문이다). 그는 스파르타 병력이 〔실
제로〕 더 많다는 증거를 보여주고 싶어 했다. 그래서 명령을 내려 동
맹국 병사들은 무차별적으로 한군데 모여 앉게 하고, 스파르타 병사
들은 따로 모여 앉게 했다. 그다음 전령을 시켜 도공은 모두 일어나
라고 명령했다. 그들이 모두 일어나자, 대장장이도 일어나라고 명령
했다. 다음으로는 목수, 그다음으로는 집 짓는 이, 그런 식으로 모든
직업을 호명했다. 그 결과 동맹국 병사는 거의 전부 일어나게 되었지
만, 스파르타 병사는 한 명도 일어나지 않았다. 〔스파르타에서는 시
민들이〕 생업에 종사하거나 〔그런 일을〕 배우지 못하게 했기 때문이
다. 그러자 아게실라오스는 웃으며, "여러분, 우리가 여러분보다 얼
마나 많은 전사를 파견했는지 보셨지요"라고 말했다.

73. 레욱트라전투에서 많은 스파르타인이 적을 피해 도망쳤는데,
법률에 따르면 이들은 수치스러운 처벌을 면할 수 없었다. 에포로스
들은 병사가 엄청나게 모자랄 정도로 인력을 상실할 것을 알고, 수치
스러운 처벌을 하지 않으면서도 법률을 지킬 방도를 찾고 싶었다. 그
리하여 그들은 아게실라오스를 법률제정자로 내세웠다. 아게실라오
스는 민회에 나가서 이렇게 연설했다. "나는 또 다른 법률의 제정자
가 되지 않겠소. 현재의 법률에 더하고 빼거나 개정할 것이 없기 때
문이오. 현재 우리의 법률이 그대로 효력을 지니게 하되, 내일부터
적용하는 것으로 족하오."[46)]

74. 에파메이논다스가 엄청난 호기(好機)를 잡고 있는 상황이었고, 테바이와 그 동맹국들이 승리를 대단한 자랑거리로 삼고 있었지만, 아게실라오스는 에파메이논다스가 〔스파르타〕 시내로 들어오지 못하게 하고, 철군하게 했다. 〔스파르타〕 시내에 시민이 대단히 적었는데도.

75. 아게실라오스는 만티네이아전투[47]에서 스파르타인들에게 다른 누구도 신경 쓰지 말고 오로지 에파메이논다스만을 노리고 싸우라고 했다. 지성을 갖춘 이만이 〔제거할〕 가치가 있으며, 〔그러한 전략은〕 승리를 가져다줄 만하다는 이유에서였다. 만약 에파메이논다스 하나를 제거하면, 나머지는 지략도 없고 가치도 없으므로 쉽게 굴복시킬 수 있다고 본 것이다. 실제로 일은 그렇게 실현되었다. 에파메이논다스가 승리를 쟁취하여 적이 패주한 것을 보고 돌아서서 병사들을 격려할 때, 스파르타 병사 중 하나가 그에게 치명적 일격을 가했다. 그가 쓰러지자, 도망치던 아게실라오스의 병사들이 부대를 재편성해 누구의 승리인지 알 수 없게 되었다. 그리고 테바이인은 자신들이 열등하다는 것을, 스파르타인은 우월하다는 것을 보여주었다.

76. 스파르타에 전비가 모자라고 용병의 급료까지 지급해야 하자, 아게실라오스는 이집트 왕에게 좋은 보수를 약속받고 〔용병대장의 신분으로〕 이집트로 향했다. 하지만 그는 추레한 차림새 때문에 그곳 사람들에게 경멸받았다. 이집트인들은 페르시아 왕처럼 당당하게 차려입은—이는 그들이 왕들에 대해 지닌 잘못된 생각이

---

46) 법률의 적용을 잠시 멈춰 도망쳤던 스파르타인들을 사면해주는 것과 같은 효과를 노린 것이다.

47) 제2차 만티네이아전투를 말한다. 더욱 자세한 내용은 이 책의 「왕들과 장군들의 어록」 '에파메이논다스' 항목의 옮긴이주 272) 참조할 것.

었다—스파르타 왕을 보게 될 것을 기대했기 때문이다. 어쨌거나 아게실라오스는 그들과의 일을 마무리하기 전에, 분별력과 용기만이 위대함과 탁월함을 성취하는 데 적합한 방식이라는 것을 보여주었다.

77. 그의 병사들이 적의 엄청난 수(20만 명)와 자신들의 적은 수 때문에 재난이 닥쳐올 것을 두려워하여 항복하려고 했다. 그러자 그는 전투대형을 갖추기 전에 남들이 모르는 계책으로 사기를 북돋기로 마음먹었다. 그래서 그는 손바닥에 '승리'라는 글자를 뒤집어 써 놓았다. 그리고 성직자가 [희생제물의] 간(肝)[48]을 넘겨주자, 글씨가 쓰여 있는 손바닥에 놓았다. 꽤 오랫동안 간을 쥐고 있던 그는 [손바닥에 써놓은] 글자가 간에 옮겨 찍힐 때까지 당황한 듯한 표정을 짓고, 무슨 일인지 알지 못한다는 체를 계속했다. 그는 전투를 치르기 위해 모인 병사들에게 [승리라는 글자가 찍힌] 간을 보여주면서, 신들께서 그 글자들로 승리를 알려주셨다고 말했다. 그러자 병사들은 적에게 승리한다는 확실한 징조를 얻었다고 느껴서, 용맹하게 전투에 임했다.

78. 적들이 그가 있는 곳을 포위하기 위해 도랑을 파고 있었다(그들은 훨씬 수가 많았기 때문에 그렇게 할 수 있었다). 그러자 아게실라오스와 동맹을 맺고 있던 넥타나비오스(Nektanabios)가 돌격하여 결전을 치르자고 주장했다. 아게실라오스는 방어하고 있는 사람과 스스로 같은 조건을 만들고 싶어 하는 적들을 방해하지 말라고 말했다. 그리고 도랑이 틈을 조금 남겨두고 거의 완성되자, 그 양 끝 사이에 있는 열린 공간으로 자신이 데리고 있던 소수의 병사를 배치해 적과 동수(同數)로 싸우게 했다. 그의 병사들은 학살극을 펼쳐 적을 쫓아

---

48) 고대 메소포타미아와 이집트 등에서는 희생제물의 간으로 점치곤 했다.

냈다. 그는 〔보수를 받아〕 많은 돈을 고국에 보냈다.

79. 그가 이집트에서 귀국하던 중에 죽음이 다가왔다. 그는 최후의 순간에 수행하던 이들에게 지시를 내려, 그의 조각상이나 그림 등 자신의 모습을 모사한 것을 만들지 못하게 하라고 했다. "내가 어떤 위업을 성취했다면 그 〔위업이〕 나를 기념하게 될 것이고, 그렇지 못했다면 비천하고 가치 없는 자들이 만든 세상의 모든 조각상은 의미가 없어질 것일세."

클레옴브로토스의 아들 아게시폴리스

1. 클레옴브로토스의 아들 아게시폴리스[49]는 〔마케도니아의〕 필리포스가 올린토스를 며칠 사이에 완전히 파괴해버렸다고 누군가 말하자, "신들에게 맹세코, 그는 그곳과 비슷한 다른 도시를 몇십 년이 걸쳐도 세우지 못할 것이다!"라고 말했다.[50]

2. 또 다른 이가, 재위 기간에 한창때의 남자들을 인질로 잡아두고, 그들의 자식이나 부인은 인질로 잡지 않았던 것에 대해 아게시폴리스에게 묻자, 그는 "그것은 당연하오. 잘못했으면 스스로 책임져야 하지 않겠소?"라고 말했다.

3. 그는 집에서 개를 몇 마리 데리고 오라고 사람을 보내고 싶어 했다. 어떤 이가 "그런 것을 국외로 보내는 것은 그곳(스파르타)에서 허

---

49) Agesipolis. 아게시폴리스 2세로 기원전 371년부터 기원전 369년까지 재위했다.
50) 알렉산드로스의 아버지 필리포스 2세가 올린토스를 포위하고 파괴한 것은 기원전 348년의 일이다. 아게시폴리스 2세는 기원전 369년 죽었으므로 이 일화는 시간상 맞지 않다. 플루타르코스가 잘못 알았을 것으로 보인다.

용되지 않습니다"라고 말하자, 그는 "전에는 사람을 국외로 내보내
는 것도 허용되지 않았소. 하지만 지금은 실행되고 있지 않소"라고
답했다.[51]

파우사니아스의 아들 아게시폴리스

아테나이인들이 스파르타와의 사이에서 일어난 분쟁에 대해 중재
국으로 메가라를 받아들이라고 제안해왔다. 파우사니아스의 아들
아게시폴리스[52]는 이렇게 답했다. "아테나이인들이여, 한때 그리스
의 패권을 쥐었던 이들이 메가라인들보다 정의에 관해 아는 것이 적
다니, 부끄러운 줄 아시오."

아르키다모스의 아들 아기스

1. 한번은 에포로스들이 아르키다모스의 아들 아기스[53]에게 "여기
있는 이 남자의 도시로 청년들을 이끌고 진군하십시오. 그가 직접 전

---

51) 당시 상황을 정확히 알기는 어렵지만, 해외에서 용병대장으로 복무하던 중에
일어난 일인 것으로 보인다. 예전의 스파르타는 사람이 해외에 나가는 것을
금했지만, 이제는 재정에 보태기 위해 용병으로 나가도록 허용한 것을 자조
적으로 말한 듯하다.
52) 아게시폴리스 1세로 기원전 394년부터 기원전 380년까지 재위했다. 그의 아
버지 파우사니아스에 관한 자세한 내용은 뒤에 나올 '플레이스토아낙스의
아들 파우사니아스' 항목의 옮긴이주 230) 참조할 것.
53) 아기스 2세를 말한다. 여기서 소개하는 내용의 상당수가 이 책의 「왕들과 장
군들의 어록」 '아기스' 항목의 일화들과 겹친다.

하를 도시의 아크로폴리스로 인도할 겁니다"라고 말했다. 그러자 아
기스는 "그런데 여러분, 조국을 배신하고 있는 자에게 많은 청년을
맡기는 것이 어떻게 정당화됩니까?"라고 말했다.[54]

2. 스파르타에서 어떤 형태의 교육이 유행하고 있느냐는 질문을 받
은 그는 "다스리는 법과 다스림을 받는 법의 교육"이라고 답했다.[55]

3. 그는 "스파르타인들은 적이 얼마나 많은지를 묻지 않고, 적이 어
디 있는지를 묻는다"라고 말했다.

4. 그가 거느린 병사들보다 수가 많은 적과 만티네이아에서 결정적
전투를 하는 것을 허가받지 못하자, 그는 "많은 백성을 다스릴 사람
은 많은 〔적과〕 싸워야만 한다"라고 말했다.[56]

5. 어떤 이가 스파르타인의 수가 얼마나 되느냐고 묻자, 그는 "바람
직하지 않은 모든 자를 쫓아낼 만큼 충분히"라고 답했다.

6. 그는 코린토스의 성벽 사이를 돌아다니며, 그것이 높고 망루들
이 있으며 규모도 방대한 것을 보고서, "이런 곳에서는 어떤 여성들
이 살고 있소?"라고 물었다.

7. 어떤 소피스테스가 "연설은 가장 중요한 일이지요"라고 말하자,
아기스는 "그렇다면 당신이 침묵하게 되면 전혀 쓸모가 없겠구려"라
고 응수했다.

8. 아르고스인들이 패한 이후에도 전보다 더 대담하게 〔전장에 나
선 것을 스파르타와 동맹국 병사들이〕 보게 되었다. 아기스는 동맹
국 〔병사〕들이 매우 혼란스러워하는 것을 보고 이렇게 말했다. "병
사들이여, 두려워 말라. 승리자인 우리가 겁먹을 정도라면, 우리에게

---

54) 이 책의 「왕들과 장군들의 어록」 '연소 아기스' 항목에서는 이 일화의 주인공
을 아기스 3세로 묘사한다.
55) 앞서 나온 '아게실라오스 대왕' 항목의 제50~51번에도 비슷한 구절이 나온다.
56) 허가를 구하는 대상은 아마 에포로스들이 파견한 고문관들일 것이다.

패했던 저들이라면 어떠하리라고 생각하는가?"

9. 압데라[57]에서 온 사절이 긴 이야기를 마무리 짓고 난 후에 고국에 돌아가서 자신이 시민들에게 어떻게 보고해야 할지를 묻자, 그는 이렇게 말했다. "내가 침묵하며 듣고 있던 내내 당신이 말하고 있었던 것을 보고하시오."

10. 어떤 사람들이 올림피아제전을 매우 공정하게 운영한다고 하면서 엘리스 사람들을 칭찬했다. 그러자 아기스는 "그들이 그저 4년에 하루 공정하게 행동했다고 해서 무슨 대단한 업적을 세웠다는 거요?"라고 말했다.

11. 다른 왕가의 몇몇 인물이 그를 질시한다고 말하는 사람들에게 아기스는 "그러니 그들의 불행이 스스로를 가련하게 할 것이오. 게다가 나와 내 친구들의 행운도 〔그들을〕 그렇게 하겠지"라고 말했다.

12. 누군가 그에게 도망치는 적들에게 살길을 틔워주어야 한다고 충고하자, 그는 "우리가 비겁하게 도망치는 자들과 싸우지 않는다면, 용감하여 땅에 버티고 서 있는 자들과는 어찌 싸워야 하오?"라고 말했다.

13. 어떤 사람이 그리스의 자유를 위한 계획을 내놓았다. 그런데 이 계획은 이상론에 지나지 않아서 실천에 옮기기 어려웠다. 아기스는 "친구여, 그대의 말을 뒷받침해줄 힘과 자금이 필요하오"라고 말했다.

14. 필리포스가 〔이스트모스해협 북쪽의〕 그리스를 〔스파르타인들이〕 밟지 못하는 땅으로 만들 것이라고 어떤 사람이 말하자, 그는 "친구여, 우리는 우리 영토 내에서만 오갈 수 있으면 충분하다네"라고 말했다.[58]

---

57) Abdera. 트라키아 연안에 있던 그리스 도시국가다.

15. 페린토스[59]에서 스파르타로 파견되어 온 사절이 장광설을 늘어놓았다. 그리고 말하기를 멈추고, 아기스에게 자신이 페린토스 사람들에게 어떻게 보고해야 하겠느냐고 묻자, 그는 "그대가 떠드는 것을 멈추게 하기 어려웠고, 나는 한마디도 하지 않았다는 것을 빼고는 무엇이든지"라고 답했다.

16. 그는 홀로 〔마케도니아의〕 필리포스에게 사절로 갔다. 필리포스가 "아니 뭐요? 그대 혼자 왔소?"라고 소리쳤다. 그러자 그는 "그렇소, 오로지 한 사람에게 왔기 때문이오"라고 응수했다.[60]

17. 아기스가 나이가 들었을 때, 어떤 노인이 "예전의 좋았던 관습들을 이제는 잘 찾아볼 수 없고, 안 좋은 관행들이 알게 모르게 늘어나서 스파르타에서 이제 모든 일이 뒤죽박죽되어버리고 있습니다"라고 말했다. 아기스는 익살스럽게 이렇게 답했다. "그렇다면 지금 일어나고 있는 일들은 필연적인 과정을 밟고 있는 것이오. 내가 어렸을 때 부왕께서 당신들 세대에서 모든 일이 뒤죽박죽되어가고 있다고 말씀하시는 것을 종종 들었기 때문이오. 게다가 부왕께서 말씀하시길, 자신이 어렸을 때 선왕께서도 같은 말씀을 하셨다는구려. 그러니 예전보다 상황이 더 나빠진다고 해서 놀랄 필요는 없는 거요. 오히려 상황이 더 나아지거나, 얼추 같은 식으로 남아 있다면 그때 놀라야겠지."

18. 그는 사람이 어떻게 평생 자유롭게 살 수 있겠느냐는 질문에,

---

58) 이 일화의 주인공도 아기스 3세로 보아야 한다.

59) Perinthos. 오늘날 터키의 마르마라 지역에 있는 그리스의 옛 도시다.

60) 이 일화도 필리포스가 등장하는 것으로 보아 아기스 2세 때의 일은 아니라고 보아야 한다. 플루타르코스는 『모랄리아』의 다른 곳에서 무명의 한 스파르타인이 데메트리오스 폴리오르케테스를 만나러 갔을 때의 일로 적고 있다. 왕이 직접 갔다는 것은 믿기 어려우므로 무명의 스파르타인의 일로 보는 것이 더 적절할 것이다.

"죽음에 대해 경멸감을 지니고서"라고 말했다.

연소 아기스

1. 데마데스가 칼을 삼키는 곡예사는 길이가 짧아 〔곡예도구로〕 스파르타의 칼을 사용한다고 말하자, 연소 아기스[61]는 이렇게 응수했다. "하지만 스파르타인들이 스스로의 칼로 적을 찌를 수 있다는 점은 같소."[62]

2. 그는 계속해서 스파르타인 가운데 누가 가장 뛰어난지 묻는 야비한 사람에게, "당신과 가장 많이 다른 사람"이라고 말해주었다.

마지막 아기스

스파르타의 마지막 왕[63]이었던 아기스[64]는 배신당해 붙잡혔고, 에

---

61) 아기스 3세를 말한다. 더욱 자세한 내용은 이 책의 「왕들과 장군들의 어록」 '연소 아기스' 항목의 옮긴이주 238) 참조할 것.

62) 칼 길이가 짧더라도 적을 찌를 수 있는 한 아무 상관 없다는 뜻이다.

63) 아기스 4세가 스파르타의 마지막 왕도 아니고, 아기아다이 왕가의 마지막 인물도 아니지만, 플루타르코스는 더욱 극적인 묘사를 위해 이렇게 표현한 것 같다.

64) 기원전 244/243년부터 기원전 241년까지 재위한 아기스 4세를 말한다. 20세가 되기 직전의 젊은 나이로 즉위한 아기스 4세는 당시 만연한 사치와 향락, 토지의 집중으로 국력이 감소하자 스파르타를 다시 강국으로 만들기 위해 애썼다. 그는 부채의 말소와 토지의 재분배로 스파르타를 건전하게 재건하려고 했지만, 결국 보수파의 반대로 실패하고 말았다. 보수파의 선두에는 공동으로 통치하던 아기아다이 왕가의 레오니다스 2세가 있었다. 결국 개혁에 실패

포로스들에게 재판도 없이 유죄판결을 받았다. 그는 교수형을 받기 위해 끌려가면서, 수행원 중 한 명이 흐느끼는 것을 보고 이렇게 말했다. "그대는 나를 위해 울지 말게나. 법과 정의도 무시한 〔판결로〕 죽게 되었지만, 나는 나를 죽음으로 몰고 가는 사람들보다 나은 사람이라네." 그는 이런 말과 함께 자기 스스로 〔교수대의〕 올가미에 목을 집어넣었다.

아크로타토스

아크로타토스[65]는 부모가 옳지 않은 행동을 하며 거기에 협력하는 것이 그의 의무라고 주장했을 때, 어느 정도까지 반대를 표명했다. 하지만 그들이 계속 고집하자, 이렇게 말했다. "제가 두 분의 보살핌 아래 있을 때, 저는 정의에 대해서는 아예 생각도 하지 않았습니다. 하지만 우리나라와 법을 제게 맡기셨고, 그에 더하여 〔아버님이〕 통

한 그는 보수파의 공격으로 아테나신전의 성소로 도망쳤다가, 제대로 된 재판도 받지 못하고 에포로스들에게 처형당했다. 이로써 에포로스들에게 죽임 당한 최초의 스파르타 왕이 되었다. 레오니다스 2세는 아직 젊고 아름다우며 유산이 많은 아기스 4세의 왕비 아기아티스(Agiatis)를 그녀보다 한참 어린 자신의 아들 클레오메네스 3세와 결혼시켰다. 그리고 〔아마도 부인에게 영향받은〕 클레오메네스 3세는 즉위 후 아기스 4세가 하려고 했던 개혁을 더 과격한 방식으로 밀어붙였고, 한동안 성공을 구가했다. 그러나 스파르타의 성공과 부채 말소 및 토지 재분배는 보수적 정책을 고수하던 아카이아 및 마케도니아의 반감을 샀고, 이들 연합군과의 전쟁에서 스파르타는 패했다. 클레오메네스 3세는 이집트로 망명했고, 그곳에서 죽었다.

65) Akrotatos. 클레오메네스 2세의 아들로, 아버지보다 먼저 죽었기 때문에 왕위에는 오르지 못했다. 그의 아들 아레우스(Areus) 1세가 할아버지의 뒤를 이어 기원전 309년부터 기원전 265년까지 재위했다.

치하셨을 때만큼 정의롭게 행하고 명예로운 행위를 하라고 가르치셨기 때문에, 두 분보다는 그 가르침을 따르려 합니다. 그리고 두 분의 소원은 제가 정의롭게 행하는 것이고, 그것은 일개 시민으로서, 또 통치자로서는 더더욱 훌륭한 것이기에 저는 두 분의 소원을 따르려 합니다. 그러니 이제 두 분께는 용서를 구할 수밖에요."[66]

텔레클로스의 아들 알카메네스

1. 텔레클로스의 아들 알카메네스[67]에게 누군가 어떻게 하면 왕이 왕국을 안전하게 지킬 수 있는지를 질문했다. 그는 "[왕이] 자신에게 주어진 혜택을 너무 중요하게 여기지 않으면 지킬 수 있다"라고 답했다.

2. 또 다른 사람이 왜 메세니아인들이 보낸 선물들을 받지 않느냐고 묻자, 그는 "내가 그 선물들을 받으면, 법에 따라 공정 무사하게 평화를 유지할 수 없기 때문이오"라고 말했다.

3. 어떤 사람이 그에게 많은 재산이 있으면서도 수수하게 산다고 말하자, 그는 "그렇소. 많은 재산을 지닌 이가 욕망이 아니라 이성에 따라 사는 것은 고귀한 일이기 때문이오"라고 말했다.

---

66) 아크로타토스는 부왕 클레오메네스 2세가 늙자 왕의 의무를 대신했던 것으로 보인다.
67) Alkamenes. 기원전 8세기 재위한 아기아다이 왕가의 제9대 왕이다. 정확한 연대는 알 수 없다. 그의 재위 기간에 메세니아와의 제1차 전쟁이 일어난 것으로 전해진다.

아낙산드리다스

1. 레온의 아들 아낙산드리다스[68]는 고국에서 받은 추방형으로 심히 마음 상해 있는 사람에게 이렇게 말했다. "좋은 친구여, 정의에서 추방된 것도 아니니, 고국에서 추방된 것에 대해서는 우울해하지 마시게."

2. 그는 에포로스들에게 필요한 물품을 지나칠 정도로 길게 말하는 사람을 향해, "친구여, 그대는 필요하지도 않은 시간을 들여서, 필요한 일을 너무 꾸물거리고 있구려"[69]라고 말했다.

3. 어떤 사람이 그에게 왜 스파르타인들은 들판을 헤일로테스들에게 맡기고, 스스로 돌보지 않느냐고 물었다. 그는 "우리가 들판을 얻었던 것은, 들판을 돌보아서가 아니라 우리 스스로를 돌보아서였소"라고 말했다.

4. 누군가 높은 명성은 사람에게 해만 끼치며, 거기서 해방되면 행복해질 것이라고 말하자, 그는 이렇게 응수했다. "그대의 논리에 따르면, 범죄를 저지르는 자들이 행복하겠구려. 신전을 약탈하거나 다른 범죄를 저지르는 자들이 높은 명성을 신경 쓸 일이 어찌 있겠소?"

5. 또 다른 사람이 그에게 스파르타인들이 전쟁에서 과감하게 위험을 무릅쓰는 이유를 묻자, 그는 "우리는 다른 사람들처럼 삶을 두려워하는 것이 아니라, 삶을 존중하도록 스스로 훈련했기 때문이오"라고 말했다.

---

68) Anaxandridas. 기원전 560년부터 기원전 520년까지 재위한 아기아다이 왕가의 왕으로, 기원전 590년부터 기원전 560년까지 재위한 레온(Leon)의 아들이다.

69) 플루타르코스는 이 말을 어떤 때는 아낙산드리다스의 아버지 레온이, 어떤 때는 그의 아들 레오니다스 1세가 한 것으로 썼다.

6. 어떤 사람이 그에게 왜 장로회 의원들은 중요한 사건[70]은 여러 날 동안 재판하고, 피고를 석방하더라도 여전히 기소한 상태를 유지하는지 물었다. 그는 이렇게 말했다. "중요한 사건들을 다루면서 실수로 판결하게 되면 돌이킬 수 없으므로,[71] 그들은 여러 날에 걸쳐 결정하오. 그리고 고발된 사람은 필연적으로 계속해서 법의 기소를 받게 되는데, [우리의] 법에 따르면 신중하게 [판단]해야 더 나은 결정을 도출해낼 수 있기 때문이오."

에우리크라테스의 아들 아낙산드로스

에우리크라테스(Eurykrates)의 아들 아낙산드로스[72]는 어떤 이가 스파르타인들은 왜 국고에 자금을 모아두지 않느냐고 물어보자, "그렇게 하면 국고를 지키는 자들이 부패하지 않을 테니까"라고 말했다.

아낙실라스

아낙실라스[73]는 왜 에포로스들은 왕이 임명했는데도, 왕에게 일어나 [경의를 표하고] 자리를 권하지 않는지를 궁금해하는 사람에게

---

70) 사형선고를 내릴 만한 사건을 말한다.
71) 사형선고를 내려서 피고가 죽게 되면 이를 돌이킬 수 없다는 의미다.
72) Anaxandros. 기원전 7세기에 살았던 아기아다이 왕가의 제12대 왕이다.
73) Anaxilas. 아르키다모스 1세의 아들로 에우리폰티다이 왕가의 왕이다. 기원전 7세기에 재위했다.

이렇게 말했다. "그들이 에포로스라는 직책을 맡은 것과 같은 이유요."74)

안드로클레이다스

스파르타인 안드로클레이다스75)는 한쪽 다리가 불편했지만, 스스로 전사명부에 이름을 등록했다. 일부 사람이 그의 다리가 불편하다는 이유로 병적에 넣지 말아야 한다고 주장하자, 이렇게 말했다. "그렇지만 나는 도망칠 필요가 없소. 그저 적과 싸울 때, 그 자리에 버티고 서 있을 테니."76)

안탈키다스

1. 안탈키다스77)가 사모트라케(Samotrake)의 비의(秘儀)78)에 입문

---

74) 스파르타의 에포로스들은 민회에서 선출되며, 1년 동안 국정을 책임진다. 스파르타의 왕은 제사장과 전쟁 시 사령관의 역할만을 맡고, 왕이 잘못을 저지르면 에포로스들이 왕을 재판에 회부한다. 즉 스파르타의 왕을 견제하는 역할도 에포로스들의 주요한 임무라는 의미다.

75) Androkleidas. 스파르타의 제독 리산드로스의 정치적 경쟁자인 인물일 가능성이 있지만 정확하지 않다. 달리 알려진 바가 없다.

76) 서서 싸우고 도망치지 않으니 다리가 불편해도 상관없다는 의미다.

77) 스파르타의 장군이자 정치가다. 이 책의 「왕들과 장군들의 어록」 '리쿠르고스' 항목의 옮긴이주196) 참조할 것.

78) 사모트라케는 에게해 북부의 한 섬으로, 이곳에는 '위대한 신들의 성소'라고 불리는 성역이 있었다. 특히 대지모신(大地母神)을 섬기는 비밀스러운 의식, 즉 비의(mysteria)가 거행되는 곳이기도 했다. 스파르타의 리산드로스도 이곳

했을 때, 성직자는 그에게 일생에서 가장 무서운 것이 특히 무엇이냐고 질문했다. 그는 "제가 어떤 행동을 했을 때, 신들께서 친히 그것을 아시는 것입니다"라고 대답했다.[79]

2. 그는 스파르타인들이 무식하다고 한 어떤 아테나이인에게 이렇게 응수했다. "어쨌거나 그대들에게 악덕을 배우지 않은 사람들은 우리밖에 없으니까요."

3. 또 다른 아테나이인이 그에게 "우리가 당신네〔스파르타인들을〕 케피소스강에서 여러 번 패배시켜 달아나게 했던 사실을 인정할 수밖에 없을 것이오"라고 말했다. 그러자 그는 "우리는 에우로타스강에서 당신네를 그렇게 한 적이 없소"라고 응수했다.[80]

4. 그는 어떻게 하면 사람들에게 가장 호감을 줄 수 있느냐는 질문에 이렇게 대답했다. "대화할 때는 사람들을 가장 기분 좋게 해주고, 제안할 때는 가장 이득이 되게 해준다면."

5. 어떤 소피스테스가 헤라클레스를 찬미하는 글을 읽으려고 할 때, 그는 "아니, 도대체 누가 그에 대해 안 좋은 말을 한단 말이오?"라고 했다.

6. 아게실라오스가 테바이와의 전투에서 상처를 입자, 안탈키다스는 그의 면전에 대고 이렇게 말했다. "싸우려고도 하지 않고, 심지어 싸우는 법도 모르던 사람들에게 싸움을 교육해주신 정당한 대가를 받으신 겁니다." 테바이인들은 아게실라오스가 계속 그들과 전쟁을 벌여 호전적으로 변한 것처럼 보였기 때문이다.[81]

을 방문하여 이 의식에 입문했고, 마케도니아의 필리포스 2세, 알렉산드로스 대왕, 훗날 로마시대의 하드리아누스(Hadrianus) 황제 등도 참여했다.

79) 플루타르코스는 다른 곳에서 이 일화의 주인공은 리산드로스라고 소개한다.
80) 이 책의 「왕들과 장군들의 어록」 '안탈키다스' 항목의 옮긴이주 253) 참조할 것.
81) 앞서 나온 '아게실라오스 대왕' 항목의 제71번도 같은 내용을 다룬다.

7. 그는 젊은이들이 스파르타의 성벽이며, 그들의 창끝이 스파르타의 국경이라고 말하곤 했다.

8. 그는 스파르타인들이 전쟁에서 짧은 칼을 사용하는 이유를 알고 싶어 하는 사람에게, "우리는 적과 붙어서 싸우기 때문이오"라고 답했다.

안티오코스

안티오코스[82]는 에포로스로 일하는 동안, 필리포스 왕이 메세니아인들에게 영토를 주었다는 소식을 듣고, "그는 메세니아인들에게 그 땅을 지키기 위해 싸워 이길 힘도 주었소?"라고 말했다.

아레우스

1. 몇몇 인물이 자신들의 부인이 아니라 다른 사람들의 부인을 칭찬하자, 아레우스[83]는 이렇게 말했다. "분명히 말하건대, 고결하고 고귀한 부인들을 되는대로 말하는 짓은 없어야 하며, 그녀들의 특성은 배우자 외에게는 알려져서는 절대로 안 되는 것일세."

2. 그가 시켈리아섬의 셀리노스(Selinos)를 지나갈 때, 다음과 같은 애가(哀歌)풍의 시구들이 새겨져 있는 것을 보았다.

---

82) 이 책의 「왕들과 장군들의 어록」 '안티오코스' 항목의 옮긴이주 248) 참조할 것.
83) 아레우스 1세를 말한다. 더욱 자세한 내용은 앞서 나온 '아크로타토스' 항목의 옮긴이주 65) 참조할 것.

이곳 셀리노스에서, 참주정을 끝내기 위해 애썼던 이들을
놋쇠갑옷을 입으신 아레스께서 죽이셨으니, 도시로 들어가는 입구
근처에서 베어졌노라.

이것을 보고, 그는 "확실히 그대들은 참주정이 타오를 때, 그 불길
을 꺼뜨리려고 애쓰다가 죽을 가치가 있었소. 하지만 참주정이 완전
히 다 타버리도록 놓아두는 것이 더 나았을 것을"이라고 말했다.

아리스톤

1. 어떤 이가 클레오메네스의 금언, 즉 훌륭한 왕은 어떻게 행동해
야 하는지에 대해 "친구들에게 선(善)을 행하고, 적에게 악(惡)을 행
하라"라고 한 것을 칭찬했다. 〔그 칭찬을 들은〕 아리스톤[84]은 "훌륭
한 친구여, 우리의 친구들에게 선을 행하고, 적을 친구로 만든다면
얼마나 더 좋겠소?"라고 말했다. 이 말은 통상적으로 소크라테스가
했다는 금언의 하나[85]로 인정받는데, 아리스톤도 언급한 것이다.

2. 어떤 사람이 스파르타인은 모두 얼마나 되느냐고 묻자, 그는 "적
을 몰아내기에 충분할 만큼"이라고 답했다.

3. 한 아테나이인이 스파르타인들에게 죽임당한 아테나이인들을
찬미하는 기념연설을 낭독하자, 그는 "그러면 그대는 이들에게 승리
한 우리가 어떤 사람이라고 생각하오?"라고 말했다.[86]

---

84) Ariston. 기원전 6세기에 재위했던 에우리폰티다이 왕가의 제14대 왕이다. 아
   가시클레스의 아들이며 아낙산드리다스 2세와 동시대인이다.
85) 플라톤의 『국가론』 335b에서 소개하는 소크라테스의 금언의 내용은 이와는
   다소 다르다.

아르키다미다스

1. 아르키다미다스[87]는 카릴로스[88]가 모든 사람에게 똑같이 친절하다고 칭찬하는 사람에게 이렇게 말했다. "만약 그분이 사악한 자들에게도 친절하다면, 어떻게 칭찬해야 옳은가?"

2. 소피스테스인 헤카타이오스(Hekataios)가 [스파르타의] 공동식사반의 일원으로 받아들여졌을 때, 한마디도 하지 않았다고 하여 누군가 흠을 잡았다. 그러자 아르다미다스는 "말하는 법을 아는 사람은 언제 말해야 하는지도 안다는 것을 그대는 알지 못하는 것 같소"라고 말했다.

제욱시다모스의 아들 아르키다모스

1. 제욱시다모스[89]의 아들 아르키다모스[90]는 누가 스파르타의 수

---

86) 기원전 6세기에는 아테나이와 스파르타 사이에 전쟁이 없었으므로 시대가 맞지 않는다. 아마도 다른 왕의 일화일 것이다.

87) Archidamidas. 정확하게 알려진 바는 없으나, 스파르타의 입법자이자 개혁자인 리쿠르고스 시대의 인물인 듯하다. 플루타르코스의 『대비열전』 「리쿠르고스전」 제20장에서 그의 이름이 언급된다.

88) 기원전 8세기 중엽의 스파르타 왕이다. 더욱 자세한 내용은 이 책의 「왕들과 장군들의 어록」 '카릴로스' 항목의 옮긴이주 198) 참조할 것.

89) Zeuxidamos. 기원전 491년부터 기원전 476년까지 재위했던 레오티키다스 (Leotychidas) 2세의 아들이다. 레오티키다스는 기원전 476년 테살리아로 원정군을 이끌고 갔다가 뇌물을 받아 철군했고, 그 때문에 재판에 넘겨져 추방당했다. 그의 아들 제욱시다모스는 그보다 먼저 죽었기 때문에 왕위에 오르지 못했다. 뒤에 나올 '제욱시다모스' 항목에서 여러 일화를 소개한다.

90) 기원전 5세기 중엽 재위했던 에우리폰티다이 왕가의 왕 아르키다모스 2세를 말한다.

좌(首座)인지를 묻는 이에게, "법률 그리고 법률을 따르는 행정관들"이라고 답했다.

2. 어느 하프연주자의 능력에 놀라움을 표하고 칭찬하는 사람에게 그는 이렇게 말해주었다. "좋은 친구여, 하프연주자에게 그렇게 칭찬하면 훌륭한 사람에게는 도대체 어떻게 경의를 표할 참이오?"

3. 어떤 이가 한 음악가를 소개하며, "이 사람은 훌륭한 음악가입니다"라고 말하자, 그는 "그리고 이 나라에서는 그 사람이 훌륭한 수프 끓이는 사람에 해당하오"라고 말했다. 이렇게 말함으로써, 그는 악기의 소리로 기쁨을 주는 것과 식욕을 돋우는 음식과 수프를 준비하여 기쁨을 주는 것 사이에는 차이가 없음을 넌지시 알렸다.[91]

4. 누군가 그에게 자신이 포도주를 더 맛있게 만들 수 있다고 보장했다. 그러자 그는 "무엇 때문에? 그렇게 되면 포도주를 더 마시게 될 테고, 식사가 덜 유익해질 텐데"라고 말했다.

5. 그는 코린토스 인근에 진영을 건설하고 있을 때, 산토끼들이 성벽 근처의 어느 지점에서 뛰어오르는 것을 보았다. 그래서 그는 병사들에게, "적은 우리 손에 들어온 것이나 다름없다"라고 말했다.[92]

6. 두 사람이 그를 조정자로 청하자, 아테나의 청동궁에 있는 성역으로 데리고 갔다. 그리고 두 사람에게 자신의 결정에 따를 것을 맹세하도록 했다. 그들이 맹세를 마치자, 그는 이렇게 말했다. "그러면 내 결정은 이렇네. 자네들은 서로 간의 차이를 해소하기 전에는 이

---

91) 뒤에 나올 '아낙산드리다스의 아들 클레오메네스' 항목의 제15번에도 비슷한 말이 나온다.
92) 플루타르코스는 「왕들과 장군들의 어록」에서 이 일화를 리산드로스의 것으로 묘사한다. 그 부분에서는 여기에서보다 더 자세하게 묘사하고 있는데, "적이 움직이지 않아서 산토끼가 성벽에서 자고 있다. 저런 적을 두려워할 것인가?"라고 말하고 있다.

경내를 떠나지 못하네."

7. 시라쿠사의 참주인 디오니시오스[93]가 그의 딸들에게 값비싼 의상을 보냈다. 그는 받기를 거부하며 말했다. "내 딸들이 이 옷을 입으면, 그 애들이 못나 보일까 봐 걱정되오."[94]

8. 그는 자기 아들이 아테나이인들과 격렬하게 싸우는 것을 목격하고 이렇게 말했다. "네 힘을 늘리든지, 아니면 용기를 줄이든지 하렴."

아게실라오스의 아들 아르키다모스

1. 아게실라오스의 아들 아르키다모스[95]는 〔마케도니아의〕 필리포스 2세가 카이로네아전투를 〔승리로 이끈〕 후 상당히 오만한 〔내용의〕 편지를 그에게 보내자, 이렇게 답장했다. "그대가 스스로의 그림자를 재본다면, 승리하기 전보다 그림자가 더 커지지 않았다는 것을 알게 되실 겁니다."

2. 스파르타인들은 얼마나 넓은 땅을 통제하느냐는 질문을 받자, 그는 "스파르타인들이 창을 휘둘러 닿을 만큼"이라고 말했다.[96]

3. 의사인 페리안드로스는 의술이 뛰어나고, 많이 칭찬받는 인물이었지만, 시(詩)는 잘 못 썼다. 아르키다모스는 그에게 "페리안드로스,

---

93) 디오니시오스 1세다. 더욱 자세한 내용은 이 책의 「왕들과 장군들의 어록」 '연로 디오니시오스' 항목의 옮긴이주 44) 참조할 것.
94) 옷이 좋아서, 상대적으로 딸보다 옷이 더 돋보일 것이라는 유머다. 이 책의 「왕들과 장군들의 어록」은 리산드로스의 일화로 묘사한다.
95) 아르키다모스 3세다. 이 책의 「왕들과 장군들의 어록」 '아르키다모스' 항목의 옮긴이주 207) 참조할 것.
96) 앞서 나온 '아게실라오스 대왕' 항목의 제28번도 비슷한 일화를 다룬다.

도대체 왜 능력 있는 의사 대신 별 볼 일 없는 시인이라는 소리를 듣고 싶은 거요?"라고 말했다.

4. 〔마케도니아의〕 필리포스 〔2세〕를 상대로 전쟁을 치를 때, 어떤 이가 자기 영토에서 멀리 떨어진 곳에서 교전해야 한다는 의견을 제시했다. 아르키다모스는 "그것은 우리가 신경 쓸 문제가 아니오. 우리는 싸울 때 어떤 점에서 적을 압도해야 할지를 신경 써야 하오"라고 말했다.

5. 그가 아르카디아를 상대로 이겼을 때[97] 누군가 칭찬하자, "우리가 그들을 힘이 아니라 지성으로 이겼다면 더 좋았을 거요"라고 말했다.

6. 그가 아르카디아를 침공했을 때, 엘리스가 아르카디아를 지원하고 있다는 것을 알게 되었다. 그래서 그는 아르카디아에 서한을 보냈다. "아르키다모스가 엘리스 사람들에게. 잠자코 있는 편이 좋을 것이오."[98]

7. 펠로폰네소스전쟁 중에 동맹국들이 자금은 어느 정도 〔준비하면〕 충분할지를 알고 싶어 했다. 그러면서 그가 각국의 기여금 한도를 정해주면 확실히 공평해질 것이라고 말했다. 그는 "전쟁은 정해진 군량을 먹지 않는다"라고 말했다.[99]

8. 그는 처음으로 시켈리아섬에서 공수해온 투석기에서 쏘아진 돌을 보았을 때, "헤라클레스여! 인간의 용맹이 더는 쓸모없어졌군요!"라고 소리쳤다.

---

97) 기원전 368년 아르카디아, 아르고스, 메세니아를 상대로 치른 전쟁에서 스파르타인은 한 명도 죽지 않았기에 '눈물 없는 전쟁'이라고도 한다.
98) 디오게네스 라에르티우스에 따르면 페리안드로스가 이 말을 했다고 한다.
99) 아르키다모스 3세가 아니라 아르키다모스 2세의 일화로 보인다. 이 책의 「왕들과 장군들의 어록」 '아르키다모스' 항목의 옮긴이주 208) 참조할 것.

9. 그리스인들은 마케도니아의 안티파트로스 및 크라테로스와의 협약을 중단하고, 그럼으로써 자유로워지라는 그의 권고를 들으려 하지 않았다. 그들은 마케도니아보다 스파르타가 더 가혹하다고 느꼈기 때문이다. 그러자 그는 "양이나 염소는 늘 같은 방식으로 울지만, 사람은 마음에 정해놓은 목적을 달성할 때까지는 아주 다른 방식으로 말하지"라고 말했다.[100]

아스티크라티다스

스파르타의 왕 아기스가 메갈로폴리스 인근의 전투에서 안티파트로스에게 패한[101] 이후에, 어떤 이가 아스티크라티다스[102]에게 말했다. "스파르타인들이여, 앞으로 어떻게 할 거요? 마케도니아에 무릎을 꿇을 거요?" 그는 답하기를, "말도 안 되는 소리! 우리가 스파르타를 위해 싸우다 죽는 것을 안티파트로스가 금하기라도 했소?"라고 했다.

비아스

아테나이 장군 이피크라테스의 매복에 걸린 비아스[103]는 휘하 병

---

100) 아르키다모스 3세는 기원전 338년 죽었으므로 이 일화도 시기가 맞지 않는다. 일화의 주인공은 다른 사람일 것이다.
101) 아기스 3세의 패사는 이 책의 「왕들과 장군들의 어록」 '연소 아기스' 항목의 옮긴이주 238) 참조할 것.
102) Astykratidas. 달리 알려진 바가 없다.

사들이 무슨 일이 일어났는지를 묻자, "너희의 목숨을 구하는 것 그리고 나는 죽을 때까지 싸우는 것 이외에 무엇이 있겠는가?"라고 말했다.

브라시다스

1. 브라시다스[104]는 말린 무화과 사이에서 쥐를 한 마리 잡고는 물리자 놓아주었다. 그런 다음에 함께 있던 사람들에게 몸을 돌리고 말했다. "저리 작은 동물도 자신을 공격하는 자에게 대항하여 스스로를 지킬 용기를 지니고 있으면 목숨을 구할 수 있다네."[105]

2. 어느 전투에서 그는 자신의 방패를 꿰뚫은 창에 상처를 입었다. 그는 상처에서 창을 뽑고는 바로 그 창으로 적을 죽였다. 그리고 어떻게 상처를 입게 되었느냐고 질문받자, 그는 "내 방패가 배신자가 되었을 때 그랬네"라고 답했다.[106]

3. 그는 전쟁을 치르러 진군해가는 중에 에포로스들에게 편지를 썼다. "나는 이 전쟁으로 내가 원하는 것을 이루겠소. 그렇지 못하면 죽

---

103) Bias. 누구인지 확정하기 어렵다. 다만 내용상으로 볼 때, 기원전 389년 아테나이의 장군 이피크라테스와 싸운 스파르타의 장군 아낙시비오스(Anaxibios)로 보인다. 아낙시비오스의 일화는 크세노폰의 『헬레니카』 제4권 제8장 제38절에 나오는데, 함정에 빠진 그는 옆에 있던 사람들에게 "나는 여기서 명예롭게 죽겠지만, 여러분은 적과 마주치기 전에 도망쳐서 살아남도록 하시오"라고 말한다.

104) 스파르타의 장군이다. 더욱 자세한 내용은 이 책의 「왕들과 장군들의 어록」 '브라시다스' 항목의 옮긴이주 209) 참조할 것.

105) 앞서 나온 '아게실라오스 대왕' 항목의 제9번도 비슷한 일화를 다룬다.

106) 이 책의 「왕들과 장군들의 어록」 '브라시다스' 항목의 제2번도 같은 일화를 다룬다.

겠소."

4. 그는 트라키아 지역에 사는 그리스인들의 자유를 지켜주기 위해 싸우다가 사망하게 되었다. 그러자 그 지역 사람들이 스파르타로 사절단을 파견하여 그의 어머니 아르길레오니스를 만나기 위해 기다렸다. 〔그들이 만나게 되었을 때〕 그녀는 브라시다스가 명예롭게 최후를 맞이했는지를 가장 먼저 물었다. 그러자 트라키아인들은 누구도 그와 같지는 못할 것이라고 말하며 최고의 찬사를 보냈다. 그러자 아르길레오니스는 이렇게 말했다. "여러분은 외국에서 오셔서 잘 모르시는군요. 〔내 아들〕 브라시다스가 괜찮은 사람이긴 했어도 스파르타에는 그보다 더 나은 사람들이 많다오."[107]

다모니다스

합창단의 지휘자가 말석(末席)을 지정해주자, 다모니다스는 "좋군요. 지휘자님께서는 명예롭지 않은 자리를 명예로운 자리로 만드는 법을 발견하셨군요"라고 소리쳤다.[108]

다미스

다미스[109]는 공식적으로 표결하여 자신을 신격화하라는 알렉산드

---

107) 이 책의 「왕들과 장군들의 어록」 '브라시다스' 항목의 제3번도 같은 일화를 다룬다.
108) 앞서 나온 '아게실라오스 대왕' 항목의 제6번도 같은 일화를 다룬다.
109) Damis. 달리 알려진 바가 없다.

로스의 지시[110])에 대해, "그가 원한다면 신으로 불리는 것을 인정해
줍시다"라고 말했다.

다민다스

필리포스가 펠로폰네소스를 침공[111]) 했을 때, 누군가 "스파르타가
침입자와 평화조약을 맺지 않는다면, 비참한 운명을 맞이할 위험이
있소"라고 말했다. 그러자 다민다스[112])는 "이 보잘것없고 비겁한 작
자야! 우리가 죽음을 두려워하지 않는다면, 어떤 비참한 운명이 우리
에게 닥쳐오겠는가?"라고 소리쳤다.

데르킬리다스

피로스[113])가 군을 이끌고 스파르타 근처까지 왔을 때,[114]) 데르킬
리다스[115])가 사절로 파견되었다. 그리고 피로스가, 클레오니모스[116])

---

110) 기원전 324년의 일이다.
111) 기원전 338년의 일이다.
112) Damindas. 달리 알려진 바가 없다
113) 에페이로스의 왕이다. 더욱 자세한 내용은 이 책의 「왕들과 장군들의 어록」
    '에페이로스의 피로스' 항목의 옮긴이주 125) 참조할 것.
114) 기원전 272년의 일이다.
115) Derkylidas. 달리 알려진 바가 없다. 기원전 4세기 초에 활약한 스파르타의
    제독은 동명이인이다.
116) Kleonimos. 스파르타의 왕 클레오메네스 2세의 아들이었지만, 기원전
    309/308년 부왕이 죽었을 때 왕위를 계승하지 못했다. 그의 성품이 문제였
    을 가능성이 크다. 왕위는 그의 조카인 아레우스 1세가 계승했다. 그는 주로

를 왕으로 받아들이지 않으면, 스파르타인이 다른 민족보다 용감할 것도 없다는 사실을 알게 될 것이라고 말하자, 데르킬리다스는 그의 말을 끊었다. "그가 신이라면, 우리는 그를 두려워하지 않습니다. 우리는 잘못을 저지른 적이 없으니까요. 하지만 그가 사람이라면, 확실히 우리보다 우월하지 않습니다."

데마라토스

1. 오론테스[117)]가 상당히 오만한 태도로 그에게 말했을 때, 어떤 이가 "오론테스가 그대를 오만하게 대하는군요, 데마라토스[118)]"라고 말했다. 데마라토스는 "오론테스는 내게 잘못을 저지르지 않았소. 해를 끼치는 사람은 듣기 좋은 말을 하는 사람들이지, 마음에서 우러나

해외에서 용병대장으로 활동했는데, 기원전 272년 자신이 왕위에 오르게 해달라고 피로스를 설득했다. 그러나 스파르타는 그의 즉위를 거부하고, 여성들까지 나서서 피로스의 공격을 성공적으로 막아냈다.

117) Orontes. 달리 알려진 바가 없다. 다만 이란계로는 비교적 흔한 이름이고, 아르메니아 지역을 맡았던 페르시아의 태수 중에 같은 이름의 가문이 있었으므로, 데마라토스가 페르시아에 망명한 후에 만난 페르시아의 중요 인물일 가능성이 크다.

118) Demaratos. 펠로폰네소스동맹이 형성된 시기인 기원전 510년경부터 491년까지 재위했던 에우리폰티다이 왕가의 왕이다. 그는 거의 같은 기간에 함께 재위했던 아기아다이 왕가의 왕 클레오메네스 1세(재위 기원전 519년경~기원전 489년경)와 대립각을 세웠다(스파르타는 이왕제 국가다). 클레오메네스 1세는 데마라토스의 친척이자 경쟁자인 레오티키다스 2세를 왕으로 밀었다. 이를 위해 데마라토스가 사실 아리스톤의 아들이 아니라 모후가 전남편과 낳은 자식이라는 소문을 냈고, 아폴론신전의 사제들을 매수하여 데마라토스에게 불리한 신탁이 나오게 했다. 결국 데마라토스는 폐위당하고 레오티키다스 2세가 즉위했다. 이후 데마라토스는 페르시아로 망명했고, 페르시아의 제2차 그리스침공 때 동행하기도 했다.

오는 미움을 품고 말하는 사람들이 아니오"라고 말했다.

2. 어떤 사람이 그에게 왜 스파르타인들은 방패를 잃어버린 이에게는 불명예를 안기고, 투구나 흉갑을 잃어버린 이에게는 그러지 않는지를 물어보았다. 그는 "투구나 흉갑은 스스로를 위해 입는 것이지만, 방패는 전열 전체의 안위를 위한 것이기 때문이오"라고 말했다.[119]

3. 그는 한 음악가의 〔연주에〕 귀를 기울이다가, "저 친구는 별것 아닌 자기 일을 참 잘하는구려"라고 말했다.[120]

4. 어느 회의석상에서 머리가 나빠서 침묵을 지키는지, 아니면 할 말이 없어서 침묵을 지키는지를 묻는 말에, 그는 "머리가 나쁜 사람은 혀를 가만히 놔둘 수 없소"라고 말했다.

5. 어떤 이가 그에게 왕이었는데도 스파르타에서 망명해야 했던 이유를 묻자, 그는 "스파르타에서는 법이 왕보다 강력하기 때문이오"라고 말했다.

6. 어떤 페르시아인이 데마라토스가 사랑하는 젊은이[121]에게 돈을 〔많이〕 주고 데려갔다. 그러면서 데마라토스에게, "어이, 스파르타인. 내가 그대의 연인을 유혹했네"라고 말했다. 데마라토스는 "당신

---

119) 고대 그리스에서 방패(*hoplon*)는 중요한 역할을 했다. 방패의 지름은 보통 120센티미터 전후였는데, 그 방패로 자신의 몸을 왼쪽부터 가렸다. 따라서 몸의 오른쪽 3분의 1가량은 오른쪽 사람의 방패로 가려야 했다. 이렇게 해서 서로의 방패로 몸을 가리며 바짝 붙어 싸우는 밀집방진을 짰다. 따라서 방패를 잃어버리면 직접적으로는 오른쪽 사람을 보호해줄 수 없게 되고, 크게는 전열 전체에 피해를 주게 되었다. 그래서 그리스인은 중장보병을 호플리테스(*hoplites*), 즉 '방패를 든 자'라고 불렀다.

120) 스파르타인답게 즐기기 위한 음악을 대단하지 않은 일로 여긴 것으로 보인다. 다만 스파르타인은 행진곡이나, 전투에 필요한 음악, 즉 발을 맞추기 위한 음악은 높이 평가했다.

121) 어린 남자 애인을 말한다.

이 유혹한 것이 아니오. 분명히 말하건대, 당신은 그 아이를 돈 주고 사 간 것이지"라고 말했다.

7. 어느 페르시아인이 왕에게 반기를 들었는데, 데마라토스는 그를 설득하여 마음을 바꿔 돌아오도록 했다. 하지만 왕은 그를 사형에 처하려 했다. 데마라토스는 왕에게 이렇게 말했다. "전하, 부끄러운 일이 될 것입니다. 이 사람이 전하의 적이었을 때는 도망쳤다고 처벌하지 않으셨는데, 전하의 편에 선 지금 사형에 처하려 생각하시다니요."

8. 〔페르시아〕 왕에게 아첨을 일삼는 어떤 이가 망명했다고 하여 데마라토스를 종종 비웃었다. 데마라토스는 그에게 "친구여, 나는 〔그 문제로〕 당신과 다투고 싶지 않소. 나는 〔이미〕 인생에서 내 자리를 낭비해버렸기 때문이오"라고 답했다.

에크프레페스

에포로스인 에크프레페스[122]는 〔나무를 다듬는 데 쓰는〕 손도끼로 음악가 프리니스(Phrynis)의 수금 아홉 현 중 두 현을 잘라버리면서, "음악을 살해하지 마시오"라고 말했다.[123]

---

122) Ekprepes. 달리 알려진 바가 없다.
123) 플루타르코스의 『대비열전』 「아기스전」 제10장 제4절도 같은 일화를 소개한다.

에파이네토스

에파이네토스[124)]는 거짓말이 모든 악의 근원이라고 말했다.

에우보이다스

에우보이다스[125)]는 몇몇 사람이 다른 이의 부인을 칭찬하는 소리를 듣고 참을 수가 없어서, "가족 이외의 사람들은 여성의 성품을 절대로 화제에 올려서는 안 되네"라고 말했다.[126)]

아르키다모스의 아들 에우다미다스

1. 아르키다모스의 아들이며 아기스의 동생인 에우다미다스[127)]는 이미 적잖이 나이가 든 크세노크라테스가 아카데메이아에서 지인들과 철학을 논하는 것을 보고, 저 노인이 누구인지를 〔주변에〕 물었다. 누군가 그는 현인이며 덕을 찾는 사람 중 하나라고 답하자, 그는 "그가 지금까지 그저 덕을 찾기만 한다면, 도대체 언제 그 덕을 발휘한다는 말이오?"라고 말했다.

2. 한 철학자가 현인만이 유일하게 훌륭한 지휘관이라는 취지의 강

---

124) Epainetos. 달리 알려진 바가 없다.
125) Euboidas. 달리 알려진 바가 없다.
126) 앞서 나온 '아레우스' 항목의 제1번과 같은 내용이다.
127) 에우리폰티다이 왕가의 왕이다. 더욱 자세한 내용은 이 책의 「왕들과 장군들의 어록」 '에우다미다스' 항목의 옮긴이주 246) 참조할 것.

연을 했다. 그 강연을 듣던 에우다미다스는 "강연은 훌륭한데 강연자는 믿을 수가 없소. 그는 〔전쟁의〕 나팔소리가 울려 퍼지는 한가운데 있었던 적이 없기 때문이오"라고 말했다.

3. 크세노크라테스는 자신의 주제를 상세히 해설하고 있었다. 그리고 막 말을 마치려는 시점에 에우다미다스가 도착했다. 그 자리에 있던 사람 중 하나가 "우리가 막 강의를 끝마치려는 시점에 그분이 오셨군요"라고 언급했다. 에우다미다스는 "그렇다면 매우 적절했군요. 크세노크라테스가 말씀하고 싶어 하셨던 것을 벌써 다 말씀하셨다면 말이오"라고 말했다. 또 다른 사람이 "그분의 강의를 들으신다면 좋으실 텐데요"라고 말하자, 에우다미다스는 이렇게 응수했다. "그렇긴 하겠지만, 우리가 막 저녁식사를 마친 사람을 만나게 되었을 때, 또 저녁을 드시라고 고집해야 할까요?"

4. 〔스파르타〕 시민은 모두 마케도니아와의 전쟁에 찬성을 표했는데, 에우다미다스는 평화를 지키기로 결정했다. 누군가 그 이유를 묻자, 그는 "나는 시민들이 거짓말하고 있다는 사실을 증명할 필요가 없기 때문이오"라고 말했다.[128]

5. 또 다른 인물이 〔예전에〕 페르시아와 용감히 싸워 이겼던 성공적인 사례들을 들먹이면서 〔마케도니아와의〕 전쟁을 선동했다. 그러자 에우다미다스는 "당신은 양 1,000마리를 이긴 후에, 늑대 50마리와 싸우자는 소리와 다름없는 주장을 하고 있음을 깨닫지 못하고 있는 것 같소"라고 말했다.

6. 커다란 성공을 거둔 한 음악가를 어떻게 생각하느냐고 질문받

---

128) 이 시기 스파르타는 국력이 약해져 있어서 도저히 마케도니아와 싸워 이길 수 없었다. 그런데도 시민들이 일종의 '허세'를 부리고 있으니, 에우다미다스는 자신마저 전쟁에 찬성하여 그 허세를 들킬 필요가 없다는 의미로 말한 듯하다.

자, 에우다미다스는 이렇게 말했다. "그는 별것 아닌 것으로 사람을 홀리는 큰 힘을 가졌군."

7. 어떤 사람이 아테나이를 찬미하자, 그는 "그 폴리스를 당연하게 찬미할 수 있는 사람이 대체 누구요? 그 덕분에 더 나은 사람이 되어 감동한 사람이 아무도 없는 그곳을"이라고 말했다.

8. 아르고스에서 온 사람이 스파르타인은 외국에 나가면 더 부도덕하게 되어 오랜 전통의 법률마저도 무시한다[129]고 말하자, 그는 이렇게 응수했다. "하지만 당신들은 스파르타로 오게 되면, 더 나빠지는 것이 아니라 더 나아지지요."

9. 알렉산드로스가 올림피아에서 테바이인만을 제외한 모든 망명자는 고국으로 돌아가도 좋다는 포고령[130]을 내리자, 그는 이렇게 평했다. "테바이인들이여, 그대들에게 이 포고령은 불행한 것이겠지만, 대단한 찬사이기도 하오. 알렉산드로스가 두려워하는 유일한 사람들이 그대들이니 말이오."

10. 위험한 원정을 떠나기 전에 무사이에게 희생제를 올리는 목적이 무엇이냐는 질문을 받자, 그는 "그럼으로써 우리의 위업에 맞는 찬사를 찾을 수 있을 테니"라고 말했다.

아낙산드리다스의 아들 에우리크라티다스

아낙산드리다스의 아들 에우리크라티다스[131]는 누군가 왜 에포로

---

129) "조국에서는 사자이지만 외국에서는 여우"라는 속담처럼, 스파르타의 장군이나 왕들은 해외에 나가서 뇌물을 받거나 하는 등의 사고를 제법 많이 쳤다.
130) 기원전 323년의 일이다.
131) Eurykratidas. 이 사람은 헤로도토스의 『역사』 제7권 제204장에서 레오니다

스들이 계약과 관련된 사건들을 매일 재판하는지 물어보자, "그렇게 함으로써 우리는 적 가운데서도 서로를 신뢰할 수 있다오"라고 답했다.[132]

제욱시다모스

1. 어떤 사람이 그에게 왜 스파르타인은 용기에 관해서 법률로 규정해두지 않았는지, 적어두고 젊은이들에게 읽도록 하지 않았는지 이유를 물었다. 그는 "젊은이들은 씩씩하고 용기 있게 행동하는 일에 익숙해져야 하기 때문이오. 글보다는 마음에 적용해두는 편이 더 낫소"라고 말했다.

2. 어떤 아이톨리아[133]인이 진짜 남자의 역할을 할 수 있는 사람들에게는 전쟁이 평화보다 낫다고 주장했다. 제욱시다모스[134]는 "맹세코 아니오. 하지만 그런 사람들에게는 삶보다 죽음이 더 낫군요"라고 답했다.

스 왕의 선조 중 하나로 언급된 인물일 것이다. 왕의 선조라고 해서 모두 왕이었던 것은 아니므로 재위했는지는 알 수 없다.

132) 매일 민사소송들을 처리하여 판결받지 않은 사건을 남겨두지 않음으로써 시민 사이에 갈등을 빨리 해소한다는 의미로 해석할 수 있다.

133) Aitolia. 그리스 북부의 도시국가 10여 개로 구성된 연합체다. 이 지역은 척박하여 주변 지역을 약탈하는 경우가 많았다. 다른 그리스인들은 이 지역 사람들이 거칠고 호전적이며 약탈을 많이 하므로 좋아하지 않았다. 자체적으로는 상당히 민주적으로 국정을 운영했으므로 '산적 민주정치'라고 부르기도 한다.

134) 레오티키다스 2세의 아들이자 아르키다모스의 아버지다. 더욱 자세한 내용은 앞서 나온 '제욱시다모스의 아들 아르키다모스' 항목의 옮긴이주 89) 참조할 것.

헤론다스

헤론다스[135]가 아테나이에 가 있을 때, 그곳의 어떤 사람이 일하지 않았다고 고발되어 유죄판결을 받았다. 이를 전해 들은 그는 사람들에게 자유로운 시민의 범죄[136]를 저질러 유죄를 선고받은 이가 누구인지를 알려달라고 말했다.

테아리다스

테아리다스[137]가 칼을 갈고 있을 때, 그 칼이 날카로우냐는 질문을 받자, "중상모략보다 날카롭소"라고 답했다.

테미스테아스

테미스테아스[138]는 레오니다스 왕[139]에게 테르모필라이에서 왕과

---

135) Herondas. 달리 알려진 바가 없다.

136) 스파르타에서 시민은 생업에 종사해서는 안 되고 오로지 전사로서만 살아야 했기 때문이다.

137) Thearidas. 달리 알려진 바가 없다.

138) Themistias. 헤로도토스의 『역사』 제7권 221장은 아카르나니아인 예언자 메기스티아스(Megistias)가 예언했으며, 메기스티아스 본인이 떠나는 대신 외아들을 떠나게 했다고 기록한다. 아마도 메기스티아스가 맞을 것이며, 플루타르코스가 그를 스파르타인으로 착각한 듯하다.

139) 아기아다이 왕가의 제17대 왕 레오니다스 1세로 기원전 489년부터 기원전 480년까지 재위했다. 제2차 그리스-페르시아전쟁에서 그리스군 총사령관으로 활약했으며, 영화 「300」으로 유명한 테르모필라이(Thermophylai)전투

동료 병사들이 모두 처참한 결과를 맞을 것이라고 예언했다. 그는 예
언자였기 때문이다. 왕은 앞으로 일어날 일을 알려주라는 구실로 테
미스테아스를 스파르타로 파견하려 했다. 실제로는 다른 병사들과
함께 죽임당하지 않게 하려는 것이었다. 그러나 테미스테아스는 그
명령을 따르려 하지 않고, "저는 싸우기 위해 파견된 것이지, 소식을
전하기 위해 온 것은 아닙니다"라고 말했다.

테오폼포스

1. 테오폼포스[140]는 국가를 통치자가 가장 안전하게 유지하는 법
을 묻는 사람에게 이렇게 말했다. "그(통치자)가 친구들이 솔직하게
말할 수 있도록 보장해주고, 권한이 닿는 한 신민 중 누구도 그릇된
일을 당하지 않게 한다면."

2. 외국에서 온 사람이 그에게, 고향에서 자신은 시민들에게 '스파
르타를 사랑하는 자'라고 불린다고 말하자, 그는 "스파르타를 사랑
하는 자라고 불리는 것보다는 그대 나라를 사랑하는 자라고 불리는
편이 더 좋을 것이오"라고 답했다.

3. 자신만이 스파르타의 생활방식을 따라 하므로 파견되었다고 엘
리스에서 온 사절이 말했다. 그러자 테오폼포스는 "그대의 생활방식

에서 기원전 480년 8월 11일 전사했다. 왕비는 기원전 519년경부터 기원전
489년경까지 재위했던 아기아다이 왕가의 클레오메네스 1세의 공주 고르
고(Gorgo)였으며, 그녀도 대표적인 스파르타 여성으로 여러 가지 일화를
남겼다.
140) 스파르타 에우리폰티다이 왕가의 왕이다. 더욱 자세한 내용은 이 책의 「왕
들과 장군들의 어록」 '테오폼포스' 항목의 옮긴이주 205) 참조할 것.

과 다른 이들의 생활방식 중 어느 것이 더 낫소?"라고 물었다. 사절이 자신의 생활방식이 더 낫다고 대답하자, 테오폼포스는 "그러면 많은 시민 중에 오로지 한 사람만이 훌륭한 나라가 어떻게 지탱되는 거요?"라고 말했다.

4. 어떤 사람이 스파르타는 왕들 덕분에 유지되고 있는데, 통치에 합당한 이들이기 때문이라고 말하자, 그는 "그렇지 않소. 시민들 덕분이오. 그들이 통치자들에게 복종하기 때문이지요"라고 말했다.

5. 필로스[141] 주민들이 그에게 대단한 명예를 부여하기로 결의했을 때, 그는 이렇게 응답했다. "시간이 지나면 적절한 명예는 더 커지지만, 과한 명예는 사라진다오."

6. 어떤 사람이 성벽을 가리키며 높고 강하지 않느냐고 물었을 때, 그는 "저곳은 여성들이 사는 곳이오?"라고 물었다.

토리키온

델포이에서 와서 이미 이스트모스해협의 좁은 입구를 점령하고 있는 필리포스 왕의 군대를 보고, "코린토스 사람들이여, 펠로폰네소스 사람들은 그대들이라는 별 볼 일 없는 관문지기가 있구려"라고 말했다.[142]

---

141) Pylos. 펠로폰네소스반도 남서쪽 끝에 있는 도시다.
142) Thorykion. 달리 알려진 바가 없다. 필리포스 왕의 군대를 언급하는 것으로 보아 기원전 338년의 일일 것이다.

텍타메네스

텍타메네스[143]는 에포로스들이 그에게 사형을 선고했을 때, 웃으며 [처형장으로] 향했다. 주변에 있던 이 중 한 명이 그에게 "스파르타의 법률을 경멸하는 거요?"[144]라고 물었다. 그러자 그는 이렇게 답했다. "아니요. 그저 다른 누군가에게 사정하거나, 무엇을 빌리지 않고도 나 자신이 이 처벌을 감수할 수 있다고 생각되어서 즐거울 따름이오."

히포다모스

아기스가 전투에서 아르키다모스 왕 옆에 자리 잡고 있을 때, 아르키다모스는 히포다모스[145]에게 아기스와 함께 스파르타로 가서 의무를 다하라고 했다. 히포다모스는 "하지만 보시다시피 제가 스파르타를 위해 용감한 이들의 한 축이 되어 싸우다 죽는 것보다 더 명예로운 죽음을 맞이할 수 있겠습니까?"라고 말했다(그는 80세가 넘었다). 그리고 그는 무기를 들고 왕의 오른편에 자리를 잡고 서서 싸우다 죽었다.

---

143) Thektamenes. 달리 알려진 바가 없다.
144) 경멸하기에 비웃는 것이냐는 의미다.
145) Hippodamos. 아기스 제2~4세 시기 중 어느 때 인물인지 확실하지 않다.

히포크라티다스

1. 〔페르시아〕카리아 지역의 태수가 히포크라티다스[146]에게 편지를 썼다. 스파르타에서 온 사람이 몇몇 음모자의 계획을 알게 되었는데, 아무 일도 하지 않았다는 것이다. 그러면서 추신으로 그를 어떻게 처리해야 할지 문의했다. 히포크라티다스는 이렇게 답장을 썼다. "만약 그대가 그자에게 큰 호의를 품고 있다면, 처형하시오. 그렇지 않다면 그대가 다스리는 영토에서 추방하시오. 그자는 완전히 덕성을 갖추지 못한 겁쟁이이기 때문이오."

2. 어느 날 사랑하는 자와 함께 있다가 그를 만난 한 젊은이가 얼굴을 붉혔다. 그는 "다른 사람의 눈에 띄더라도 안색이 변하지 않을 이와 함께 다니게나"라고 말했다.

칼리크라티다스

1. 리산드로스의 친구들은 제독인 칼리크라티다스[147]에게 적 중 한 명이 도망치도록 허용해준다면, 50탈란톤을 주겠다는 통 큰 제안을 했다. 당시 그는 수병들의 식량 때문에 돈이 매우 필요했는데도, 그 제안을 거절했다. 그의 참모 중 하나인 클레안드로스(Kleandros)

---

146) Hippokratidas. 기원전 7~6세기 인물로 추정되는 에우리폰티다이 왕가의 왕 이름이 히포크라티다스이지만, 글의 내용으로 보면 기원전 4세기로 보인다. 따라서 정확하게 특정할 수 없다.

147) Kallikratidas. 기원전 406년 아르기누사이(Arginusai)전투에서 스파르타 함대를 지휘했던 제독이다. 그는 이 전투에서 전사했다. 당시 총사령관은 리산드로스였다.

가 "제가 당신이라면 그 돈을 받았을 것입니다"라고 말하자, 칼리크라티다스는 "나도 그랬을걸세. 내가 자네라면!"[148]이라고 말했다.

2. 그는 사르디스[149]에 있는 (당시 스파르타와 동맹관계인) 연소 키로스[150]에게 함대에 필요한 자금을 구하러 갔다. 첫날, 그는 키로스와의 회견을 원한다는 전갈을 보냈다. 그러나 키로스가 술을 마시느라 바쁘다는 답을 듣고, "나는 그가 음주를 끝낼 때까지 기다리겠소"라고 말했다. 그리고 그날은 키로스를 만날 수 없다는 것을 알게 되자, 그때 물러갔다. 그리하여 그는 키로스가 상당히 무례하다는 인상을 받게 되었다. 다음 날에도 그는 키로스가 술을 마시느라 나올 수 없다는 말을 들었다. 그는 "우리는 스파르타에 맞지 않는 짓을 하면서까지 돈을 얻는 데 매달릴 수는 없소"라고 말하며, 에페소스로 철수했다. 처음으로 페르시아인들에게 제멋대로 취급받은 그는 재화를 가지고 거만하게 굴 수 있음을 가르쳐준 자들에게 〔그 대가로〕 온갖 저주를 퍼부었다. 그리고 그 자리에 있던 사람들에게 맹세하기를, "스파르타로 돌아가자마자 무엇이든 하겠소. 그리스인들이 다시 화합하고, 그럼으로써 페르시아에 업신여김받지 않게 되며, 서로 간에 싸우기 위해 페르시아에 재화를 구걸하는 일을 멈추기 위해서라면"이라고 말했다.

3. 이오니아인들이 어떤 사람들이냐는 질문을 받자, 그는 "좋지 않은 자유민, 좋은 노예"라고 말했다.[151]

---

148) "하지만 나는 자네가 아니라네"라는 말이 생략되어 있다고 볼 수 있다.

149) Sardis. 오늘날 터키의 마니사주에 있는 사르트를 말한다. 고페르시아어로는 '스파르다'(Sparda)라고 발음된다. 고대 리디아 왕국의 수도였으며, 페르시아 제국의 주요 도시 중 하나였다. 신약성서는 이곳에 아시아의 일곱 교회 중 하나가 있다고 기록한다.

150) 이 책의 「왕들과 장군들의 어록」 '연소 키로스' 항목의 옮긴이주 21) 참조할 것.

4. 키로스가 병사들에게 지불할 돈을 보내주면서, 우정의 징표로 그만을 위한 특별한 선물들도 같이 보냈다. 그는 돈만 받고 선물들은 돌려보내면서 이렇게 전하라고 했다. "나는 키로스와 사적인 우정을 나눌 필요를 느끼지 않소. 다만 모든 스파르타인과 맺었던 전반적 우호관계(즉 동맹)를 지킬 따름이오."

5. 아르기누사이에서 해전을 치르려 할 때, 키잡이인 헤르모노스(Hermonos)가 아테나이 함선들이 훨씬 많으니 퇴각하는 것이 좋겠다고 조언했다. 그러나 칼리크라티다스는 이렇게 말했다. "그런데 그게 어떻다는 말인가? 도망치는 것은 스파르타에 수치이며 모욕이다. 안 된다. 죽거나 이기거나, 여기 머무르는 것이 최선이다."

6. 전투에 앞서 희생제를 지낼 때, 예언자가 그에게 징조에 따르면 함대는 승리하겠지만, 제독은 죽을 것이라고 말했다. 그는 전혀 당황하지 않고 이렇게 말했다. "스파르타의 운명은 한 사람에게 달려 있지 않다. 내가 죽어도 우리나라는 어떤 식으로든 피해를 보지 않을 것이기 때문이다. 하지만 내가 적에게 굴복하면 피해를 볼 것이다." 그리고 그는 [참모인] 클레안드로스를 자신의 자리를 대신할 지휘관으로 임명하고 지체 없이 해전에 뛰어들었다. 그리고 전투 중에 전사했다.

파우사니아스의 아들 클레옴브로토스

파우사니아스의 아들 클레옴브로토스[152]는 외국에서 온 사람이

151) 이 책의 「왕들과 장군들의 어록」 '아게실라오스' 항목의 제1번에도 비슷한 말이 나온다. 더불어 이 책의 「왕들과 장군들의 어록」 '이단티르소스' 항목의 옮긴이주 35) 참조할 것.

부친과 자신 중 누가 더 뛰어난지를 논하자, "내 아버님께서 당신보다 더 나으시오. 적어도 당신이 아버지가 되기 전까지는"이라고 말했다.[153]

아낙산드리다스의 아들 클레오메네스

1. 아낙산드리다스의 아들 클레오메네스[154]는 "호메로스는 스파르타인의 시인이며, 헤시오도스는 헤일로테스의 시인이다. 호메로스는 전투에 필요한 가르침을 주었고, 헤시오도스는 농사에 필요한 가르침을 주었기 때문이다"라고 말했다.[155]

2. 그는 아르고스와 7일간의 휴전을 맺고 계속 그들을 면밀히 주시하다가 3일째 밤에 아르고스인들이 조약을 믿고 잠잘 때, 일부를 죽이고 나머지는 포로로 잡았다.

3. 그가 서약을 어긴 일로 비난받자, 서약에 밤과 관련된 조항은 없었다고 말했다. 어쨌든 신이거나 인간이거나 적에 관해서 하는 행동

---

152) 클레옴브로토스 1세다. 더욱 자세한 내용은 이 책의 「왕들과 장군들의 어록」 '아게실라오스' 항목의 옮긴이주 232) 참조할 것.

153) 스파르타는 전사가 될 아들을 낳는 것을 매우 중요한 덕목으로 삼았다. 국가 노예라 할 헤일로테스들이라는 잠재적인 적이 내부에 있었기 때문이다. 전설적 입법자 리쿠르고스는 아들을 낳고, 그 아들을 최고의 전사로 키우는 것 그리고 국가에 충성하게 하는 것을 스파르타 최고의 덕목으로 세우기 위해 모든 관습과 법률을 동원했다.

154) 클레오메네스 1세다. 더욱 자세한 내용은 앞서 나온 '데마라토스' 항목의 옮긴이주 118) 참조할 것.

155) 호메로스의 『일리아스』와 『오뒷세이아』는 주로 전투에 관해 서술하고, 헤시오도스의 대표작 『노동과 나날』은 주로 농사일에 관해 서술하기 때문에 한 농담이다.

이 〔비록〕좋지 않다고 해도 고지식하게 구는 것보다는 훨씬 나을 것이다.[156]

4. 〔아르고스의〕여성들이 성역에 있는 무기들을 가지고 나와서 무장한 채 그와 싸웠기 때문에, 서약을 어겨서까지 아르고스를 얻으려 했던 〔그의 목적은〕결국 허사가 될 운명이었다. 훗날 그는 미쳐서 단검으로 복사뼈에서 시작하여 점차 중요 부위로 옮아가며 스스로의 몸을 난자했고, 그러면서 이를 드러내고 웃으며 죽었다.[157]

5. 예언자들은 그가 아르고스로 진군하는 것을 단념케 하려고 애썼지만, 그는 철군은 수치스러운 일이 되리라고 말했다. 클레오메네스가 도시 근처까지 도달했을 때, 그는 성문들이 닫혀 있고, 여성들이 성벽 위에 있는 것을 보았다. 그는 "예언자여, 그대가 보기에도 남자들이 죽어서 여자들이 성문을 막고 있는 이곳에서 철군하는 것이 수치스러운 일이 될 것 같은가?"라고 말했다.

6. 아르고스 사람들이 그에게 불경스럽게도[158] 거짓 맹세를 했다고 욕지거리를 퍼붓자, 그는 이렇게 답했다. "너희는 나를 안 좋게 말할 힘이 있지만, 나는 너희에게 안 좋은 행동을 할 힘이 있다."

7. 사모스에서 사람들이 와서 〔사모스의〕참주인 폴리크라테스[159]와 전쟁해달라고 촉구했다. 그리고 길게 이유들을 늘어놓았다. 그러

---

156) 제2번과 제3번은 이어지는 내용이다.

157) 헤로도토스의 『역사』 제6권 제84장에는 "아르고스인들은 〔신에게 불경한 짓을 하여〕클레오메네스가 미쳐서 죽었다고 했다. 그러나 스파르타인들은 클레오메네스가 미친 것은 신과 관계가 없고, 스키티아인들과 친하게 지내다가 포도주를 물로 희석하지 않고 마시는 습관이 들어 미쳤다고 했다"라고 쓰여 있다.

158) 이 시대의 서약은 신의 이름을 걸고 하는 것이었기 때문이다.

159) Polykratyes. 기원전 538년경부터 기원전 522년까지 사모스섬을 통치했던 참주다. 그는 호전적인 전사라는 평과 사리를 아는 참주라는 평을 동시에 들었다.

자 그는 이렇게 말했다. "그대들이 처음 했던 말들은 잊어버렸소. 그래서 중간 부분에 했던 말들은 이해를 못 하겠소. 그리고 결론에 관해서는 찬성하지 않소."

8. 어떤 도적 〔두목〕이 나라 안을 휘젓고 다니다가 붙잡혔을 때, 이렇게 말했다. "나는 부하들을 먹여 살릴 재산이 없었다. 재산을 지닌 자들은 내게 주려 하지 않았고, 나는 그것을 힘으로 취하려고 했을 뿐이다." 이에 대해 클레오메네스는 "악행은 오래가지 못한다"라고 평했다.

9. 어떤 야비한 자가 클레오메네스를 험담하고 다닐 때, 그는 이렇게 말했다. "우리가 스스로를 변호하는 동안에 네 비열함을 밝혀낼 시간이 없을 것 같아서, 그렇게 모든 사람을 헐뜯고 다녔느냐?"

10. 한 시민이 그에게 "좋은 왕은 어느 때나 모든 행동에서 온화하셔야 합니다"라고 말하자, 그는 "동의하오. 다만 얕보이지 않을 만큼만"이라고 말했다.

11. 그는 오랫동안 병으로 고통받자, 전에는 쳐다보지도 않았던 치료사제들과 예언자들에게 관심을 기울이기 시작했다. 누군가 그것이 놀랍다고 말하자, 그는 이렇게 답했다. "그대는 무엇이 놀라운가? 지금의 나는 이전의 나와는 다른 존재다. 〔항상〕 같은 것을 좋아하지는 않는다."

12. 한 소피스테스가 용기에 관해 자신의 견해를 길게 늘어놓았다. 그는 웃음을 터뜨렸다. 그러자 그 사람이 물었다. "클레오메네스 전하, 왜 용기에 관해 말하는데 그렇게 웃으십니까? 그것도 왕이신데 말이지요." 클레오메네스는 "이보시게, 만약 제비가 용기에 대해 말한다면 나는 똑같은 행동을 할 테지. 하지만 독수리가 같은 말을 하면 나는 입을 다물 거라네. 그게 이유야"라고 말했다.

13. 아르고스 사람들은 만약 다시 싸운다면 예전의 패배[160]를 갚아

줄 것이라고 주장했다. 클레오메네스는 "두 글자로 이루어진 한 단어[161]를 더한다고 해서, 그대들이 예전보다 더 강해진 것인지 정말 궁금하군!"이라고 말했다.

14. 어떤 사람이 그에게, "클레오메네스 전하, 사치스러운 경향이 있으십니다"라고 질책했다. 그는 "흠, 불의한 것보다는 낫지. 그리고 자네도 재산을 충분히 지녔지만 탐욕스럽지 않나"라고 말했다.

15. 한 음악가를 소개하고 싶어 하는 사람이 다른 칭찬들과 함께, "이 사람이 그리스 최고의 음악가입니다"라고 말하자, 클레오메네스는 근처에 있는 사람 중 한 명을 가리키면서 "확언컨대 저기에 있는 사람은 최고의 수프 끓이는 사람에 해당하오"라고 말했다.[162]

16. 사모스섬의 참주 마이안드리오스(Maiandrios)는 페르시아의 침입 때문에 스파르타로 도망쳤다. 그는 [도망치면서] 챙겨온 금은으로 만든 온갖 그릇들을 자랑하면서, 클레오메네스에게 원하는 만

---

160) 기원전 546년의 티레아(Thyrea)전투를 말하는 듯하다. 헤로도토스의 『역사』 제1권 제82장에서 이 전투를 자세히 다룬다. "아르고스와 스파르타는 티레아를 놓고 분쟁을 벌이고 있었다. 이때 양측은 서로 300명씩 병사를 내어 싸우기로 하고, 이기는 쪽이 그 땅을 취하기로 합의했다. 결국 600명 중에서 세 명만이 살아남았다. 아르고스인 두 명과 스파르타인 오트리아데스(Othryades)였다. 아르고스인 두 명은 자신들이 이겼다고 여겨 아르고스로 달려갔고, 오트리아데스는 아르고스 전사자들의 무장을 벗겨 자국 진영에 가져다 놓고 제자리를 지켰다. 다음 날 양측은 서로 자신들이 이겼다고 했다. 아르고스 측은 자신들이 더 많이 살아남았다고 했고, 스파르타 측은 아르고스인들은 도망갔지만, 자신의 병사는 남아서 적들의 무장을 벗겨냈다고 주장한 것이다. 결국 논쟁이 격렬해져 다시 전투가 벌어졌고, 스파르타가 승리를 거두었다. 오트리아데스는 동료들이 모두 죽었는데, 혼자 살아남은 것을 부끄럽게 여겨 이곳에서 자결했다고 한다."
161) '다시'를 뜻한다.
162) 앞서 나온 '제욱시다모스의 아들 아르키다모스' 항목의 제3번도 같은 일화를 다룬다.

큼 가지시라고 제안했다. 그는 아무것도 가지려 하지 않았고, 이자가 다른 시민들에게 어떤 것도 뿌리지 못하게 주의시켰다. 그는 에포로스들에게 가서 사모스에서 온 자신의 친구이자 손님을 펠로폰네소스반도에서 물러나게 하는 것이 스파르타를 위해 더 나은 일이 될 것이라고 말했다. 그자가 어떤 스파르타인도 타락하게 하지 못하게 해야 한다는 것이다. 에포로스들은 그의 말을 경청하고, 바로 그날로 마이안드로스에게 추방령을 내렸다.

17. 누군가 그에게 "왜 그렇게 자주 싸우시는 아르고스인들을 다 죽여 없애지 않으시나요?"라고 물었다. 그는 "오, 우리는 그들을 다 죽여 없애면 안 되오. 자라나는 젊은이들을 위한 훈련상대가 필요하기 때문이오"라고 말했다.

18. 어떤 사람이 그에게, "왜 스파르타인들은 적에게 빼앗은 전리품들을 신들께 헌납하지 않나요?"라고 묻자, 그는 "겁쟁이들에게서 나온 물건들이기 때문이오"라고 답했다.[163]

클레옴브로토스의 아들 클레오메네스

클레옴브로토스의 아들 클레오메네스[164]는 어떤 사람이 죽을 때까지 싸우는 싸움닭들을 주겠다고 제안하자, "음, 그렇다면 그 녀석들을 죽이는 놈들로 몇 마리 주시오. 그놈들이 더 나으니까요"라고 말했다.

---

163) 뒤에 나올 '아리스톤의 아들 레오티키다스' 항목의 제4번도 같은 내용을 다루되 좀더 자세하다.
164) 클레오메네스 2세다. 더욱 자세한 내용은 이 책의 「왕들과 장군들의 어록」 '클레오메네스' 항목의 옮긴이주 240) 참조할 것.

라보타스

어떤 사람이 장광설을 늘어놓자, 라보타스[165]는 "아니, 왜 그렇게 작은 주제에 서설은 그리 길게 늘어놓고 있나? 그대는 주제와 쓰는 말의 비율을 맞추게나"라고 말했다.

레오티키다스

1. 어떤 사람이 레오티키다스[166] 1세에게 태도를 너무 자주 바꾼다며 한마디 하자, 그는 "맞소. 상황이 변하기 때문이오. 그대들처럼 〔품성이〕 비루해서 그런 것이 아니오"라고 말했다.

2. 어떤 사람이 "어떻게 하면 사람이 현재의 운 좋은 상황을 가장 잘 유지할 수 있을까요?"라고 묻자, 그는 "운명에 모든 것을 의존하지 않음으로써"라고 대답했다.

3. 그는 자유민 아이들에게 가장 좋은 가르침이 무엇이냐는 질문을 받고, "아이들이 어른이 되었을 때, 도움이 될 것들"이라고 말했다.[167]

4. 누군가 스파르타인이 술을 거의 마시지 않는 이유를 묻자, 그는 "그러니 다른 이들이 우리에 대해 숙고하지 않을 때, 우리는 그럴 수 있소"라고 답했다.

---

165) Labotas. 레오보테스(Leobotes)라고도 한다. 기원전 9세기 때의 인물로 아기아다이 왕가의 제4대 왕이라고 전해진다.
166) 기원전 7세기 때 재위했던 에우리폰티다이 왕가의 레오티키다스 1세다.
167) 앞서 나온 '아게실라오스 대왕' 항목의 제67번도 같은 일화를 다룬다.

아리스톤의 아들 레오티키다스

1. 아리스톤의 아들 레오티키다스[168]는 데마라토스의 아들들이 그를 헐뜯고 다닌다고 말하는 사람에게 이렇게 대답했다.[169] "흥, 신경 쓰지 않네. 그중 누구도 이제껏 좋은 말은 입 밖에 낸 적이 없으니."

2. 인근에 있는 성문에서 뱀 한 마리가 열쇠를 휘감고 있었다. 예언자들은 이것이 심상치 않은 징조라고 말했다. 그는 이에 대해, "나는 그런 것 같지 않네. 만약 열쇠가 뱀을 휘감고 있으면, 그것이야말로 심상치 않은 징조겠지"라고 말했다.

3. 오르페우스교 사제인 필리포스는 비참할 정도로 생활이 궁핍했다. 하지만 그는 자신이 집전하는 비의로 〔오르페우스교에〕 입문한 사람들은 죽은 후에 행복할 것이라고 주장하곤 했다. 레오티키다스는 그에게 이렇게 비꼬며 말했다. "그대는 바보 같군! 왜 가능한 한 빨리 죽지 않나? 그대의 불행과 가난을 끝낼 수 있을 텐데 말이지."

4. 어떤 사람이 그에게 왜 그들(스파르타인들)은 적에게서 노획한 무기들을 신들께 봉헌하지 않느냐고 물었다. 그는 "주인들이 비겁해서 빼앗을 수 있었던 재산은 젊은이들에게 보이기에도 좋지 않고, 신들에게 봉헌하기에도 좋지 않소"[170]라고 말했다.

---

168) 에우리폰티다이 왕가의 레오티키다스 2세다. 기원전 545년경 태어나 469년경 죽었다. 기원전 491년부터 기원전 476년까지 재위했다. 그리스-페르시아전쟁 중 기원전 490년부터 기원전 478년까지 스파르타군을 지휘했다. 기원전 476년 테살리아로 원정을 떠났다가 뇌물을 받고 철군했다고 하여, 재판에 부쳐졌다. 망명한 그는 기원전 469년경 사망한 것으로 알려진다.

169) 데마라토스가 클레오메네스 1세의 계략으로 폐위당한 일 때문에 욕한 것이다. 더욱 자세한 내용은 앞서 나온 '데마라토스' 항목의 옮긴이주 118) 참조할 것.

170) 앞서 나온 '아낙산드리다스의 아들 클레오메네스' 항목의 제18번도 비슷한 일화를 다룬다.

에우리크라티다스의 아들 레온

1. 에우리크라티다스의 아들 레온[171]은, 어떤 도시에서 사람들이 가장 안전하게 살아갈 수 있느냐는 질문을 받고, 이렇게 말했다. "주민들이 너무 많지도 적지도 않은 재산을 지니며, 정의가 강력하고 불의가 약한 곳."

2. 그는 올림피아제전에서 경주자들이 출발선에서 유리한 지점을 차지하려고 애쓰는 모습을 보면서, "경주자들은 정당한 경기를 하는 것보다 빠르게 출발하는 데만 더 몰두하는구나!"라고 말했다.

3. 어떤 이가 부적절한 때, 이득이 걸려 있는 문제들을 말하는 것을 보고, 그는 "친구여, 필요치 않은 시간에 필요를 위해 사는구려!"라고 말했다.

아낙산드리다스의 아들 레오니다스

1. 아낙산드리다스의 아들이자, 클레오메네스의 동생인 레오니다스[172]에게 누군가 "당신께서는 왕이라는 점을 제외하면, 우리와 다를 바가 전혀 없습니다"라고 말했다. 그러자 그는 "하지만 내가 그대를 비롯한 다른 이들보다 나은 점이 없었더라면, 나는 왕이 되지 못했을 것이오"라고 답했다.

2. 레오니다스의 왕비 고르고는 그가 페르시아와 싸우기 위해 테

---

171) 아기아다이 왕가의 왕이다. 더욱 자세한 내용은 앞서 나온 '아낙산드리다스' 항목의 옮긴이주 68) 참조할 것.

172) 레오니다스 1세다. 더욱 자세한 내용은 앞서 나온 '테미스테아스' 항목의 옮긴이주 139) 참조할 것.

르모필라이로 떠날 준비를 하고 있을 때, 무언가 자신에게 지침이 될 말씀이 있느냐고 물었다. 그러자 그는 "좋은 남자와 결혼하여, 좋은 아이들을 낳으시오"라고 말했다.[173]

3. 에포로스들이 레오니다스에게 테르모필라이로 소수의 병력만을 데리고 가야 한다고 말하자, 그는 "우리가 할 일에 비해서는 지나치게 많을 정도요"라고 말했다.

4. 그리고 에포로스들이 다시, "전하께서는 페르시아인들을 막아서는 이외에 다른 행동을 하려고 결정하셨습니까?"라고 묻자, 그는 "명목상으로는 아니오. 다만 실제로 나는 그리스를 위해 죽을 생각이오"라고 답했다.

5. 그는 테르모필라이에 도착하여 무장한 전우들에게 이렇게 말했다. "우리가 시간을 보내고 있는 동안, 페르시아인들이 와서 이미 가까워졌다고 한다. 실제로 우리는 곧 페르시아인들을 죽이거나, 아니면 우리 스스로 죽어야만 할 것이다."

6. 누군가 "페르시아인들의 화살 때문에 태양을 볼 수가 없습니다"라고 말하자, 그는 "그리하여 우리가 그 화살들의 그림자 속에서 적과 싸우게 되었으니, 멋지지 않은가?"라고 말했다.[174]

7. 또 다른 이가 "저들이 가까이 있습니다"라고 말하자, 그는 "그러면 우리도 저들과 가까이 있는 거지"라고 말했다.

8. 누군가 그에게 "레오니다스 전하, 왜 이곳에서 저리도 많은 적을 상대로 이리 적은 병사만을 데리고서 엄청난 위험을 무릅쓰고 계십니까?"라고 물었다. 그는 이렇게 답했다. "만약 내가 〔병사의〕 수

---

173) 이 책의 「스파르타 여성들의 어록」, '고르고' 항목의 제6번도 같은 일화를 다룬다. 여기서 레오니다스는 자신의 죽음을 예견한 듯한 모습이다.

174) 헤로도토스의 『역사』 제7권 제226장은 스파르타인 디에네케스(Dienekes)가 한 말이라고 서술한다.

에 의존한다고 그대들이 생각한다면, 모든 그리스인이 있어도 부족할 것이오. 저들에 비하면 얼마 안 되는 수이니 말이오. 하지만 병사들의 용기에 의존한다면, 이 수로도 해낼 수 있소."

9. 또 다른 사람이 같은 질문을 하자, 그는 "사실 그들이 모두 전사한다면, 내가 많이 데리고 온 것이오"라고 말했다.[175]

10. 〔페르시아 왕〕 크세륵세스는 그에게, "신에 대항하여 싸우지 말고 내 편에 선다면, 그대를 그리스의 단독통치자로 만들어줄 수도 있소"라고 편지를 써 보냈다. 이에 대해 그는 답장으로 이런 내용을 써 보냈다. "만약 그대가 삶의 고귀한 것들을 안다면, 다른 이들의 것을 탐내는 일을 그만두었을 거요. 내게는 그리스를 위해 죽는 것이 우리 민족 전체를 지배하는 단독통치자가 되는 것보다 더 나은 일이오."

11. 크세륵세스가 그에게 "그대들의 무기를 인도하시구려"[176]라고 다시 써 보내자, 그는 "와서 직접 가져가시오"라고 답장했다.

12. 그는 즉각 적과 교전하고 싶어 했다. 하지만 휘하 지휘관들은 그의 〔교전〕 제안을 듣고, 나머지 동맹군들이 오기를 기다리자고 말했다. 그러자 그는 이렇게 말했다. "하지만 싸우고자 하는 이들은 모두 여기에 있지 않소? 아니면 그대들은 적과 싸울 유일한 병사들이 자신들의 왕들을 존경하고 두려워하는 이들[177]이라는 것을 깨닫지 못하고 있소?"

---

175) 데려온 병사들이 다 죽을 정도라면 적에게도 엄청난 피해를 주었을 것이므로 많이 데려온 셈이라는 자부심의 표현으로도 해석할 수도 있고, 모두 죽을 각오를 하고 왔으므로 충분히 많은 셈이라는 각오의 표현으로도 해석할 수도 있다.
176) 항복하라는 의미다.
177) 스파르타인들이라는 의미다.

13. 그는 병사들에게, "그대들은 저녁을 다른 세상[178]에서 먹기로 되어 있는 것처럼, 아침식사를 하도록 해라"라고 명령했다.

14. 그는 "왜 최고의 인물들은 영광이 없는 삶보다는 영광스러운 죽음을 택합니까?"라는 질문에, "전자는 자연의 선물이지만, 후자는 자신이 통제할 수 있는 것이기 때문이오"라고 답했다.

15. 그는 젊은이들의 생명을 구하고 싶었다. 하지만 그렇게 처우한 다면 따르지 않을 것을 잘 알았기 때문에 그들 각자에게 비밀명령서를 주고 [본국의] 에포로스들에게 파견했다. 그는 또 나이 든 세 명의 목숨도 살리고 싶어 했다. 하지만 그들은 그의 계획을 알아차리고, 명령서의 수령을 거부했다. 첫 번째 사람은 "저는 싸우기 위해 종군했지, 전갈을 운송하기 위해 오지 않았습니다"라고 말했다. 두 번째 사람은 "저는 여기 있어야만 더 나은 사람이 될 것입니다"라고 말했고, 마지막 사람은 "저는 이들 뒤에 남겨져 있지 않고, 전투에 뛰어드는 첫 번째 사람이 될 것입니다"라고 말했다.

로카고스

폴리아이니데스(Polyainides)와 세이론(Seiron)의 아버지 로카고스[179]는 아들 중 한 명이 전사했다는 소식을 들었을 때, "나는 그 아이가 죽어야 할 운명이라는 것을 안 지 오래요"라고 말했다.[180]

---

178) 저승을 말한다.
179) Lochagos. 달리 알려진 바가 없다. 그의 두 아들도 마찬가지다.
180) 스파르타인으로 태어나 전장에서 죽는 것이 운명이라는 의미인 듯하다.

리쿠르고스

1. 입법자 리쿠르고스[181]는 시민들의 생활방식을 당시의 것보다 건전하고 절제하는 쪽으로 바꾸어, 그들을 훌륭하고 존경할 만한 사람들로 바꾸고 싶었다(그들이 안일하게 살고 있었기 때문이다). 그래서 그는 한배에서 나온 두 강아지를 키우기 시작했다. 한 마리에게는 맛있는 음식만 주며 집에서 키웠고, 다른 한 마리는 들로 데리고 가서 사냥훈련을 시켰다. 후에 그는 〔시민이 모두 모이는〕민회에 그 두 마리를 데리고 갔다. 그리고 바닥에 뼈다귀 몇 개와 맛있는 음식을 내려놓고, 산토끼를 한 마리 풀어놓았다. 두 개는 각자 자신들에게 익숙한 방식으로 행동했다. 그중 한 마리가 산토끼를 제압하자, 그는 이렇게 말했다. "동료 시민들이여, 보시다시피 이 개들은 같은 혈통에 속합니다. 하지만 이제까지 이들이 받아야 했던 훈육 때문에 완전히 다른 개들이 되었습니다. 이제 여러분도 고상한 품성을 함양하는 데는 태생보다 훈육이 더 효과적임을 아실 것입니다." 하지만 몇몇 사람은 그가 같은 혈통의 개들이 아니라, 애완견과 사냥개라는 두 품종의 개들을 데리고 온 것이라고 말했다. 그러자 그는 열등한 〔애완용〕 개에게는 사냥훈련을 시키고, 우월한 〔사냥용〕 개에게는 맛있는 음식만을 주었다. 그리고 나중에 이 두 개는 각자 〔새롭게〕 익숙해진 대로 움직였다. 이렇게 그는 훈련으로 각 개체가 얼마나 더 우월해지고, 열등해지는지를 분명히 보여주었다. 그러면서 이렇게 말했다. "동료 시민들이여, 우리도 마찬가지입니다. 많은 이에게 존경받는 고귀한 태생이라는, 즉 헤라클레스의 후손이라는 우리

---

181) 스파르타의 전설적인 입법자다. 더욱 자세한 내용은 이 책의 「7현인의 저녁 식사」 옮긴이주 28) 참조할 것.

의 존재는 전혀 우월함을 [보장해]주지 못합니다. 우리가 인간 중에 가장 영광스럽고 고귀하다고 명백히 인정되는 그런 행동을 하지 않는다면 말입니다. 또 우리가 전 생애에 걸쳐 훌륭하다고 인정되는 것을 계속 배우고 익히지 않는다면 말이죠."

2. 리쿠르고스는 [국가의 모든] 땅을 시민들에게 똑같이 재분배했다. 그리고 이런 이야기가 있다. 얼마 후에 그가 외국에 나갔다가 돌아오는 길에, 막 추수를 마친 들판을 지나면서 곡식다발들이 줄을 맞추어 빼곡하게 세워져 있는 것을 보았다. 그는 매우 기뻐하며 웃음을 띠고 옆에 있는 사람들에게, "이 광경은 마치 모든 스파르타인의 토지가 최근에 땅을 나누어 받은 형제들의 것처럼 보이게 하는군"이라고 말했다.[182]

3. 그는 채무를 말소한 다음, 가구(家具)들을 똑같이 나누어주었다. 그렇게 함으로써 모든 불평등과 불균형을 일소한 것이다. 그런 다음 이런 철저한 강압적 조치에 반감이 있음을 알게 되자, 금은으로 만든 주화의 가치를 없애고 쇠로 된 화폐만 쓰도록 규정했다. 또 현재의 재산을 이 [쇠로 된] 화폐로 교환하는 데 시간상 제한을 두었다. 이 일들이 완료되자, 스파르타에 악행이 모두 근절되었다. 누구라도 도둑질, 뇌물수수, 사기, 강도 등을 할 수 없었다. 그 결과물을 감출 수 없었고, 부러움을 사지 않았으며, 위험을 무릅쓰지 않고는 사용할 수 없었고, 안전하게 수출하거나 수입할 수 없었기 때문이다. 그는 또 추가조치로, 절대적 필수품 이외의 것은 사용을 금했다. 그렇게 하고 나니, 상인, 소피스테스, 예언자, 치료사제, 기호품제작자 등이 스파르타에서 잘나갈 수 없었다. 리쿠르고스가 사람 사이에 금은화가

---

182) 플루타르코스의 『대비열전』 「리쿠르고스전」 제8장에 좀더 자세하게 묘사되어 있다.

유통되지 못하게 하고, 쇠로 만든 화폐만 쓰도록 규정했기 때문이다. 이 쇠로 만든 화폐는 무게가 아이기나 단위로 1므나(mna), 가치는 구릿돈 한 닢[183]밖에 되지 않았다.[184]

4. 리쿠르고스는 만연한 사치에 일격을 가하고 부자 사이의 경쟁적 과시를 없애기로 마음먹어 공동식사제도[185]를 만들었다. 그리고 "왜 이런 제도들을 만들고, 시민들을 무장을 갖추었을 때의 소부대 단위로 나누어놓았는지요?"[186]라고 질문하는 사람들에게 이렇게 대답했다. "그렇게 하면 시민들이 명령을 바로 받을 수 있고, 반란을 음모한다고 해도 동조자가 소수일 수밖에 없기 때문이오. 그 밖에도 모두에게 음식이 동등하게 나누어지고, 음식뿐 아니라 침구나 가구 등도 마찬가지여서, 부자라 할지라도 가난한 사람보다 조금도 나은 점이 없어지게 될 테니까요."[187]

5. 누구도 사용하거나 과시할 수 없으므로 사람들이 재화를 부러워하지 않게 되자, 그는 가까운 친구들에게 말했다. "친구들이여, 〔재화의 신〕 플루토스(Ploutos)의 진실한 모습을 실제로 드러내 보이게 했으니 얼마나 멋진 일인가! 플루토스는 눈이 멀었어."

6. 리쿠르고스는 누구라도 집에서 식사하거나, 공동식사에 다른 음식을 가지고 와서 먹지 못하도록 하는 데 신경을 많이 썼다. 공동식

---

183) 아이기나 단위로 1므나는 오늘날 무게 단위로 대략 0.6~0.7킬로그램이다. 그런데 실제 가치는 대략 20원 정도이므로, 무게만 많이 나가고 가치는 거의 없는 것이다.

184) 플루타르코스의 『대비열전』「리쿠르고스전」 제9장과 크세노폰의 『스파르타의 국제(國制)』(*Lakedaimonion Politeia*) 제7장 제5~6절 참조할 것.

185) 이 제도는 시시티온(*syssition*), 안드레이온(*andreion*), 피디티온(*phidition*) 등으로 부르는데, 각 식사반은 15명, 또는 30명 정도로 구성된다.

186) 전쟁이 나면 공동식사반이 그대로 소부대(오늘날의 소대 정도) 단위가 되었다.

187) 플루타르코스의 『대비열전』「리쿠르고스전」 제10장도 같은 일화를 다루되 좀더 자세하다.

사반에서 함께 식사하지 않는 이가 있으면, 식사반의 다른 이들이 호되게 나무랐는데, 그가 자제력이 없고 너무 안일한 삶의 방식을 지니고 있다고 느꼈기 때문이다. 더욱이 그런 행동이 알려지게 되면, 벌금을 물게 되어 있었다. 한 예로 아테나이와의 오랜 전쟁에서 승리하고 돌아온 아기스 왕이 그날만은 왕비와 함께 궁에서 식사하고 싶었다. 그래서 자기 몫의 식사를 보내달라고 했다. 하지만 군의 지휘관들은 식사를 보내지 않았고, 다음 날 에포로스들은 그 사실을 알게 되자 그에게 벌금을 부과했다.[188]

7. 부유한 시민들은 이런 식으로 법이 제정되자 분개한 나머지 그를 매도하고, 그가 맞아 죽기를 바라면서 돌을 던져댔다. 그는 쫓기면서 광장으로 뛰어 들어갔다. 그리고 쫓아오던 이 대다수를 멀리 따돌리고 아테나이의 청동궁성역으로 몸을 피하려 했다. 하지만 그가 몸을 돌릴 때, 유일하게 바짝 붙어 쫓아오던 한 명, 알칸드로스(Alkandros)라는 자가 그를 막대기로 때려 눈이 하나 빠지게 되었다. 하지만 리쿠르고스는 시민들의 투표로 처벌이 확정되어 그에게 넘겨진 알칸드로스를 받아들이고, 어떤 위해나 비난도 가하지 않았다. 그리고 알칸드로스와 같은 지붕 아래 살면서, 친구가 되었다. 알칸드로스는 같이 살면서 알게 된 〔리쿠르고스의〕생활방식을 칭찬하게 되었으며, 결국 이런 훈육방식에 매혹되었다. 리쿠르고스는 아테나이의 청동궁성역에서 일어난 불행한 경험에 대해 기념물을 헌납하고, 그곳에 '옵틸레티스'(Optilletis)라는 별칭을 붙여주었다. 왜냐하면 이 지역에서 쓰이는 도리에우스(Dorieus)어로 두 눈을 '옵틸로이'(*optilloi*)라고 불렀기 때문이다.[189]

---

188) 플루타르코스의 『대비열전』 「리쿠르고스전」 제12장 참조할 것.
189) 플루타르코스의 『대비열전』 「리쿠르고스전」 제11장도 같은 일화를 다루되 좀더 자세하다.

8. 그는 왜 법전을 만들어 적어두지 않았느냐는 질문에, "적절한 훈련으로 단련되고 훈육받은 이들이라면, 상황에 따라 어떤 것이 가장 좋을지 판단할 수 있기 때문이오"라고 말했다.[190]

9. 또 다른 때 어떤 사람이 그에게, "왜 당신께서는 사람들이 집의 지붕을 만들 때는 손도끼만을, 문짝을 만들 때는 톱만을 써야 하고 다른 도구는 쓰지 못하도록 규정하셨습니까?"라고 물었다. 그러자 그는 "그렇게 하면 사람들이 집 안으로 소박한 물건들만을 들여오게 될 것이고, 다른 사람들과 경쟁의 원인이 되는 물건들을 가지지 않게 될 테니까요"라고 말했다.[191]

10. 레오티키다스 1세가 어떤 이의 집[192]에서 식사하다가, 천장의 구조를 유심히 보았다. 그 천장은 장식이 된 비싼 판자들로 꾸며져 있었다. 레오티키다스는 집주인에게 "이 나라에서는 목재가 사각형으로 자라는가?"라고 물었다.

11. 그는 "왜 같은 적과의 잦은 전쟁을 금하셨나요?"라는 질문을 받자, "그렇게 하면 적들이 방어를 자주 해야 하는 것에 익숙해져서 전쟁에 능란해질지도 모르니까요"라고 답했다. 바로 이런 이유로 보이오티아 지역을 거의 계속 침입하여 전투를 벌여서 테바이인을 스파르타인의 호적수로 만들어주었던 아게실라오스 왕은 불만 어린 소리를 들어야 했다. 그래서 안탈키다스는 상처 입은 아게실라오스를 보고서, "저들이 싸우기를 원치 않았고, 심지어 싸우는 법도 몰랐

---

190) 플루타르코스의 『대비열전』 「리쿠르고스전」 제13장 참조할 것.
191) 지붕을 도끼만으로, 문짝을 톱만으로 만들게 되면, 집을 매우 작고 투박하게 지을 수밖에 없다. 따라서 그런 집에 사치스러운 물건을 들여봤자 어울리지 않을 것이므로 사치를 부리지 않을 것이라는 의미다.
192) 플루타르코스의 『대비열전』 「리쿠르고스전」 제13장에는 코린토스에서의 일이라고 쓰여 있다.

는데, 친절하게 싸우는 법을 가르쳐주셨던 보답을 잘 받으셨습니다"
라고 소리쳤다.[193]

12. 또 어떤 사람이 그에게 "왜 처녀들에게도 경주와 레슬링, 투창과 투원반을 격렬하게 연습하도록 해 육체적 단련을 하게 하셨습니까?"라고 물었다. 그는 이렇게 답했다. "그렇게 하면 그들이 낳을 자손들은 강인한 육체라는 튼튼한 시작점을 얻게 될 것이고, 여성들은 활기차게 자식들을 낳을 수 있으며, 산통을 씩씩하게 견딜 수 있을 겁니다. 게다가 만약 필요한 때가 되면, 그녀들도 자신을 위해, 자식을 위해, 또 조국을 위해 싸울 수 있을 테지요."[194]

13. 어떤 사람들은 처녀들도 벌거벗고 행렬하는 것을 찬성하지 않는다고 하면서, [그렇게 한] 이유를 알고 싶어 했다. 그러자 리쿠르고스는 이렇게 답했다. "여성들도 남성들과 같은 훈련을 받으면, 육체적 힘이나 정신적 포부 등의 자질이 남성보다 뒤떨어지지 않게 될 것입니다. 또 다수의 의견도 경멸할 수 있게 됩니다." 레오니다스의 왕비 고르고에 관한 이야기에도 같은 의미의 말이 기록되어 있다. 아마도 외국에서 온 것으로 보이는 어떤 여성이 그녀에게 "그대들 스파르타 여성은 남성을 지배하는 유일한 여성들이지요"라고 말했다. 그러자 고르고는 "그렇지요. 우리가 남성들을 낳는 유일한 여성들이거든요"라고 답했다.[195]

14. 리쿠르고스는 결혼하지 않은 사람은 김노파이디아이(Gymnopaidiai)축제[196]를 참관하지 못하게 하는 등 여러 가지 불명

---

193) 앞서 나온 '아게실라오스 대왕' 항목의 제71번과 '안탈키다스' 항목의 제6번
도 같은 일화를 다룬다.
194) 플루타르코스의 『대비열전』 「리쿠르고스전」 제14장 참조할 것.
195) 이 책의 「스파르타 여성들의 어록」, '고르고' 항목의 제5번에는 이 여성이 아
티카에서 왔다고 쓰여 있다.

예를 줌으로써 [스파르타인이] 자식을 낳는 것에 큰 관심을 쏟도록 했다. 그는 또 청년들이 나이 든 이들에게 보여야 하는 존중이나 배려조차도 결혼하지 않은 사람들에게는 삼가도록 했다. 그래서 큰 명성을 지닌 장군 데르킬리다스를 한 젊은이가 무례하게 대했어도 아무도 무어라 하지 않았다. 그 젊은이는 데르킬리다스가 가까이 왔을 때, 좌석을 양보하기 위해 일어나지도 않고, "자리를 양보할 수 없습니다. 당신께서는 저를 위해 자리를 양보하려 일어날 아들을 둔 아버지가 아니시니까요"라고 말했다.[197]

15. 어떤 이가 리쿠르고스에게, "왜 소녀들이 지참금 없이 결혼하도록 법을 만드셨습니까?"라고 묻자, 그는 "그렇게 해야 소녀 중 일부가 돈이 없어서 결혼하지 못하는 일이 없어질 것이고, 많은 재산 때문에 열렬하게 구애받는 일도 없어질 거요. 처녀들의 행실만을 보게 되므로 남자가 [여성을] 선택할 때는 덕성이 기준이 될 것이오"라고 답했다. 같은 이유로 그는 화장하는 것도 금했다.

16. 그는 남녀 모두 결혼할 연령을 제한했다. 그 점을 궁금해하는 사람에게, 그는 "성숙한 부모가 낳은 자식들은 튼튼할 것이오"라고 답했다.[198]

17. 리쿠르고스는 남편들이 아내와 밤을 보내는 것을 금했다. 그리고 낮에는 대개 동료들과 지내게 하고, 밤에도 소속 부대원들과 지내게 했다. 아내에게는 아주 조심스럽게 비밀리에 찾아가게 했다. 누군가 그 점을 놀라워하자, 그는 "그렇게 하면 남편들의 신체가 강건해질 것이고, [아내가] 질리지도 않을 것이며, 사랑의 감정도 언제나

196) 티레아전투에서의 전사자를 기리는 의식에서 출발한 스파르타의 축제다.
197) 플루타르코스의 『대비열전』 「리쿠르고스전」 제15장 참조할 것.
198) 플루타르코스의 『대비열전』 「리쿠르고스전」 제15장과 크세노폰의 『스파르타의 국제』 제1장 제6절 참조할 것.

새로울 것이오. 그러면 낳는 아이가 더 튼튼해질 것이오"라고 말했다.[199]

18. 그는 올리브기름에 흥미를 잃고 쓰지 않게 될 것이라는 이유로 향수[200]를 금했고, 감각에 아부한다는 이유로 염색도 금했다.

19. 그는 또 장신구와 드레스 만드는 이들이 스파르타에서 장사하지 못하게 했다. 그들은 천박한 기술로 품위와 잘 살아가는 법을 망친다는 이유에서였다.[201]

20. 그 시절 여성들은 정조관념이 매우 강해서 후세에 그들에게 영향을 미쳤던 도덕적 해이와는 거리가 아주 멀었다. 그래서 간통이라는 개념 자체를 믿기 어려워했다. 아주 옛 시절의 스파르타인 게라다타스[202]의 이야기가 아직도 회자하는 이유다. 한 외국인이 그에게 "당신네 나라에서 간통은 어떻게 처벌됩니까?"라고 물었다. 리쿠르고스가 이 문제에는 법을 만들어놓지 않았음을 알고 있었기 때문이다. 그러자 게라다타스는 "선생님, 우리나라에서는 간통하는 자가 없습니다"라고 말했다. 그러자 옆에 있던 다른 사람이 끼어들었다. "좋아요. 그래도 혹 있다면요?" 게라다타스는 "그런 자는 타이게토스산 위에서 목을 쭉 뻗으면 에우로타스강의 물을 마실 수 있을 정도로 큰 소를 바쳐야 합니다"라고 답했다. 그러자 그 사람이 놀라서, "그런 크기의 소가 어디 있습니까?"라고 말했다. 게라다타스가 웃으며, "스파르타에 간통하는 자가 있을 수 있겠습니까? 부와 사치 그리고 예뻐

199) 플루타르코스의 『대비열전』 「리쿠르고스전」 제15장과 크세노폰의 『스파르타의 국제』 제1장 제5절 참조할 것.
200) 이 시기의 향수는 올리브기름을 주로 사용하여 만들었다.
201) 플루타르코스의 『대비열전』 「리쿠르고스전」 제9장 참조할 것.
202) Geradatas. 플루타르코스의 『대비열전』 「리쿠르고스전」 제15장 제10절에는 게라다스(Geradas)라고 쓰여 있다.

보이게 하는 장신구들이 경시되고, 절제와 국가에 대한 복종을 가장 높게 치는 이 나라에서요?"라고 말했다.

21. 리쿠르고스는 민주정치를 채택해야 한다고 주장하는 사람에게, "그대 가정에서 먼저 민주정치를 실시하시오"라고 말했다.[203]

22. 어떤 사람이 "신들에게 바치는 희생제들을 왜 그렇게 비용이 적게 들도록 작은 규모로 규정하셨나요?"라고 묻자, 그는 "그렇게 하면 우리는 중간에 끊기는 법 없이 신들께 경의를 표할 수 있습니다"라고 답했다.

23. 그는 시민들이 손을 들어 올리지[204] 않는 경기만을 할 수 있도록 해놓았다. 누군가 그 이유를 물었다. 리쿠르고스는 "그렇게 하면 시민들이 힘든 투쟁 중에 포기를 선언하는 습관이 들지 않을 테니까요"라고 답했다.

24. 누군가 "왜 〔전투 시에 막사를 세우는〕 진영을 자주 옮기도록 했습니까?"라고 묻자, 그는 "그렇게 하면 적에게 더 큰 피해를 줄 수 있을 테니까요"라고 대답했다.[205]

25. 어떤 사람이 왜 성벽이 있는 곳을 공격하지 못하게 했느냐고 묻자, 그는 "용감한 이들이 여성이나 아이, 아니면 변변치 못한 녀석들에게 죽임당하지 못하게끔 하기 위해서요"라고 대답했다.

26. 테바이인 몇몇이 레우코테아[206]를 섬기는 자신들의 의식에 필

---

203) 종종 리쿠르고스의 일화로 소개되지만, 그는 실존했다면 민주정치가 도입된 기원전 508년보다 훨씬 전 인물이므로 시대가 맞지 않는다. 후대의 다른 인물의 일화가 리쿠르고스의 것으로 각색된 듯하다.
204) 패배의 표시로 손을 들어 올리는 것을 의미한다.
205) 크세노폰의 『스파르타의 국제』 제12장 제5절에는 "막사는 적을 방해하고 동료를 보호하려는 목적에서 자주 옮겨졌다"라고 쓰여 있다.
206) 그리스신화 속 인물로 제우스의 부탁을 받아 디오니소스를 몰래 키우다가 헤라에게 걸려 바다에 빠져 죽는다. 좀더 자세한 내용은 이 책의 「7현인의

요한 희생제물과 비탄에 조언을 구하자, 리쿠르고스는 "만약 여러분이 레우코테아를 여신으로 섬기신다면 그녀를 위해 통곡하지 마시고, 한 여성으로 보신다면 그녀를 여신으로 섬겨 희생제물을 바치지 마십시오"라고 충고했다.

27. 시민 중 일부가 그에게, "우리가 어떻게 하면 적에게 공격받지 않을 수 있겠습니까?"라고 물었다. 리쿠르고스는 "그대들이 가난한 채로 남아 있고, 여러분 중 누구도 다른 이들보다 더 중요한 인물이 되려고 원하지 않는다면"이라고 답했다.[207]

28. 또 다른 때 어떤 이들이 성벽을 축조[하지 않는 것]에 의문을 표시하자, 그는 "도시의 방어는 돌과 벽돌이 아니라 사람으로 영광스럽게 마무리되며 요새화되는 것이오"라고 말했다.

29. 스파르타인들은 리쿠르고스의 말을 떠올리며 자신들의 머리카락에 관심을 기울였다. 그가 "머리카락이 [길면] 잘생긴 이는 더 말쑥해 보이고, 못생긴 이는 더 무섭게 보인다"라고 말했기 때문이다.

30. 리쿠르고스는 이렇게 지시했다. "전쟁에서 적을 도주하게 해 승리를 쟁취하면, 성공을 확보하는 정도까지만 적을 추격하고, 그다음에는 즉각 돌아오시오. [싸움을] 포기한 적을 죽이는 것은 고귀한 특성이나 그리스인의 특성이 아니오. 그러면 명예롭고 관대할 뿐 아니라 실질적이기도 하오. 항복하는 자는 관례적으로 살려주고, 저항하는 자는 죽인다는 것을 적군이 알게 되면, 그들은 남아서 싸우는 것보다 도망치는 것이 이득이라고 여길 것이기 때문이오."[208]

31. 어떤 사람이 그에게 "왜 적의 시신에서 약탈하는 것을 금하셨

저녁식사」옮긴이주 78) 참조할 것.
207) 플루타르코스의 『대비열전』 「리쿠르고스전」 제19장 참조할 것.
208) 플루타르코스의 『대비열전』 「리쿠르고스전」 제22장 제5절과 폴리아이노스의 『전략론』 제1권 제16장 제3절 참조할 것.

습니까?"라고 물어보았다. 그러자 그는 "그럼으로써 병사들이 전리품에 눈이 가서 싸우는 것을 등한시하지 않게 할 수 있고, 또 그들의 청빈함과 대오를 흐트리지 않을 수 있기 때문이오"라고 말했다.[209]

리산드로스

1. 시라쿠사의 참주 디오니시오스가 리산드로스[210]의 딸들에게 아주 값비싼 의상들을 보냈지만, 리산드로스는 받아들이지 않았다. 그러면서 그는 그 옷들 때문에 딸들이 더 예쁘게 보이기보다는 더 못생겨 보일까 봐 걱정된다고 말했다. 하지만 얼마 후, 리산드로스가 시실리에 사절로 가게 되었을 때, 디오니시오스는 그에게 겉옷 두 벌을 보내면서, 아무거나 마음에 드는 것을 골라 딸에게 가져다주라고 권했다. 그러자 그는 자신의 딸이 선택을 더 잘할 것이라며 두 벌을 모두 가지고 떠났다.

2. 머리가 아주 잘 돌아가며, 계획을 진행할 때 속임수를 잘 쓰는 인물인 리산드로스는 정의를 편리할 때 찾는 도구로, 명예를 이득이 될 때 필요한 것으로 여겼다. 그는 "진실이란 거짓말보다 좋은 것이지만, 양자의 쓸모와 가치는 그 사용처에 따라 결정된다"라고 말했다.

---

209) 리쿠르고스는 스파르타인들이 모두 동등하게 사치에 물들지 않아야 나라가 잘 지탱될 것이라고 여겼다. 또 전리품에 눈독 들이느라 대오가 흐트러지면 패배할 가능성이 커진다고도 보았다.

210) 펠로폰네소스전쟁에서 활약한 스파르타의 제독이다. 더욱 자세한 내용은 이 책의 「왕들과 장군들의 어록」 '리산드로스' 항목의 옮긴이주 216) 참조할 것.

3. 어떤 사람들은 그가 임무를 수행할 때, 대부분 속임수를 쓴다며 비난했다. 이는 헤라클레스의 방식[211]이 아니며, 그는 정직하지 않은 방식으로 간계를 써서 성공을 쟁취한다는 것이다. 그런 비난에 그는 웃으며, "사자의 가죽[212]을 얻지 못할 경우라면, 여우의 가죽이라도 덧대야겠지요"라고 말했다.

4. 또 다른 이들은 그가 밀레토스에서 맺었던 맹약을 어겼다고 비난했다. 그러자 그는 "아이들을 속일 때는 공기놀이에 쓰는 공깃돌이면 되지만, 어른에게는 맹약이 쓰이지요"[213]라고 답변했다.

5. 그는 아이고스포타미에서 책략을 써서 아테나이를 이겼다. 그리고 아테나이가 식량부족에 시달리도록 강하게 압박하여 항복하도록 했다. 그 뒤 그는 에포로스들에게, "아테나이를 점령했습니다"라고 편지를 썼다.[214]

6. 아르고스인들은 스파르타와 국경문제로 논쟁을 벌이면서, 이번 경우에는 자신들의 논거가 더 우월하다고 주장했다. 그때 리산드로스가 칼을 뽑으면서, "이것의 주인이야말로 국경문제에 대해서는 말을 가장 잘하오"라고 말했다.

7. 보이오티아의 영역을 〔군대를 이끌고〕 지나가고 있을 때, 보이오티아인들이 주저하는 것을 알아차린 그는 사람을 보내어 이렇게 물었다. "우리가 당신들의 땅에서 창을 곧추세우고 가기를 원하오, 내려뜨리고 가기를 원하오?"[215]

---

211) 스파르타의 두 왕가는 헤라클레스의 후손을 자처했다.
212) 헤라클레스는 네메아의 사자를 잡고 그 가죽을 두르고 다녔던 것으로 유명하다.
213) 플루타르코스의 『모랄리아』 「알렉산드로스의 운명에 관하여」 330F에는 시라쿠사의 참주 디오니시오스가 한 말로 쓰여 있다.
214) 플루타르코스의 『대비열전』 「리산드로스전」 제14장 참조할 것.
215) 즉 공격할 준비를 한 채 지나가기를 원하느냐, 그저 행군하면서 지나가기를

8. 한 메가라인이 민회에서 그에게 건방진 발언을 하자, "이보시게, 그대의 말은 뒤를 받쳐줄 [힘 있는] 나라가 필요하네"라고 말했다.

9. 코린토스가 [스파르타에] 반기를 들어서 그가 군을 이끌고 코린토스 영내로 진군하여 적의 성벽을 따라가고 있을 때, 자신의 군대가 공격을 주저하고 있는 것을 알게 되었다. 그는 해자를 뛰어 넘어가고 있는 산토끼를 발견하고 이렇게 소리쳤다. "스파르타의 용사들이여! 자기네 도시의 성벽에서 산토끼가 자고 있을 정도로 태만한 적을 두려워하다니 부끄럽지 않은가?

10. 그가 사모트라케에서 신탁을 받으려고 할 때, 신관이 평생 살면서 저지른 가장 무도(無道)한 일이 무엇인지 말하라고 했다. 리산드로스는 "이는 당신의 명입니까? 아니면 신들의 명입니까?"라고 물었다. 신관이 "신들의 명입니다"라고 대답하자, 그는 "그러면 앞에서 비키시지요. 신들께서 [직접] 물어보시면 대답해드릴 겁니다"라고 말했다.

11. 한 페르시아인이 그에게 "어떤 정치체제를 가장 높게 평가하시나요?"라고 물었다. 그는 "용감한 이들과 비겁한 이들 각자에게 딱 맞고 정당한 대우를 해주는 체제"라고 답했다.

12. 어떤 사람이 그에게 "저는 당신에게 큰 호감을 품고 있으며, [남들에게 당신에 대해] 좋은 말을 합니다"라고 말하자, 이렇게 대답했다. "저는 황소를 두 마리 기르고 있는데, 그 녀석들은 한마디도 못하지만, 어떤 녀석이 게으르고 어떤 녀석이 일을 잘하는지 확실히 압니다."[216]

13. 어떤 사람이 그를 욕하자, 이렇게 말했다. "불쌍한 외국인 친구,

원하느냐는 말이다.

216) 그렇게 말하지 않아도 안다는 의미다. 입에 발린 칭찬은 의미 없다는 뜻이기도 하다.

계속 말하게, 계속. 그래서 속에 아무것도 남겨두지 말게나. 그렇게 한다면 사악한 생각들로 가득 차 있는 것처럼 보이는 자네의 영혼을 비울 수 있을지도 모르지."

14. 리산드로스가 죽고 나서 얼마 후에 동맹국과의 사이에 어떤 문제가 발생했다. 아게실라오스는 이 문제와 관련하여 서류들을 찾아보기 위해 리산드로스의 집으로 갔다. 리산드로스는 관련 서류들을 집에 놓아두었기 때문이다. 그런데 〔리산드로스의 집에서〕 아게실라오스는 정치체제에 관련해서 그가 써놓았던 연설문을 발견했다. 그 내용은 이렇다. "시민들은 에우리폰티다이 왕가와 아기아다이 왕가에서 왕권을 빼앗아야 한다. 그리고 왕권은 선거를 거쳐 〔시민들이〕 가장 뛰어나다고 선출한 사람에게 주어야 한다. 그렇게 한다면 왕권이라는 최고의 영예는, 헤라클레스의 후손이어서가 아니라 스스로의 탁월함으로 선출된 헤라클레스 같은 이들에게 돌아가게 된다. 이런 탁월함으로 헤라클레스는 신적인 명예를 받았기 때문이다." 아게실라오스는 이 문서를 공표하고자 했다. 시민들이 얼마나 리산드로스를 잘못 알고 있었는지 보여주고 싶기도 했고, 그의 친구들을 불신임시키고 싶어서이기도 했다. 하지만 당시에 선임 에포로스였던 크라티다스(Kratidas)는 그 연설문을 낭독하게 되면 민중의 생각을 그런 식으로 전환해버릴지도 모른다고 우려했다. 그래서 크라티다스는 "리산드로스를 〔무덤에서〕 끄집어내면 안 되오. 연설문은 그와 함께 묻어버립시다"라고 말하며 아게실라오스를 만류했다. 그 연설문은 사악한 의도에서 작성되었지만, 설득력이 대단하다고 생각했기 때문이다.

15. 리산드로스가 죽은 후에 가난하다는 것이 드러나자, 그의 딸들에게 구혼했던 자들은 구혼을 철회했다. 그러자 에포로스들은 그들을 처벌했다. 리산드로스가 부유하다고 생각했을 때는 환심을 사려

고 했지만, 가난으로 공정하고 정직했음이 드러나자 경멸했기 때문이다.[217]

나메르테스

나메르테스[218]가 사절로 파견되었을 때, 그 나라 사람 중 한 명이 친구가 많다는 이유로 그를 축하했다. 나메르테스가 그 사람에게 "많은 친구를 둔 사람을 시험해보는 확실한 방법을 알고 계십니까?"라고 물었다. 그 사람이 〔모른다고 하며〕 알고 싶어 하자, 나메르테스는 "역경이라는 방법이 있죠"라고 말했다.[219]

니칸드로스

1. 어떤 사람이 니칸드로스[220]에게, "아르고스인들이 전하에 관해 안 좋은 소리를 지껄입니다"라고 하자, "음, 좋소. 그들은 좋은 사람들에 관해 안 좋은 소리를 한 벌을 받는 것이오"라고 말했다.[221]

2. 어떤 사람이 왜 스파르타인들은 수염과 머리카락을 길게 기르는지 그에게 물어보았다. 그는 "남자에게는 스스로의 장식물(수염과 머리카락)이 가장 잘 어울리고, 또 돈도 안 들기 때문이오"라고 말했다.

---

217) 플루타르코스의 『대비열전』 「리산드로스전」 제30장 참조할 것.
218) Namertes. 달리 알려진 바가 없다.
219) 진정으로 친구가 많은지를 알려면 역경에 처해봐야 한다는 의미다.
220) Nikandros. 기원전 8세기에 재위한 에우리폰티다이 왕가의 왕이다.
221) 니칸드로스는 아르고스를 침공하여 큰 피해를 준 적이 있다.

3. 한 아테나이인이 "니칸드로스 전하, 스파르타인들은 일하지 않는다는 원칙을 지나칠 정도로 고집합니다"라고 말했다. 그러자 그는 "맞소. 우리는 당신네처럼 온갖 쓸데없는 일들은 하지 않소"라고 대꾸했다.[222]

판토이다스

1. 판토이다스[223]는 사절로 아시아[224]에 갔을 때, 그 지역 사람들이 아주 강력한 성벽을 가리켜 보이자, "오, 이방인들이여, 여성들이 살기에는 좋은 곳이군요!"라고 말했다.[225]

2. 아카데메이아에서 철학자들이 길고 진지한 대화를 나누고 난 후, 몇몇 사람이 판토이다스에게 "우리의 대화에서 무언가 느낀 바가 있었나요?"라고 물었다. 그는 "심각했다는 것 외예요? 실제로 적용해보기 전에는 의미가 없지요"라고 답했다.

---

222) 스파르타인은 게으르다고 비난한 아테나이인에게 아테나이인은 불필요한 일(사치 등)을 한다고 응수한 것이다.

223) Panthoidas. 스파르타가 그리스의 패권을 장악한 기원전 404년 이후부터 몰락하기 시작한 기원전 371년 사이에 스파르타의 점령지나 복속시(服屬市) 등에 파견되었던 하르모스테스(*harmostes*)라는 관직을 지낸 인물로 기원전 377년 타나그라(Tanagra)에서 사망했다.

224) 여기에서 아시아는 페르시아를 지칭하는 것으로 이해할 수 있다.

225) 스파르타의 다른 인물들도 비슷한 말을 했다. 국가를 지키는 것은 강력한 성벽이 아니라 강건한 사람들이라는 스파르타인의 생각이 잘 드러난다.

클레옴브로토스의 아들 파우사니아스

1. 델로스섬 사람들은 아테나이의 [주장에] 반박하면서 자신들의 주장이 정당하다고 말했다. 즉 자신들이 지키는 관례에 따르면 이 델로스섬에서는 누구도 출산할 수 없고, 시신을 매장해서도 안 된다는 것이다. 그러자 파우사니아스[226]는 "당신 중 누구도 이 땅에서 태어난 적이 없고, 앞으로도 마찬가지라는 것이 가능합니까?"라고 말했다.

2. [아테나이의] 망명자들이 아테나이로 군대를 끌고 가라고 부추기면서, 올림피아에서 그의 이름이 거명되었을 때 아테나이인들만이 야유를 퍼부었다고 말했다. 그러자 그는 "잘해주었을 때도 야유를 퍼붓는 사람들인데, 나쁘게 대하면 어떻게 나오리라고 생각하시오?"라고 말했다.[227]

3. 어떤 사람이 "스파르타는 왜 시인 티르타이오스[228]에게 시민권을 부여했나요?"라고 묻자, 그는 "그래야 외국인이 우리의 지도자로 보이지 않을 테니까요"라고 대답했다.

---

226) 기원전 470년경 사망한 스파르타의 장군이다. 기원전 479년부터 섭정을 지냈다. 그리스-페르시아전쟁에서 페르시아의 크세륵세스 1세에 대항하는 그리스연합군 사령관직을 맡았고, 플라타이아에서 대승을 이끌었다.

227) 이 책의 「왕들과 장군들의 어록」 '알렉산드로스의 부왕 필리포스' 항목의 제26번에도 이와 유사한 말을 필리포스가 했다고 쓰여 있다.

228) Tyrtaios. 기원전 7세기 후반 벌어진 제2차 메세니아전쟁에서 스파르타가 승리하도록 이바지한 서정시인이다. 전승에 따르면 그는 아테나이인이었지만, 스파르타가 신탁에 따라 그를 초빙하여 시를 짓게 했고, 그 시들이 시민들의 사기를 크게 높였다고 한다. 그래서 스파르타에서 시민권을 주었다고 전해진다. '조국을 위해 죽는 것은 기쁘고 아름답다'는 개념을 처음으로 창안해 시를 지었다고 알려진 인물이다. 그 이래 이 관념은 스파르타의 근본적인 정신으로 숭상되었다.

4. 몸이 허약한 한 남자가 그에게 육지와 바다에서 모두 적을 상대로 전투를 벌이자고 주장했다. 그러자 파우사니아스는 그에게 "옷을 벗고 자네가 어떤 사람인지 보여주는 게 어떻겠나? 우리보고 싸우자고 하는 자네 말일세"라고 말했다.

5. 몇몇 사람이 페르시아와의 전투에서 나온 전리품 중 호사스러운 의복들을 보고 놀라워했다. 그러자 그는 "자네들은 가치 있는 물건을 가지기보다는 가치 있는 사람이 되는 것이 더 나을걸세"라고 말했다.

6. 그는 플라타이아에서 페르시아에 승리를 거둔 후 페르시아인들이 준비해두었던 식사를 자신과 지휘관들에게 내오라고 명령했다. 그 식사는 놀랄 만큼 호사스러운 것이었기 때문에, 그는 "이런, 페르시아인들은 정말 탐욕스러운 녀석들이군. 이런 음식들을 다 갖고 있으면서도, 우리나라의 보리빵을 탐내다니 말이야!"라고 말했다.[229]

플레이스토아낙스의 아들 파우사니아스

1. 플레이스토아닉스의 아들 파우사니아스[230]는 "그대들의 나라

---

229) 헤로도토스의 『역사』 제9권 제82장에 따르면, 그는 페르시아식 식사와 스파르타식 식사를 모두 차려놓게 하고, 그리스연합군의 다른 지휘관들을 불러서 이런 말을 했다고 한다.

230) 기원전 445년부터 기원전 426년까지 그리고 기원전 408년부터 기원전 395년까지 재위했던 아기아다이 왕가의 왕 파우사니아스 1세다. 그는 기원전 458년 즉위한 부왕인 플레이스토아낙스가 적에게 뇌물을 받고 ─ 그 적은 아마 아테나이의 페리클레스였을 것이다 ─ 철군했다는 혐의로 재판에 부쳐진 다음 기원전 446년부터 기원전 444년 사이에 폐위, 추방되었을 때, 일시적으로 재위했다. 기원전 428년 플레이스토아낙스가 사면, 복권되어 돌아오자 왕위에서 물러났다가, 부왕이 사망한 기원전 409/408년 이후 다시 재위했

에서는 왜 고대의 법을 개정하는 일이 허용되지 않나요?"라는 질문을 받고, "법은 사람보다 높은 권위를 지녀야 하오. 사람이 법보다 높은 권위를 지니면 안 되오"라고 답했다.

2. 그는 망명한 후 테게아에 있을 때도 스파르타인을 칭찬했다. 그러자 누군가 "[그렇게 칭찬하시는데] 왜 스파르타에 머물러 계시지 않고, 망명하셨나요?"라고 물었다. 그러자 그는 "의사들도 건강한 사람 사이에서가 아니라 환자 사이에서 시간을 쓰고 싶어 하지 않소?"라고 응수했다.

3. 어떤 이가 "당신들이 어떻게 트라키아를 정복할 수 있나요?"라고 묻자, 그는 "우리가 가장 훌륭한 이를 장군으로 삼는다면"이라고 대답했다.

4. 한 의사가 방문하여 "당신께서는 몸에 안 좋은 점이 없으십니다"라고 말하자, 그는 "그럴 거요. 그대를 내 주치의로 고용하지 않았으니까"라고 말했다.

5. 한번은 그가 자신을 직접 치료한 적도 없고, 해를 끼친 적도 없는 어느 의사를 험담하자, 친구 하나가 책망했다. 그러자 그는 "그가 치료하게끔 했더라면, 나는 이미 살아 있지 못했을 것이기 때문이라네"라고 말했다.

6. 그 의사가 "당신께서는 아주 오래 사실 겁니다"라고 말하자, 그는 "내가 그대를 주치의로 고용했던 적이 없어서 그렇소"라고 말

다. 기원전 395년 스파르타는 테바이, 아테나이 등의 연합군과 코린토스전쟁을 치렀다. 스파르타군은 둘로 나뉘어 각각 리산드로스와 파우사니아스가 지휘했다. 먼저 도착한 리산드로스는 할리아르토스(Haliartos)전투에서 전사하고, 그의 군대는 패배했다. 늦게 도착하여 제대로 전투를 벌이지 못했던 파우사니아스는 본국에서 재판에 부쳐져 사형판결을 받았다. 하지만 그는 탈출하여 테게아로 망명했고, 그곳에서 죽었다. 왕위는 그의 아들 아게시폴리스 1세가 계승했다.

했다.

7. 그는 환자들이 썩어가도록 놔두지 않고, 재빨리 매장해버리는 자가 최고의 의사라고 말하곤 했다.

파이다레토스

1. 적의 수가 대단히 많다고 어떤 사람이 말하자, 파이다레토스[231]는 "그러면 우리가 더 유명해지겠군요. 더 죽일 테니 말입니다"라고 말했다.

2. 천성은 유약하지만, 온건함 때문에 시민들에게 칭찬받는 사람이 있었다. 파이다레토스는 그 사람을 보고서, "여자 같은 남자도, 남자 같은 여자도 칭찬하면 안 된다. 급박한 필요성이 있다면 몰라도"라고 말했다.

3. 그는 당시 국가에서 가장 큰 명예라고 여겨지던 〔왕의 근위대〕 300명에 뽑히지 못했다. 하지만 그는 즐겁게 웃으며 자리를 떴다. 에포로스들은 그를 불러 돌아서게 하고, 왜 웃느냐고 물었다. 그러자 그는 "우리나라에 저보다 나은 시민이 300명이나 있다는 것을 기뻐하기 때문입니다"라고 말했다.[232]

---

231) 펠로폰네소스전쟁 시기의 스파르타 장군이다.
232) 이 책의 「왕들과 장군들의 어록」 '파이다레토스' 항목도 같은 일화를 간략히 다룬다.

플레이스타르코스

1. 어떤 사람이 레오니다스의 아들 플레이스타르코스[233]에게 왜 초창기 선왕들의 이름을 따서 왕호를 짓지 않았느냐고 물었다. 그러자 그는 "초창기의 선왕들은 절대적 군주가 될 필요가 있었지만, 후대의 왕들은 그럴 필요가 없기 때문이오"라고 말했다.[234]

2. 어떤 사람이 농담하는 것을 옹호하자, 그는 이렇게 말했다. "이보게. 항상 농담만 하지 않도록 주의하게. 그대가 농담거리가 되지 않도록 말이야. 항상 레슬링만 하는 사람은 레슬러가 되기 마련이라네."

3. 그는 밤꾀꼬리가 우는 소리를 흉내 내는 사람에게 이렇게 말했다. "이보게, 밤꾀꼬리가 우는 소리를 직접 듣는 것이 더 기분 좋다네."[235]

4. 어떤 독설가가 칭찬했다는 소리를 들은 플레이스타르코스는 이렇게 말했다. "아마 그 사람은 내가 죽었다는 소리를 듣지 않았나 싶군. 살아 있는 사람에게 좋은 소리를 한 적이 한 번도 없는 사람이니 말이야."

---

233) Pleistarchos. 기원전 480년부터 기원전 458년까지 재위했던 아기아다이 왕가의 왕이다. 테르모필라이에서 전사한 레오니다스 1세의 아들이다.

234) 플루타르코스는 스파르타 중후기의 왕 상당수가 초창기 왕들의 이름을 따서 왕호를 짓지 않은 것은, 초창기 왕들의 절대적 왕권이 사라졌기 때문이라고 생각한 듯하다. 리쿠르고스가 주도했다고 알려진 개혁 이후의 스파르타에서는 왕들의 권한이 예전보다 축소되어 주로 제사장이나 군사령관 역할만을 맡았다.

235) 이 책의 「왕들과 장군들의 어록」 '아게실라오스' 항목의 제9번도 비슷한 일화를 다룬다.

플레이스토아낙스

파우사니아스의 아들 플레이스토아낙스[236]는 아티카(즉 아테나이)의 한 연설가가 스파르타인들이 무식하다고 하자, "확실히 맞소. 그리스인 중 우리만이 당신네에게서 악덕을 배우지 않았으니 말이오"라고 말했다.[237]

폴리도로스

1. 어떤 사람이 자신의 적을 계속 위협했다. 그러자 알카메네스의 아들 폴리도로스[238]는 "그대는 복수의 백미(白眉)를 낭비하고 있음을 알지 못하는가?"라고 말했다.

2. 그가 군대를 이끌고 메세네[239]로 진군해갈 때, 누군가 동포를 상대로 전쟁하러 가느냐고 물었다.[240] 그러자 그는 "아니요. 나는 단지 아직 분배되지 않은 땅을 향해 진군하고 있을 뿐이오"[241]라고 답했다.

---

236) 파우사니아스 1세의 아버지다. 더욱 자세한 내용은 앞서 나온 '플레이스토아낙스의 아들 파우사니아스' 항목의 옮긴이주 230) 참조할 것.

237) 이 책의 「왕들과 장군들의 어록」 '안탈키다스' 항목 제1번도 같은 일화를 다룬다.

238) Polydoros. 기원전 8세기 후반에서 기원전 7세기 초에 재위했다고 전해지는 아기아다이 왕가의 왕이다.

239) Messene. 펠로폰네소스반도의 서남쪽에 있는 메세니아의 수도다.

240) 고대 그리스인은 메세니아 사람들과 스파르타인의 선조가 같다고 생각했다.

241) 스파르타에서는 가구별로 토지를 분배해주었으므로, 새롭게 땅을 얻어 분배하겠다는 의미다.

3. 아르고스는 300인의 전투[242] 이후 이어진 전투에서 전력을 다했는데도 다시 패배했다. 그러자 〔스파르타의〕 동맹국들은 폴리도로스에게 기회를 놓치지 말고, 적의 성벽을 급습하여 도시를 점령하자고 주장했다. 남성들이 괴멸하고 여성들만 남아 있으므로 식은 죽 먹기라는 것이 그들의 의견이었다. 그는 이렇게 대답했다. "나는 같은 조건에서 상대편을 정복하기 위해 싸우는 것은 명예로운 일이라고 생각하오. 하지만 국경을 정하기 위해 싸운 다음 도시를 점령하고자 하는 것은 정당하지 않다고 간주하오. 나는 영토를 다시 점거하기 위해 왔지, 도시를 점령하기 위해 온 것은 아니기 때문이오."

4. 누군가 스파르타인들이 전쟁에서 목숨을 아끼지 않고 용감하게 싸우는 이유를 묻자, 그는 "우리는 지휘관들을 두려워하지 않고, 존경하게끔 배웠기 때문이오"라고 답했다.

폴리크라티다스

폴리크라티다스[243]는 다른 이들과 함께 〔페르시아〕 왕의 장군들에게 사절로 파견되었다. 장군들이 그에게 "당신들은 시민 개인의 자격으로 왔소? 아니면 공적인 대표단으로 파견된 것이오?"라고 물었다. 그러자 그는 "우리가 성공한다면 공적으로 온 것이고, 실패한다

---

242) 티레아전투를 말한다. 더욱 자세한 내용은 앞서 나온 '아낙산드리다스의 아들 클레오메네스' 항목의 옮긴이주 160) 참조할 것.

243) Polykratidas. 플루타르코스의 『대비열전』 「리쿠르고스전」 제25장 제4절에 등장하는 인물로, 페르시아에 파견된 세 명의 사절 중 하나다. 그 외에는 달리 알려진 바가 없다. 여기에 쓰인 내용도 「리쿠르고스전」의 내용과 거의 같다.

면 개인적으로 온 것이오"라고 답했다.

포이비다스

레욱트라에서 무모한 교전을 벌이기 전에, 몇몇 사람이 포이비다스[244]에게 "오늘이 누가 용맹한지를 보여주게 될 것입니다"라고 말했다. 그러자 그는 "하루가 용맹한 이를 보여줄 힘이 있다면, 그날은 더 가치 있는 날일걸세"라고 말했다.

소오스

소오스[245]에 대해서 이러한 이야기가 전해진다. 그는 그다지 방비가 잘되어 있지 않고, 물도 없는 요새에서 클레이토르[246]인들에게 포위당했다. 그래서 그는 인근에 있는 샘에서 자신을 포함한 모든 병사가 물을 마시게 해준다면, 싸워서 얻었던 땅을 내놓겠다고 적과 합의했다. 이 샘은 적이 지키고 있었다. 양측이 모두 서약하고 난 후에, 그는 부하들을 불러 모아서 물을 마시지 않는 사람에게 왕국을 넘겨주겠다고 제안했다. 하지만 누구도 〔갈증에〕 저항할 수 없었고, 모두 물

---

244) Phoibidas. 기원전 4세기 초의 스파르타 장군이다. 독단적으로 테바이의 요새를 점령하여 스파르타가 테바이를 통제하도록 했다. 독단적인 행동 때문에 그는 해임되었으나, 스파르타는 테바이를 계속 통제했다.

245) Soos. 기원전 9세기에 재위했다고 전해지는, 에우리폰티다이 왕가의 반(半)전설적인 제2대 왕이다.

246) Kleitor. 아르카디아 지역의 한 도시다.

을 마셨다. 모든 병사가 물을 마시고 나서, 적들이 여전히 자리를 지키고 있는 동안, 그는 주저앉아 스스로에게 물을 끼얹었다. 그다음 그는 자신은 물을 마시지 않았다는 이유를 들며 돌아가서 그 땅을 점령했다.[247]

텔레클로스

1. 누군가 부왕께서 자기에게 좋지 않게 말했다고 하자, 텔레클로스[248]는 이렇게 말했다. "말씀하실 이유가 없으셨으면, 아예 하지 않으셨을 거요."

2. 시민들이 (같은 왕가의 사람인데도) 자신을 대할 때는 왕에게 대하는 것처럼 처신하지 않고, 별로 배려해주지 않는다며 동생이 그에게 불평했다. 그는 "이유인즉 너는 불의를 복종시키는 법을 모르고, 나는 안다는 데 〔그 차이가〕 있다"라고 말했다.[249]

3. 왜 스파르타에는 젊은이들이 연장자에게 자리를 양보하는 관습이 있느냐는 질문을 받자, 그는 이렇게 답했다. "친족이 아닌 사람들에게 경의를 표함으로써 자신들의 부모에게 더 큰 경의를 표할 수 있기 때문이오."

4. 어떤 이가 그에게 재산이 얼마나 되느냐고 묻자, 그는 "충분한

---

247) 플루타르코스의 『대비열전』 「리쿠르고스전」 제2장 제1~2절도 같은 일화를 다룬다. 「리쿠르고스전」에 따르면, 그는 그저 얼굴에 물을 끼얹었을 뿐이다.
248) 아기아다이 왕조의 왕이다. 이 책의 「왕들과 장군들의 어록」, '텔레클로스' 항목의 옮긴이주 203) 참조할 것.
249) 이 책의 「왕들과 장군들의 어록」, '텔레클로스' 항목도 같은 일화를 간략히 다룬다.

것보다 더 가지지는 않았소"라고 말했다.

카릴로스

1. 카릴로스[250] 왕은 리쿠르고스가 법률을 적게 제정한 이유를 물어보는 사람에게, "말을 많이 하지 않는 민족에게는 많은 법률이 필요 없소"라고 대답했다.[251]

2. 어떤 사람이 그에게 소녀들은 공공장소에서 베일을 쓰지 않는데, 유부녀들은 베일을 쓰는 이유를 물었다. 그러자 그는 이렇게 답했다. "소녀들은 남편감을 찾아야 하고, 유부녀들은 있는 남편들을 지켜야 하기 때문이오!"

3. 어떤 헤일로테스가 그에게 상당히 불손하게 행동했을 때, 그는 "내가 화나지 않았더라면, 네 놈을 죽였을 것이다"라고 말했다.[252]

4. 누군가 그에게 "어떤 것이 가장 좋은 통치체제라고 생각하시는지요?"라고 묻자, "대다수의 시민이 소요를 일으키는 법 없이 서로 덕을 경쟁하고자 하는 체제"라고 대답했다.[253]

5. 왜 스파르타에서는 신들의 상을 무기를 장비한 모양으로 세우느냐고 누군가 묻자, 그는 "인간들의 비겁함에 가해지는 질책을 신들께 돌리지 않을 수 있고, 젊은이들이 무장하지 않고 신들께 기도하지

---

250) 기원전 8세기 중엽의 스파르타 왕이다. 이 책의 「왕들과 장군들의 어록」 '카릴로스' 항목의 옮긴이주 198) 참조할 것.
251) 이 책의 「왕들과 장군들의 어록」 '카릴로스' 항목의 제1번도 같은 내용을 다룬다.
252) 이 책의 「왕들과 장군들의 어록」 '카릴로스' 항목의 제2번도 같은 일화를 다룬다. 감정이 고양되어 있으므로 함부로 행동하지 않겠다는 의미로 보인다.
253) 이 책의 「7현인의 저녁식사」 제11번도 비슷한 일화를 다룬다.

않게 될 테니까"라고 대답했다.

6. 왜 그와 다른 사람들이 머리를 길게 기르느냐고 묻는 사람에게, 그는 "이것이 모든 장신구 중에서 가장 자연스럽고 싸게 먹힌다오"라고 대답했다.[254]

이름이 알려지지 않은 스파르타인들

1. 사모스의 사절들이 말을 길게 늘어놓자, 스파르타인들이 이렇게 말했다. "앞부분은 [이미] 잊어버렸소. 그러니 뒷부분도 이해를 못하겠소."

2. 어떤 이가 길게 연설하고 나서 자기네 나라 시민들에게 보고할 답변을 달라고 요청했다. 스파르타인들은 "말을 끊기 어려워서 우리는 듣기만 했노라고 보고하시게"라고 말했다.[255]

3. 스파르타인들은 어떤 문제들을 놓고 논쟁하는 테바이인들에게 이렇게 말했다. "자부심을 줄이시든지, 힘을 더 많이 기르시든지."[256]

4. 왜 수염을 그렇게 길게 기르느냐는 질문을 받은 어떤 스파르타인은 "그러면 내 머리카락이 세어도 신경 쓰지 않을 테니까요"라고 답했다.

---

254) 이 책의 「왕들과 장군들의 어록」 '카릴로스' 항목의 제3번도 같은 일화를 다룬다.
255) 앞서 나온 '아르키다모스의 아들 아기스' 항목의 제9번도 비슷한 일화를 다룬다.
256) 앞서 나온 '제욱시다모스의 아들 아르키다모스' 항목의 제8번도 비슷한 일화를 다룬다.

5. "왜 당신들은 짧은 칼을 씁니까?"라는 질문을 받은 또 다른 스파르타인은 "그러면 우리는 적에게 가까이 다가갈 수 있게 됩니다"라고 답했다.

6. 어떤 사람이 아르고스 전사들을 칭찬하자, 한 스파르타인이 "맞소, 트로이아에서!"라고 답했다.[257]

7. 어떤 사람들은 식후에 술을 마셔야만 한다는 말을 들은 또 다른 스파르타인은 "저런, 그들은 식사도 꼭 해야만 하겠군요?"라고 말했다.

8. 시인 핀다로스는 "아테나이는 그리스의 버팀목이라네"라고 읊었다. 이에 대해 어떤 스파르타인은 "아테나이 같은 버팀목에 기대다가는 그리스가 무너져내리겠는데!"라고 말했다.

9. 아테나이인들이 스파르타인들을 베는 모습을 묘사한 그림을 보면서 어떤 사람이 "용감하군. 용감한 아테나이인들이야"라고 되풀이해 말하자, 한 스파르타인이 끼어들었다. "그렇군. 그림 속에서만!"

10. 악의를 품고 〔남을〕 비방하는 말을 경청하는 사람에게 한 스파르타인이 이렇게 말했다. "보아하니 당신은 청력을 낭비하는 일을 그만두셔야 할 것 같소!"

11. 처벌받고 있으면서, "나는 마지못해 나쁜 짓을 할 수밖에 없었소"라고 계속 말하는 사람을 한 스파르타인이 이렇게 비꼬았다. "그러니 처벌도 마지못해 받으시구려."

12. 한 스파르타인이 〔외국에서〕 마차를 타고 여행하는 사람들을 보고서, "신께서는 내가 연장자를 보고 일어나 자리를 양보하지 못하는 곳에 앉는 것을 금하셨다"라고 말했다.

---

257) 트로이아전쟁이 아주 오래전에 일어났으므로, 그때나 훌륭했다고 비꼬는 것이다.

13. 키오스인 몇 사람이 스파르타를 방문했을 때, 식사하고 나서 에포로스들이 집무를 보는 장소에서 그만 토하고 말았다. 그 결과 에포로스들이 늘 앉는 의자들이 오물로 더럽혀졌다. 스파르타인들은 먼저 이들이 〔스파르타〕 시민인지를 확실히 조사했다. 그리고 그들이 실제로 키오스 사람들인 것을 알게 되자, 이러한 사항을 공포했다. "스파르타인들은 키오스인들에게 더러워져도 된다고 허락한다."

14. 한 스파르타인이 단단한 아몬드가 다른 것들보다 두 배나 비싸게 팔리는 것을 보고서, "돌들이 그리 귀한가?"라고 말했다.

15. 한 스파르타인이 밤꾀꼬리의 깃털을 다 뽑고 보니 별로 먹을 만한 부위가 없는 것을 알게 되었다. 그러자 그는 "이 새는 목소리를 빼면 아무것도 없구먼"이라고 말했다.

16. 한 스파르타인이 키니코스학파의 철학자 디오게네스가 몹시 추운 날씨에 청동상을 안고 있는 것을 보았다. 그리고 디오게네스에게 "춥지요?"라고 물었다. 디오게네스가 "아니요"라고 대답하자, 그는 "그러면 당신이 하는 행동이 무슨 대단한 일이란 말이오?"라고 말했다.[258]

17. 어느 스파르타인이 메타폰티온[259]인들을 비겁하다고 비난했다. 그러자 〔그 말을 들은〕 한 메타폰티온인이 "하지만 실제로 우리는 다른 나라들에서 적지 않은 땅을 빼앗아냈소"라고 대꾸했다. 이에 그는 "당신네는 비겁할 뿐 아니라, 불의하기까지 하군"이라고 말했다.

18. 스파르타를 방문 중인 한 외국인이 한 발로 오랫동안 서 있었다. 그러면서 어느 스파르타인에게 "나는 당신이 한 발로 이렇게 오

---

258) 디오게네스는 자신을 단련하기 위해 겨울에는 추위를 참는 훈련을, 여름에는 뜨거운 모래 위에서 더위를 참는 훈련을 했다고 한다.

259) Metapontion. 이탈리아의 타란토만에 있는 그리스의 식민시다.

래 서 있을 수 있다고는 생각하지 않소"라고 말했다. 그러자 그는 "못 하지요. 하지만 그렇게 할 수 없는 거위는 한 마리도 없소"라고 대꾸했다.

19. 한 남자가 자신의 연설기술을 엄청나게 자랑하고 있었다. 이를 듣던 한 스파르타인이 "맹세코 진실 없이 존재하는 그리고 가능한 기술은 없소"라고 말했다.[260]

20. 언젠가 한 아르고스인이 "우리나라에는 많은 스파르타인의 무덤이 있소"라고 말하자, 한 스파르타인이 "그렇지만 우리나라에는 아르고스인의 무덤이 단 하나도 없소"라고 말했다. 스파르타인들은 아르고스에 발을 디딘 적이 많지만, 아르고스인은 스파르타에 발을 디딘 적이 없다는 점을 지적한 것이다.[261]

21. 한 스파르타인이 전쟁에서 포로가 되어 노예로 팔리게 되었다. 노예상인이 "스파르타인 한 명을 팔겠소"라고 하자, 그는 말을 가로막고 "전쟁포로로서 팔아주시오"라고 했다.[262]

22. 리시마코스[263]의 군대에서 복무하고 있는 자가 있었다. 누군가 그에게 헤일로테스 출신이 아니냐고 물었다. 그는 "당신이 지불한 고작 4오볼로스[264]에 스파르타인을 얻을 수 있었을 것으로 생각하시오?"라고 말했다.

---

260) 플라톤의 『파이드로스』 260E도 비슷한 일화를 다룬다.
261) 플루타르코스의 『대비열전』 「아게실라오스전」 제31장 제5절은, 아테나이에 있는 케피소스강에서 스파르타군을 여러 번 쫓아냈다고 뻐기는 아테아이인에게 스파르타에 있는 에우로타스강에서 아테나이군을 쫓아낸 적이 없다고 응수하는 스파르타인 안탈키다스의 일화를 다룬다.
262) 제40번도 비슷한 일화를 다룬다.
263) 알렉산드로스 대왕의 후계자 중 하나다. 더욱 자세한 내용은 이 책의 「왕들과 장군들의 어록」 '리시마코스' 항목의 옮긴이주 113) 참조할 것.
264) 당시 숙련공 일당의 3분의 2 정도에 해당한다.

23. 테바이가 레욱트라에서 스파르타를 이기고[265] 진군하여 [스파르타에 있는] 에우로타스 강변까지 갔다. 테바이 군인 중 한 명이 뻐기면서, "지금 스파르타인들은 어디에 있지?"라고 말했다. 테바이군에게 사로잡혀 있던 한 스파르타인은 "여기에는 없소. 그렇지 않았더라면, 당신네가 이렇게까지 멀리 올 수 없었을 거요."라고 말했다.

24. 아테나이가 자신들의 도시를 포기해야 했을 때,[266] 그들은 사모스만은 남겨달라고 청했다.[267] 하지만 스파르타인들은 "그대들은 스스로의 주인도 되지 못하게 된 때, 다른 이들의 주인이 되겠다는 것이오?"라고 말했다. 이 사건 이후로 이러한 속담이 생겼다. "스스로를 가지지도 못하는 자가 사모스를 가지려 한다."

25. 스파르타가 어느 한 도시를 기습하여 점령했을 때, 에포로스들은 "우리 젊은이들을 위한 격투연습장이 사라졌군. 젊은이들과 겨루어줄 이들이 더는 없겠는데"라고 말했다.

26. 스파르타의 왕이 어떤 도시를 완벽하게 지워버리겠노라고 약속했을 때, 스파르타인 사이에 소란이 일었다. 즉 스파르타인들은 "전하께서는 우리 젊은이들을 위한 자극제를 없애거나, 치워버리시면 안 됩니다"라고 말했다.

27. 스파르타인들은 경쟁의 [승패가] 기술이 아니라 용기로 결정되도록, 레슬링에서 코치가 가르치지 못하게 했다. 카론(Charon)에게 패배한 리사노리다스(Lysanoridas)가 어떻게 졌느냐는 물음에 "그의 대단한 술책 때문에"라고 대답한 이유다.

28. 필리포스는 스파르타로 진군해 들어갈 때 "당신들은 내가 친구로서 가기를 바라오? 아니면 적으로서 가기를 바라오?"라고 물었다.

---

265) 기원전 371년 벌어진 레욱트라전투를 말한다.
266) 펠로폰네소스전쟁에서 아테나이가 패배한 기원전 404년을 말한다.
267) 사모스는 아테나이의 해군기지 역할을 했다.

스파르타인들은 "어느 쪽도 아니오"라고 답했다.[268]

29. 스파르타인들은 데메트리오스[269]의 아들 안티고노스[270]에게 사절을 파견했다. 그리고 그 사절이 안티고노스를 대왕이라고 부르며 인사했음을 알게 되자 벌금을 물렸다. 비록 그가 기근으로 힘들던 시기에 스파르타인 각자에게 약 세 말씩 돌아갈 밀을 〔하사품으로〕 받아 왔지만 말이다.

30. 데메트리오스는 스파르타인들이 자신에게 달랑 한 명의 사절을 보냈다고 불평했다. 〔이를 알게 된〕 스파르타인들은 이렇게 답했다고 한다. "충분하지 않은가? 1 대 1인데."[271]

31. 품성이 좋지 않은 이가 매우 훌륭한 의견을 내자, 스파르타인들은 이를 채택했다. 하지만 의견의 발의권은 그에게서 빼앗아 덕 있게 살았던 이에게 주었다.

32. 두 형제가 싸우자, 스파르타인들은 그렇게 내버려 두었다는 이유로 그들의 아버지에게 벌금을 부과했다.

33. 스파르타인들은 하프연주자가 맨손으로 연주했다고 하여 벌금을 부과했다.[272]

34. 두 소년이 싸웠다. 그중 한 소년이 다른 소년을 낫으로 쳐서 치명상을 입혔다. 상처를 입은 소년이 마지막 숨을 몰아쉴 때, 소년의

---

268) 아예 오지 말라는 의미의 답변으로 보인다.

269) 안티고노스의 아들 데메트리오스 폴리오르케테스를 말한다. 더욱 자세한 내용은 이 책의 「왕들과 장군들의 어록」 '데메트리오스' 항목의 옮긴이주 108) 참조할 것.

270) 데메트리오스 폴리오르케테스의 아들 안티고노스 2세를 말한다. 더욱 자세한 내용은 이 책의 「왕들과 장군들의 어록」 '안티고노스 2세' 항목의 옮긴이주 111) 참조할 것.

271) 앞서 나온 '아르키다모스의 아들 아기스' 항목의 제16번도 비슷한 일화를 다룬다. 다만 대상이 필리포스다.

272) 픽(pick)이나 채를 쓰면 더 듣기 좋았다.

친구들은 상처를 입힌 소년에게 복수하여 죽여버리겠다고 약속했다. 하지만 [죽어가는] 소년은 이렇게 말했다. "신들께 맹세코 그러지 말게. 그것은 옳지 않아. 사실 내가 충분히 빠르고, 충분히 용감했다면 내가 했을 일인걸."

35. 또 다른 소년에 관한 이야기가 있다. 자유민 소년들이 무엇이든지 가능한 대로 훔치는 관행이 만연한 시기였다. 하지만 도망치지 못해 들키면 불명예가 되었다. 그 소년이 포함된 무리가 어린 여우를 산 채로 훔쳐내었다. 그리고 그 소년에게 맡겼다. 도둑맞은 사람들이 여우를 찾고 있을 때, 겉옷 속에 [여우를 숨겨 손으로 잡고 있던] 소년은 여우를 놓쳐버렸다. 그리하여 여우는 사납게 굴면서 [옷 속에서] 내장에 이르도록 옆구리를 물어뜯어 버렸다. 하지만 그 소년은 들키지 않기 위해 움직이지도, 울지도 않았다. 얼마 후 여우를 찾던 이들이 떠나고 나서 다른 소년들은 어떤 일이 일어났는지 알게 되었고, 그 소년을 책망했다. 죽을 정도로까지 숨기는 것보다는 차라리 여우를 들키는 것이 낫다는 것이다. 하지만 그 소년은 이렇게 말했다. "그렇지 않아. 정신이 굳세지 못해서 들켜 불명예 속에서 사는 삶을 얻느니보다는, 고통에 굴복하지 않고 죽는 것이 더 나아."[273]

36. 길에서 스파르타인들을 우연히 만난 어떤 이들이 "자네들 운이 좋군. 강도들이 방금 여기서 떠났네"라고 말했다. 그러자 스파르타인들은 이렇게 말했다. "당치도 않네. 그놈들이 운이 좋은 거지. 우리를 만나지 않았으니."

37. 무엇을 아느냐는 질문을 받은 한 스파르타인은 "자유롭게 사는 법"이라고 답했다.

---

273) 플루타르코스의 『대비열전』 「리쿠르고스전」 제18장도 같은 일화를 다루되 좀더 간략하다.

38. 한 스파르타 소년이 〔마케도니아의〕 안티고노스 왕에게 포로로 잡혀서 〔노예로〕 팔렸다. 그는 자신을 산 사람이 자유민에게 어울린다고 생각하는 일을 지시할 때만 순종했다. 언젠가 주인이 침실용 요강을 가져오라고 명령하자, 그런 취급을 감내할 수 없었던 그는 "나는 노예가 아니고자 하오"라고 말했다. 그래도 주인이 계속 같은 일을 시키자, 그는 지붕 위로 올라가서, "나를 싸게 사셨으니, 큰 이득을 보시겠구려"라고 말하며 몸을 날려 스스로 목숨을 끊었다.[274]

39. 또 다른 스파르타인이 〔노예로〕 팔리게 되었을 때, 누군가 "내가 너를 사면, 순종적이고 협조적으로 굴 테냐?"라고 물었다. 그러자 그는 "물론이오. 그대가 나를 사지만 않으면"이라고 말했다.[275]

40. 또 다른 스파르타인이 포로가 되어 〔노예로〕 팔리게 되었다. 경매의 진행자가 "노예로 팔릴 자가 있소!"라고 외치자, 그는 "이 가증스러운 자야! '포로'라고 해주면 안 되겠나?"라고 말했다.[276]

41. 한 스파르타인이 자신의 방패에 파리를, 그것도 실물 크기로 새겨놓았다. 어떤 사람이 그에게 놀리듯이, 자신은 그 그림을 거의 알아보지 못할 뻔했다고 말했다. 그러자 그는 "아마 알아들 볼 거요. 실제 크기로 보일 정도로 내가 적에게 가까이 다가갈 테니까"라고 말했다.

42. 누군가 만찬장에 수금을 가져오게 하자, 한 스파르타인이 "무의미한 짓에 빠지는 자는 스파르타인이 아니오"라고 말했다.[277]

---

274) 이 책의 「스파르타 여성들의 어록」 '이름이 알려지지 않은 스파르타 여인들의 어록' 항목의 제30번도 비슷한 일화를 다룬다.
275) 이 책의 「스파르타 여성들의 어록」 '이름이 알려지지 않은 스파르타 여인들의 어록' 항목의 제29번도 비슷한 일화를 다룬다.
276) 제21번과 내용이 흡사하다.
277) 플루타르코스의 『대비열전』「테미스토클레스전」 제2장 제3절에 나오는 테미스토클레스의 일화와 비슷하다.

43. 스파르타로 가는 길은 안전하냐고 묻는 이에게, 한 스파르타인은 이렇게 답했다. "그대가 어떤 사람인지에 달려 있지요. 사자는 가고자 하는 곳으로 가지만, 산토끼는 그 땅에서 사냥당하는 법이니까요."

44. 상대방보다 힘이 센 한 레슬러가 클린치한 상태에서 상대의 목을 잡고 약간의 수고로 적을 땅에 밀어 넘어뜨렸다. 넘어진 자는 몸을 쓰는 데 불리한 위치에 있게 되자, 자신을 잡은 상대의 팔을 물었다. 그러자 상대편이 "어이, 스파르타인. 자네는 계집아이처럼 무는군"이라고 말했고, 그는 "절대 아니지. 나는 사자처럼 문다네"라고 말했다.278)

45. 다리를 저는 한 스파르타인이 전쟁에 나가고 있었다. 그 뒤를 따라가던 몇몇이 비웃자, 그는 몸을 돌려 이렇게 말했다. "이 비열한 놈들 같으니라고! 남자가 적을 맞아 싸울 때, 달아나기 위한 〔다리는〕 필요 없다. 그저 땅에 버티고 서서 〔싸우면〕 족하다."279)

46. 또 다른 스파르타인이 화살에 맞아 치명적인 상처를 입었다. 그는 목숨이 꺼져갈 때 이렇게 말했다. "내가 죽어야 한다는 데는 유감이 없다. 하지만 〔맞서서 싸우지 않고〕 활이나 쏘는 겁쟁이에게 죽는다는 것과 성취한 〔전공(戰功)〕이 없다는 점은 유감이다."280)

47. 한 스파르타인이 여관에 들러서 주인에게 〔자신의〕 식사준비를 위한 고기를 한 덩어리 주었다. 주인이 치즈와 올리브기름을 더

---

278) 이 책의 「왕들과 장군들의 어록」 '알키비아데스' 항목 제1번에서 알키비아데스가 그렇게 말했다.
279) 앞서 나온 '아게실라오스 대왕' 항목의 제34번과 '안드로클레이다스' 항목 참조할 것.
280) 플라타이아전투에서 스파르타의 칼리크라테스가 한 말이다. 그는 당대 최고의 미남이었다고 전해진다. 헤로도토스의 『역사』 제9권 제72장 참조할 것.

요청하자, 그는 "내가 치즈가 있으면, 왜 고기가 더 필요하겠소?"라고 말했다.[281]

48. 어떤 사람이 아이기나의 람피스(Lampis)는 여러 척의 배를 가지고 많은 화물을 나르는 큰 부자이니, 행복한 사람이라고 불렀다. 그 말을 들은 한 스파르타인은 "나는 밧줄들에 매달린 행복에는 많은 관심을 두지 않소"라고 말했다.

49. 어떤 사람이 한 스파르타인에게 "당신은 거짓말하고 있어"라고 말했다. 그러자 그는 "맞소. 우리는 자유롭기 때문이오. 하지만 다른 이들은 진실을 말하지 않게 되면 힘든 일을 겪게 되겠지"라고 답했다.

50. 한 스파르타인이 시신을 똑바로 일으켜 세워야만 했다. 그는 온갖 애를 써보았지만, 해낼 수 없었다. 그는 "젠장. 〔시신〕 안에 뭔가가 있어야 하는 모양인데"라고 말했다.[282]

51. 티니코스(Tynnichos)는 아들인 트라시불로스가 전사했을 때, 꿋꿋하게 참아내었다. 그리고 그에 대해서 이런 짧은 시가 쓰였다.

강인한 트라시불로스가 그의 방패에 들려 왔네.[283]
트라시불로스가 용감하게 싸웠던, 피 흘리는 전쟁터에서.
아르고스인들이 공격했고, 그는 꿋꿋이 버텼네.
창 일곱 자루가 죽음을 동반한 채, 그의 가슴을 꿰뚫었다네.

---

281) 스파르타인들의 소박한 식사를 잘 표현한 일화다.
282) 여러 가지로 해석할 수 있다. 생기(生氣)나 혼(魂), 또는 그런 무언가가 있어야 똑바로 선다고 본 것이 아닐까.
283) 스파르타를 비롯한 고대 그리스에서는 방패를 시신을 운반하는 들것으로도 사용했다. 그래서 스파르타에서는 전장에 나가는 전사들에게 "방패와 함께, 아니면 방패 위에"라고 말하기도 했다. 이겨서 방패를 들고 돌아오든지, 아니면 죽어서 방패에 들려 오든지 하라는 의미였다.

티니코스는 아직도 피 흘리는 그의 시신을 화장용 장작더미에 올려놓았네.

그리고 말했지.

겁쟁이들이나 슬퍼하라지. 나는 울지도 괴로워하지도 않을 테다.

너는 내 아들이지만, 스파르타의 아들이기도 하므로.

52. 목욕탕지기가 알키비아데스를 위해 대단히 많은 물을 쏟아붓자, 한 스파르타인이 이렇게 말했다. "왜 그를 위해 이렇게까지 하나? 마치 그가 깨끗하지 않은 것처럼. 저 친구는 아주 더러운 사람을 대하는 것처럼 필요 없는 물을 쏟아붓는군."[284]

53. 마케도니아의 필리포스 왕이 스파르타인들에게 편지로 몇 가지 요구를 써 보냈다. 스파르타인들은 이렇게 답장했다. "그대가 써 보낸 일들에 대해서. '싫소.'" 필리포스가 스파르타의 국토를 침공했을 때, 모든 이가 죽을 것으로 생각했다. 필리포스는 한 스파르타인에게 물었다. "스파르타인들이여. 이제 어쩔 셈이지?" 그러자 그는 이렇게 답했다. "남자답게 죽는 것 외에 다른 무엇이 있겠소? 모든 그리스인 중에 우리만이 자유롭게 살아가는 법을 배웠고, 다른 이들에게 복종하는 법을 배우지 않았는데."

54. 아기스 왕이 패사[285]하자 [마케도니아의] 안티파트로스는 소년 50명을 인질로 요구했다. 에포로스였던 에테오클레스(Eteokles)는 전통적인 훈련과 교육을 받지 못한, 그래서 시민이 될 수 없는 소년들이 아니면 보낼 수 없다고 말했다. 그러면서 스파르타인들은 안티파트로스가 그렇게나 원한다면, 노인이나 여성을 그 두 배로 보낼

---

284) 스파르타인은 거칠고 소박하게 살았으므로 물을 많이 써서 씻는 것을 사치스럽게 여겼다.

285) 아기스 3세의 패사는 이 책의 「왕들과 장군들의 어록」 '연소 아기스' 항목의 옮긴이주 238)를 참조할 것.

수 있다고 했다. 소년들을 보내지 않는다면, 극단적인 선택을 할 것 이라고 안티파트로스가 위협하자, 스파르타인들은 만장일치로 이러한 답변을 채택했다. "그대가 우리에게 내린 명령이 죽음보다 가혹하므로, 우리는 차라리 쉬운 죽음을 택하겠소."[286]

55. 올림피아제전에서 경기가 진행되고 있을 때, 한 노인이 관람하고 싶었지만, 자리를 찾지 못했다. 그는 이곳저곳을 돌아다녔지만, 모욕과 조롱만이 날아왔을 뿐, 누구도 자리를 비켜주지 않았다. 그러다가 반대편에 있는 스파르타인들의 구역으로 가자, 모든 소년과 상당수의 어른이 일어서서 자리를 양보했다. 그러자 모여 있던 다른 그리스인들이 환호로 〔스파르타인들의〕 관습에 찬동을 표하고, 그들의 행동을 칭찬했다. 하지만 노인은 눈물이 그렁그렁한 채, 회색 머리칼과 턱수염을 저으며, "아! 사악한 시대여! 모든 그리스인이 무엇이 옳고 정당한 일인지 아는데도, 스파르타인들만이 이를 실행하는구나!"라고 외쳤다. 어떤 이들은 아테나이에서도 같은 일이 일어났다고 말한다. 아티카의 주민들이 꼴사나운 태도로 한 노인을 놀렸다. 즉 마치 자리를 양보해줄 것처럼 노인을 부르고 나서, 그가 다가오면 자리를 내주지 않았던 것이다. 노인이 구경꾼들이 앉은 좌석들을 거의 지나, 반대편의 스파르타 사절단이 있는 곳에 갔을 때, 사절단은 앉아 있던 자리에서 모두 일어나 그에게 자리를 양보했다. 군중은 기뻐하며 그 행동을 칭찬하는 환호를 보내면서 찬동의 표시를 했다. 그러자 스파르타인 중 한 명이 "저런! 아테나이인들은 옳고 정당한 것이 무엇인지를 알긴 하지만, 실천하지는 않는군"이라고 말했다.[287]

---

286) 플루타르코스의 『모랄리아』 「아첨꾼에게 말하는 법」 제23장에는 스파르타인들이 불명예스러운 것이 아니라면 어떤 조건이든지 받아들이겠노라 했다고 쓰여 있다.

56. 한 거지가 어떤 스파르타인에게 적선을 요청했다. 그러자 그는 이렇게 말했다. "내가 당신에게 무언가를 주면, 당신은 구걸을 더 하게 될 거요. 이런 볼썽사나운 행동을 하게 된 책임은 당신에게 처음으로 무언가를 준 이에게 있소. 그럼으로써 당신을 게으르게 했으니 말이오."[288]

57. 신에게 바칠 물품들을 걸고 있는 한 사람을 본 어떤 스파르타인은 이렇게 말했다. "나는 여러 신께서 나보다 가난하시다고 생각하지는 않소."

58. 못생긴 여인과 간통하던 이를 붙잡은 스파르타인이 이렇게 말했다. "불쌍한 사람! 도대체 얼마나 궁한 거요?"

59. 또 다른 스파르타인은 긴 문장들을 이리저리 나열하던 연설가의 말을 듣다가, "이야! 이 사람은 정말 용기가 있군! 아무것도 아닌 주제를 가지고 혀를 잘도 놀려대는 것을 보니"라고 말했다.

60. 한 사람이 스파르타에 왔다. 그리고 젊은이들이 노인들에게 경의를 표하는 모습을 보고, "스파르타에서만 나이를 먹을 가치가 있군요!"라고 말했다.

61. 시인 티르타이오스[289]가 어떤 사람이었느냐는 질문을 받은 한 스파르타인은 이렇게 말했다. "젊은이들의 정신을 날카롭게 벼려준 훌륭한 분."

62. 심하게 눈이 안 좋은 한 스파르타인이 전쟁에 나가려 하고 있

---

287) 키케로의 「노년에 관하여」 제63~64장도 이 일화의 후반부를 다룬다.

288) 가난을 개인의 게으름 탓으로만 보는 이런 관념은 고대 그리스뿐 아니라, 오늘날에도 여전히 만연하다. 상황에 따라 다르겠지만, 개인의 노력만으로 모든 어려움을 해결할 수 있는 것은 아니다.

289) 앞서 나온 '클레옴브로토스의 아들 파우사니아스' 항목의 옮긴이주 228) 참조할 것.

었다. 그러자 몇몇 사람이 그에게 말했다. "그 상태로 어디를 가려고 그러시오? 무엇을 하려고요?" 그러자 그는 "내가 딴 일은 못 해도, 적의 칼날을 무디게 할 수는 있잖소"라고 말했다.

63. 스파르타의 불리스(Boulis)와 스페르키스(Sperchis)는 자원하여 페르시아의 왕 크세륵세스에게 가기로 했다. 이는 신탁에 따라 스파르타인들이 해야 할 행동이었다. 왜냐하면 스파르타인들은 페르시아에서 파견한 사절들을 죽여버렸기 때문이다. 이들은 크세륵세스 앞으로 가서 자신들이 스파르타인들을 대표하여 왔으니, 어떤 방식이든 원하시는 대로 죽이시라고 말했다. 크세륵세스는 그들의 [용기를] 존중하여, 죽이지 않고 풀어주면서, 이곳에 남아 있으라고 강권했다. 그러자 그들은 이렇게 말했다. "저희가 어떻게 조국과 법률[290] 그리고 그들을 대표하여 죽으라고 이리도 멀리 오게 한 사람들을 버릴 수 있겠습니까?" [페르시아] 장군인 인다르네스(Indarnes)는 그들에게 오랫동안 간곡하게 청했다. 그리고 그들이 [어전] 바로 앞 가장 높은 자리에 있는 왕의 친우들과 같은 대접을 받을 것이라고 말했다. 그러자 그들은 다시 이렇게 말했다. "그대는 우리가 자유의 몫을 모를 것으로 생각하시는 모양입니다. 상식이 있는 이라면 누구든지 페르시아 왕국과도 그것을 바꾸지 않을 것입니다."[291]

64. 한 스파르타인이 여행 중 첫날에 친구 한 명이 그와 같이 자는 것을 꺼리는 것을 알게 되었다. 그래서 다음 날, 그 친구에게 침구를 빌려달라고 했다. 침구는 매우 호사스러웠다. 그는 빌린 침구 위로 올라가 발로 밟으면서, "[예전에는] 밀짚 위에서도 잤는데, 어제는 이것 때문에 그랬군"이라고 말했다.

---

290) 스파르타인들은 조국과 법률의 명령에 복종한다는 표현을 자주 썼다.
291) 헤로도토스의 『역사』 제7권 제134~136장도 같은 일화를 다루는데, 페르시아 장군을 히다르네스로 적었다.

65. 또 다른 스파르타인이 아테나이로 여행을 갔다. 그는 아테나이인들이 소금에 절인 생선과 온갖 진미를 소리치며 팔고, 세금을 걷으며, 공창을 운영하고, 그 밖의 적절치 못한 것들을 추구하는 모습을 보았다. 그리고 그 누구도 그런 것들에 부끄러워하지 않는 모습도 목격했다. 그가 고국에 돌아오자, 동료 시민들이 아테나이는 어땠느냐고 물어보았다. 그는 "모든 것이 공정하고 사랑스러웠네"라고 말했다. 그는 빈정거리는 투로 이렇게 말하면서, 아테나이에서는 사람들이 모든 것을 공정하고 사랑스러우며 부끄럽지 않다고 간주함을 암시하려 했다.

66. 질문받은 어떤 스파르타인이 "아니"라고 대답하자, 질문한 이가 "거짓말이잖아"라고 말했다. 그러자 그는 "좋아. 그렇다면 답을 아는 것을 물어보는 너는 멍청이가 아니냐?"라고 대꾸했다.

67. 한번은 스파르타 사절단이 참주인 리그다미스[292]의 궁전에 도착했다. 그러나 그는 만나기를 미루면서, 자신의 상태가 좋지 않다고 내세웠다. 그러자 스파르타 사절단은, 〔관리에게〕 "그분께 전하시오. 맹세코 우리는 〔밀고 당기는〕 씨름을 하러 온 것이 아니라, 대화를 나누기 위해서 왔소"라고 말했다.

68. 어떤 사람이 한 스파르타인을 〔대지모신을 섬기는〕 '비밀스러운 의식'에 입문시키고 있었다. 그러면서 스파르타인에게 이제까지 저지른 가장 불경한 행위를 말해보라고 했다. 그는 "신들께서 아시오"라고 말했다. 그 사람이 계속 재촉하면서, "그대가 말하는 것이 〔의식에〕 꼭 필요하오"라고 말했다. 그러자 스파르타인이 대꾸했다.

---

292) Lygdamis. 역사상 참주 리그다미스는 두 명이었다. 한 명은 기원전 545년부터 기원전 524년까지 낙소스를 통치했고, 다른 한 명은 기원전 460년경부터 기원전 454년까지 카리아를 통치했던 리그다미스 2세다. 이 중 누구인지 불분명하다.

"내가 누구에게 말해야 한다는 말이오? 그대요? 아니면 신에게요?" 그 사람이 "신에게요"라고 답하자, 스파르타인은 "그러면 당신은 저리로 가시오"라고 말했다.[293]

69. 어떤 스파르타인이 한밤중에 무덤가를 지나가다가 유령을 보았다고 착각하게 되었다. 그는 유령이라고 생각한 것을 향해 창을 치켜든 채로 달려들었다. 그리고 찌르며 이렇게 외쳤다. "너, 두 번 죽을 영혼아! 내게서 어디로 내뺄 것이냐?"

70. 〔바닷가에 있는〕 레우카디아(Leukadia)절벽[294]에서 뛰어내리겠다고 맹세했던 스파르타인이 있었다. 그는 절벽 위로 올라갔다가 높이에 놀라 다시 내려왔다. 이를 보고 누군가 비웃자, 그는 "한번 한 맹세가 죽을 것이 뻔한 다른 큰 맹세를 불러오리라고는 생각 못 했는데"라고 말했다.

71. 전투가 한창일 때, 어떤 스파르타인이 적에게 칼을 내려치려고 했다. 바로 그때 퇴각신호가 울려 퍼지자, 그는 칼을 거두었다. 누군가 그에게 적을 다 잡았을 때, 죽이지 않은 이유를 묻자, 이렇게 답했다. "적을 죽이는 것보다 지휘관의 명령에 복종하는 것이 더 나은 일이니까요."

72. 어떤 사람이 올림피아제전에서 패배한 스파르타인을 향해, "어이, 스파르타인. 당신의 적수가 더 나은 사람이란 것을 증명했군"이라고 말했다. 그러자 그는 "아니요. 그게 아니고, 잔재주가 더 나은 사람이란 거요"라고 답했다.

---

293) 앞서 나온 '리산드로스' 항목의 제10번도 비슷한 일화를 다룬다. 한편 앞서 나온 '안탈키다스' 항목의 제1번에는 안탈키다스가 사모트라케섬에서 비의에 입문했다고 쓰여 있으므로, 이 인물은 안탈키다스일 수도 있다.

294) 기원전 6세기 초의 시인 사포(Sappho)가 몸을 던졌다는 전설이 있는 매우 가파르고 높은 절벽이다.

스파르타 여성들의 어록

아르길레오니스

브라시다스의 어머니인 아르길레오니스[1]는 아들이 전사하고, 암피폴리스의 시민 몇몇이 스파르타에 도착하여 그녀를 찾아오자, "내 아들은 명예롭게 그리고 스파르타인에 걸맞은 태도로 죽음을 맞이했소?"라고 물었다. 그러자 그들은 브라시다스의 훌륭함을 계속 이야기하면서, 전장의 스파르타인 중 최고의 인물일 것이라고 힘주어 말했다. 그 말을 들은 그녀는 "여러분, 제 아들은 훌륭하고 명예로운 남자입니다. 하지만 스파르타에는 제 아들보다 더 훌륭한 이들이 많습니다"라고 답했다.[2]

---

1) 스파르타의 장군 브라시다스의 어머니다. 더욱 자세한 내용은 이 책의 「왕들과 장군들의 어록」, '브라시다스' 항목 참조할 것.
2) 이 책의 「왕들과 장군들의 어록」, '브라시다스' 항목의 제3번도 비슷한 일화를 다룬다.

고르고

1. 밀레토스의 아리스타고라스[3]는 클레오메네스 왕을 찾아와서, 이오니아인들을 위해 페르시아와 싸워달라고 요청하며 큰돈을 약속했다. 클레오메네스가 거절하자, 그는 점점 더 많은 돈을 제시했다. 그때 클레오메네스의 공주인 고르고[4]는 "아바마마. 저 가련한 외국인을 빨리 내쫓지 않으시면 타락하시고 말겠어요!"라고 외쳤다.

2. 한번은 클레오메네스 왕이 그녀에게 일러 한 남자에게 보수로 곡물을 내어주라고 했다. 그리고 덧붙이기를, "그가 내게 포도주를 맛있게 만드는 법을 알려주었기 때문이란다"라고 했다. 그러자 그녀는 "아바마마. 그렇게 되면 사람들이 포도주를 더 마시게 될 것이고, 술을 마시는 자들은 더 폭음하여 타락하고 말 거예요"라고 말했다.

3. 그녀는 아리스타고라스가 하인을 시켜 자신의 신발을 신기고, 끈을 묶게 하는 것을 보고 이렇게 말했다. "아바마마. 저 외국인은 손도 없나 봐요!"

4. 그녀가 길을 갈 때, 한 외국인이 가볍고 느긋한 태도로 앞에서 걷고 있었다. 그녀는 그 외국인을 옆으로 밀치면서, "옆으로 비키거라. 〔연극에서〕 여자 역할도 못 할 자 같으니라고!"라고 말했다.

5. 아티카에서 온 여성이 그녀에게 물었다. "당신네 스파르타 여성들만이 유일하게 남성들 위에 군림하는 이유가 뭘까요?" 그러자 그녀는 "그야, 우리가 남성들의 어머니가 되는 유일한 여성들이니까

---

3) Aristagoras. 기원전 6세기 말부터 기원전 5세기 초까지 재위한 밀레토스의 지도자다.

4) 레오니다스 왕의 왕비다. 더욱 자세한 내용은 이 책의 「스파르타인들의 어록」 '테미스테아스' 항목의 옮긴이주 139) 참조할 것.

요"라고 답했다.[5)]

6. 고르고는 남편인 레오니다스 왕이 테르모필라이로 출정하려 할 때, "스파르타에 어울리는 모습을 보이세요"라며 그를 격려했다. 그리고 〔왕이 죽는다면〕 자신이 해야 할 일을 물었다. 그러자 레오니다스는 "훌륭한 남자와 결혼하여, 훌륭한 아이들을 낳으시오"라고 말했다.[6)]

기르티아스

1. 한번은 기르티아스[7)]의 손자 아크로타토스가 다른 소년들과 싸우다가 두들겨 맞아, 빈사상태가 되어 집으로 떠메어져 왔다. 가족과 친우들이 통곡하자, 그녀는 "소란을 멈추거라. 그 녀석이 태어날 때도 피범벅이었다"라고 말했다. 그리고 "처신이 뛰어난 자라면 비명을 지르는 것이 아니라, 치료하려고 애써야 하느니"라고 일렀다.

2. 전령이 아크로타토스가 전사했다는 소식을 크레테에서 가져왔을 때, 기르티아스는 말했다. "그 녀석이 적과 맞부딪히게 되었을 때, 적들을 죽이거나 아니면 적에게 죽임당할 수밖에 없었느니라. 그러니 그 녀석이 평생 겁쟁이로 사느니보다는 내가 만족할 만하게 그리고 조국과 선조들께서 만족하실 만하게 전사했다는 소식을 듣는 것

---

5) 이 책의 「스파르타인들의 어록」 '리쿠르고스' 항목의 제13번도 같은 일화를 다룬다.
6) 이 책의 「스파르타인들의 어록」 '아낙산드리다스의 아들 레오니다스' 항목의 제2번도 같은 일화를 다룬다.
7) Gyrtias. 기원전 4세기 후반의 인물이며, 아레우스 1세의 어머니이자, 아크로타토스 2세의 할머니다.

이 더 기쁘지 않겠느냐."

다마트리아

다마트리아[8]는 아들이 겁쟁이에다가, 어머니라도 용납할 수 없는 짓을 했다는 말을 들었다. 그래서 그녀는 아들이 왔을 때, 〔스스로〕 죽여버렸다. 다음은 그녀에 대해 읊은 경구다.

우리의 법률에 반한 죄를 지은 자, 다마트리오스는 어머니의 손에 베어졌나니.
그는 스파르타의 젊은이였지만, 그녀도 스파르타인이었노라.

이름이 알려지지 않은 스파르타 여인들

1. 또 다른 스파르타 여인이 〔전장에서〕 이탈한 아들을 조국의 위신에 먹칠했다는 이유로, "내 자식이 아니다"라고 말하며 죽여버렸다. 다음은 그녀에 대해 읊은 경구다.

어둠으로 네 운명을 지우거라. 증오받을 짓을 저지른 수치스러운 자식이여.
에우로타스 강물마저 겁 많은 사슴을 위해 흐르지 않거늘.
너는 쓸데없는 자식이로다. 수치스러운 찌꺼기여. 바로 저승으로

---

8) Damatria. 달리 알려진 바가 없다.

가거라.

가라! 나는 스파르타에 어울리지 않는 자식을 낳지 않았기에.

2. 아들이 전장에서 전사했다는 소식을 들은 또 다른 스파르타 여인은 이렇게 말했다. "불쌍한 겁쟁이들은 슬퍼하겠지. 하지만 나는 매장하면서도 눈물 한 방울 흘리지 않으련다. 내 아들아. 너는 내 자식이지만, 동시에 스파르타의 자식이므로."[9]

3. 자식이 적에게서 도망쳐 목숨을 건졌다는 소식을 들은 한 스파르타 여인이 이렇게 편지를 썼다. "나는 너에 대해 안 좋은 소식을 들었다. 그러니 너 스스로 이 소문을 지우거나, 목숨을 끊거라."

4. 한 스파르타인이 전투에서 도망쳐서 어머니에게 갔다. 그러자 그녀는 이렇게 말했다. "비겁하게 도망친 후에 지금 어디서 오는 것이냐? 수치스러운 악당아! 네가 나온 여기로 몰래 숨어 들어가려느냐?" 이 말과 함께 그녀는 겉옷을 벗어 몸을 보여주었다.

5. 아들이 다가오는 것을 본 한 스파르타 여인이 물었다. "조국의 안위는 어떠하냐?" 그가 "모두 죽었어요"라고 말하자, 그녀는 타일 조각을 집어 들어 그에게 던져서 죽여버렸다. 그러면서 말했다. "그래서 그들이 안 좋은 소식을 전하라고 너를 우리에게 보냈느냐?"

6. 한 스파르타인이 어머니에게 형제의 고귀한 죽음을 알렸다. 그러자 그녀는 "[인생의] 여정 중에 동료를 잃다니 부끄럽지 않으냐?"라고 말했다.

7. 한 스파르타 여인이 다섯이나 되는 아들을 전쟁에 보냈다. 그녀는 도시 외곽에 서서 초조하게 전투의 결과를 기다렸다. 그러다가 누군가 도착했고, [어떻게 되었느냐는] 그녀의 질문에, "당신의 아들들

---

9) 이 책의 「스파르타인들의 어록」 '이름이 알려지지 않은 스파르타인들' 항목의 제51번도 비슷한 일화를 다룬다.

은 모두 죽었습니다"라고 대답했다. 그러자 그녀는 "이 천박한 악당아! 나는 그것을 물은 것이 아니라, 조국의 안위를 물은 것이다"라고 말했다. 그리고 그가 전투에서 이겼다고 말하자, 그녀는 이렇게 말했다. "그렇다면 나는 내 아들들의 죽음도 기꺼이 받아들이겠다."[10]

8. 한 스파르타 여인이 아들을 매장하고 있을 때, 어느 평범한 노파가 다가와서, "불행한 일이네. 그대 불쌍한 여인이여!"라고 말했다. 그러자 그녀는 이렇게 말했다. "절대로 그렇지 않아요. 행운이지요. 나는 스파르타를 위해 죽게 하려고 이 녀석을 낳았거든요. 그러니 이는 내게 닥쳐와야만 하는 일이랍니다."

9. 이오니아에서 온 한 여인이 자신이 직접 짠 매우 비싼 직물을 아주 자랑스럽게 내보였다. 그러자 한 스파르타 여인이 그녀에게 품행이 아주 단정한 네 아들을 가리키면서 말했다. "이런 아들들은 훌륭하고 명예로운 여성의 소산이어야 합니다. 이런 아들들을 데리고 있다면 의기양양하게 자랑스러워해도 되지요."[11]

10. 아들이 외국에서 행실이 좋지 않다는 소식을 들은 한 스파르타 여인이 편지를 썼다. "너에 관한 좋지 않은 소식이 들리는구나. 그런 소식이 들리지 않게 하든지, 아니면 차라리 목숨을 끊으려무나."[12]

11. 위와 비슷한 이야기가 또 있다. 키오스섬에서 온 망명자들이 스파르타로 와서 파이다레토스[13]가 많은 악행을 저지르고 있다고 고발했다. 그러자 그의 어머니 텔레우티아(Teleutia)가 그들을 불렀다. 그리고 그들의 고충을 청취한 다음에, 아들에게 편지를 썼다. "파

---

10) 플루타르코스의 『대비열전』「아게실라오스전」 제29장 제4절에 따르면 기원전 371년의 레욱트라전투에서 스파르타가 패한 후, 아들이 살아 돌아온 어머니들은 슬퍼하고, 아들이 죽은 어머니들은 서로 축하했다고 한다.

11) 로마의 그라쿠스 형제의 어머니 코르넬리아에게도 비슷한 일화가 있다.

12) 제3번과 비슷한 내용이다.

이다레토스에게 어머니가. 자살하는 것이 나을 것이다. 아니면 지금 있는 곳에 그대로 머물고, 안전하게 스파르타로 돌아올 생각은 하지도 말아라."

12. 또 다른 스파르타 여인이 어떤 잘못을 저질러서 재판에 부쳐진 아들에게 말했다. "아들아. 너 스스로 죄과를 없애든지, 네 삶을 끝내든지 하려무나."

13. 한 스파르타 여인은 다리를 저는 아들이 전장에 나갈 때, 같이 나갔다. 그리고 "아들아. 발걸음을 디딜 때마다 네 용기를 기억하거라"라고 말했다.

14. 한 스파르타인이 전쟁터에 갔다가 발을 다쳐 어머니께 돌아왔다. 그는 〔발에〕 큰 고통을 느꼈다. 어머니는 그에게 "내 아들아. 네가 스스로의 용기를 기억한다면, 고통을 느끼는 대신 매우 즐거워질 것이란다"라고 말했다.

15. 한 스파르타인이 전투에서 부상해 걷지 못하고 사지를 움직여 기어 다녀야 했다. 꼴이 우스워진 그는 굴욕감을 느꼈다. 하지만 그의 어머니는 이렇게 말했다. "어리석게도 조롱하는 자들에게 굴욕감을 느끼기보다는 너의 용기에 기뻐하는 편이 더 낫단다."

16. 또 다른 스파르타 여인은 아들이 전쟁에 나가려 하자, 방패를 건네주면서, "이것을 가지고 돌아오든지, 아니면 위에 실려 오렴"이라고 말했다.

17. 어떤 스파르타 여인은 아들이 전쟁에 나가자, 방패를 건네주면서 이렇게 말했다. "네 아버지는 이 방패를 안전하게 지켜서 너를 위해 남겨주셨단다. 그러니 너도 이 방패를 안전하게 지키든지, 아니면 삶을 끝내렴."

---

13) 누구인지는 확실치 않지만, 해외에 장군으로 파견된 사람이었을 것이다.

18. 또 다른 스파르타 여인은 자신이 가져가는 칼이 짧다고 말하는 아들에게 이렇게 대답했다. "한 걸음 더 나아가렴."

19. 아들이 전열의 맨 앞에서 용감하게 싸우다가 전사했다는 소식을 들은 한 스파르타 여인은 "네. 제 자식입니다"라고 말했다. 하지만 다른 아들이 비겁하게 굴어 목숨을 건졌다는 소식을 듣고서는 이렇게 말했다. "아니요. 제 자식이 아닙니다."

20. 아들이 전투에서 배치된 자리에 버티고 서서 〔싸우다가〕 전사했다는 소식을 들은 한 스파르타 여인은 이렇게 말했다. "〔죽은〕 아들을 그 자리에서 빼고, 그 녀석의 동생을 넣어주세요."

21. 엄숙한 축제행렬에 열심히 참여하고 있던 한 스파르타 여인은 전투에서 승리했지만, 아들이 많은 상처를 입어서 죽어가고 있다는 소식을 들었다. 그녀는 머리에 쓴 화관도 벗지 않고, 주변의 여인들에게 자랑스럽게 말했다. "친구들이여! 올림피아제전에서 승리하고 살아 돌아오는 것보다, 전투에 승리하고 죽음을 맞이하는 것이 얼마나 더 고귀한지!"

22. 한 스파르타인이 〔전장에서〕 고귀한 죽음을 맞이한 아들을 둔 누이에게 말을 건넸다. 그러자 그녀는 말했다. "그 애를 생각하면 나도 기뻐. 하지만 그렇게 용맹한 부대원을 잃고 남겨진 너를 생각하면 안됐구나."

23. 누군가 어떤 스파르타 여인에게 사람을 보내 유혹〔이 되는 제안〕에 동의할 생각이 있는지 물어보았다. 그녀는 이렇게 답했다. "제가 어렸을 때는 아버지에게 복종하는 법을 배우고, 그것을 실천했어요. 그리고 결혼했을 때는 그 자리를 남편이 대신했지요. 그러니 제안이 명예로운 것이라면, 먼저 제 남편과 상의해주세요."

24. 결혼한 남자에게 지참금으로 무엇을 주었느냐는 질문을 받은 한 스파르타 여인은 이렇게 말했다. "가족의 덕성."

25. 그녀가 먼저 남편에게 구애했느냐고 묻자, "아니요. 남편이 구애했지요"라고 답했다.[14]

26. 아직 소녀인 한 스파르타 여인이 어떤 남성과 은밀한 관계를 맺었다. 그리고 유산하면서 외마디 신음도 내지 않고 용감하게 참았기 때문에, 그녀의 아버지나 근처에 있던 누구도 유산한 것을 몰랐다. 그녀는 예의에 어긋난 행동을 했지만, 끔찍한 고통을 용기로 맞서 이겨냈기 때문이다.

27. 노예로 팔리게 된 한 스파르타 여인은 무엇을 해야 하는지 아느냐는 질문에, "신의를 지킬 것"이라고 말했다.

28. 포로로 잡힌 또 다른 스파르타 여인에게 비슷한 질문을 던지자, 그녀는 "가정을 잘 꾸릴 것"이라고 답했다.

29. 또 다른 스파르타 여인은 그녀를 산다면 착하게 굴겠느냐는 질문을 하는 남자에게, "물론이죠. 그대가 나를 사지만 않으면요"라고 말했다.[15]

30. 노예로 팔리게 된 또 다른 스파르타 여인은 [경매의] 사회자가 그녀에게 할 줄 아는 것을 묻자, "자유롭게 사는 법"이라고 답했다. 그리고 그녀를 구매한 자가 자유민 여성에게 적합하지 않은 일을 시키자, "당신이 비열해서 당신의 재산에 피해를 주게 되었으니, 후회하게 될 겁니다"라고 말하고, 자살했다.[16]

---

14) 다른 그리스인들은 스파르타 여인이 거칠고 능동적이라고 여겼기 때문에 수록한 일화인 듯하다.

15) 이 책의 「스파르타인들의 어록」 '이름이 알려지지 않은 스파르타인들' 항목의 제39번도 비슷한 일화를 다룬다.

16) 이 책의 「스파르타인들의 어록」 '이름이 알려지지 않은 스파르타인들' 항목의 제38번도 비슷한 일화를 다룬다.

옮긴이의 말

『모랄리아』를 접한 것이 대학원 박사과정 때였으니, 거의 30년 전의 일이다. 사실 서양 고대사 연구의 주요한 사료이므로 학부, 또는 석사과정 때 필요한 부분을 이미 읽었어야 했는데, 우리말 번역본이 없고, 석사 논문 주제와 직접적으로 관련되지 않다는 이유로 그러지 못했다.

『모랄리아』는 2012년 허승일 서울대학교 명예교수가 『플루타르코스의 모랄리아: 교육·윤리편』이라는 제목으로 전체 78편 중 다섯 편을 서울대학교 출판부에서 번역, 출간한 바 있다. 나는 역사와 지혜를 다룬 소론들에 관심이 많았던 터라, 방대한 분량 때문에 전체를 한꺼번에 옮기지 못한다면 일단 해당 부분만이라도 옮기기로 마음먹었다.

본격적인 작업은 2016년부터 시작되었다. 그리스어 원본을 펼쳐놓고 우리말로 옮기는 작업은 뜻 하나하나를 끙끙대며 더듬어나가는 괴로운 시간이었고, 영역본을 학생들과 강독하는 작업은 이해하기 쉽게 옮겼는지, 서양 고대사에 처음 입문한 학생들이 어느 부분을 어려워하는지 확인하는 귀중한 시간이었다. 이런 과정을 거친 연후에야 비로소 전체적인 틀을 갖추고, '지혜편'이라고 이름 붙일 만한 소론 다섯 편을 역주 800여 개를 달아 옮길 수 있었다. 젊은 날에 품었던 아쉬움과 변명에 약간은 면이 선 듯하다.

다만 아쉬운 점은 78편 전부는 아니더라도 역사와 종교에 관한 소론들을 함께 옮기지 못한 것이다. 「옮긴이의 말」을 쓰는 지금도 역사 관련 소론 일부를 옮기고 역주를 달고 있으니, 앞으로 언제가 될지 특정할 수는 없지만, 이 책의 속편을 내놓을 수 있지 않을까 생각해 본다.

욕심만 많아서 그리스 역사가 폴리비오스의 『역사』를 옮기는 작업을 함께 하느라 진도가 지지부진하기 짝이 없다. 그래도 우공이산의 심정으로 계속해서 나아가다 보면 언젠가 마무리할 수 있지 않을까. 다만 지금은 어서 그날이 와 후학들에게 조금이라도 떳떳한 얼굴로 나서게 되기를 바랄 뿐이다.

이 책을 옮기고 나니 맨 처음 학문의 길을 열어주시고 다독여주신 은사 고(故) 지동식 선생님이 생각난다. 또한 박사 논문을 지도해주신 두 번째 은사 김경현 선생님께도 언제나 감사의 마음뿐이다. 김경현 선생님께서는 2008년 델포이 여행 때 찍으신 사진 일부를 이 책에 화보로 싣도록 제공해주셨다.

가족들에게도 언제나 감사하다. 특히 새 책이 나올 때마다 기뻐하시는 노모께 무한한 감사를 드린다. 강독에 참여한 학생들과 세간의 명예와 재화는 크게 얻지 못하겠지만 후학들에게 꼭 필요한 일을 하는 것이라며 격려한 서양고대역사문화학회의 동료 및 선후배들의 모습도 떠오른다. 이들이 없었다면 이 지난한 작업을 마무리하지 못했을 것이다.

하릴없이 나이만 먹어가나 보다 하고 생각할 때가 종종 있지만, 그래도 몇 년간의 작업 끝에 출간을 앞두고 있으니 예전에 마음먹은바, 즉 괜찮은 학자가 되겠다는 초심에 아주 조금은 더 다가서지 않았나 싶어 스스로를 달래본다.

2020년 12월
윤진

찾아보기

지은이 플루타르코스(Plutarchos, 46~119?)

제정기 로마의 속주였던 그리스 출신의 철학자이자 정치가다.
그가 활동할 당시 그리스 지식인들은 로마의 통치를 어느 정도
받아들이고 순응했다. 그도 로마 시민권을 취득하고 다양한 관직을 맡았다.
신탁이 정확하다고 소문난 델포이의 아폴론신전에서 80킬로미터 정도 떨어진 소도시
카이로네아가 플루타르코스의 고향이다. 명문가에서 태어난 그는 플라톤학파 철학자
암모니오스에게 수학했다. 그의 가장 유명한 저작은 흔히 『플루타르코스 영웅전』으로
불리는 『대비열전』이다. 『대비열전』 외에 그의 작품 78편이 현존하는데, 이것들을 모아
엮은 것이 『모랄리아』다. 이 책은 그중 '지혜'와 관련된 다섯 편을 담았다.
플루타르코스는 생애 말년의 30년 정도를 아폴론신전의 신관으로 봉직하며 델포이의
성역을 재건하는 데 큰 역할을 했다. 델포이와 카이로네아의 주민들은
존경의 표시로 아폴론신전에 그의 흉상을 만들어 세웠다.
그는 실로 그리스(교육)와 로마(권력)의 관계를 대표하는 저술가였다.

옮긴이 윤진(尹進)

고려대학교 사학과를 졸업하고
동 대학교 대학원에서 『헬레니즘 時代 '스파르타 革命'에 관한 研究』로
박사 학위를 받았다. 2003년 충북대학교 사학과에
전임교수로 임용되었다. 한국서양고대역사문화학회 총무이사 등을 지냈고
현재는 동 학회의 편집위원장을 맡고 있으며,
호서사학회에서 총무이사와 편집위원장을 지냈고
현재는 동 학회의 부회장을 맡고 있다.
지은 책으로 『헬레니즘』, 『아테네인, 스파르타인』, 『스파르타인, 스파르타 역사』,
『서양 문화 산책』 등이 있고, 옮긴 책으로 『스파르타』(험프리 미첼),
『서양 고대문명의 역사』(루카 드 블로와 · 로바르터스 반 데어 스펙),
『알렉산드로스 대왕 전기』(쿠르티우스 루푸스),
『알렉산드로스 대왕 원정기』(아리아노스)가 있다.
서양 고대사에 관한 논문을 24편 썼다.

HANGIL GREAT BOOKS 170

모랄리아
플루타르코스에게 배우는 지혜

지은이 플루타르코스
옮긴이 윤진
펴낸이 김언호

펴낸곳 (주)도서출판 한길사
등록 1976년 12월 24일
주소 10881 경기도 파주시 광인사길 37
홈페이지 www.hangilsa.co.kr
전자우편 hangilsa@hangilsa.co.kr
전화 031-955-2000~3 **팩스** 031-955-2005

부사장 박관순 **총괄이사** 김서영 **관리이사** 곽명호
영업이사 이경호 **경영이사** 김관영
편집 김지연 백은숙 노유연 김대일 김지수 김영길
마케팅 서승아 **관리** 이주환 문주상 이희문 원선아 이진아
디자인 창포 031-955-2097
CTP출력·인쇄 영림 **제본** 영림

제1판 제1쇄 2021년 1월 29일

값 25,000원

ISBN 978-89-356-6490-0 94080

한길그레이트북스 인류의 위대한 지적 유산을 집대성한다

●한길그레이트북스는 계속 간행됩니다.